二十一世纪普通高等院校实用规划教材·经济管理系列

现代企业管理(第 2 版)

胡建宏　主　编

清华大学出版社
北　京

内 容 简 介

本书由基础篇、资源篇、经营篇、生产篇四个部分构成共十三章，主要介绍了企业管理的基本理论、企业经营管理、企业资源管理、企业生产管理等内容。本书的新颖之处在于每章都通过引例导入，每一章分知识部分、延伸阅读、案例故事和素质拓展四个部分。并结合当前企业管理的趋势，相比传统的企业管理教材增加了公共关系管理、客户关系管理、物流管理、企业形象设计等内容。知识部分主要介绍相关章节的理论基本知识点；延伸阅读主要是基于知识部分延伸的知识背景介绍或前沿展望及热点追踪；案例故事包括一个典型案例和几个启发性小故事；素质拓展包括结合引例的思考题、辩论和创业素质论坛。

本书既注重介绍企业管理的传统理论，又展示了企业管理的最新发展及未来趋势。本书内容深度适当、知识涵盖面广、体例创新、系统性强、与时俱进。既包含了基本理念知识，又有理论前沿、热点追踪；既有案例故事启发，又有综合素质拓展延伸；既适合老师教学，又增加了学生自学的可读性。同时本书也适合企业各级管理人员自学、培训使用。

本书封面贴有清华大学出版社防伪标签，无标签者不得销售。
版权所有，侵权必究。举报：010-62782989，beiqinquan@tup.tsinghua.edu.cn。

图书在版编目(CIP)数据

现代企业管理/胡建宏主编. —2版. —北京：清华大学出版社，2017（2024.8重印）
（二十一世纪普通高等院校实用规划教材·经济管理系列）
ISBN 978-7-302-46872-1

Ⅰ.①现… Ⅱ.①胡… Ⅲ.①企业管理—高等学校—教材 Ⅳ.①F270

中国版本图书馆 CIP 数据核字(2017)第 064188 号

责任编辑：陈冬梅
装帧设计：刘孝琼
责任校对：周剑云
责任印制：刘海龙

出版发行：清华大学出版社
网　　址：https://www.tup.com.cn, https://www.wqxuetang.com
地　　址：北京清华大学学研大厦 A 座　　邮　编：100084
社 总 机：010-83470000　　邮　购：010-62786544
投稿与读者服务：010-62776969，c-service@tup.tsinghua.edu.cn
质量反馈：010-62772015，zhiliang@tup.tsinghua.edu.cn
课件下载：https://www.tup.com.cn，010-62791865

印 装 者：三河市铭诚印务有限公司
经　　销：全国新华书店
开　　本：185mm×230mm　　印　张：23.75　　字　数：514千字
版　　次：2008年6月第1版　2017年7月第2版　印　次：2024年8月第8次印刷
定　　价：59.80元

产品编号：072173-02

前　　言

　　企业管理是一门实践性很强的学科，随着社会经济形势的发展，企业管理的实践提出了许多迫切需要解决的新问题。为了适应和满足现代企业的实践需要，为了能与时俱进地为当代企业提供现代管理理论指导，我们编写了本书。

　　本书从企业管理的基本理论入手，结合我国当前企业管理的实践，对现代企业管理的理论和方法进行了全面的探讨。全书共分四篇十三章，主要内容包括企业与企业管理、企业组织设计、企业文化塑造、企业战略管理、企业营销管理、企业客户关系和公共关系管理、企业人力资源管理、企业物流管理、企业财务管理、企业财务管理、企业信息管理、企业生产管理、企业质量管理、企业技术进步和新产品开发等。本书的新颖之处在于每章都通过引例导入，每一章分知识清单、延伸阅读、大案例与小故事和素质拓展四个部分。知识清单主要介绍相关章节的理论基本知识点；延伸阅读主要是基于知识部分延伸的知识背景介绍或前沿展望及热点追踪；大案例与小故事包括一个典型案例和几个启发性小故事；素质拓展包括思考题、辩论和创业素质论坛。

　　本书的特点是内容深度适当、知识涵盖面广、体例创新、系统性强、与时俱进。既包含了基本理念知识，又有理论前沿、热点追踪；既有案例故事启发，又有综合素质拓展延伸；既适合教师教学，又增加了学生自学的可读性。同时本书也适合企业各级管理人员自学、培训使用。

　　本书由胡建宏主编，负责内容、结构设计并修改补充、总编定稿。参加编写人员的具体分工为：胡建宏编写各章引例、案例故事部分、素质拓展部分；陈金秀编写第一章和第二章；付伟编写第三章、第四章、第五章、第六章；张武根编写第七章、第八章、第十二章、第十三章；严春容编写第九章、第十章、第十一章。

　　参加编写的人员有着比较丰富的实践管理经验以及极强的接受新知识、新思想的能力。在本书编写过程中，参考了国内外几十位专家、学者的著作，对于引用的段落、文字尽可能一一列出，在此我们向这些作者表示由衷的感谢。

　　由于编写人员水平有限，书中的缺点、错误在所难免，敬请读者提出批评和改进意见。

编　者

目 录

第一篇 基 础 篇

第一章 企业与现代企业管理 1
第一节 知识清单 2
一、企业的含义与分类 2
二、企业的特征 5
三、现代企业管理 6
四、企业管理的性质 7
五、现代企业管理的任务和内容 8
第二节 延伸阅读 10
一、管理理论的萌芽 10
二、古典管理理论 12
三、行为科学理论 17
四、管理科学理论 20
五、管理理论新发展 22
第三节 大案例与小故事 24
一、大案例 24
二、小故事 25
第四节 素质拓展 27
一、思考题 27
二、辩论 27
三、创业素质论坛 28

第二章 企业组织设计 30
第一节 知识清单 30
一、企业组织 30
二、企业组织设计 31
三、企业组织结构常见形式 39
第二节 延伸阅读：学习型组织 45
一、学习型组织理论概述 45

二、学习型组织的建设 46
三、学习型组织的整合 51
四、学习型组织的结构 51
第三节 大案例与小故事 52
一、大案例 52
二、小故事 55
第四节 素质拓展 57
一、思考题 57
二、画中国政府组织结构图 57
三、创业素质论坛 58

第三章 企业文化塑造 60
第一节 知识清单 60
一、企业文化的兴起 60
二、企业文化的特征与功能 62
三、企业文化的建设与培育 65
第二节 延伸阅读 70
一、什么是企业形象 70
二、CI 的概念和内涵 74
三、CI 的导入程序 77
第三节 大案例与小故事 79
一、大案例 79
二、小故事 80
第四节 素质拓展 84
一、思考题 84
二、辩论 84
三、论创业素质 84

第二篇 经 营 篇

第四章 企业战略管理 ... 89
第一节 知识清单 ... 89
一、企业外部环境分析 ... 89
二、企业内部环境分析 ... 92
三、企业目标 ... 94
四、企业经营战略 ... 97
五、企业经营战略的层次 ... 98
六、战略管理的过程 ... 104
第二节 延伸阅读 ... 107
一、企业战略管理的产生 ... 107
二、企业宗旨 ... 108
第三节 大案例与小故事 ... 110
一、大案例 ... 110
二、小故事 ... 113
第四节 素质拓展 ... 115
一、思考题 ... 115
二、辩论 ... 115
三、创业素质论坛 ... 115

第五章 企业营销管理 ... 118
第一节 知识清单 ... 120
一、市场营销和目标市场 ... 120
二、产品策略 ... 124
三、价格策略 ... 132
四、分销策略 ... 138
五、促销策略 ... 143
第二节 延伸阅读：市场营销中"4P、4C、4R、4S" ... 145
一、4P 策略 ... 145
二、4C 策略 ... 146
三、4R 策略 ... 147
四、4S 策略 ... 147
五、"4P、4C、4R、4S"策略各自的优缺点 ... 148
六、"4P、4C、4R、4S"策略的结合应用 ... 149
第三节 大案例与小故事 ... 150
一、大案例 ... 150
二、小故事 ... 152
第四节 素质拓展 ... 154
一、思考题 ... 154
二、辩论 ... 154
三、论创业素质 ... 155

第六章 企业客户关系与公共关系管理 ... 159
第一节 知识清单 ... 160
一、客户关系管理的内涵 ... 160
二、客户关系管理途径 ... 161
三、客户关系管理应用系统 ... 164
四、现代企业公共关系的内涵、基本要素和特征 ... 167
五、现代企业公共关系的基本职能 ... 169
六、现代企业公共关系管理的步骤 ... 170
第二节 延伸阅读 ... 170
一、顾客让渡价值模型 ... 170
二、顾客满意 ... 173
三、顾客满意度研究 ... 174
四、满意与忠诚 ... 175
五、实现挽留顾客 ... 176
第三节 大案例与小故事 ... 178
一、大案例 ... 178
二、小故事 ... 179

目录

　　第四节　素质拓展 181
　　　一、思考题 181
　　　二、辩论 181
　　　三、论创业素质 181

第三篇　企业资源管理

第七章　现代企业人力资源管理 185
　　第一节　知识清单 188
　　　一、人力资源规划 188
　　　二、工作分析 189
　　　三、员工的招聘与培训 193
　　　四、绩效评估 196
　　　五、薪酬管理 198
　　第二节　延伸阅读：职业计划与发展 ... 199
　　　一、职业计划与发展的意义和
　　　　　特点 199
　　　二、职业生涯发展的阶段及其
　　　　　管理 201
　　第三节　大案例与小故事 202
　　　一、大案例 202
　　　二、小故事 206
　　第四节　素质拓展 208
　　　一、思考题 208
　　　二、辩论 208
　　　三、创业素质论坛 208

第八章　现代企业物流管理 211
　　第一节　知识清单 212
　　　一、企业物流管理概述 212
　　　二、仓储管理 216
　　　三、配送管理 218
　　　四、供应链管理 221
　　第二节　延伸阅读：第三方物流 225
　　　一、基本特征 225
　　　二、相对优势 226
　　　三、业态分类 227

　　第三节　大案例与小故事 228
　　　一、大案例 228
　　　二、小故事 230
　　第四节　素质拓展 232
　　　一、思考题 232
　　　二、辩论 232
　　　三、创业素质论坛 232

第九章　现代企业财务管理 235
　　第一节　知识清单 237
　　　一、财务管理内涵 237
　　　二、财务管理的内容 239
　　　三、财务管理的目标 241
　　　四、财务管理的环节 244
　　第二节　延伸阅读：财务管理的
　　　　　外部环境 246
　　　一、经济环境 247
　　　二、法律环境 248
　　　三、金融市场环境 249
　　第三节　大案例与小故事 250
　　　一、大案例 250
　　　二、小故事 253
　　第四节　素质论坛 254
　　　一、思考题 254
　　　二、辩论 255
　　　三、创业素质论坛 255

第十章　企业信息管理 257
　　第一节　知识清单 258
　　　一、信息及其特征 258
　　　二、信息管理工作 260

三、信息化管理 266
第二节 延伸阅读 268
　一、20世纪60年代开环的物料
　　　需求计划 268
　二、20世纪70年代闭环的物料
　　　需求计划 269
　三、20世纪80年代制造资源
　　　计划 271
　四、20世纪90年代企业资源
　　　计划 272
第三节 大案例与小故事 274
　一、大案例 274
　二、小故事 278
第四节 素质拓展 280
　一、思考题 280
　二、辩论 280
　三、创业素质论坛 281

第四篇　企业生产管理

第十一章　生产管理 283
第一节 知识清单 284
　一、生产过程组织的基本形式 ... 284
　二、生产计划 285
　三、生产标准 287
　四、生产管理过程 290
　五、生产管理方法 299
　六、库存控制 300
　七、设备的维修管理与更新改造 . 301
第二节 延伸阅读：现代生产过程组织
　　　理论 302
　一、准时生产 302
　二、精益生产方式 303
　三、敏捷制造 304
　四、计算机集成制造系统 305
第三节 大案例与小故事 306
　一、大案例 306
　二、小故事 308
第四节 素质拓展 309
　一、思考题 309
　二、辩论 309
　三、论创业素质 310

第十二章　企业质量管理 313
第一节 知识清单 314
　一、质量管理的发展历史 314
　二、质量管理的几个重要概念 .. 317
　三、ISO 9000族标准与质量认证 . 320
　四、2000版ISO 9000族标准简介 . 325
第二节 延伸阅读：质量管理常用的
　　　统计方法 327
　一、调查表 327
　二、排列图 328
　三、分层法 329
　四、因果分析图 330
　五、直方图 331
　六、控制图 332
　七、相关图 333
第三节 大案例与小故事 334
　一、大案例 334
　二、小故事 336
第四节 素质拓展 338
　一、思考题 338
　二、辩论 338
　三、创业素质论坛 338

第十三章　企业技术进步与新产品开发 340

第一节　知识清单 341
一、企业技术进步的含义 341
二、促进企业技术进步的主要途径 342
三、新产品及其分类 345
四、产品的生命周期 346
五、新产品开发 349

第二节　延伸阅读：价值工程 351
一、价值工程的基本概念 352
二、价值工程的特点 353
三、价值工程的工作程序 354
四、方案创造与评价 360
五、价值工程活动实施及效果评价 363

第三节　大案例与小故事 363
一、大案例 363
二、小故事 365

第四节　素质拓展 367
一、思考题 367
二、辩论 367
三、创业素质论坛 367

参考文献 369

第一篇 基 础 篇

第一章 企业与现代企业管理

引例 唐校长的管理困惑

唐强最近被任命为天虹中学校长。尽管他才35岁,但从教已有12年,取得过许多教学成果,尤其是他组织的学校数学竞赛班,每年在市中学生数学竞赛中总能拿到好的名次。他工作努力、认真负责,做起事来有一股不做好不罢休的劲儿,同事们都称他为"拼命三郎"。两年前上级部门还特地送他去国外进修中等教育,在中教系统中被选送出国进修是件十分罕见和光荣的事。

唐强上任后不久便提出了他的发展思路。

(1) 天虹中学在未来若干年中要发展成为全市最好的重点中学,争取若干年后成为全国一流的重点中学。

(2) 最好的重点中学要有高的升学率,要培养优秀的高中毕业生,要有一流的教学设施。

(3) 一流的中学要有一流的师资,要引进特级教师和优秀的高级教师,要吸引博士、硕士来天虹任教。

(4) 要出一流的教学成果,不断改革课程体系,改进教学方法,设立第二课堂。

(5) 提高教师待遇,增强凝聚力。

唐强的发展规划使天虹中学的全体教工很激动。因为尽管天虹中学原来基础不错,但近年来也时不时出现教师流失、升学率下降、学生家长对教学质量日趋不满的情况。据内部消息称,天虹的市重点中学的位置可能有问题,因为市里开始实行重点中学非终身制改革措施,以激励学校之间相互竞争、积极向上。新校长提出这一宏伟目标确实道出了全体教工的心声。

时间过得很快,转眼一年已经过去。一年中,唐校长为推进他所提出的发展思路,茶饭不思,全身心扑在学校工作上,人也瘦了不少,但学校的面貌变化却不大。昨天副校长王怡亭向他提交了调离天虹的报告,使唐强颇为震惊和气愤,心想,这不是存心拆自己的台嘛,现在学校创一流正进入关键时刻。于是他决定与王副校长好好谈一谈。

"老王,是不是我的工作方法有问题,哪里得罪了你或哪里有所失误,所以你想离开天虹?如果是这样,我向你道歉!"

"没有,没有,唐校长,是我自己要走。新单位也是一所中学,我并不离开教育战线,不是为了待遇与工资。"王副校长急忙辩解。

"那么为什么呢?天虹创一流正需要你这样熟悉教学管理的老校长。"唐强不解地说。

"唐校长,说实话,你提出学校创一流的想法我一直很佩服,也很想跟着你大干一场,"王怡亭喝了一口茶水,继续说,"可是一年下来,我发现我已无用武之地了,虽然年纪比你大近15岁,但自我感觉仍不属不能接受新观念的人。"

唐强觉得不可理解,王副校长所负责的教学、后勤方面正是创一流非常重要的领域,怎么说无用武之地呢?王怡亭看了唐强一眼,继续说:"我所说的无用武之地,是因为教学、后勤等工作实际上都是唐校长亲自在做、在推进,我可有可无。"

"是吗?我可没有任何排挤你的意思。我是着急,看着教学上不去、学校硬件设施上不去、创收上不去心里急啊。"唐强感到很委屈,自己为学校努力,却有不少人不理解,创一流真难啊。

王副校长终于走了。唐强任命了一位新的副校长替代王副校长的职位。

第一节 知识清单

一、企业的含义与分类

(一)企业的含义

一般企业的含义为:从事生产、流通、服务等经济活动,向社会提供产品或劳务,满足社会需要并获取赢利,实行自主经营、自负盈亏、独立核算,具有法人资格的经济组织。

1. 企业是社会经济发展到一定阶段的产物

管理是与人类社会同时产生的,且在人类社会发展的不同阶段、不同历史时期发挥着重要作用。企业的出现晚于管理,是人类社会发展到一定阶段的产物。在人类劳动的早期阶段,劳动过程单一,一般需求者自我生产、自我满足。但是,当生产的物品超过了自己的需求并拿出去与第三者交换或变卖时,就出现了劳动分工。当自给自足的自然经济发展到一定阶段,社会生产力的发展要求突破家庭的界限,在更大范围内把社会成员组织起来,以便进行更加卓有成效的社会分工时,企业才得以萌芽,并逐步发展、完善成为具有现代意义的企业。

2. 企业是实行自主决策的社会经济组织

企业作为社会经济组织，其首要的职责和功能是提供用户所需要的产品，满足顾客的要求。与此同时，企业作为独立的法人，又必须在战略决策和经营过程中始终瞄准经济目标、技术目标、社会目标和生态环境目标。企业只有具备了自主决策权才能较好地实现上述目标。自主决策权可以调动决策者的积极性，并在职责范围内更好地承担经济与社会责任。自主权在很大程度上体现为在经营过程中决策者的决策权，即独立经营权。

3. 企业必须自我承担风险

企业在生产经营过程中面临着许多风险，而最大的风险莫过于市场风险和资本风险。自我承担风险是指由于企业决策失误或由于环境变化所带来的对企业不利的一面，表现为经营亏损或客户的流失。而这就要求企业必须按照市场的需求自主地组织生产经营活动，科学决策，并对企业的出资者承担资产保值、增值的责任，否则就只能在激烈的市场竞争中被淘汰出局。

4. 企业是一个营利性组织

任何企业都必须以营利为目的。不讲效益、没有赢利的企业连简单的生产都会难以维持，更谈不上扩大生产，因此这样的企业终将会被淘汰。

(二)企业的分类

1. 按企业的法律形式划分

(1) 个人业主制企业。个人业主制企业是最早出现也是最简单的企业财产形式，由业主一个人出资，一个人所有，自己直接经营，享有全部经营收益，对债务完全负责；企业资产同业主的其他财产没有明显界限，如果经营失败，业主要用全部财产来抵债。因此，这类企业也称为"自然人企业"，业主对企业债务负无限清偿责任。

个人业主制企业一般规模较小，结构简单。其优点是：①建立和歇业的程序简单，产权能够自由转让；②经营灵活，决策迅速；③出资者亲自经营，出于切身利益处处精打细算。其缺点是：①本身财力有限，举债且信用不足，难以经营需大量投资的工商企业；②企业存在系于业主一身，如果业主无意经营或死亡，企业的业务就会中断。

(2) 合伙制企业。合伙制企业是由两个或两个以上的出资人共同出资创办、联合经营和控制的企业。它常常采用书面协议，即以合伙经营合同的形式确立收益分享或亏损责任。这类企业仍属"自然人企业"，合伙人以其财产对企业债务负无限连带责任。

合伙制企业的优点是：①较个人业主制企业筹资能力有所提高，有利于扩大企业的经营规模；②合伙人共同对企业盈亏负责，意味着都以自己的身家性命为企业担保，有利于增强经营的责任心，提高企业的信誉。其缺点是：①企业依据合伙人之间的协议建立，每当一位原合伙人退出、死亡或一位新合伙人加入，都必须重新谈判建立新的合作关系，谈判过程和法律程序比较复杂；②合伙人共同参与企业经营，重大决策需经合伙人一致同意，因而很容易造成决策的延误；③合伙人对企业负无限连带责任，当某一合伙人无力偿还应由其分担的那一部分债务时，其他合伙人有义务用自己的财产予以补足，这就使得不能对企业经营活动单独行使决策权的合伙人面临较大的风险。

(3) 公司制企业。公司制企业是由众多出资者投资形成的、在法律上具有独立人格的经济组织。它以独立法人资格拥有自己的法人财产，享有民事权利，承担民事责任。公司财产的终极所有权仍分属于股东，股东有权分享公司利润，也有权转让持有的股份，但不能退股。这样，公司就脱离了它的投资者而具有独立的生命。

与合伙制企业相比，公司制企业突出的优点是：股东一般只以投入的资本额对公司负有限责任，公司以其全部财产对债务负有限责任，债权人只能对公司的财产提出要求，而无权要求股东用股金以外的财产抵偿公司债务。这样公司股东的投资风险要比合伙制企业的合伙人小得多，因而使其成为筹集大量资本的最有效的企业财产组织形式。公司制企业的另一个优点是具有独立的生命，除了破产停业，它的生命是永远延续的，不会因股东的死亡或股权的转让而终止。此外，公司制企业依靠一套科学的治理结构进行经营管理，排除了个别股东对企业经营管理的直接干预，保证了经营管理的有效性。

公司制企业也有缺点，主要是设立和歇业都需要通过一定的法律程序，比较复杂，不如个人业主制企业或合伙制企业那样方便灵活；股东购买股票，往往只是为了分红或从股票升值中获利，对公司缺乏像业主或合伙人那种所有者同企业之间血肉相连的关系。

2. 按企业所在的经济部门划分

(1) 农业企业。这里的"农业"是一个广义的概念，即通常所说的"大农业"。农业企业主要包括从事种植、饲养、采集、林业、放牧和渔猎等生产经营活动的企业。

(2) 工业企业。工业企业是指主要依靠和运用物理、化学和生物等技术，对自然资源、农副产品、各类中间产品等进行采掘和加工，使其转变为工业用的生产资料或者消费者使用的消费品的企业。工业企业主要包括采掘企业和加工企业，例如煤炭企业、石油开采企业、钢铁公司和制药企业等。

(3) 服务企业。这里的"服务"也是一个广义的概念。根据世界贸易组织《服务贸易总协定》中的"服务部门参考清单"对服务的划分，可以将服务企业具体分为商业服务企业、销售服务企业、金融服务企业、娱乐服务企业、通信服务企业、教育服务企业、卫生服务企业、运输服务企业、建筑服务企业、环境服务企业、旅游服务企业和其他服务企业等。

3. 按企业财产所有制的性质划分

(1) 公有制企业。按照公有程度可以进一步将公有制企业划分为国家所有制企业、集体所有制企业和国有资产与集体资产混合的企业。

(2) 私有制企业。出资者为个人或者私有组织的企业，在所有制性质上属于私有制企业。私有制企业的出资者，可以是单个自然人、少数自然人，可以是一个私有组织、多个私有组织，还可以是一个或者多个自然人与私有组织共同出资。

(3) 混合所有制企业。这里的"混合"是指所有制上的混合，即企业的净资产是由公有性质和私有性质的组织以及个人共同出资形成的。根据不同经济成分的出资额在企业全部资本中的比例，混合所有制企业可以进一步划分为公有控股企业和私有控股企业。

4. 按企业生产要素的比重划分

(1) 劳动密集型企业。劳动密集型企业是指技术装备水平较低，从事简单劳动的员工较多，单位员工平均占用固定资产较少的企业。例如纺织企业、服装企业和餐饮企业等。

(2) 资本密集型企业。资本密集型企业是指企业技术装备水平高，企业需要较多的资本投入用于大量购买各种设备，企业需要的员工较少，单位员工平均占用固定资产较多的企业。例如铁路运输企业、飞机制造企业和火力发电企业等。

(3) 技术与知识密集型企业。技术与知识密集型企业是指拥有大批的高级和中级技术人才，主要依靠综合运用先进的科学技术，求得生存和发展的企业。例如计算机软件企业、管理咨询公司和律师事务所等。

除上述划分方法外，还可以依据企业生产经营活动的区域分为国内企业、境外企业和国际企业(跨国公司)等。

二、企业的特征

1. 企业的基本特征

从企业的发展史和企业的要素来看，企业具有以下基本特征。

(1) 企业是商品经济条件下的社会经济基本单位。企业是商品经济条件下从属于社会大系统的一个微观系统。它是在人类历史长河的一定阶段内，社会生产力发展到一定水平的产物，是随着商品生产的高度发展而形成的社会经济基本单位。

(2) 企业是独立的商品生产者和经营者。企业是产权关系明确、具有独立利益的资金运动实体。它具有自主经营、自负盈亏、独立经济核算的重要经济特征。在市场活动中，企业是具有明确收益与风险意识的利益主体，基于自身的利益进行独立的经营决策和市场选择，根据市场变化所提供的信息从事各类交换活动。

(3) 企业是以"法人"对应于企业的经济特征的，在法律上具有"法人"资格，是独立享有法律权利和承担民事义务的企业法人。

2. 现代企业的新特征

(1) 现代企业以社会生产力为基础，在产、供、销各个环节以及技术和经济各方面都与外部有着密切的联系。任何企业都是受外部环境影响和制约的开放系统，企业应按照市场需求和国家宏观调控的要求组织生产经营，需要从外界获取所需的资源，企业的产品必须通过市场转移到用户手中，其使用价值才能得以实现。但是企业的外部环境是不断变化的，在商品经济高度发展、科学技术日新月异的现代社会，企业要想实现生存和发展，必须提高适应外界变化的能力，积极投身市场竞争。

(2) 现代工矿企业大规模采用机器和机器体系进行生产，并将现代科学知识系统地应用于生产。企业生产效率和质量的提高，越来越依赖于机器或机器体系的完备程度，依赖于科学技术的进步和劳动者知识水平的提高。

(3) 工业企业生产过程具有高度的比例性和连续性。随着企业生产过程机械化、自动化程度的提高，以及流水线生产等先进、合理的生产组织形式的广泛采用，对生产能力的比例性和时间配合的连续性要求越来越高。

(4) 现代企业内部分工精细、协作密切、计划严谨。生产过程的各个阶段、各道工序，经营活动的每个环节，甚至每个职工的行动都必须根据机器体系的客观要求来合理分工和组织协作，以保证生产经营活动的顺利进行，从而使预期目标得到最大程度的实现。

三、现代企业管理

企业管理过程是管理者按照客观规律的要求作用于管理客体的过程。这就要求管理者必须对企业管理的性质、职能、任务和内容有充分的认识，按照企业管理活动自身的内在规律开展各项管理活动，并把握好管理理论的演变及其发展趋势，否则，就难以收到好的管理效果。

(一)管理的含义

管理是人类社会一种复杂的实践活动，是一种具体的社会现象，是人这一主体采用一定的方式、方法作用于客体，使其朝着一定的目标发展所进行的活动。具体来说，管理是人的一种活动，是为了实现某种目的的活动，而要实现这一目的，主体就需采用一定的方式、方法影响客体，使其朝着实现这一目的的方向发展。若对管理进一步剖析，则可发现管理包含四个基本要素：①管理的主体，即管理者；②管理的客体，即管理主体作用的对象；③管理方式，即主体以什么样的形式和方法作用于客体、影响客体；④管理的目的，由主体、客体、方式和目的四个基本要素构成管理这一概念的基本内容，回答了谁来管、管什么、怎么管和为什么管等管理的基本问题。

(二)企业管理的含义

企业管理是指企业管理者根据企业的特征及其生产经营规律，按照市场反映出来的社会需求，对企业的生产经营活动和各种要素进行计划、组织、协调和控制等，以实现企业预定目标的过程。这个定义包含了企业管理的主体、客体、方式及目的。

第一章　企业与现代企业管理

1. 企业管理的主体

管理者是企业管理的主体，它包括企业的高层领导、中层领导和基层领导在内的参与管理的人。当然，企业总体发展和各个方面活动的总体控制由企业高层领导中心组成的企业管理系统来实现。企业的管理者是企业各项工作的中枢，他们决定着企业的生存和发展。

2. 企业管理的客体

企业管理的客体，即企业管理的对象，包括企业的生产经营活动过程以及人、财、物、信息等要素的合理使用。

3. 企业管理的方式

企业管理是管理者通过计划、组织、协调和控制等一系列管理职能来实现。

4. 企业管理的目的

企业管理的目的是合理利用各种要素(例如人、财、物和信息)实现企业预定目标的过程。企业管理的成败、企业管理是否有效，都要依其是否有助于完成企业目标来确定。

(三)现代企业管理的含义

现代企业管理是指对现代企业进行的管理，即具有现代企业制度，采用现代化大生产和从事大规模产销活动的企业的管理。

四、企业管理的性质

1. 企业管理的二重性

马克思在《资本论：政治经济学批判》一书中分析资本主义企业管理的性质和职能时指出："凡是直接生产过程具有社会结合过程的形态，而不是表现为独立生产者的孤立劳动的地方，都必然会产生监督劳动和指挥劳动。不过它具有二重性。一方面，凡是有许多个人由行业协作的劳动，过程的联系和统一都必然要表现在一个指挥的意志上，表现在各种与局部劳动无关而与工厂全部活动有关的职能上，就像一个乐队要有一个指挥一样。这是一种生产劳动，是每一种结合的生产方式中必须进行的劳动。另一方面——完全撇开商业部门不说——凡是建立在作为直接生产者的劳动者和生产资料所有者之间的对立上的生产方式中，都必然会产生这种监督劳动。这种对立越严重，这种监督劳动所起的作用也就越大。"从马克思的论述中可以看出，企业管理是由协作劳动引起的，它具有二重性。一方面，企业管理具有同社会化大生产和生产力相联系的自然属性。它与生产力发展水平有关，而与生产的不同社会形式无关。另一方面，企业管理又具有同生产关系和社会制度相联系的社会属性。它体现着生产过程或劳动过程的特殊历史形态。由于在不同的社会形态下,企业生产关系的性质是不同的,所以企业管理的社会属性也以不同的社会生产关系的性质为转移。把企业管理分解成自然属性和社会属性,是一种理论的抽象,它们之间不是绝对对立的。在现实生活中,生产力和与之相适应的生产关系是紧密联系在一起的,故企业管理的二重属性不能截然分开。如果企业管理者看不到这一点,就容易产生管理思想上的片面性。

2. 企业管理二重性理论的意义

企业管理二重性理论,不仅具有理论意义,更具有实践意义。在理论意义方面,马克思的企业管理二重性理论揭示了资本主义管理的实质,为研究资本主义管理提供了理论依据,为研究者如何对待资本主义的管理经验和资产阶级的管理理论指明了方向。马克思的管理二重性理论,是建立中国社会主义企业管理科学的重要出发点,是建设中国社会主义企业管理科学的指导思想。在实践意义方面,马克思的企业管理二重性理论主要表现在两个方面:①不同生产方式在组织生产力方面的经验可以互相借鉴。各种不同的生产方式中,组织生产力的属性是基本相同的,没有阶级性和国界,在这方面的管理经验、管理方法、管理技术和管理手段等都可以互相借鉴。②不同生产方式在调节生产关系方面的经验有着本质的不同。对待西方资本主义的管理经验,正确的态度只能是从中国的国情出发,有分析、有选择地学习和借鉴,取其精华,去其糟粕,把学习、继承和创新结合起来,建立起真正具有中国特色的社会主义企业管理体系。

五、现代企业管理的任务和内容

(一)企业管理的任务

企业管理是以企业管理任务为导向,执行管理职能的系统活动。如果一个企业没有明确的企业管理任务,势必使企业管理陷入盲目的境地。现代企业管理必须承担和完成下列任务。

1. 发展壮大自己

企业从来进行的就是无终点的长距离赛跑。在激烈的市场竞争中,企业如同"逆水行舟,不进则退",不求发展壮大,早晚会危及企业自身的生存。这就要求管理者的每一项决策、每一个设想,都必须把壮大自己和发展企业经济放在首位。

2. 承担社会责任

企业是社会的一部分,在发展自己的同时,必须承担社会责任,做有益于社会的事,例如依法经营、依法纳税和防止污染等。此外，企业还必须把自己的经营目标与社会经济的发展战略联系起来，为实现国民经济发展战略目标做出应有的贡献。

3. 培养一支良好的职工队伍

管理者在管物的同时，更要管好人，重视人的因素，要始终坚持社会主义精神文明建设，为培养一支有理想、有道德、有文化的职工队伍做贡献。

(二)企业管理的内容

企业管理是一个完整的体系，对于这个体系可以从纵向和横向两个方面加以分析。从纵向看，有经营战略、决策与计划管理(高层管理)、专业管理(中层管理)和作业管理(基层管理)三个层次的管理；从横向看，有技术开发管理、生产管理、物资供应管理、市场营销管理、财务管理和人事管理等。

1. 不同层次的管理

企业高层管理是企业管理体系中最重要的组成部分，处于统帅地位。其核心是制定和组织实施企业经营战略、决策与计划。除此之外，它还包括企业组织结构的设计与改革工作；选拔使用和培养干部；培育企业文化，加强思想政治工作；处理企业同外部各方面的关键性关系；临时处理企业出现的重大危机等。

企业中层管理是把高层管理同基层管理联结起来的纽带，一方面对高层管理发挥参谋和助手作用，另一方面对基层管理进行指导、服务和监督。其内容一般是以企业生产经营全过程的不同阶段(例如开发、供应、生产、销售等阶段)和构成要素(例如人、财、物等)为对象，形成一系列的专业管理。

企业基层管理的对象是作业层。作业层在工业企业中通常指的是生产车间，在商业企业中指的是门市部，在服务性企业中指的是作业场所。其内容一般包括工序管理、物流管理、环境管理、规范化管理、职工自主管理和基层组织管理等。

2. 各项专业管理

企业以生产经营全过程的不同阶段和构成要素为对象，形成的一系列专业管理有技术开发管理、生产管理、物资供应管理、市场营销管理、财务管理和人事管理等。

企业要进行生产经营活动首先必须进行各种技术活动，包括产品开发、工艺开发、设备开发等。其次对这些开发活动进行管理并取得良好效果，是企业搞好生产和市场营销的技术保证和强大后盾。

生产管理是对企业日常生产活动的组织、计划和控制等一系列管理工作的总称，主要包括工厂布置、生产过程组织、劳动组织、生产计划、生产作业计划、质量管理和设备管理等工作。

物资供应管理包括物资的采购、储备、保管、发放和合理使用等项管理工作。

企业的市场营销是指企业在变化发展着的市场环境中,为满足顾客需求,实现企业目标的商务活动过程。对这一过程进行管理即为市场营销管理。它包括市场研究、销售渠道、广告宣传、产品定价、为用户服务等方面的管理工作。

财务管理是对企业资金的管理。其主要内容有:资金筹措、固定资金和流动资金管理、成本费用管理和利润管理等。

人事管理是根据企业合理的生产组织、劳动组织和管理组织对各类人员的需要,对人员的招收、录用、调配、考核、升迁等工作进行管理。其主要内容有职工工资和奖金、集体福利事业、职工教育与激励等管理工作。

第二节 延伸阅读

到目前为止,管理理论从萌芽阶段开始,先后经历了古典管理理论、行为科学理论和管理科学理论三大发展阶段。

一、管理理论的萌芽

管理活动源远流长,它与人类社会几乎同时产生,并形成一套完整的理论,经历了一段漫长的发展过程。

人类社会诞生以后,人们便结成了一定的社会关系,于是就有了集体劳动的分工和协作,管理因此应运而生。人们这种自觉或不自觉的管理活动和管理实践,仅仅是为了谋求生存,因而从未对管理活动本身的重要性和必要性加以认识。他们所拥有的管理知识,是靠代代相传或实践经验得来的,并没有对经验进行科学的抽象。因此这些早期的管理都是经验管理。

历史推进到 18 世纪,欧洲的商业城市迅猛发展,几次大规模的资产阶级革命促使资本主义生产方式完全从封建制度中脱离出来,占主导地位的家庭手工业制度逐步被工厂制所代替。尤其是英国的工业革命所导致的机器代替部分人力,对社会经济的发展产生了重要的影响。

工业革命和工厂制度的发展,使得工厂及公司的管理越来越突出,许多理论家在他们的著作中越来越多地涉及管理方面的理论问题。同时,有许多厂长、经理总结了自己的管理经验,共同探讨有关管理问题。这些著作和总结的出现阶段便是管理理论的萌芽阶段。

在管理理论的萌芽阶段,理论职能、原则的研究主要散见于经济学家和社会学家的著作之中。出现较多的是管理技术和管理方法的研究。

1. 亚当·斯密的分工理论

亚当·斯密是英国的古典政治经济学家,他把经济学的研究从以前的流通领域转移到生产领域中来。马克思的政治经济学中的许多论断都是对亚当·斯密经济学的发展和扬弃。亚当·斯密是最早对经济管理思想进行系统论述的学者。他于1776年出版的代表作《国民财富的性质和原因研究》(简称《国富论》)系统地阐述了劳动价值论和劳动分工理论。

亚当·斯密认为，劳动是国民财富的源泉，各国人民每年消费的生活日用必需品的源泉是本国人民每年的劳动。这些日用品供应情况的好坏取决于两个因素：①这个国家的人民的劳动熟练程度、劳动技巧和判断力的高低；②从事有用劳动的人数和从事无用劳动人数的比例。亚当·斯密在分析增进劳动生产力的因素时，特别强调了分工的作用。根据亚当·斯密的分工理论，分工的好处包括以下三点。

(1) 分工可以使劳动者专门从事一种单纯的操作，从而提高熟练程度，增进技能。

(2) 分工可以减少劳动者的工作转换，节约通常由一种工作转移到另一种工作所损失的时间。

(3) 分工可以使劳动简化，使劳动者的注意力集中在一种特定的对象上，有利于发现比较方便的工作方法，促进工具的改良和机器的发明。

亚当·斯密的这些观点，不仅符合当时生产发展的需要，而且成为日后企业管理理论的一条重要原理。

2. 萨伊的生产四要素理论

让·巴蒂斯特·萨伊是法国资产阶级庸俗经济学的创始人。他创立了政治经济学体系的"三分法"，即把政治经济学体系划分为生产、分配和消费三个部分，并提出了"供给自动创造需求"的萨伊定律。

萨伊是第一个明确地把管理作为同土地、劳动和资本相提并论的理论工作者。他把管理作为生产的第四要素的理论，已初步涉及了企业的所有权和经营权问题。根据萨伊的观点，虽然有些"冒险者"(指企业家)对所经营的企业拥有所有权，但是他们往往只有从其他人那里借入一部分资本或同别人合伙的部分所有权。这样，这些"冒险者"就成为其他人的经理而承担着把土地、劳动和资本这三个要素结合起来的风险。

3. 欧文的人事管理

欧文是19世纪英国一位杰出的空想社会主义者，也是一位卓有成就的企业家。他于1800—1828年期间在苏格兰经营过几个纺织厂。他曾在其经营的一家大型纺织厂做过试验，试验的目的是探索对工人和工厂所有者双方都有利的方法和制度。在工业革命早期，工人被看作是无生命的机器附属品。欧文却十分重视人的因素在工业中所起的重要作用，他提出对活的机器——人的福利的关心至少应与对无生命的机器的关心一样多。试验采取了下列措施来改善工人的工作和生活环境：改善工厂工作条件，提高工资，缩短工作时间，提高童工参加劳动的最佳年龄，为雇员提供厂内膳食，修建住房和街道，设立按成本向工人出售生活日用品商店，开设学校和夜晚娱乐中心等。欧文因此被誉为"现代人事管理 之父"。

二、古典管理理论

古典管理理论形成于 19 世纪末到 20 世纪初的欧美，可分为科学管理理论和组织管理理论。

(一)科学管理理论

1. 泰罗与科学管理

费雷德里克·泰罗出身于美国费城的一个律师家庭。受父亲职业和家庭的影响，中学毕业后，他考入哈佛大学法律系。但由于他不幸得了眼疾，被迫辍学。1875 年，泰罗进入费城的一家机械厂当徒工，1878 年转入费城的米德瓦尔工厂当技工，1883 年通过自学获得了机械工程学位，1884 年升任米德瓦尔工厂的总工程师。在米德瓦尔工厂的实践中，他深深感到，当时的企业管理当局不懂得用科学方法进行管理，不懂得工作程序，不懂得劳动节奏和疲劳因素对劳动生产率的影响，并且工人缺少训练，没有正确的操作方法和适用的工具。这些都大大影响了劳动生产率的提高。为了改进管理，他在米德瓦尔工厂进行了各种试验。

1898—1901 年期间，泰罗受聘于宾夕法尼亚的伯利恒钢铁公司继续从事管理方面的研究。1901 年后，他把大部分时间用在写作和演讲上，以宣传他的管理理论——科学管理。1906 年担任美国机械工程师学会主席职务，1915 年去世。泰罗的代表著作有《计件工资制》(1895 年)、《车间管理》(1903 年)和《科学管理原理》(1911 年)。其中《科学管理原理》一书是管理作为一门科学诞生的标志。

2. 科学管理理论的主要内容

泰罗的科学管理理论主要有以下三个观点。

第一，科学管理的中心问题是提高劳动生产率。提高劳动生产率是泰罗确定科学管理原理和方法的基础。泰罗在《科学管理原理》一书中强调指出提高劳动生产率的重要性和可能性。他在书中写道："生产率巨大增长这一事实标志着我们在一二百年内的巨大进步，正是由于劳动生产率的提高，使得今日人们的生活几乎同 250 年以前的国王一样好。"

第二，用科学管理代替经验管理是提高劳动生产率的重要手段。泰罗认为管理应是一门科学，在管理实践中，应建立各种明确的规定、条例、标准等使管理制度化和科学化。

第三，工人和雇主双方都必须来一次"心理革命"，劳资合作是实施科学管理的基础。泰罗认为，劳资双方必须由原来的"对抗"变成"合作"，共同为劳动生产率的提高而努力。用现代的话讲，就是劳动双方的对抗是一种"零和"博弈，如果停止对抗，进行友好合作和互相帮助，他们就能够生产出比过去更多的赢利，从而使工人的工资和企业主的利润都大大增加，即"双赢"博弈。

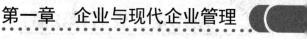

根据以上观点,泰罗提出了科学管理制度。它包括以下五个方面。

1) 工作定额

泰罗认为,科学管理如同节约劳动的机器一样,其目的在于提高每一单位的劳动生产量。工人提高劳动生产率的潜力是非常大的。他选择身体最强壮、技术最熟练的一个工人,把他的工作过程分解为许多个动作,并记录每一个动作和每一项工作所用的时间,再加上必要的休息时间和合理的延误时间,得出完成该项工作所需的时间,据此来定出一个工人合理的工作定额。

2) 标准化

标准化包括操作方法的标准化、工具机器材料的标准化、劳动时间的标准化和作业环境的标准化。在当时的企业里,工人的操作方法和使用的工具是根据已有的经验来确定的;工人的劳动时间、机器设备的管理、作业环境的设计布置也是根据管理人员自己的判断和经验来确定的,这样往往缺乏科学的依据。泰罗认为,经过思考、试验和分析,可以将这些经验性的东西转化为科学的方法和理论,将操作方法与工具、劳动时间、机器的布置等进行合理的配置,从而达到提高劳动生产率的目的。

3) 差别计件工资制

泰罗提出的差别计件工资制有三个特点:①由管理者根据试验制定出科学的工作定额或标准。②实行无保底工资的"差别计件工资制",即按照工人是否完成工作定额而采取不同的工资率。完成定额按 100%的工资率支付;超额完成定额,则定额内的部分连同超额部分按比正常单价高 25%计酬;完不成定额,则按比正常单价低 20%计酬。③工资支付的对象是工人而不是职位,即根据工人的实际工作表现,而不是根据工作类别来支付工资。泰罗认为,实行差别计件工资制会大大提高工人的积极性,从而大大提高劳动生产率。

4) 科学的工人选择、培训制度

泰罗对经过科学选择的工人用科学的作业方法进行培训,使他们按照作业标准工作,这样可以使得生产率大为提高。在《科学管理原理》一书中有这样的例子:在搬运生铁的劳动试验中,经过选择和训练的工人,每人每天的搬运量从 12.5 吨提高到 47.5 吨;在铲铁的试验中,每人每天的平均搬运量从 16 吨提高到 50 吨。

5) 计划职能与执行职能分离

泰罗认为,工人不可能从自己的经验中找到科学的方法,而且也没有时间和条件去从事这方面的实验和研究,他把工人的劳动称为执行职能。他认为,必须要有专门的部门的职能和专门的人员去做这些事情,并把这一任务交给了企业的计划部门。泰罗所指的计划部门的职能比现在的计划部门要广泛得多。计划部门的具体工作包括时间和动作研究、制定科学的工作定额和标准化的操作方法、选用标准化工具、下达书面计划、监督计划的执行等。这些从事计划职能的人员称为管理者。因此,计划部门的工作不但包括做什么,还包括怎么做。这基本包括了我们现在所指的管理的全部职能。据此,计划职能与执行职能的分离,也可以理解为管理职能和操作职能的分离。

3. 科学管理理论的其他代表人物

泰罗的科学管理理论在20世纪初得到了广泛的传播和应用，在西方的理论界和实业界产生了巨大的影响。在泰罗的同时代和以后的年代，许多人都为科学管理做出了贡献，其中较为突出的有吉尔布雷斯夫妇和甘特。

1) 吉尔布雷斯夫妇

美国工程师弗兰克与夫人莉莲·吉尔布雷斯在动作研究和工作简化方面做出了突出的贡献。他们开始是在建筑行业分析、研究用哪种姿势省力、舒适且效率较高。通过试验，他们得出了一套标准的砌砖方法，可以使工人的工作效率提高两倍以上。他们还在其他行业进行过动作研究，把工人操作时手的动作分解为17个基本动作，并称之为基本动作元素。他们在这一研究过程中通过拍摄操作动作来辅助研究。经过分析，确定哪些动作是合理的、应该保留的，哪些动作是多余的，可以省掉的，哪些动作需要加快速度，哪些动作应该改变次序，然后制定出标准的操作程序。他们的研究成果反映在1911年出版的《动作研究》一书中。吉尔布雷斯夫妇毕生致力于通过减少劳动中的动作浪费来提高效率，被人们称为"动作专家"。

2) 甘特

亨利·L.甘特是泰罗在米德瓦尔工厂和伯利恒钢铁公司的一位同事，后来从事企业管理的技术咨询工作。甘特对管理理论的发展贡献颇多，有两点是十分突出的。第一点是设计了一种用线条表示的计划图表，后人称之为"甘特图"。目前这种图仍然被企业广泛用于编制生产进度计划。第二点是提出了计件奖励工资制。这种奖励工资制除了支付日工资外，超额完成定额部分再计件发给资金；完成不了定额的，只能拿日工资，这相当于目前较为流行的"底薪"。这种工资制使工人感到收入有保证，从而激发了工人劳动的积极性。甘特的许多管理思想体现在他于1961年出版的《工业的领导》和1919年出版的《工业组织》著作中。

(二)组织管理理论

组织管理理论几乎与科学管理理论同时创立，科学管理理论主要通过车间管理提高劳动生产率，组织管理理论着重研究管理职能和整个组织结构。

1. 法约尔和一般管理

亨利·法约尔是法国一位著名的企业家，他于1860年从圣艾帝安国立矿业学院毕业后，进入康门塔里—福耳香堡采矿冶金公司，成为一名采矿工程师，并担任总经理长达30年之久。他从一名工程技术人员逐渐成为专业管理者，在长期的生产实践中形成了自己的管理思想和管理理论。法约尔除了在管理方面做出了巨大的贡献外，还因冶金和地喷技术方面的成就而获得法国科学院的德雷塞奖章、矿业学会金质奖以及法国荣誉勋章等。

法约尔一生的管理经验和管理思想集中体现在他于1916年出版的代表作——《工业管理和一般管理》之中。法约尔认为他的管理理论虽然是以大企业为研究对象，但也适用于政府、慈善团体以及其他各种事业团体。因此，后人把法约尔称为"一般管理理论家"。他的理论概括起来主要有以下四个方面的内容。

1) 企业的六种经营活动和管理的五项职能

法约尔认为，任何企业都存在六种经营活动，即技术活动、商业活动、财务活动、会计活动、安全活动和管理活动。管理活动只是六种经营活动中的一种。

技术活动包括生产、制作和加工等活动，这正是泰罗在科学管理中当作核心内容来分析的活动；商业活动是指购买、销售、交换等活动，这强调了购销活动在企业经营中的重要地位；财务活动包括企业资金的筹措与投向，这指明了企业成功的基本财务条件；会计活动是指库存盘点、成本统计和核算等工作，这使得企业的有效监督和控制成为可能；安全活动包括工厂设备与人员的保护，如防止工伤事故、火灾以及减少盗窃等。

管理活动是区别于其他五项经营活动的重要活动，包括计划、组织、指挥、协调和控制五大职能。这一职能思想成为管理理论的重要基础之一。

2) 管理者的六种能力

法约尔认为成功的管理者应该具备与从事其他经营活动所不同的能力，即职业管理能力。它包括以下六个方面。

(1) 身体——健康、精力旺盛、行动敏捷。

(2) 智力——管理者要有较强的理解和学习能力、判断力，要头脑灵活、思维敏捷、专注。

(3) 品质——管理者要有毅力、坚强、勇于承担责任，还要有创新精神、忠诚和自知之明等。

(4) 一般文化——管理者的知识面要宽，能写会算。

(5) 专业知识——对自己所担任的技术、商业、财务、会计、安全和管理等方面的专业知识要有较深入的了解。

(6) 经验——优秀的管理者还要有丰富的经验，必须通过参加实际管理工作从实践中体验管理。

根据法约尔的观点，只有一种能力的"I"型结构是不行的，应该既具有较宽泛的一般能力，又具有较强的专业能力的"T"型结构。最理想的是既懂做事，又懂管事，还具有普遍知识和能力的"TI"型结构。

3) 管理的十四条原则

法约尔根据自己的工作经验，归纳出以下十四条管理原则。

(1) 分工。专业化分工是组织管理的必要手段。

(2) 权力与责任。权力与责任是互为依存互为因果的。权力是指"指挥他人的权以及促使他人服从的力"，而责任则是随着权力而来的奖罚。委以责任而不授予相应的权力就是组织上的缺陷。当然权力也不可滥用。

(3) 纪律。纪律是管理所必需的，是"对协定的尊重，这些协定以达到服从、专心、干劲，以及尊重人的仪表为目的"。也就是说，组织内所有成员通过成文协议对自己在组织内的行为进行控制。纪律应该尽可能明确和公正。

(4) 统一指挥。无论什么时候，组织内每一个人只能服从一个上级并接受他的命令。

(5) 统一领导。这一条原则与统一指挥不同，它是指具有同一目标的全部活动，仅有一个领导人和一套计划。只有这样，资源的应用与协调才能指向同一目标的实现。

(6) 个人利益服从集体利益。个人和小集体的利益不能超越组织的利益。当两者不一致时，领导人必须使他们一致起来。

(7) 合理的报酬。薪酬制度应当公平，对工作成绩与工作效率优良者应有奖励。但奖励不应超过某一适当的限度。

(8) 适当的集权和分权。提高下属重要性的做法就是分权，降低这种重要性的做法就是集权。应当根据具体情况决定产生全面的最大利益的集中或分散的程度。这种集中或分散应当具有一定的弹性，具体应根据组织的性质、问题和所有人员的能力而决定。

(9) 跳板原则。管理中的等级制度是从最高管理人员直至最基层管理人员的领导系列，它显示出执行权力的路线和信息传递的渠道。从理论上说，为了保证命令的统一，各种沟通都应按层次逐步进行，但在特殊情况下，这可能会产生信息延误现象。为了解决这一问题，应当适当变动。

(10) 秩序。所谓秩序是指"凡事各有其位"。这一原则既适用于人力资源，也适用于物质资源，例如设备、工具要排列有序，人员要有自己确定的位置。合理的秩序可按照事物的内在联系来确定。

(11) 公平。领导人对下属善意和公平，就可能使下面对上级表现出忠诚和热心。

(12) 保持人员稳定。一个人要有效地、熟练地从事某项工作需要相当长的时间，如果人员不断变动，工作将得不到良好的效果。

(13) 首创精神。首创精神是创立和推行一项计划的动力。除领导人要有首创精神外，还要使全体人员发挥其首创精神。这将促使职工提高自己的敏感性和能力，对整个组织来说也是一种巨大的动力。领导人要在不违背职权和纪律的情况下，鼓励和发挥下级的首创精神。

(14) 集体精神。一个机构内集体精神的强弱取决于该机构内职工之间的和谐与团结，在组织中，全体成员的和谐与团结是这个企业发展的巨大力量，领导者应尽一切可能保持和巩固职工团结。

法约尔所归纳的管理原则在今天看来仍具有普遍意义。后来，厄威克古利克以此为基础把管理原则归纳为较有代表性的八条：①因组织设人原则；②一个最高主管和一人管理原则；③统一指挥原则；④专业参谋和代表参谋原则；⑤工作的部门化原则；⑥授权原则；⑦责权相符原则；⑧授权幅度原则。

4) 管理教育的必要性

法约尔探讨了管理教育的可行性、必要性以及管理理论的普遍性。他认为人的管理能力可以通过教育来传授、学习而获得，是先知后验、先学后予。法约尔开创了提倡管理教育的先河。

2. 韦伯与理想的行政组织体系理论

韦伯是德国著名的社会学家，他在代表作《社会组织与经济组织》一书中提出了理想的行政组织体系理论。这一理论的核心是组织活动要通过职务或职位而不是通过个人或世袭地位来管理。他所指的"理想"是指现代社会最有效和最合理的组织形式，具有以下特点。

(1) 明确的分工。组织内存在明确的分工，每一职位的权力和责任都应有明确的规定。

(2) 自上而下的等级系统。组织内的各个职位，应按照等级原则进行法定安排，形成自上而下的等级系统。

(3) 人员的任用。人员的任用完全根据职务的要求，通过正式考评和教育训练来实现。

(4) 职业管理人员。管理人员有固定的薪金和明文规定的升迁制度，是一种职业管理人员。

(5) 遵守规则和纪律。管理人员必须严格遵守组织中规定的规则和纪律。

(6) 组织中人员之间的关系。组织中人员之间的关系完全以理性准则为指导，仅仅是职位关系而不受个人情感的影响。

韦伯所提出的这种高度结构的、正式的、非人格化的理想行政组织体系是强制控制的合理手段，是达到目标、提高效率的最有效形式。该组织形式适用于各种行政管理和各种大型组织。韦伯的这一理论对后来的组织理论学家产生了深远的影响。

三、行为科学理论

行为科学的研究大致可分为两个时期。前期从美国学者乔汉·埃尔顿·梅奥(George Elton Mayo)的霍桑实验开始。1949 年，美国芝加哥大学召开了一次哲学家、精神病学家、心理学家、生物学家和社会学家等参加的跨学科的科学会议。这次会议第一次提出了"行为科学"这一名词。于是，行为科学进入了一个新的研究时期。

(一)霍桑实验和梅奥的人际关系论

梅奥是美籍澳大利亚行为科学家。1924—1932 年，美国国家研究委员会和西方电气公司合作，在西方电气公司下属的霍桑工厂进行了著名的霍桑实验，梅奥是主要负责人。

霍桑实验分为以下四个阶段。

第一阶段：照明实验(1924—1927 年)。照明实验是希望通过照明强度的变化得出其对生产率的影响。因此,该实验选择一批工人分成两组:一组为"实验组",让工人在不同的照明强度下工作;另一组为"控制组",让工人在某一固定的照明强度下工作。这个实验的结果表明:照明强度的变化对生产率几乎没有影响。

第二阶段:继电器装配实验(1927—1928年)。继电器装配实验的目的是实验各种工作条件的变化对生产率是否有影响。通过工作方法、材料供应、工作时间、监督和指导方法等各种因素的变化对工作效率的影响实验,发现监督和指导方法的改善能促使工人改变工作态度、提高产量,而其他因素对生产率没有特别的影响。

第三阶段:大规模的调查、访问(1928—1931年)。实验者在这个阶段开展了全公司范围的普查与访问,调查访问的对象高达2万余人次。通过这些研究发现:影响生产力最重要的因素是工作过程中发展起来的人群关系,而不是工作环境和待遇。为了进一步证实实验的结果,实验进入了第四阶段。

第四阶段:接线板工作实验(1931—1932年)。接线板工作实验挑选了14名女工,包括绕线工9人,焊接头的焊工3人和2名工作质量检验员。实验发现,工人既不会超过定额,也不会完不成定额,她们达到自认为是"过得去"的产量时就会松懈下来。其原因是生产小组无形中形成了一种默契,即工作不要做得太多,也不要做得太少;既不告诉监工任何会损害同伴的事,也不企图对别人保持距离或多管闲事等。她们形成这种默契最根本的原因是:怕因工作好而使标准再度提高;对失业的恐惧和保护速度慢的同伴。这一阶段的实验,还发现了"霍桑效应",即对于新环境的好奇和兴趣,足以导致较佳的成绩,至少在最初阶段是如此。

霍桑实验前后经历了8年的时间,获得了大量的第一手资料。为人群关系理论的形成以及后来行为科学的发展奠定了基础。

1933年,梅奥总结霍桑实验的结果出版了《工业文明中人的问题》一书,提出了与古典管理理论不同的新观点,具体内容如下。

(1) 工人是社会人。工人不是单纯追求金钱和物质收入的"经济人",他们还有心理方面和社会方面的感情需要,因而心理和社会因素所形成的动力对生产效率的影响更大。

(2) 企业中存在非正式组织。企业成员在共同工作的过程中由于共同的社会情感而形成非正式组织。非正式组织有自己的行为规范,有左右组织成员的行为。

(3) 新型的领导在于提高工作士气。生产率的高低主要取决于工人工作的主动性、积极性和协作精神,即工作士气。梅奥认为,工人的满足越高,其士气就越高,从而生产效率就越高。

(二)行为科学学派的主要理论

经过30余年的发展,人群关系学派已经形成了完善的行为科学理论。这一理论流派的主要理论包括以下几个方面。

1. 马斯洛与需求层次理论

亚伯拉罕·哈洛德·马斯洛(Abraharm Harold Maslow)的需求层次理论是西方广为流传的激励理论。它有两个基本论点：一是认为人是有需求的动物，其需求取决于他得到了什么，尚缺少什么，只有尚未满足的需求能够影响行为；另一个观点是认为人的需求有轻重层次，某一层次的需求得到满足后，另一个需求才会出现。

马斯洛将需求由低到高分为五级，即生理需求、安全需求、社会需求、尊重需求以及自我实现的需求。有关马斯洛需求层次理论的详细内容将在激励理论中进一步阐述。

2. 赫茨伯格与双因素理论

弗雷德瑞克·赫茨伯格(Frederick Herzberg)于1959年提出了著名的双因素理论。当年，赫茨伯格在广泛调查的基础上出版了他的名著《工作与激动》一书，在该书中提出了影响人们行为的两大因素——保健因素和激动因素对人们身体的影响。

保健因素与工作的外部因素有关，其对员工的影响类似于保健对人们身体的影响。当卫生保健工作达到一定的水平时，可以预防疾病，但不能治病。同样，当保健因素低于一定水平时，员工会产生不满；当这类因素得到改善时，员工的不满就会消除。保健因素对员工起不到激励作用。激励因素与工作内容和工作成果有关，这些因素的改善可以使员工获得满足感，产生强大而持久的激励作用；这类因素不具备时，也不会造成员工的极大不满。

3. 麦格雷戈与X理论、Y理论

道格拉斯·麦格雷戈(Douglas Mcgregor)于1957年首次提出了X理论和Y理论。1960年，他在《企业中人的方面》一文中对这两种理论进行了比较。

X理论的观点总体来说是"人之初，性本恶"。基本上是消极的，具体内容如下。

(1) 多数人十分懒惰，他们总是想方设法逃避工作。

(2) 多数人没有雄心大志、不愿负责任，而心甘情愿地接受别人的指导。

(3) 多数人的个人目标与组织目标相矛盾，必须用强制、惩罚的方法才能迫使他为实现组织目标而工作。

(4) 多数人干工作都是为了满足基本需要，只有金钱和地位才能鼓励他们工作。

(5) 人大致可以分为两类，多数人都是符合上述设想的人；另一类则是能够自己鼓励自己、克制感情冲动的人，这些人应担当管理的责任。

Y理论与X理论相反，其观点总体来说是"人之初，性本善"。Y理论的主要观点如下。

(1) 一般人都是勤奋的，如果环境条件有利，工作就如同游戏或休息一样自然。

(2) 控制和惩罚不是实现组织目标的唯一手段，人们在执行任务的过程中能够自我指导和自我控制。

(3) 在适当的条件下，一般人不但会接受某种职责，而且还会主动寻求职责。

(4) 大多数人在解决组织的困难问题时，都能发挥出高度的想象力、创造性和聪明才智。

(5) 有自我满足和自我实现需求的人往往以达到组织目标作为自己致力于实现目标的最大报酬。

(6) 在现代社会条件下，一般人的智能潜力只能得到部分发挥。

四、管理科学理论

(一)管理科学理论的特点

管理科学理论有以下主要特点。

1. 决策是管理的中心

管理科学理论认为决策贯穿于管理的全过程，因此主张利用现代科学的理论、方法和技术，尤其是数理方面的知识，对管理问题进行系统的分析，提供最优方案供管理者选择。

2. 使用计算机

企业经营范围的扩大、决策问题的复杂化、方案选择的定量化都要求及时处理大量数据，而这些若借助于计算机，则可以使问题的解决变得更加简便。

3. 衡量标准定量化

管理科学理论学派认为，决策过程就是建立和运用数学模型的过程。因此，管理科学理论学派十分注重定量分析，主张尽可能用数量分析来说明各种因素及其相互关系，摒弃单凭经验和直觉确定经营目标与方针的做法。

4. 追求最大经济效益

管理科学理论学派认为，生产和经营管理各个领域的活动都以经济效果的好坏作为评价标准。任何组织都追求以最小的成本获得最大的经济利益，并且是整体的最大效益，而非局部最大效益。

管理科学理论学派的主导思想是使用先进的数学方法和管理手段，减少行为因素，使生产力得到最为合理的组织，以获得最佳的经济效益。

(二)管理科学理论的内容

管理科学理论的主要内容有以下三个方面。

第一章 企业与现代企业管理

1. 运筹学管理实践

运筹学是管理科学理论的基础。在第二次世界大战中，一些英国科学家为了解决雷达的合理布置问题而发展数学分析和计算技术。就其内容来说，运筹学是一种分析的、试验的和定量的方法。它研究的是在既定的物质条件下，为实现组织的某一确定目标，运用科学方法(主要指数学方法)进行数量分析，统筹兼顾研究对象在整个活动中各个环节之间的关系，为选择最优方案提供数量上的依据，以做出综合性的合理安排，最经济、最有效地使用人力、物力和财力。后来运筹学被广泛应用于管理领域，形成了许多新的分支，具体如下。

1) 规划论

规划论主要用来研究如何统筹安排、合理地调度人员、设备、资金、材料和时间等。根据不同情况它又可分为线性规划、非线性规划和暗合动态规划。

2) 库存论

库存论主要用来研究在什么时间、以什么数量、在什么地方供应各种资源的库存和补充的总费用最少。

3) 排队论

排队论主要用来研究在公用服务系统中，为了不使顾客过长时间地排队等候，同时又不让服务人员及设备过长时间的闲置，而设置多少服务人员或设备问题。

4) 对策论

对策论又称博弈论，主要用来研究在利益相互矛盾的多方竞争中，如何使自己一方最有利，并求出对方的最优策略。

5) 搜索论

搜索论主要用来研究在搜集各种对象的过程中，如何使用合理的搜索手段，取得最好的搜索效果的问题。

6) 网络分析

网络分析是利用网络图进行工作计划和控制工作理论研究，常用的管理技术有计划评审技术和关键线路法。

2. 系统分析

系统分析这一概念由美国兰德公司于1949年提出。运用科学和数学的方法对系统中的事件进行研究和分析，就是系统分析。它的准则和步骤如下。

(1) 弄清楚并确定这一系统的最终目的，同时明确每个特定的阶段性目标和任务。

(2) 必须把研究对象看作是一个统一的系统，然后确定每个局部要解决的问题，研究它们之间、它们与总体之间的相互关联、相互影响。

(3) 探求达到总体目标和各个局部任务可供选择的方案。

(4) 对可供选择的方案进行分析、比较，选出最优方案。

(5) 组织各项工作的实施。

3. 决策科学化

决策科学化要求以充分的事实为依据，运用严密的逻辑思考方法，对大量的资料和数据按照事物的内在联系进行计算、分析，遵守一定的程序，作出正确的决策。现代管理科学主要是为决策服务的。管理科学理论的发展，在很大程度上也就是决策科学化的过程。运用管理科学理论可减少决策的失误，提高决策的质量。

五、管理理论新发展

随着冷战时代的结束，计算机尤其是个人计算机的广泛普及、互联网的广泛运用，人类进入了信息化的新经济时代。信息化、网络化、知识化和全球化是新经济时代，尤其是20世纪90年代以来的显著特征。90年代以来，产生了一些体现时代特征的企业管理理论，主要有学习型组织、精益思想、业务流程再造和核心能力理论等。

1. 学习型组织

所谓学习型组织是指具有持续不断学习、适应和变革能力的组织。当今管理者所面临的最大挑战是变化，正如管理学大师彼得·费迪南德·德鲁克(Peter Ferdinand Drucker)所言："当今世界，唯一不变的就是变化。"学习型组织与传统组织具有明显的不同，具体表现如下。

(1) 在对待变革的态度上，传统组织认为，只要还管用就不要改变它；而学习型组织认为，如果不变革那就不管用了。

(2) 在对待新观点的态度上，传统组织认为，如果不是产生于此时此刻就拒绝它；而学习型组织认为，如果是产生于此时此刻就拒绝它。

(3) 在关于谁对创新负责上，传统组织认为，创新是研发部门的事；而学习型组织认为，创新是组织中每位成员的事。

(4) 传统组织的主要担心是发生错误，而学习型组织的主要担心是不学习、不适应。

(5) 传统组织认为产品和服务是竞争优势，而学习型组织认为学习能力、知识和专门技术是组织的竞争优势。

(6) 在管理者的职责上，传统组织认为，管理者的职责是控制别人；而学习型组织认为，管理者的职责是调动别人、授权别人。彼德·圣吉在《第五项修炼：学习型组织的艺术与实务》中指出，企业应成为一个学习型组织，并提出了建立学习型组织的四个标准：①人们能不能不断检验自己的经验；②人们有没有生产知识；③大家能否分享组织中的知识；④组织中的学习是否和组织的目标息息相关。并且他提出了建立学习型组织的技能，即五项修炼：自我超越、改善心智模式、建立共同愿景、团体学习和系统思考。圣吉还提出，在学习型组织中，领导者是设计师、仆人和教师。他们负责建立一种组织，能够让其他人不断增进了解复杂性、愿景和改善共同心智模式的能力,也就是领导者要对组织的学习负责。

2. 精益思想

1985 年,麻省理工学院发起了"国际汽车计划(IMVP)"。IMVP 组织了一支国际性的研究队伍,耗资 500 万美元,历时 5 年,访问了北美、西欧、日本、韩国、墨西哥等国家和地区与汽车有关的公司和工厂,写了大量的研究报告,最后出版了一本名为《改变世界的机器》的著作,推出了一种以日本丰田生产方式为原型的"精益生产方式"。精益生产方式,即企业把客户、销售代理商、供应商、协作单位纳入生产体系,同他们建立起利益共享的合作伙伴关系,进而组成一个企业的供应链。消除无价值活动是精益生产方式的精髓。精益生产方式不同于大规模生产方式。沃麦克(Womack)、琼斯(Jones)和鲁斯(Roos)在《精益思想》中指出:所谓精益思想,就是根据用户需求定义企业的生产价值,按照价值流组织全部生产活动,使要保留下来的、创造价值的各个活动流动起来,让用户的需要拉动产品生产,而不是把产品硬推给用户,暴露出价值流中所隐藏的无价值活动,不断完善,达到尽善尽美。

3. 业务流程再造

传统的组织结构建立在职能和等级职能的基础上。虽然这种模式过去曾经很好地服务于企业,但是面对知识经济时代竞争环境的要求,其反应已经显得缓慢和笨拙。业务流程再造对许多传统的组织结构原则提出了挑战,将流程推到了管理日程表的前列。它通过重新设计流程,可以在绩效的改善上取得飞跃,激发和增进企业的竞争力。迈克尔·哈默(Michael Hammer)和詹姆斯·钱皮(James Champy)在 1993 年出版的《再造公司》一书中,主张采取上述方法来对变化和为提高产品、经营的质量而付出的努力进行管理。他们把再造定义为"对经营流程彻底进行再思考和再设计,以便在业绩衡量标准(例如成本、质量、服务和速度等)上取得重大突破"。采取再造方法的公司迅速学会必须做什么,然后确定如何做。"'再造'不把任何事想当然,它对'是什么'有所忽视,而对'应该是什么'相当重视。"再造中最关键的部分是在公司的核心竞争力和经验的基础上确定它应该做什么,即确定它能做得最好的是什么。之后再确定需要做的事最好是由本组织来做还是由其他组织来做。采取再造方法的结果是公司规模的缩小和外包业务的增多。

4. 核心能力理论

核心能力理论是由 20 世纪 80 年代的资源基础理论发展而来的。在 50 年代,斯尔兹尼克(Selznick,1957)提出了"独立能力"(Distinctive Competence)概念,并且在 60 年代形成了企业战略管理的基本模式,即公司使命或战略建立在"独特能力"基础之上。它包括企业成长的方式、有关企业实力与不足的平衡思考,以及明确企业的竞争优势和协同效应从而开发新市场和新产品。到 80 年代,资源基础理论认为企业的战略应该建立在企业的核心资源上。所谓核心资源是指有价值的、稀缺的、不完全模仿和替代的资源，它是企业持续增长优势的源泉。1990 年普拉哈拉德(C. K. Prahalad)和哈梅尔(Gary Hamel)在《哈佛商业评论》上发表了一篇具有广泛影响的论文《公司的核心能力》，一下子把众多学者、实践家的目光吸引过去。从核心资源到核心能力(Core Competence)，资源基础理论得到了进一步发展。普拉哈拉德和哈梅尔定义，核心能力是组织内的集体知识和集体学习，尤其是协调不同生产技术和整合多种多样技术流的能力。鉴定某项能力是否是企业的核心能力，必须满足以下五个条件：①不是单一技术或能力，而是一簇相关的技术和技能的整合；②不是物理性资产；③必须能创造顾客看重的关键价值；④与对手相比，竞争上具有独特性；⑤超越特定的产品或部门范畴从而为企业提供通向新市场的通道。

第三节　大案例与小故事

一、大案例

百年老院的现代管理启蒙

　　北京同仁医院是一所以眼科闻名中外的百年老"店"，走进医院的行政大楼，其大堂的指示牌上却标着令人诧异的文字：五楼 MBA 办公室。目前该医院已经从北大、清华聘请了十一位 MBA，另外还有一名学习会计的研究生，而医院的常务副院长毛羽就是一位曾留学美国的医院管理专业的 MBA。

　　内忧外患迫使同仁医院下定决心引进职业经理人并实施规模扩张，希望建立一套行政与技术相分离的现代医院管理制度。

　　根据我国加入世贸组织达成的协议，2003 年，我国将正式开放医疗服务业。2002 年年初，圣新安医院管理公司对国内数十个城市的近 30 家医院及其数千名医院职工进行了调查访谈，得出结论：目前国内大部分医院还处于极低层次的管理启蒙状态，绝大多数医院并没有营销意识，普遍缺乏现代化经营管理常识。更为严峻的竞争现实是：医院提供的服务不属于那种单纯通过营销就可以扩大市场规模的服务——医院不能指望通过市场手段刺激每年病人数量的增长。

　　同仁医院显然是同行中的先知先觉者。2002 年，医院领导层在职代会上对同仁医院的管理做过"诊断"：行政编制过大、员工队伍超编导致流动受限；医务人员的技术价值不能得到体现；管理人员缺乏专业培训，管理方式、手段滞后，经营管理机构力量薄弱。同时他们开出药方：引入 MBA，对医院大手笔改造，涉及岗位评价及岗位工资方案、医院成本核算、医院工作流程设计、经营开发等。

　　目前，几乎国内所有的医院都没有利润的概念，只计算年收入。但在国外，一家管理有方的医院,其利润率可高达20%。这也是外资对国内医疗市场虎视眈眈的重要原因。

同仁医院要在医院中引入现代市场营销观念、启动品牌战略和人事制度改革。树立"以病人为中心"的服务观念:以病人的需求为标准,简化就医流程,降低医疗成本,改善就医环境;建立长期利润观念,走质量效益型发展的道路;适应环境、发挥优势、实行整合营销;通过扩大对外宣传、开展义诊咨询活动、开设健康课堂等形式,有效扩大潜在的医疗市场。

同仁医院所引进的MBA背景各异,绝大多数都缺乏医科背景。他们能否胜任医院的管理工作?医院职业化管理至少包括了市场营销管理、人力资源管理、财务管理、科研教学管理、全面医疗质量管理、信息策略应用及管理、流程管理等7个方面的内容。这些职能管理与医学知识相关但非医学专业。

同仁医院将MBA们"下放"到手术室3个月之后,都悉数调回科室,单独辟出MBA办公室,以课题组的形式,研究医院的经营模式和管理制度。对于医院引入的企业化管理,主要包含医院经营战略、医疗市场服务营销、医院服务管理、医院成本控制、医院人力资源、医疗质量管理、医院信息系统和医院企业文化等多部分内容。其中,医院成本控制研究与医院人力资源研究是当务之急。

几乎所有的中国医院都面临着成本控制的难题,如何堵住医院漏洞,进行成本标准化设计,最后达到成本、质量效益的平衡是未来中国医院成本控制研究的发展方向。另外,现有医院的薪酬制度多为"固定工资+奖金"的模式,而由于现有体制的限制,并不能达到有效的激励效果,医生的价值并没有得到真实的体现,导致严重的回扣与红包问题。如何真正体现员工价值,并使激励制度透明化、标准化成为当前首要解决的问题。

这一切都刚刚开始。指望几名MBA就能改变中国医院管理的现状是不可能的。不过,医院管理启蒙毕竟已经开始,这就是未来中国医院管理发展的大趋势。

思考题

1. 结合案例说明你对管理及管理职能的理解。

2. 同仁医院为什么要引进如此多的MBA管理人员?你认为他们能否胜任医院的管理工作?

二、小故事

小故事(一)

有一个年轻人经过千山万水的跋涉来到森林中的寺院,请求寺院里德高望重的住持收他为徒。住持郑重地告诉他:"如果你真要拜我为师追求真道,你必须履行一些义务和责任。""我必须履行哪些义务和责任呢?"年轻人急切地问。"你必须每天从事扫地、煮饭、劈柴、打水、扛东西、洗菜……的工作。""我拜你为师是为了习艺正道,而不是来做琐碎的杂工、无聊的粗活的。"年轻人一脸不悦地丢下这句话,就悻悻然离开了寺院。

正道不是高不可攀或莫测高深的理论,它隐藏在日常的工作琐事及生活细节中。同样的,管理的道理,随处可得,只要认真去从事,用心去体验,工作过程中自可深刻体悟管理的奥妙及意义。

小故事(二)

南宋嘉熙年间,江西一带山民叛乱,身为吉州万安县令的黄炳,调集了大批人马,严加守备。一天黎明前,探马来报,叛军即将杀到。

黄炳立即派巡尉率兵迎敌。巡尉问道:"士兵还没吃饭怎么打仗?"黄炳却胸有成竹地说:"你们尽管出发,早饭随后送到。"黄炳并没有开"空头支票",他立刻带上一些差役,抬着竹箩木桶,沿着街市挨家挨户叫道:"知县老爷买饭来啦!"当时城内居民都在做早饭,听说知县亲自带人来买饭,便赶紧将刚烧好的饭端出来。黄炳命手下付足饭钱,将热气腾腾的米饭装进木桶迅速运走。这样,士兵们既吃饱了肚子,又不耽误进军,打了一个大胜仗。这个县令黄炳,没有亲自捋袖做饭,也没有兴师动众劳民伤财,他只是借别人的人,烧自己的饭。县令买饭之举,算不上高明,看似平淡无奇,甚至有些荒唐,但却取得了很好的效果。

一个优秀的管理人员,不在于你多么会做具体的事务,因为一个人的力量毕竟是有限的,只有发动集体的力量才能战无不胜,攻无不克。管理人士尤其要注重加强培养自己驾驭人才的能力,知人善任,了解什么时候什么力量是可以利用以助自己取得成功的。

四两拨千斤,聪明的人总会利用别人的力量获得成功。

小故事(三)

法国银行大王恰科年轻时,为了能在银行找到一份工作,曾多次到BELLJU银行找董事长,希望能得到雇用,然而一次次地求职都未能如愿。当他第12次找到BELLJU银行董事长时,一见面就被拒绝了。他失魂落魄地走出银行,看见银行大门前的地面上有一根大头针,他弯腰把大头针拾起来,以免它伤人。

第二天,银行录用恰科的通知书来了。原来,就在他蹲下来拾大头针的时候,被董事长看见了⋯⋯恰科从此在法国银行界平步青云,最终功成名就,成为法国银行界的大王。

小故事(四)

2008年,三鹿集团是第一个被发现在婴幼儿奶粉中添加化工原料三聚氰胺,并导致食用该奶粉的婴幼儿患上肾结石的。其后此事件进一步扩大,越来越多乳制品厂的奶制品被揭发也含有三聚氰胺。根据官方公布的数字,截止到2008年9月21日,因使用婴幼儿奶粉而接受门诊治疗且已康复的婴幼儿累计39 965人,正在住院的有12 892人,此前已治愈

第一章　企业与现代企业管理

出院 1579 人，死亡 4 人。事件引起全国的高度关注和对乳制品安全的担忧。国家质检总局公布对国内厂家生产的婴幼儿奶粉的三聚氰胺检验报告后，事件迅速恶化，包括伊利、蒙牛、光明在内的 22 个厂家 69 批次产品中都检出三聚氰胺。该事件亦重创乳品制造商的声誉。2008 年 9 月 24 日，国家质检总局表示，牛奶事件已得到控制，9 月 14 日以后新生产的酸乳、巴氏杀菌乳、灭菌乳等主要品种的液态奶样本均未检测出三聚氰胺。2009 年 1 月 22 日，社会关注的三鹿系列刑事案件，分别在河北省石家庄市中级人民法院和无极县人民法院等 4 个基层法院一审宣判，其中原三鹿集团董事长田文华被判处无期徒刑，被告人张玉军、耿金平被判处死刑，其他 18 名被告人各获刑罚。被告单位三鹿集团股份有限公司犯生产、销售伪劣产品罪，判处罚金人民币 4937.4822 万元。

一个不遵守道德、缺少社会责任感的企业终究会受到市场的惩罚。

小故事(五)

去过寺里的人都知道，一进寺先看到的是弥勒佛，他笑脸迎客，而在他的北面，则是黑口黑脸的韦陀。相传在很久以前，他们并不在同一个寺里，而是分别掌管不同的寺。弥勒佛热情快乐，所以来的人非常多，但他什么都不在乎，丢三落四，没有好好管理财务，所以入不敷出。而韦陀虽然是管账好手，但整天阴着脸，太严肃，搞得人越来越少，最后香火断绝。佛祖在查香火的时候发现这个问题，就将他们俩放在同一个寺里，由弥勒佛负责公关，笑迎八方，而韦陀铁面无私，锱铢必较，则让他负责财务，严格把关。在两人的分工合作中，寺里一派欣欣向荣。

第四节　素 质 拓 展

一、思考题

(1) 引例中唐校长所提出的发展思路是否是天虹中学的组织目标？
(2) 王副校长要离开天虹的原因是什么，说明了什么？
(3) 管理一个学校和管理一个企业有什么相似之处，不同之处？
(4) 唐校长的管理方式有什么不对吗？

二、辩论

(1) 论题：高层管理者是企业管理的主角
(2) 目的：
了解掌握管理者与企业管理的关系与原理，掌握企业管理者的基本概念和角色，使学生初步感知企业管理者角色。

(3) 具体要求：
① 将全班同学分成正方与反方，再分成若干小组(限5人一组)进行辩论。
② 正方坚持"高层管理者是企业管理的主角"立场。
③ 反方联系企业管理、企业管理者基本理论，举例说明确立企业管理者的角色类型，界定企业管理职能等论点，反驳正方。
④ 正反双方在辩论中，既要回答对方的提问，也要向对方提出疑难问题，要求答辩。
⑤ 正反双方举例鲜明生动，并形成书面辩论资料，呈报老师或评委。

三、创业素质论坛

创业是一个发现和捕获机会并由此创造出新颖的产品或服务，实现其潜在价值的过程。创业必须奉献时间，付出努力，并承担相应的财务的、精神的和社会的风险，才能获得金钱的回报、个人的满足和独立自主。

如果把创业看成是登山的话，那么，有的创业者希望征服喜马拉雅山脉的珠穆朗玛峰，像比尔·盖茨；而有的人只是想爬上自己屋后的小山坡。虽然两者不可同日而语，但是从某种意义上看，他们都是在创业。通过对国内上千创业者案例的研究，发现国内创业者基本可以分成以下几种类型。

第一种类型：生存型创业者。创业者大多为下岗工人、失去土地或因为种种原因不愿困守乡村的农民，以及刚刚毕业找不到工作的大学生。这是中国数量最大的一拨创业人群。清华大学的调查报告指出，这一类型的创业者，占中国创业者总数的90%。其中许多人是被迫创业，为了谋生有口饭吃。一般创业范围均局限于商业贸易，少量从事实业，也基本是小打小闹的加工业。当然也有因为机遇成长为大中型企业的，但数量极少，因为现在国内市场已经不像20多年前刘永好兄弟、鲁冠球、南存辉创业时的那个时代；经济短缺，机制混乱，机遇遍地。如今这个时代，多的是每天一睁眼就满世界找钱的主儿，少的是赚钱的机会，用句俗话来说，就是狼多肉少，仅仅想依靠机遇成就大业，早已经是不切实际的幻想了。

第二种类型可称为变现型创业者。这类创业者过去在党、政、军、行政、事业单位掌握一定权力，或者在国企、民营企业当经理人期间聚拢了大量资源的人，在机会适当的时候，洗足下海，开公司办企业，实际是将过去的权力和市场关系变现，将无形资源变现为有形的货币。在20世纪80年代末至90年代中期，第一类变现者最多，现在则以第二类变现者居多。但第一类变现者当前又有抬头的趋势，而且相当部分受到地方政府的鼓励，例如一些地方政府出台鼓励公务员带薪下海、允许政府官员创业失败之后重新回到原工作岗位，都在为第一类变现型创业者推波助澜。这是一种公然破坏市场经济环境，人为制造市场不公平竞争的行为。

第三种类型：主动型创业者。这类创业者又可分为两种，一种是盲动型创业者，一种是冷静型创业者。前一种创业者大多极为自信，做事冲动。有人说，这种类型的创业者，大多是博彩爱好者，喜欢买彩票、喜欢赌，而不太喜欢检讨成功概率。这样的创业者很容易失败，但一旦成功，往往就是一番大事业。冷静型创业者是创业者中的精华，其特点是谋定而后动，不打无准备之仗，或是掌握资源，或是拥有技术，一旦行动，成功概率通常很高。

在研究中，还发现有一种奇怪类型的创业者。除了赚钱，他们没有什么明确的目标，就是喜欢创业，喜欢做老板的感觉。他们不计较自己能做什么，会做什么。可能他今天做着这件事，明天又做着另一件事，他们做的事情之间可以完全不相干。其中有一些人，甚至对赚钱都没有明显的兴趣，也从来不考虑自己创业的成败得失。奇怪的是，这一类创业者中赚钱的并不少，创业失败的概率也并不比那些兢兢业业、勤勤恳恳的创业者高。而且，这一类创业者大多过得很快乐。看来这种现象，除了用"积极、放松的心态"对外界变化更敏感，更容易发现商机来解释外，另外能解释的，也只好扯一句俗话，就是"林子大了，什么鸟都有"。

就像萝卜、白菜一样，虽然营养成分、味道各不相同，但它们都是蔬菜，都可以供人充饥饱肚，滋养身体，这是它们的共性。创业者也有其共性。研究其共性，并把握这些共性，是一件非常有意义的事情。托尔斯泰说："幸福的家庭都是相同的，不幸的家庭则各有各的不幸。"套用这句话，我们也可以说："成功的创业者都是相同的，失败的创业者则各有各的原因。"通过研究掌握那些成功创业者的共性，并以这些共性反观自己，你至少可以明白自己是否适合创业。如果创业，是成功的可能性更大，还是失败的概率更高。

通过对上千案例的研究，发现成功的创业者具有多种共同的特性，从中提炼出最为明显，最重要的10种，将其称为"中国创业者十大素质"。也有人认为，将其称为"中国成功创业者十大特征"可能更为合适。这十大素质分别是：明势、欲望、眼界、敏感、谋略、人脉、胆量、分享、自省、忍耐。本书每一章的第四节会将这些素质分别罗列出来，供读者借鉴、讨论。

第二章 企业组织设计

引例 巴恩斯医院组织结构问题

10月的某一天,产科护士长黛安娜给巴恩斯医院的院长戴维斯博士打来电话,要求立即作出一项新的人事安排。从黛安娜的急切声音中,院长感觉到一定发生了什么事,因此要她立即到办公室来。5分钟后,黛安娜递给了院长一封辞职信。

"戴维斯博士,我再也干不下去了,"她开始申诉,"我在产科当护士长已经4个月了,我简直干不下去了。我怎么能干得了这工作呢?我有两个上司,每个人都有不同的要求,都要求优先处理。要知道,我只是一个凡人。我已经尽最大的努力去适应这个工作,但看来这是不可能的。让我来举个例子吧。请相信我,这是一件平平常常的事。像这样的事情,每天都在发生。"

"昨天早上7:45,我来到办公室就发现桌上留了张纸条,是杰克逊(医院的主任护士)给我的。她告诉我,她上午10点钟需要一份床位利用情况报告,供她下午在向董事会作汇报时用。我知道,这样一份报告至少要花一个半小时才能写出来。30分钟以后,乔伊斯(黛安娜的直接主管,基层护士监督员)走进来质问我为什么我的两位护士不在班上。我告诉她雷诺兹医生(外科主任)从我这儿要走了她们两位,说是急诊外科手术正缺人手,需要借用一下。我告诉她,我也反对过,但雷诺兹坚持说只能这么办。你猜,乔伊斯说什么?她叫我立即让这些护士回到产科部。她还说,一个小时以后,她会回来检查我是否把这事办好了!我跟你说,这样的事情每天都发生好几次的。一家医院就只能这样运作吗?"

第一节 知识清单

一、企业组织

1. 企业组织的定义

企业组织的定义可以表述为"由责任、权力和相互关系所组成的框架结构,通过它将企业所有资源结合在一起,以便协调一致地实现管理目标"。

企业组织是一种正式确定的关系模式,其目的是创造一种合理的结构,有序地控制与利用各级人员的活动,从而实现企业的整体利益。

第二章 企业组织设计

2. 企业组织的职能

从狭义上讲，组织职能是指建立组织体系的工作过程。从广义上讲，组织职能是指从工作目标与组织体系的建立，到组织的运行、工作目标的实现的全部工作过程。其主要内容包括以下方面。

(1) 企业组织的设计。

组织设计是指以组织机构安排为核心的组织系统设计活动。主要包括职能分析和职位设计、部门设计、管理层次与管理幅度的设计、组织决策和执行系统的设计、横向联系和控制系统的设计；组织的行为规范设计及组织变革与发展的规划设计等。

(2) 企业组织的运作。

组织运作就是执行组织所规定的功能的过程。例如制定部门的工作标准、办事程序和办事规则，建立检查和报告制度，具体开展各种管理活动等，使组织发挥功效，最终实现组织的目的。

(3) 企业人员的配备。

人员管理就是根据因事设职、因职择人、量才使用的原则，为每一个工作岗位和部门配备最适当的人选，也为每一个人找到最适合的岗位。

(4) 企业组织变革。

组织变革是组织为适应内外环境和条件的变化，对组织的目标、结构及组成要素等适时而有效地进行各种调整和修正，以达到组织的自我发展和自我完善。组织变革有改良式、革命式和计划式三种基本方式。

二、企业组织设计

(一)企业组织设计原则

在许多企业中，组织模式是自行发展而成的(例如为适应企业经营形势的发展而增删部门机构、职责范围及职能等)，而非事先规划好的。然而，这种做法不能形成最好、最有效的组织形式。因此，企业必须对组织结构进行适当的规划设计，以建立有效的组织。

组织结构的形式多种多样，每一种结构形式都有利弊，要求一种最优的组织结构是不现实的。这里所说的组织结构设计原则，是确定一种一般性的建立标准和评价标准，评价现有组织结构的合理性及需求进行变革的方向。美国一家著名跨国公司的负责人说："根据40多年来我在政府部门和工业界的实际经验和观察，我深信，人们在精力上和能力上的巨大浪费是由于组织不良而产生的……而组织中的绝大多数缺陷则是由于没有遵守一些基本原则造成的。"因此，为了建立有效的组织，以下的一些组织设计原则是非常重要的。

1. 目标原则

任何企业组织都有其特定的发展目标，组织结构的设计或调整都是以实现该目标为前提的。先确定组织发展的战略方向、战略发展阶段及其每个阶段的发展任务等方向性前提，再勾画出有效结构的基本模式。组织结构设计不应拘泥于形式，而应适应组织的实情，以实现组织的根本目标为主旨。

2. 集权与分权结合的原则

集权化反映决策集中于组织中某一点的程度。若是高层管理者在作出组织的关键决策时，从不或很少从低层取得决策投入，这样的组织就是集权的。相比而言，若是低层人员提供了更多的决策投入，或者实际上可以作出决策，那么，组织的分权化程度就高。

集权与分权是辩证统一的关系。倾向于集权则有利于集中统一指挥，提高绩效，机构精干，减少管理费用；但会使领导者直接控制面缩小，增加管理层次，不利于沟通和激励。分权则恰恰相反，它使直接控制面增大，减少管理层次，利于从环境需要出发，灵活高效地决策。决定集权与分权的关键在于所集中或分散权力的类型与大小。所以，企业应根据组织目标与环境、条件的需要正确决定集权与分权程度，这与力图使组织具有灵活性和反应能力的努力是一致的。尤其是在大型企业中，低层管理者最接近采取行动的地方，通常比高层管理者对问题及其解决的办法有更细致的认识。高层管理者应重点控制计划、人事、财务等决策权，而将业务与日常管理权尽可能多地下放给基层。

近年来，分权式决策的趋势越来越明显。例如，IBM 的欧洲公司分为 200 多个独立自主的商业单位。

3. 责权利相结合原则

责任又称职责，可定义为明确的、必须履行的需求或期望。责任的功能是确保权力恰当地运用、义务正确地履行。权力可定义为一种支配力，是组织运作的必要条件。它一般由三部分构成：资源控制权、奖惩权和专长权。

责权利关系是指组织中各职位之间在责任、权力与利益上的联系。管理的基本原则是，一定的人对一定的工作完全负责。这基本上取决于责任、权限和利益三者的关系。在设置职务时，应使职责与权限相当并享有相应的利益。

近几年，责权利关系的管理呈现以下特点。

(1) 建立清晰的等级链，明确划分责权界限。
(2) 制定并严格执行责权利规范和程序。
(3) 互相尊重权力，加强沟通与配合。

总之，不尊重他人权力、责权相当，但利益不相配以及沟通配合不足，是导致责权利危机的关键因素。因此，企业组织的各管理者必须充分尊重他人的权力，严格执行责权利规范，以建立融洽的责权利关系。

4. 管理幅度和管理层次原则

管理者能够直接、有效地指挥和监督下属的数量被称为管理幅度。通常的管理幅度在7~9人之间。同时，为有效地完成任务，最高主管必须将所承担的部分管理工作再委托给另一部分人来协助完成，以此类推，在组织中形成从最高主管到具体工作人员之间不同的管理层次。

一位管理者能够有效地管理多少下属呢？这一管理幅度问题非常重要，因为它在很大程度上决定了组织中管理层次的数目及管理人员的数量。假定其他条件不变，管理幅度越宽或者说越大，则组织就越有效率。

管理幅度的现代观认为，有许多因素影响着一个管理者能既有效率又有效果地管理的下属人员的合适数量。这些因素包括管理者和下属人员的技能和能力，以及所要完成的工作的特性。例如，员工的程度越高、经验越丰富，他们所需要的直接监督就越少。所以，领导这些训练有素、经验丰富的员工的管理者就可以保持较宽的管理幅度。

近几年的趋势是朝着加宽管理幅度的方向演进。加宽管理幅度与管理者力图降低成本、加快决策、增强组织灵活性、更接近顾客以及向员工授权等的努力是一致的。但为了确保绩效不因幅度加大而受到影响，这些组织都在员工培训方面投入巨资。管理者认识到，若是员工能掌握好自己的技能，知道自己的工作与其他人的工作的关联，或在遇到难题时能求助于同事，那么，宽管理幅度就不会有问题。

5. 稳定性与适应性相结合原则

既要保证各方面工作正常运行，又要对内外环境的变化作出正确反应，这就要求在设计组织结构时要兼顾稳定性与适应性。一成不变的组织是僵化的组织，而经常变动的组织也是无法创出优良业绩的。组织设计的目的就是使两者找到适当的统一。

6. 执行与监督分开原则

在组织中应分设执行机构和监督机构，以利于暴露矛盾、解决问题。例如，在生产部门之外应设立质量监督、财务监督及纪律监督机构。另外，分设的监督机构应在监督的同时，加强为被监督部门服务的意识，以确保监督职能的实现。

(二)企业组织设计程序

1. 确定组织目标与设计原则

(1) 确定组织的整体目标，对目标进行分解，形成目标体系。

(2) 对实现组织目标必需的各项业务活动加以分类和组合，以确定组织结构设计原则。

2. 设置组织机构

(1) 进行工作职能分析和设计。

(2) 进行工作合理分工，划分职能部门。
(3) 明确各部门的职责和权力。

3. 合理配备人员

(1) 严格执行因事设职、因职择人、量才使用原则。
(2) 内部选拔和外部招聘相结合。
(3) 对员工进行培训。

4. 设计沟通方式

(1) 设计组织报告、联系及沟通的渠道。
(2) 保证渠道信息的畅通。

5. 制定管理规范

(1) 制定部门的工作标准和程序。
(2) 设计奖罚规则。

6. 反馈与修订

(1) 及时改进组织运行中的问题。
(2) 保持组织的灵活性、适应性和开放性。

另外，进行上述企业组织设计与改进时，还必须遵守以下准则。

(1) 必须明确实现企业目标所必需的各种活动。最合乎逻辑的做法是根据职能进行划分，例如分为市场营销、生产和财务等部门。多数中小型公司就是按此方法来进行组织的。不过，较大的公司可以按消费者、产品、地域或其他任何适用于有效工作的方式划分活动。

(2) 必须将这些活动划分为有必然联系的局部活动。例如，市场营销部门可以分为国内销售部和海外销售部两个部分。随后这些分部又可被细分为不同地理区域、产品类型以及其他任何合适的类型。

(3) 对每个部门及其分部都必须指定领导者。例如，市场营销部门有一位市场营销经理，他是位高级执行官，还有一位国内市场营销经理和一位海外市场营销经理，这两人都被赋予必要的权力以便完成实现所承担的市场营销目标所必需的工作，并且向市场营销经理负责。

(4) 必须为每个分部配置人员。根据对预期工作量的估计来确定所需工作人员的数目，然后再配置中低层管理者。理想的做法是按照授权和控制跨度的原则来配置人员。

(5) 必须确定并保证每个部门和分部门有效运行所需的设备。

(6) 必须设计和设立有效的处理体系和沟通系统以确保组织各部门之间的恰当协调。

(7) 必须明确组织中每位成员的责任、权利和义务的范围，并且将其告知所有人员。

(8) 必须给予承担管理或监督责任的人员将其权力授予他人的权力。

(9) 理想的情况是，组织的各个方面都有书面程序。应当给各个层次上的管理者提供管理工作说明，以确定管理方面的责任、权利和义务。对其他的工作人员也应当配备操作程序手册，用书面的形式来说明各种日常工作应当如何执行。

(三)企业组织设计的内容

尽管组织的形式多种多样，每个组织的性质和目标各不相同，但作为一个正式组织的组织结构设计在内容上大体是相同的。

1. 职能设计

职能设计是以职能分析工作为核心，研究和确定企业的职能结构，为管理组织的层次、部门、职务和岗位的分工协作提供客观依据的工作。职能是指企业管理的具体业务活动。职能结构是指企业管理各种职能之间的有机联系。

职能设计的主要工作是职能分解、职能整理和职能分析。职能设计要达到四个目标：列出职能清单；明确各种职能之间的关系；分清主要职能和辅助职能；落实各种职能的职责。

职能设计中的职能分类。

(1) 按管理层次，可分为高层、中层和基层职能。高层职能关系到企业全局，中层职能兼有执行上级指令和指导下级工作两个方面，基层职能主要涉及作业层。

(2) 按专业性质，可分为生产管理、技术管理、供销管理、劳动人事管理和财务管理等，每一类还可进一步细分，例如技术管理可分为设备管理、工具管理和工艺管理等。

(3) 按业务工作特点，可分为专业性、综合性和服务性职能。

专业职能是指担负企业生产经营某一方面的管理业务；综合职能则贯穿于企业生产经营活动的全过程；服务性职能是指医疗卫生、宿舍膳食等方面的管理职能。

(4) 按制定和贯彻落实企业经营决策的不同作用，可分为决策性职能、执行性职能和监督保证性职能。

决策性职能是制订经营决策与经营计划的职能；执行性职能是落实计划的职能；监督保证性职能则是指人事、资金和后勤等作用于决策及决策执行过程的职能。

(5) 按照对生产活动有无直接指挥关系，可分为直线职能和参谋职能。

直线职能承担者直接组织指挥日常生产活动的职责，从企业上层到基层，形成垂直的、逐级指挥的直线系统。参谋职能承担着专业管理工作，协助领导指导和监督下级，但无权直接下达命令。

2. 部门设计

部门设计也叫部门化，就是在工作分工和职能分解的基础上把整个组织划分成若干个相互依存的基本管理单位。部门设计的任务有两个：一是确定组织应该设置哪些部门；二是规定这些部门之间的相互关系，使之形成一个有机整体。组织结构设计中常用的划分方法如下。

(1) 按人数划分部门。如果某项工作必须由若干人一起劳动才能完成，则按人数划分部门。其特点是部门内的人员在同一个领导下做同样的工作。

这种方法主要适用于某些技术含量低的组织。

(2) 按时间划分部门。这是指将人员按时间进行分组，即倒班作业。在一些需要不间断工作的组织中，或由于经济和技术的需要，常按时间来划分部门，采用轮班作业的方法。其特点是可以保证工作的连续性。

这种方法通常用于生产经营一线的基层组织。

(3) 按职能划分部门。按职能划分部门就是把相似的工作任务或职能组合在一起形成一个部门。

其优点是：①有利于强化各项职能；②可以带来专业化分工的种种好处；③有利于工作人员的培训与技能提高。

其缺点是：长期在一个专业部门工作，容易形成思维定式，产生偏见，可能导致整个组织对于外界环境变化的反应较慢。

这种方法较多地应用于管理或服务部门的划分。

(4) 按产品划分部门。这是指按产品分工划分，组成按产品划分的部门(或事业部)。

其优点是：能使企业将多角化经营和专业化经营结合起来；有利于企业加强对外部环境的适应性，以市场为主导，及时调整生产方向；有利于促进企业的内部竞争。

其缺点是：需要较多具备全面管理能力的人员；由于职能部门重叠设置而导致管理费用的增加；各产品部门的负责人可能过分强调本部门的利益，从而影响企业的统一指挥。

这种方法主要适用于制造、销售和服务等业务部门。

(5) 按区域划分部门。这是将一个特定地区的经营活动集中在一起，委托给一个管理部门去完成。

其优点是：①可以根据本地区的市场需求自主组织生产和经营活动，更好地适应市场；②在当地组织生产可以减少运费和运送时间，降低成本；③分权给各地区管理者，可以调动其参与决策的积极性，有利于改善地区内各种活动协调。

其缺点是：需要很多具备全面能力的人员，使管理费用增加，增加总部的控制难度。

这种方法主要适用于空间分布很广的企业的生产经营部门。

(6) 按工艺过程(设备)划分部门。这种方法是把完成任务的过程分成若干阶段，以此来划分部门，或按大型设备来划分部门。在制造型企业中，可按不同的工艺过程、生产过程进行分解。

其优点是：符合专业化的原则；可充分利用专业技术和特殊技能，简化培训。

其缺点是：各部门之间沟通协作困难，不利于全面管理人才的培养。

这种方法主要适用于生产制造型企业、连续生产型企业和交通运输型企业等。

(7) 按服务对象划分部门。这是按照企业的服务对象进行部门划分。

其优点是：可以给顾客提供针对性更强、质量更高的服务。
其缺点是：成本增加，而且协调的难度增加。
这种方法主要适用于服务对象差异较大，对产品与服务有特殊要求的企业。

3. 管理幅度与管理层次设计

管理幅度也称管理跨度，是指一名管理者直接管理的下级人员的数量。管理幅度的大小，实际反映着上级管理者直接控制和协调业务活动量的多少。

管理层次也称组织层次，是指社会组织内部从最高一级管理组织到最低一级管理组织的各个组织等级。管理层次实质上反映的是内部员工纵向分工关系，各个层次将担负不同的管理职能。因此，伴随层次分工，必然产生层次之间的联系与协调问题。

管理幅度与管理层次互相制约，它们之间存在着反比例的数量关系。组织规模既定的前提下，较大的管理幅度会形成较少的管理层次。其中起主导作用的是管理幅度，即管理层次的多少取决于管理幅度的大小。

管理幅度的设计必须坚持"既要有效控制，又要提高效率"的原则。管理幅度应依据上下级关系的复杂程度进行设计。其直接影响因素主要有：管理工作性质，例如复杂程度、相似性等；管理者自身的能力与素质状况；下级人员素质与职能性质；计划与控制的难度与有效性；信息沟通的难易与效率；组织的空间分布状况和组织的外部环境等方面。

管理层次设计的制约因素主要有：有效管理幅度、纵向职能分工以及组织效率等。

在组织设计中，可能产生两种典型的组织结构：一是高层结构形式，即管理幅度较小，管理层次较多，如图2-1所示；二是扁平结构形式，即管理幅度较大，而管理层次较少，如图2-2所示。

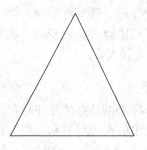
图2-1　高层结构

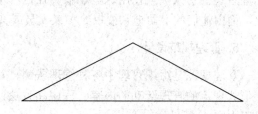
图2-2　扁平结构

高层结构的优点是：①主管人员的幅度较小，能够对下属进行有效控制；②有利于明确领导关系，建立严格的责任制；③因层次多，各级主管职位多，能为下属提供晋升机会，促使其积极努力工作。高层结构的缺点：①由于层次较多，协调工作增加，造成管理费用加大；②信息的上传下达速度慢，并容易发生失真和误解；③计划和控制工作较为复杂；④最高领导层与基层人员相隔多个层次，不容易了解基层现状并及时解决问题。

扁平结构的优点是：①有利于授权，激发下属积极性，并培养下属管理能力；②信息传递速度快、失真少；③能灵活地适应市场；④管理费用低；⑤便于高层领导了解基层情况。扁平结构也存在缺点：①管理人员的管理幅度大、负荷重，难以对下级进行深入具体的指导和监督；②对领导人员的素质要求较高。

组织结构类型必须根据企业的具体条件选用。但是，在现代企业管理中，组织结构扁平化是一种普遍趋势，这反映了对人的尊重与重视。

4. 职权设计

组织内部部门及组织层级决定之后，就要进行职权设计。职权是企业各个部门、各种职务在职责范围内决定和影响企业个人或集体行为的支配力。职权设计是正确处理组织内部各部门和各个管理层的职权关系，将不同类型的职权合理分配到各个层次和部门，建立起高度协调的职权结构。

组织内的职权有三种类型：直线职权、参谋职权和职能职权。

直线职权是某职位或某部门所拥有的包括做出决策、发布命令以及执行决策的权力。直线职权由决策权、命令权和执行权三部分组成，通常又称为决策指挥权。职权的指向由上到下，从组织的上层到下层的主管间形成了一个权力线，也称指挥链。

参谋职权是某职位或某部门所拥有的提出咨询与建议或提供服务与便利，协助直线机构和直线人员进行工作的权力，它是一种辅助性职权。随着组织的日益扩大与日趋复杂，管理者可能越来越难以有足够的时间、精力和知识来有效地完成其职责，因此，他们还会在组织中设立专门的参谋人员来协助自己，以减轻自己的负担。

职能职权是某职位或某部门被授予的原属于直线管理者的那部分权力。它是一种有限的权力，只有在被授权的职能范围内有效。按照统一指挥的原则，这些工作职权应由直线主管人员来行使。可是，由于多种原因，例如缺乏专业知识、缺少监督能力等，又往往不允许直线主管人员来使用这些职权。在这种情况下，直线主管人员就丧失了这种特定的职权，而由他们的上司把它授权给参谋人员或其他部门的主管人员。

5. 管理规范设计

管理规范是组织管理中各种管理条例、章程制度、标准以及办法等的总称。它是用文字形式规定的管理活动的内容、程序和方法，是管理人员的行为规范和准则。它主要包含以下内容。

(1) 基本制度。

组织基本制度是组织的"宪法"，它是规定组织形成、组织方式和决定组织性质的根本制度。它制约着组织活动的范围和性质，是涉及组织所有层次、决定组织行为方向的根本制度，例如企业产权制度、公司治理制度和企业章程等。

(2) 管理制度。

管理制度是组织各领域、各层次的管理工作所制定的指导与约束的规范体系。管理制度是比组织基本制度层次略低的制度规定，它是用来约束集体行为的活动和行为规范，主要针对集体而非个人。组织管理体系中，有相当一部分就是管理制度，它是以单独分散的个人行为整合为目的的集体化行为的必要环节，是管理赖以依托的基本手段。例如，组织中的各种职权关系与联系的组织制度、各部门与岗位责任制度、各种管理程序与标准的管理制度等。

(3) 技术与业务规范。

技术与业务规范是指组织中的各种技术标准、技术规程以及业务活动的工作标准与处理程序的规定。它反映的是生产和流通过程中客观事物的内在技术和业务活动的要求、科学性和规律性，在经济活动中必须予以尊重。技术规范所约束的主要是业务活动。业务规范多是定性的，程序性强，大都有技术背景，以经验为基础，例如企业的技术规程、业务流程和技术标准等。

(4) 个人行为规范。

个人行为规范是为引导与约束组织成员的个人行为而制定的规范。个人行为规范是所有对个人行为起制约作用的制度规范的统称，它是企业组织层次上最低、约束范围最宽也最具基础性的制度规范。个人行为规范是组织中对行为和活动进行约束的第一个层次，其效果好坏、程度如何往往是更高层次约束能否有效实现的先决条件，例如员工职业道德规范、劳动纪律规范和仪态仪表规范等。

三、企业组织结构常见形式

组织结构是表明组织各部分排列顺序、空间位置、聚散状态、联系方式以及各要素之间相互关系的一种模式，是执行管理和经济模式的体制。它是围绕着组织目标，结合组织的内部环境，将组织的各部分结合起来的框架。组织结构随着社会的发展而发展，各种组织没有统一的优劣之分，不同的环境、不同的企业和不同的管理者，都将有不同的组织结构。

设置组织结构，需要选择适当的组织结构形式。虽然不同的组织有不同的特点，不可能用统一的固定模式，但各组织在进行组织结构设计时，可以把已有的组织结构模式作为参考。常见的一些组织结构的基本类型有直线制、职能制、直线职能制、事业部制和矩阵制、委员会制等。下面介绍几种基本的组织结构形式。

1. 直线制

直线制是最为简单的组织形式。将企业划分为各部门，通常的做法是根据职能进行划分，例如财会部、市场营销部等，同时各部门指定一人为主管负责人。在主要职能部门中，该负责人往往是一位高级执行官；而在次要职能部门中，该部门负责人的级别将由该部门的地位来决定。例如，在许多公司中，人事部经理的地位属中层管理者，如图2-3所示。

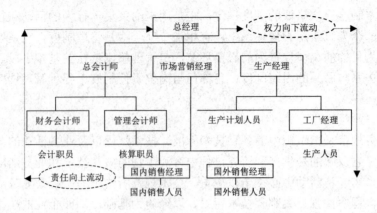

图 2-3　直线制组织结构示意图

优点：沟通迅速；指挥统一；责任明确。
缺点：管理者负担过重；难以胜任复杂职能。
适用：适用于中小型组织。

2. 职能制

职能制类型组织中权力和责任流动的方向是由职能决定的，而与实际的运行部门无关。确定企业的每一项职能，指派一位专家主管，无论何处只要该职能发生，此人将直接参与控制。因此他的权力超越了该职能部门的直线制管理者，后者负责纪律以及其他一些与其员工有关的事项，如图 2-4 所示。

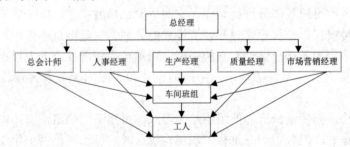

图 2-4　职能制组织结构示意图

(参谋职能部门用虚线表示；直线管理用实线表示)

此类型的组织模式将导致工人听命于不止一个上级的事实，并与统一指挥这一概念相矛盾。在实践中，纯粹职能制的组织模式并不常见，但是不管怎么说都有必要对其优、缺点加以评价。

优点：有利专业管理职能的充分发挥。
缺点：破坏统一指挥原则。
适用：这种原始意义上的职能制无现实意义。

3. 直线职能制

直线职能制又称直线参谋制，它吸取了直线制和职能制的长处，避免了它们的短处。它把直线指挥的统一化思想和职能分工的专业化思想相结合，在组织中设置两套系统：一套是直线指挥系统，一套是职能管理系统，在各级领导者之下设置相应的职能部门分别从事专业管理。这种组织形式以直线指挥系统为主体，同时利用职能部门的参谋作用，但职能部门在各自范围内所作的计划、方案及有关指示，必须经相应层次的领导批准方可下达。职能部门对下级部门无权直线指挥，只起业务指导作用，如图2-5所示。

优点：直线职能制既保证了企业的统一指挥，又有利于用专业化管理提高管理效率，因此，在世界范围内，这种组织形式得到了普遍的、长期的采用。在我国，绝大多数企业至今仍然实行这种组织形式。

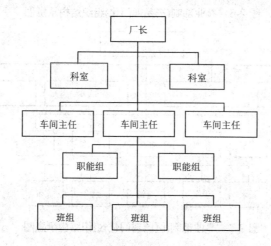

图 2-5　直线职能制组织结构示意图

缺点：①过于集权，下级缺乏必要的自主权。②各职能部门之间的横向联系不紧密，易于脱节或难以协调。③企业内部信息传递路线较长，反馈较慢，难以适应环境变化。④指挥部门与职能部门之间容易产生矛盾。

适用：这种组织形式较为普遍，我国大部分公司，甚至机关、学校以及医院等都采用直线职能制结构。

4. 事业部制

事业部制也叫联邦分权化，是一种分权制的组织形式。它在公司总部下增设一层半独立经营的"事业部"，事业部长负责其全面工作，并设相应的职能部门。事业部制最早是美国通用汽车公司总裁斯隆(A.P.Jr.Sloan)于1924年提出的。它是一种高度(层)集权下的分权管理体制。它适用于规模庞大、品种繁多和技术复杂的大型企业，是国外较大的联合公司所采用的一种组织形式。近几年我国一些大型企业集团或公司，例如"美的""海信"等也引进了这种组织结构形式，如图2-6和图2-7所示。

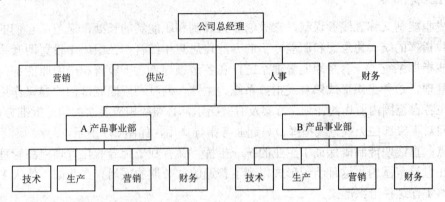

图2-6　事业部制(产品部门化)组织结构示意图

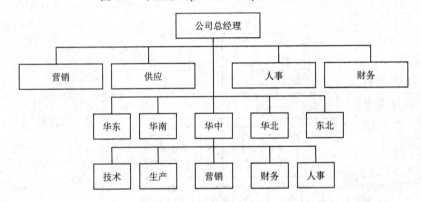

图2-7　事业部制(区域部门化)组织结构示意图

事业部制是分级管理、分级核算、自负盈亏的一种形式，即一个公司按地区或按产品类别分成若干个事业部，从产品的设计、原材料采购、成本核算、产品制造，一直到产品销售，均由事业部及其所属工厂负责，实行单独核算、独立经营，公司总部只保留人事决策、预算控制和监督权，并通过利润等指标对事业部进行控制。也有的事业部只负责指挥和组织生产，不负责采购和销售，实行生产和供销分立，但这种事业部正逐渐被产品事业部所取代。还有的事业部则按区域来划分。

优点：有利于发挥事业部的积极性、主动性，更好地适应市场；公司高层集中思考战略问题；有利于培养综合管理人员。

缺点：存在分权带来的不足，即指挥不灵、机构重叠，对管理者要求较高。

适用：面对多个不同市场或多个不同产品的大规模组织。

5. 矩阵制

初看起来，矩阵制组织仿佛具有职能制组织的所有特征，只是职能制组织的各种职能被孤立起来，由各种专家执行。然而，这种组织形式事实上是直线制组织和职能制组织的混合体，如图 2-8 所示。

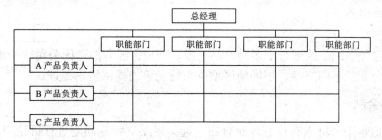

图 2-8　矩阵制组织结构示意

每一种职能都是职能经理管辖下的由专家组成的特别小组来完成工作任务。每个专家同时又都是直线制经理管辖之下的工作部门中的一员。实际上，每个员工都听命于两个权威，即他的专家经理和他的运行经理。前者负责小组的技术表现，而后者负责员工事务的其他方面，比如纪律、福利等。无论何时何地只要需要他们的专业技术，专家小组就要为运行部门提供服务。

优点：纵横结合，有利于配合；人员组合富有弹性。

缺点：破坏命令统一原则。

适用：主要适用于突击性、临时性任务。

6．多维立体组织结构

多维立体组织结构是在矩阵组织结构的基础上再加上直线职能制、事业部制和地区、实践结合为一体的复杂机构形态。它是从系统的观点出发，建立多维立体的组织结构，如图 2-9 所示。

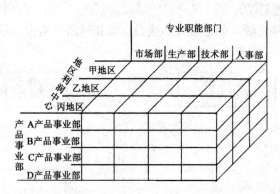

图 2-9　多维立体组织结构示意图

多维立体组织结构主要包括三类管理机构：一是按产品划分的事业部，即产品利润中心；二是按职能划分的专业参谋机构，即专业成本中心；三是按地区划分的管理机构，即地区利润中心。

优点：通过多维立体组织结构，可以使这三方面的机构协调一致、紧密配合，为实现组织的总目标服务。

缺点：多重领导。

适用：这种组织形式适合于多种产品开发、跨地区经营的跨国公司或跨地区的大公司，可以为这些企业在不同产品、不同地区增强市场竞争力提供组织保证。

7. 委员会制

委员会制是指一群人有计划地聚合在一起，对某一特定问题进行讨论或商议决策的组织。若将组织中的最高决策权交给两位以上的主管人员，也就是把权力分散到一个集体中的过程，即为委员会管理，也称为集体管理。

存在于组织中的委员会有不同的类型和不同的目的。组织内常见的委员会有董事会、工作委员会、预算委员会和咨询委员会等。

优点：集思广益、集体决策、有效协调和鼓励参与。

缺点：①做出决定要经过很长时间，费时费钱；②责任不明确，委员的责任感不强；③委员会可能产生专家之间的学派之争，使决策常带有感情色彩；④有些决定可能是妥协的结果，出于对某些委员的敬畏而顺从了他们，并非正确的提议。

适用：委员会制是一个正式组织结构中发挥集体决策或集体管理的辅助组织结构形式，它可以存在于采用集体管理的其他组织结构形式的某个部门当中。它们可以是直线式的，也可以是参谋式的；既可以是永久的，也可以是临时的，达到特定目的后就可以解散。

8. 网络结构

网络结构是一种很小的中心组织，以合同为基础，依靠其他组织，进行制造、分销、营销或其他业务的经营活动。

优点：①以较少的资源，创造巨大的收益；②在网络结构中，管理者的主要工作是协调，充分发挥分工协作的优势，如图2-10所示。

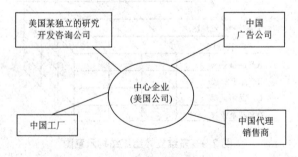

图2-10　网络组织结构示意图

缺点：在网络结构中，企业和其他职能企业之间是一种松散型关系，难以建立长期的、稳固的合作关系，不利于稳定产品质量，不利于保守企业的技术秘密和其他商业秘密，网络协调的难度较大。

适用：跨国公司及虚拟企业。

第二节　延伸阅读：学习型组织

从 20 世纪 80 年代开始，在企业界和管理思想界出现了推广和研究学习型组织的热潮，并逐渐风靡全球。美国的杜邦、英特尔、苹果电脑和联邦快递等世界一流企业，纷纷建立学习型组织。据初步统计，美国排名前 25 名的企业，已有 20 家按照学习型组织的模式改造自己。已经成为时代标志的著名的微软公司，其成功的秘诀就是倾心建立学习型组织。在我国，建立学习型组织也是管理界、企业界共同的认识和关注的热点。

一、学习型组织理论概述

1. 从个体学习到学习型组织

学习有三个层次，首先是个人学习，其次是组织学习，最后是学习型组织。对个人学习而言，主要是指认知学习、技能学习和情感学习，而组织学习是将组织作为学习的主体。适应性学习和创造性学习是组织学习的两个阶段。相对而言，学习型组织是一种组织管理模式，组织学习是一个组织成为学习型组织的必要条件。

2. 知识视野的学习型组织

在知识经济时代，工作的性质是以知识和学习为标志的，学习型组织充分体现了知识经济时代对组织管理模式变化的要求。传统方式的组织与学习型的组织有非常明显的不同之处，具体表现在以下两个方面。

(1) 传统方式的组织的工作形式建立在命令的基础上。在投入阶段，利用各种资源，以下达命令为具体活动内容；在中间阶段，工作形式是生产经营过程，以执行命令为具体活动方式；在产出阶段，工作形式主要转向商品和服务，活动形式是完成命令。

(2) 学习型的组织的工作形式是知识的流动。知识类型分为环境知识、公司知识和内部知识。环境知识如市场情报、技术、政治因素、供应商关系和客户关系，知识信息由环境流向组织；公司知识如声望、品牌形象、广告和促销的内容，知识信息由组织流向环境；内部知识如公司文化、风气、数据和雇员等，知识信息由组织流向组织。

从以上对比可以看出，知识经济时代，从知识和学习的角度观察企业，发现(1)和(2)两种截然不同的工作方式，知识经济的企业是以(2)所述的三个知识流促使企业运作的。从知识的角度理解学习型组织,组织学习包括自觉地运用知识的获得(技能、观察力、关系的发展创造)、共享(知识的传播)和利用(如何使知识产生效益)三个阶段。

3. 圣吉对学习型组织的研究

麻省理工学院教授彼得·圣吉从另一个角度论述了学习型组织。他认为,学习型组织不在于描述组织如何获得和利用知识,而是告诉人们如何才能塑造一个学习型组织。他说:"学习型组织的战略目标是提高学习的速度、能力和才能,通过建立愿景能够发现、尝试和改进组织的思维模式从而改变他们的行为,这才是最成功的学习型组织。"圣吉提出了建立学习型组织的"五项修炼"模型。

(1) 自我超越(Personal Mastery):能够不断理清个人的真实愿望,集中精力,培养耐心,实现自我超越。

(2) 改善心智模式(Improving Mental Models):心智模式是看待旧事物形成的特定的思维定式。在知识经济时代,它会影响对待新事物的观点。

(3) 建立共同愿景(Building Shared Vision):即组织中的成员所共同持有的意象或愿望,简单地说,就是成员想要创造什么。

(4) 团队学习(Team Learning):是发展成员整体搭配与实现共同目标的能力的过程。

(5) 系统思考(Systems Thinking):要求成员用系统的观点对待组织的发展。

综上所述,学习型组织具有五个特征:有一个成员都赞同的共同构想;在解决问题和工作中,摒弃旧的思维方式和常规程序;作为相互关系系统的一部分,成员对所有的组织过程、活动、功能和环境的相互作用进行思考;成员之间坦率地相互沟通;成员抛弃个人利益和部门利益,为实现组织的共同构想一起工作。所谓学习型组织,就是充分发挥每个成员的创造性,努力形成一种弥漫于群体与组织的学习气氛,凭借学习,成员价值得到体现,组织绩效得以大幅度提高。

4. 实现学习和工作的组合

工业时代的许多组织之所以不能称为学习型组织,是因为它们存在着两种分离:从组织角度看,是工作与学习的分离;从成员角度看,是工作与知识的分离。前者导致组织绩效中没有因学习而带来的改善,后者则妨碍了成员成长。而整合学习、工作与知识的方法,就是创建学习型组织。在成熟的学习型组织中,学习和工作是融为一体的,成员要成为学习型组织的一员,而管理者则要千方百计地提高组织的学习能力。这一方面要求有高素质、自我超越的成员,另一方面在于管理者的认识。

二、学习型组织的建设

圣吉希望建立的学习型组织,是一种更适合人性发展的组织模式。学习型组织的建设关键在于五项修炼：自我超越、团队学习、改善心智模式、建立共同愿景和系统思考。

(一) 自我超越

个人的美梦只有通过组织才能实现，组织的发展必须以个人的发展为基础。在学习型组织中，个人的自我超越是必不可少的条件，而只有在学习型组织中才有自我超越的环境。

组织中个体的自我超越需要把握以下几个方面。

(1) 建立个人愿景：一种期望的未来景象或愿望。

(2) 保持创造性的张力：愿景与现实的差距，是创造力的源泉。

(3) 看清结构性冲突：愿景和现实的差距带给人们心理影响，即人性的意志力能否战胜阻力。

(4) 诚实地面对真相：要义是根除看清真实状况的障碍。

(5) 运用潜意识：使内心真正关注的目标清晰地展现在人们的脑海。

将员工视为自我超越的个体，意味着员工和企业的关系发生了根本的变化，从雇员到共同创造者。通过自我超越这项修炼，使员工成为积极的主动从事创造性的知识工作者，他们不仅被赋予权力，而且直接获得工作的内在热情。

(二) 团队学习

团队由工作群体发展而来，是学习型组织的基本工作单位和学习单位。团队学习在学习型组织中的作用体现在：是学习型组织的基本构建单位，是学习型组织的基本学习方式，是构建学习型组织的基本过程。从另一个角度看，学习型组织是团队思想的一种引申，或者说它是以团队运行为基石的。

1. 团队的形成

工作群体的形成——震荡阶段——规范化——修整。

2. 团队的绩效

有效的自我管理团队具有比工作群体更高的绩效，这被许多企业所证实。

3. 团队学习的方式

(1) 信息交换会议：是团队通常采用的学习方式。

(2) 特别会议制度：是对信息交换会议的有效改造。

(3) 深度会谈和讨论：是团队学习的两项基本技术。在此列出了典型的中国会议方式，它和团队学习精神差别很大。

团队学习的过程可以描述为：事件带来混乱——面对冲突的根源——大容器中探询——激发共同创造力。

(三)改善心智模式

心智模式是指那些深深固结于人们心中,影响人们如何认识周围世界,以及如何采取行动的许多假设、陈见和印象。它影响人们如何看待问题和采取行动。在组织中,心智模式具有多方面的体现,对心智模式的检视是学习型组织的重要方法。组织行为理论认为,组织中存在拟人化的集体思维或组织的心智模式。组织的心智模式的主要特点:一方面是心智模式;另一方面它存在于群体之中,影响着群体中的成员。

从以下的方式差异中可以看出新旧心智模式的比较。

(1) 对于时间:旧,单历程的(一时一事);新,多历程的(一时多事)。
(2) 对于理解方式,旧,部分的理解;新,整体的理解。
(3) 对于信息:旧,最终可知的;新,不确定的、无边界的。
(4) 对于增长:旧,线性的、有序的;新,有机的、无序的。
(5) 对于管理:旧,控制、计划、预测;新,意味着洞察和参与。
(6) 对于工人:旧,分类、专业化;新,多面手、不断学习。
(7) 对于动机来源:旧,外部作用和影响;新,内部创造力。
(8) 对于知识:旧,独立的;新,协作的。
(9) 对于组织:旧,设计出了的;新,逐渐演变的。
(10) 对于激励:旧,依靠竞争;新,依靠协作。
(11) 对于变化:旧,回避的、令人担忧的;新,正常的、一切都是应该有的。

(四)建立共同愿景

1. 共同愿景及其描述

建立共同愿景是学习型组织的一项修炼,共同愿景对于企业的转型和维持现状都有重要的意义。共同愿景的简单说法就是"我们想要创造什么?"正如个人愿景是人们心中特有的意象,共同愿景则是组织中人们共同持有的意象或景象,它创造出众人一体的感觉,并遍布组织活动的全部,使组织的各种不同的活动融为一体。在学习型组织的开始阶段,组织中个别人持有相同的愿景,但是只有人人都衷心向往的愿景,才能成为组织的共同愿景,这需要一个培养的过程。

共同愿景的描述:根据奋斗目标描述愿景;根据"共同敌人"描述愿景;根据"角色榜样"描述愿景;根据内部转型的构想描述愿景。

2. 建立共同愿景的意义

没有共同愿景,就没有学习型组织。无论转型企业或维持现状的企业,共同愿景都起着重要的作用。

转型企业的愿景分析和组织转型中共同愿景的作用如下。

(1) 产生急迫感,识别和讨论危机、机遇。
(2) 建立强有力的领导联盟,群体成员协同作战,发挥高阶层的核心作用。
(3) 构建愿景规划,设计实现愿望的战略。
(4) 沟通愿景规划。
(5) 授权他人实施愿景规划。
(6) 计划并实现短期目标。
(7) 巩固已有成果,深化改革。
(8) 使新的工作制度化。

3. 共同愿景的修炼

(1) 鼓励个人愿景。共同愿景是由个人愿景会聚而成的,通过会聚个人愿景,共同愿景才能获得能量。必须不断地鼓励成员发展自己的个人愿景,然后把拥有强烈目标感的成员结合起来,可以创造强大的综合效果。

(2) 改进高层做法。抛弃原有的从高层开始的做法,从告知、推销、测试、协商和共同创造五个阶段,建立组织的共同愿景。

(3) 学习聆听他人。善于建立共同愿景的管理,需要学习聆听他人,并与日常生活联系在一起,与人交流,这种特点突出的活动就具有互动性。

(4) 融入企业理念。建立共同愿景是企业基本理念中的一项,其他理念包括目的、使命和价值观。企业的基本理念要回答三个基本问题:追寻什么、为何追寻和如何追寻。追寻什么:追寻愿景,一个大家共同创造的未来景象。为何追寻:企业的目标和使命、组织存在的根源。如何追寻:在达成愿景的过程中,核心价值观是一切行动、任务的最高依据和准则。

4. 共同愿景夭折的原因

(1) 缺乏协调的能力。
(2) 创造性张力消失。
(3) 专注的时间不够。
(4) 对新的愿景产生分歧。

(五)系统思考

锻炼系统思考是创造学习型组织的核心工作。系统本质上是处于一定的相互关系中并与环境发生关系的各组成部分(要素)的总体(集)。概括地讲,系统思考的管理观念是指管理主体自觉地运用系统理论和系统方法,对管理要素、管理组织和管理过程进行系统分析,旨在优化管理的整体功能,取得较好的管理效果。

学习型组织系统思考的基础是系统动力学。系统动力学强调的是相互作用,作为系统动力学研究对象的社会经济系统本身处于千变万化的运动过程中,其构成要素(例如生产力、人力、物力、财力和技术等)都表现出系统动力学的相互作用的本质。

1. 学习型组织系统思考的层次

学习型组织系统思考包括以下三个层次。

(1) 事件层次上的思考：采取反应式的行为，结果是专注于个别的事件、局限思考、归罪于外等。

(2) 行为变化层次的观点：能顺应变动中的趋势，但容易造成学习障碍。例如从经验中学习，但习而不做等。

(3) 系统结构层次的观点：能改造行为的变化形态，超越了事件层次和行为层次的局限，专注于解释是什么造成行为变化的形态。例如，对于制造和销售一体的企业，系统结构层次的观点必须显示出发出的订单、出货、库存如何变动，从互动中寻找货物不稳定与扩大的效应。由于结构才能触及行为背后的原因，进而进行行为改造。

2. 学习型组织系统思考的工具

学习型组织系统思考的要义在于看清复杂事物背后结构的形态。由于这种形态结构一再出现，圣吉给出了它们的基本模型，称为系统基模。不断增强的反馈、反复调节的反馈和时间的滞延是系统基模的三个主要方面。不断增强的反馈是成长的引擎，包括经常听到的词语，例如滚雪球效应、连锁反应和恶性循环都是不断增强的反馈。反复调节的反馈是系统追求稳定和平衡的一种力量，一个调节的系统会自我修正，以维持这种状态。时间的滞延是行动和结果的时间差。学习型组织系统思考就是这样一个过程，它通过增强循环、调节循环与时间滞延来进行。圣吉根据这些基本的过程，建立了反应迟缓的调节环路、舍本逐末、目标侵蚀、恶性竞争、成长上限、共同悲剧等模型。

3. 系统思考在学习型组织中的位置

系统思考的核心作用体现在以下四个方面。

(1) 系统思考和自我超越的修炼：用系统思考的语言和方式指导自我超越的修炼，在系统思考的指引下，个人修炼将彰显自我超越的几个方面。例如对环境的认同感和对整体的使命感。

(2) 系统思考与团队学习：系统思考的工具对于团队学习是至关重要的。在团队学习中，讨论和深度会谈能够持续下去，必须克服许多障碍。系统思考的方法帮助成员从组织发展的整体上认识出现障碍的原因，从而跳出个人的圈子。

(3) 系统思考与改善心智模式：管理者必须学习如何反思他们现有的心智模式，直到习以为常地假设公开接受检验。根深蒂固的心智模式将阻碍系统思考的产生，反过来，系统思考对有效改进心智模式至关重要。

(4) 系统思考与建立共同愿望：系统思考是建立共同愿望的沃土，共同愿望描述的是未来的状况，而系统思考则揭示了通向未来的必由之路。有了系统思考，组织中的成员才可以清楚地了解现有的政策和行为并知道如何去创造或改变现状，找到启动现实的杠杆。只有这样，一个信心来源才能建立起来，适合建立共同愿望的沃土就开发出来了。

三、学习型组织的整合

(1) 个人的自我超越是整个学习型组织的基础。它为学习型组织提供了宝贵的人力资源，团队的学习都依赖于个体的努力。例如改进心智模式、建立共同愿望和系统思考等。

(2) 团队学习是一种组织内部的学习。团队学习既是团队的活动内容，同时又是检视心智模式、建立共同愿望的载体和手段。

从时间上看，检视心智模式针对的是业已形成的"组织记忆"，是组织从记忆中学习的体现；建立共同愿景则是对未来生动地描述，对组织的成长起牵动作用。

(3) 系统思考是学习型组织的灵魂。它提供了一个健全的大脑和一种完善的思维方式，个人学习、团体学习、检视心智模式和建立愿景，都因为系统思考的存在而连在一起，共同达到组织的目标。

四、学习型组织的结构

组织的行为和结构是组织的统一体，学习型组织不同于以往的横向或纵向的组织结构。典型的学习型组织表现为网状结构、以地方为主的扁平结构，且在实践中不断变化，将运作和学习融为一体。

(1) 基本的组织结构。

基本的组织结构是指纵向层级的结构(例如职能式、事业部、矩阵式结构)。在横向联系上取得突破的是矩阵式结构。但是，矩阵式结构并没有从本质上改变权力支配的作用，许多公司发现，矩阵结构的建立和维持很困难。

(2) 学习型组织的网状结构。

学习型组织对组织结构的突破是指雇员为公司战略做出以往不能达到的贡献，在组织的网状结构中，其不同部分在独立地调整和变革的同时也在为组织的整体使命做出贡献。

1. 学习型组织是以地方为主的扁平式结构

以地方为主是学习型组织网状结构的主要特点。学习型组织日益成为以地方为主的扁平式组织，这种组织会尽最大可能将决策权延至离高层最远的地方。以地方为主的意思是：决策权向组织的结构下层移动，尽可能地让当地决策者面对所有的课题。

采取以地方为主的网络结构是知识经济对组织结构的本质要求。因为当个体对自己的行动有真正的责任感时，学习的速度也最快。在知识经济时代，知识就是一种主要资源，其分布影响着组织结构。以地方为主的扁平式结构代表着组织结构的方向。与此对应，一些官僚色彩浓厚、"高耸"的传统结构目前都遇到了一些困难。例如，美国的通用电气公司(简称 GE)具有光荣的历史，但是从 20 世纪 70 年代以来，陷入了困境。自从杰克·韦尔齐担任 GE 总裁以来，认为 GE 的突破点就是组织结构变革，主要包括三个方面的内容：精简(削减人数达 30%)、扁平化(等级层次平均减少 4 个)、有弹性(适应外部变化、有弹性的灵活组织)。GE 重新恢复生机，而且韦尔齐本人也被誉为"管理奇才"。

以地方为主的扁平化结构，对于传统的领导观念是个极大的冲击。这是因为在知识经济时代，①如果变革仅从高层领导开始，则组织很难发生实质性的变革；②没有员工参与的领导行为，只能造成服从，而没有参与；③高层的判断经常失败。而在未来的学习型组织中，将会出现自上而下、自下而上和平行交流的全方位变革模式，最终目的就是形成平等交流的网络。

2. 学习型组织是不断变动的有机结构

创建学习型组织是要比竞争对手学习得更好、变化得更快。然而组织问题的根本解决办法就是学习型组织能够形成不断变动的有机结构。不断变动包括变化和稳定、集权和分权、单一性和多样性等一系列相反倾向，同时又能保持连贯的内聚作用。

对不断变动的必要性的描述，虽然着力点不同，但其主要特点都是寻找两个不同方向(全球化与地区化、稳定与变化、集权与分权、常规与创造等)之间微妙的平衡。这些不同方向的管理观点本身并没有绝对的好与坏，问题在于它们与什么样的环境相匹配，同时是否超过了必要的限度。总之，学习型组织的有效管理，表明组织始终是在寻找最佳效益状态的微妙平衡。

3. 运作与学习融为一体

与以往所有的组织形态不同的是，学习型组织代表着一种随时间、环境而不断变化的形态。学习型组织体现为一个过程，一旦过程的动态特征消失，学习型组织将演变为一个僵硬的运作型组织。学习型组织意味着变化正在进行着，因此要防范学习型组织转向运作型组织。在知识经济时代，由于环境的急剧变化，组织必须及时调整结构，因为昨天的成功不能代表明天会继续成功。

第三节　大案例与小故事

一、大案例

杜邦公司组织机构的改革[①]

美国杜邦公司(DuPont Company)是世界上最大的化学公司，建立至今，已近 200 年。这

---

① 资料来源：企业案例网(www.alitong.com)。

第二章　企业组织设计

200年中，尤其是21世纪以来，企业的组织机构历经变革，其根本点在于不断适应企业的经营特点和市场情况的变化。杜邦公司所创设的组织机构，曾成为美国各公司包括著名大公司的模式，并反映了企业组织机构发展演变的一般特点。

1. 成功的单人决策及其局限性

整个19世纪，杜邦公司基本上是单人决策式经营，这在亨利这一代尤为明显。在亨利的时代，这种单人决策式的经营基本上是成功的。这主要是因为：①公司规模不大，直到1902年合资时才2400万美元；②经营产品比较单一，基本上是火药；③公司产品质量占了绝对优势，竞争者难以超越；④市场变化不甚复杂。单人决策之所以取得了较好效果，这与"将军"的非凡精力分不开。直到72岁时，亨利仍不要秘书的帮助；任职期间，他亲自写的信不下25万封。

但是，正因为这样，亨利死后，继承者的经营终于崩溃了。亨利的侄子尤金，是公司的第三代继承人。亨利是与公司一起成长的，而尤金一下子登上舵位，缺乏经验，晕头转向。他试图承袭其伯父的作风经营公司，也采取绝对的控制，亲自处理细枝末节，亲自拆信复函，但他终于陷入公司的错综复杂的矛盾之中。1902年，尤金去世，合伙者也都心力交瘁，两位副董事长和秘书兼财务长终于相继累死。这不仅是由于他们的体力不胜负荷，还由于当时的经营方式已与时代不相适应。

2. 集团式经营的首创

正当公司濒临危机、无人敢接重任、家族拟将公司出卖给别人的时候，三位堂兄弟出来力挽家威，以廉价买下了公司。三位堂兄弟不仅具有管理大企业的丰富知识，而且具有在铁路、钢铁、电气和机械行业中采用先进管理方式的实践经验，有的还请泰罗当过顾问。他们果断地抛弃了"亨利将军"的那种单枪匹马的管理方式，精心地设计了一个集团式经营的管理体制。在美国，杜邦公司是第一家把单人决策改为集团式经营的公司。集团式经营最主要的特点是建立了"执行委员会"，隶属于最高决策机构董事会之下，是公司的最高管理机构。在董事会闭会期间，大部分权力由执行委员会行使，董事长兼任执行委员会主席。1918年时，执行委员会有10个委员、6个部门主管、94个助理，高级经营者年龄大多在40岁上下。公司抛弃了当时美国流行的体制，建立了预测、长期规划、预算编制和资源分配等管理方式。在管理职能分工的基础上，建立了制造、销售、采购、基本建设投资和运输等职能部门。在这些职能部门之上，是一个高度集中的总办事处，控制销售、采购、制造、人事等工作。执委会每周召开一次会议，听取情况汇报，审阅业务报告，审查投资和利润，讨论公司的政策，并就各部门提出的建议进行商讨。对于各种问题的决议，一般采用投票、多数赞成通过的方法，权力高度集中于执委会。各单位申请的投资，要经过有关部门专家的审核，对于超过一定数额的投资，各部门主管没有批准权。执委会作出的预测和决策，一方面要依据发展部提供的广泛的数据，另一方面要依据来自各部门的详尽报告，各生产部门和职能部门必须按月按年向执委会报告工作。在月度报告中提出产品的销售情况、收益、投资以及发展趋势；年度报告还要论及五年及十年计划，以及所需资金、研究和发展方案。由于在集团经营的管理体制下,权力高度集中,实行统一指挥、垂直领导和专业分工的原则,所以秩序井然,职责清楚,效率显著提高,大大促进了杜邦公司的发展。20世纪初,杜邦公司生产的五种炸药占当时全国总产量的64%~74%,生产的无烟军用火药则占100%。第一次世界大战中,协约国军队40%的火药来自杜邦公司。公司的资产到1918年增加到3亿美元。

3. 充分适应市场的多分部体制

可是,杜邦公司在第一次世界大战中的大幅度扩展,以及逐步走向多角化经营,使组织机构遇到了严重问题。每次收买其他公司后,杜邦公司都因多角化经营遭到严重亏损。这种困扰除了由于战后通货从膨胀到紧缩之外,主要是由于公司的原有组织对成长缺乏适应力。1919年,公司的一个小委员会指出:问题在于过去的组织机构没有弹性。尤其是1920年夏到1922年春,市场需求突然下降,使许多企业出现了所谓存货危机。这使人们认识到:企业需要一种能力,即易于根据市场需求的变化改变商品流量的能力。继续保持那种使高层管理人员陷入日常经营、不去预测需求和适应市场变化的组织机构形式,显然是错误的。一个能够适应大生产的销售系统对于一个大公司来说,已经成为至关重要的问题。杜邦公司经过周密的分析,提出了一系列组织机构设置的原则,创造了一个多分部的组织机构。在执行委员会下,除了设立由副董事长领导的财力和咨询两个总部外,还按各产品种类设立分部,而不是采用通常的职能式组织,例如生产、销售、采购等。在各分部下,则有会计、供应、生产、销售、运输等职能处。各分部是独立核算单位,分部的经理可以独立自主地统管所属部门的采购、生产和销售。

在这种形式的组织机构中,自治分部在不同的、明确划定的市场中,通过协调从供给者到消费者的流量,使生产和销售一体化,从而使生产和市场需求建立密切联系。这些以中层管理人员为首的分部,通过直线组织管理其职能活动。高层管理人员总部在大量财务和管理人员的帮助下,监督这些多功能的分部,用利润指标加以控制,使它们的产品流量与波动需求相适应。由于多分部管理体制的基本原理是政策制定与行政管理分开,从而使公司的最高领导层摆脱了日常经营事务,把精力集中在考虑全局性的问题上,研究和制定公司的各项政策。

新的分权化的组织使杜邦公司很快成为一个具有效能的集团,所有单位构成了一个有机的整体,公司组织具有了很大的弹性,能适应需要而变化。这使杜邦公司得以在20世纪20年代建立起美国第一个人造丝工厂,以后又控制了赛璐珞生产的75%~100%,垄断了合成氨。而且在30年代后,杜邦公司还能以新的战略参加竞争,那就是致力于发展新产品,垄断新的化学产品生产。从30年代到60年代,被杜邦公司首先控制的、有着重要意义的化学工业新产品有:合成橡胶、尿素、乙烯、尼龙、的确良、塑料等,直到参与第一颗原子弹的制造,并迅速转向氢弹生产。

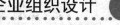

思考题

1. 从案例看，杜邦公司成功的秘诀是什么？
2. 杜邦公司的组织机构有什么特色？
3. 结合杜邦公司的实践谈谈组织机构对组织发展的作用？

二、小故事

小故事(一)

小宏明天就要参加小学毕业典礼了，为了把这一美好时光留在记忆之中，他高高兴兴地上街买了条裤子，可惜裤子长了两寸。吃晚饭的时候，趁奶奶、妈妈和嫂子都在场，小宏把裤子长两寸的问题说了一下，饭桌上大家都没有反应。饭后大家都去忙自己的事情了，这件事情就没有再被提起。妈妈睡得比较晚，临睡前想起儿子明天要穿的裤子还长两寸，于是就悄悄地一个人把裤子剪好、叠好放回原处。半夜里，狂风大作，窗户"哐"地一声关上，把嫂子惊醒，猛然醒悟到小叔子裤子长两寸，自己辈分最小，怎么也得是自己去做，于是披衣起床将裤子处理好才安然入睡。老奶奶觉轻，一大早醒来给小孙子做早饭，趁水未开的时候也想起孙子的裤子长两寸，马上"快刀斩乱麻"。最后小宏只好穿着短四寸的裤子去参加毕业典礼了。

一个团队仅有良好的愿望和热情是不够的，还要积极组织并依靠明确的规则来分工协作，这样才能把大家的力量形成合力，管理一个项目如此，管理一个部门也是如此。

小故事(二)

当韦尔奇于20世纪80年代接手通用电气时，美国企业正面临着日本、韩国等国外企业的强大竞争，不少行业在进口产品的冲击下不断衰落。韦尔奇上任伊始，对公司的状况极为不满，认为公司染上了不少美国大公司都有的"恐龙症"，即机构臃肿、部门林立、等级森严、层次繁多、程序复杂和官僚主义严重等。在日本、韩国以及欧洲一些国家的企业竞争面前束手无策、节节败退。为了改变这种状况，韦尔奇明确提出要以经营小企业的方式来经营通用电气，彻底消除官僚主义，并采取了一系列的具体措施。

韦尔奇一上台就大刀阔斧地削减机构。当时，全公司共有40多万职工，其中有"经理"头衔的就达2.5万人，高层经理500多人，仅副总裁就有130人。公司的管理层次共有12层，工资级别竟多达29级。韦尔奇先后砍掉了350多个部门，将公司职工裁减为27万人。有人称他为"中子弹韦尔奇"，意思就是他像中子弹一样把人干掉，同时使建筑物保持完好无损。不过，这个比喻并不十分恰当，因为韦尔奇连建筑物本身也要加以摧毁和改造。他在裁减冗员的同时，大力压缩管理层次，强制性要求在全公司任何地方从一线职工到他本人之间不得超过5个层次。这样，原来的宝塔形组织结构就变成了如今的扁平型组织结构。

现在，通用电气有 13 个事业部，每个事业部都有特定的生产经营领域，例如照明、电力设备等。公司对事业部高度授权，使其具有充分的经营自主权；但通用电气在某些方面又高度集权化，除了金融事业部以外，其余的事业部都没有注册为独立的公司，而全部统一在通用电气的名下，都同属一个法人企业。这与其他大公司不同。另外，通用电气的资金也是统一控制和使用的，每个事业部可以按照年度预算计划使用资金，但所有的销售收入都必须划入到公司的统一账户上，既不能有"利润留存"，也不能参与公司进行"利润分成"。各事业部发展需要的投资，均统一由公司计划安排。通用电气的这种资金上的高度集中的体制至少有两大好处：一是可以减少应纳税额；二是可以集中大量资金用于发展那些有较大市场效益但投资规模较小的项目。

小故事(三)

有学者做了这样一个试验：把六只猴子分别关在三间空房子里，每间两只，房子里分别放着一定数量的食物，但放的位置高度不一样。第一间房子的食物就放在地上；第二间房子的食物分别从易到难悬挂在不同高度的适当位置上；第三间房子的食物悬挂在房顶。数日后，他们发现第一间房子的猴子一死一伤，伤的缺了耳朵断了腿，奄奄一息；第三间房子的猴子也死了；只有第二间房子的猴子活得好好的。

究其原因，第一间房子的两只猴子一进房间就看到了地上的食物，于是，为了争夺唾手可得的食物而大动干戈，结果伤的伤、死的死。第三间房子的猴子虽做了努力，但因食物太高，难度过大，够不着，被活活饿死了。只有第二间房子的两只猴子先是各自凭着自己的本能蹦跳取食，最后，随着悬挂食物高度的增加，难度增大，两只猴子只有协作才能取到食物。于是，一只猴子托起另一只猴子跳起取食。这样，每天都能取得够吃的食物，很好地活了下来。虽然这是猴子取食的实验，但在一定程度上也说明了人才与岗位的关系。

岗位难度过低，人人能干，体现不出能力与水平，选拔不出人才，反倒成了内耗式的位子的争斗、甚至残杀，其结果无异于第一间房子里的两只猴子。岗位的难度太大，虽努力而不能及，甚至埋没、抹杀人才，有如第三间房子里的两只猴子的命运。岗位的难度要适当，循序渐进，如同第二间房子的食物，这样，才能真正体现出能力与水平，发挥人的能动性和智慧。同时，相互间的依存关系使人才之间相互协作、共渡难关。

小故事(四)

两个同龄的年轻人同时受雇于一家店铺，并且拥有同样的薪水。可是，一段时间以后，叫阿诺德的那个小伙子青云直上，而那个叫布鲁诺的小伙子却在原地踏步。布鲁诺很不满意老板的不公正待遇。终于有一天他到老板那儿发牢骚了。老板一边耐心地听着他的抱怨，一边在心里盘算着怎么向他解释清楚他和阿诺德之间的差别。"布鲁诺先生，"老板开口说话了，"您现在到集市上去看一下，看看今天早上有什么卖。"布鲁诺从集市上回来向老板汇报说，今早集市上只有一个农民拉了一车土豆在卖。"有多少？"老板问。布鲁诺赶紧戴上帽子又跑到集市上,然后回来告诉老板一共 40 袋土豆。"价格是多少?"布鲁诺又第三次跑到集市上问来了价格。"好吧,"老板对他说,"现在请您坐在这把椅子上一句话也不要说,看看别人怎么说?"

阿诺德很快就从集市上回来了,向老板汇报说到现在为止只有一个农民在卖土豆,一共 40 袋,价格是多少,土豆的质量很不错,他带回来一个让老板看看。这个农民一个小时后还会弄来几箱西红柿,据他看价格非常公道。昨天他们铺子的西红柿卖得很快,库存已经不多了。他想这么便宜的西红柿老板肯定会要进一些的,所以他不仅带回了一个西红柿做样品,而且把那个农民也带来了,他现在正在外面等着回话呢。

此时,老板转向了布鲁诺,说:"现在您肯定知道为什么阿诺德的薪水比您高了吧。"

组织内的分工是因人而异的,成员的重要性由能力和贡献来决定。能力有区别,贡献有大小,好的组织能让恰当的人在恰当的位置发挥恰当的作用。

第四节 素 质 拓 展

一、思考题

(1) 引例中有人越权行事了吗?
(2) 戴维斯博士能做些什么改进现状?
(3) "巴恩斯医院的结构并没有问题。问题在于,黛安娜·波兰斯基不是一个有效的监管者。"对此,你是赞同还是不赞同?提出你的理由。
(4) 波兰斯基可以利用哪些权力基础来使自己更好地处理冲突的要求?

二、画中国政府组织结构图

(1) 目的:
① 通过中国政府组织结构图了解中国政府的权力运行情况。
② 通过了解中国政府组织结构的变革,认识职权设计的重要性。
(2) 具体要求:
① 画出中国政府四个层次(提示:由高到低分别是国务院、省政府、市政府、县政府)。
② 中国政府组织结构也处在不断变革中,例如现在实行的大部制;有些部门由原来"块块"管理改为现在的"条条"管理等。
③ 不需要把所有的部门都画出来,只画几个作为代表即可。

三、创业素质论坛

关于"明势"

"明势"的意思分两层,作为一个创业者,一要"明势",二要"明事"。我们先来说"明势"。

"势",就是"趋向"。做过期货的人都知道,要想赚钱关键是要做对方向,这个方向就是"势"。比方说,大势向空,你偏做多;或者大势利多,你偏做空,你不赔钱谁赔钱!反过来说,你就是不想赚钱都难。

势分大势、中势、小势。创业的人,一定要跟对形势,要研究政策。这是大势。很多创业者是不太注意这方面工作的,认为政策研究"假、大、虚、空",没有意义。实则不然。对一个创业者来说,大到国家领导人的更迭,小到一个乡镇芝麻小吏的去留,都会对自己有影响。在政策方面,国家鼓励发展什么,限制发展什么,对创业之成败更有莫大关系。做对了方向,顺着国家鼓励的层面努力,可能事半功倍;做反了方向,比如说,某个行业、某类型企业,国家正准备从政策层面进行限制、淘汰,你偏赶在这时懵懵懂懂一头撞了进去,一定会鸡飞蛋打。

澳瑞特健康产业集团位于山西长治,是由做过矿工的郭瑞平在一个破产的小自行车厂基础上组建,时间只有短短十来年,年产值现在已超过上亿元。郭瑞平发财的秘诀便是顺势而为。本来山西长治地区是个穷地方,一些人连饭都吃不饱,哪里有心思搞什么健身。在毫无经验的基础上,将创业定位于在本地毫无市场的健身器材,在当地许多人看来等于找死。但是郭瑞平有一个很好用的头脑,他利用了当时国家竞技体育与群众体育两手抓、两手都要硬的政策大势,将创业目标定位于"群众喜欢用群众乐用的健身器材",避开了与国内众多专业竞技体育器材生产厂的竞争,又利用国家发行体育彩票,其中一部分收入指定用于群众健身器材投资的机会,利用一直以来精心与国家体育总局官员建立并保持的良好关系,最先将一整套"群众性体育健身器材"安装在了国家体育总局龙潭湖家属院,然后又从这个家属院走向了中国。你现在走到北京街头看一看,都是这种刷成黄色、红色、橙色的健身器,一组下来少的也有十来件,上面都标着"澳瑞特"的字样,仅这一单生意,就让郭瑞平赚了个盆满钵满。

顺势而作,就是顺水行舟。李白诗"朝辞白帝彩云间,千里江陵一日还",那是指顺水行舟。苏东坡坐船回老家,走的和李太白是同一条路,却整整花了三个月。原因无他,太白顺水,东坡逆水。创业的道理也是一样。观察政府,研究政策,是为了明大势。

中势指的就是市场机会。市场上现在时兴什么,流行什么,人们现在喜欢什么,不喜欢什么,可能就标明了你创业的方向。俞敏洪如果不是赶上全国性的英语热和出国潮,他就是使再大的劲,洒再多的泪,流再多的汗,也不会有今天的成功。

第二章　企业组织设计

　　在得风气之先的珠三角，现在还包括长三角，许多中小创业者都非常懂得借势的道理。不少人依靠借势发了家。借什么势呢？借外资企业在本地投资的势。比如说，一个台湾的电脑主板厂家在内地建厂，他不可能什么都自己生产，有一些零配件，包括一些生活供应，都要依靠当地人解决。这就是势，有人称之为"为淘金者卖水"。其实不是卖水，而是大家一起淘金，只不过有人淘的金块大一些，成色足一些，有人淘的金块小一些，成色差一些，但最后大家都有钱赚。在一个地方，大家都在做IT，你偏要去炼铁，你不赔钱谁赔钱？和市场主导一样，这就有一个产业主导的概念。不管做什么，你一定要和身处的环境合拍，创业才容易获得成功。在此传授一个诀窍，假如你准备创业，而你的资金不足，经验又不足，那么，你可以看看周围的人都在做什么，大家一起做的，你跟着做，一定没有错。虽然不可能赚到大钱，但赔本的机会也少，风险也小，较适合于那些风险承受能力较弱的创业者。能赚平均利润，对于小本经营的创业者就不错了。通过这样的锻炼，可以慢慢学习赚大钱的本领，慢慢积累赚大钱的资本，一旦机会来临，是龙翔九天，还是凤舞歧山，还不是由你说了算？假如你的本钱雄厚，风险承受能力强，你当然可以从创业伊始就去剑走偏锋，寻冷门，赚大钱，只是这样的创业者不多。

　　小势就是个人的能力、性格、特长。创业者在选择创业项目时，一定要找那些适合自己能力，契合自己兴趣，可以发挥自己特长的项目，这样才有利于你做持久性的全身心的投入。创业是一项折磨人的活动，创业者要有受罪的心理准备。

　　明势的另一层含义，就是明事，一个创业者要懂得人情事理。老话说："世事洞明皆学问，人情练达即文章。"创业的首要目的是为了合理合法地赚钱，不是为了改造社会。改造社会是等你发达以后，还需要你有那样的兴趣。创业更不是为了要跟谁赌气，你非要如何如何，非要让对方觉得你这个人如何如何，你才觉得心里舒服，你那是自己为自己设绊。

　　创业是一个在夹缝里求生存的活动，尤其处于社会转轨时期，各项制度、法律环境都不十分健全，创业者只有先顺应社会，才能避免在人事关节上出问题。作为对照，很多原先很牛气的外资企业，认为本地人才这样不行，那样不行，只有外来和尚才能念好经，现在也都认识到了人才本地化的重要性。人才为什么要本地化？因为本地的人才更熟悉本地的情况，能够按照"本地的规矩"做事，也就是说更能入乡随俗。创业者一定要明势，不但要明政事、商事，还要明世事、人事，这应该是一个创业者的基本素质。

第三章　企业文化塑造

引例　温水煮青蛙

有一个生物实验,说明青蛙对环境改变的反应太过迟缓,实验中将一只青蛙放到滚烫的水中,它立即跳出来以免一死;但要把青蛙放到冷水锅中,慢慢加热,青蛙则显得麻木,没有激烈的挣扎,等水升高到沸点时,青蛙在锅里已挣扎不出来,直到成为一只白煮蛙。企业如果不注意环境的改变和自身的变革,其劣性、惰性变得很顽固,再想改变已无力回转,只得落个白煮蛙的下场。

被称为"全球第一CEO"的通用电气公司总裁杰克韦尔奇,1981年接任公司总裁时,通用电气公司的经营结构看起来相当好,经营效益稳步提高。他的前任给他留下了极好的账目和可供发展之用的充足资金,但韦尔奇以其独到的眼光敏锐地透过种种现象,警觉地觉察到所面临的潜在危机,发现通用公司的生产力和企业竞争力远远落在日本同类企业后面,并正在激烈的竞争中丧失它们的市场份额。而通用电气公司又沉醉在过去光荣的历史中,不能在"全球经济环境"中思考未来,是一家沉闷、缺乏活力、保守缓慢而患上巨人症的公司。杰克·韦尔奇以其雄才大略在20年时间里为通用电气公司实施了无以计数的足以让通用电气震颤的手术,开创一种独特的、扁平无边界的、数一数二的、通力合作的经营模式,使庞大、繁杂的通用电气公司帝国摆脱了金字塔式的官僚体制,摒弃了大公司的痼疾,走上开放、灵活、无界限的道路,使1878年成立的通用电气公司在124年之后焕发了青春,成为世界上最具赢利能力和增长能力的公司。

在卓越的企业背后,我们发现的是卓越的企业家创造了卓越的企业文化。

第一节　知识清单

一、企业文化的兴起

(一)企业文化的兴起

日本在第二次世界大战中的惨败,使世人一度认为这个小小的岛国至少会"一百年经济萎缩"。然而,在短短的数十年间,日本却从一个百废待兴的战败国一举成为世界上名列第二的经济大国。日本经济的腾飞令人瞩目,也给美国以强烈的震撼。从20世纪70年代末起,美国的管理学界被迫关注世界经济格局中美国与日本的企业竞争问题。这是因为他们发现,起初美国企业无论在技术设备、经济实力,还是在人员素质、管理水平等方面均优于日本企业,而日本经济的起步也不能和美国同日而语。然而到了70年代末,日本的经济实力有了"奇迹"般的增长,几乎到了可以和美国相抗衡的地步。

20世纪70年代以来,日本的企业在遍及全球的市场上同美国企业展开了激烈而持久的争夺战。在美国企业与日本企业的市场较量与竞争中,日本商品旋风般地大举进入原为欧美商品统领地的市场,颇有所向披靡之势;而美国企业往往处于被动地位,甚至节节败退。日本商品不仅在世界各地市场上驱逐美国商品,并且长驱直入占领了美国本土市场,使美国人感受到了压力和威胁。这其中的主要原因是什么呢?美国理论界、管理界、企业界迅速组成各种联合考察团,考察了日本几十家企业后得出了这样的结论:美国经济落后于日本,原因在于文化。日本是从20世纪50年代开始引进美国现代管理模式与方法的,但在施行中不是生吞活剥拿来就用,而是加以改造,形成了与美国有很大差异的管理模式。在这两种不同的管理模式背后,潜伏着两国文化的差异。

日本企业家在创办企业中用的是"双手拿来"的政策。他们一方面把西方科学技术、现代管理手段拿来;另一方面又把中国儒家的精华拿来,并结合日本民族的特点,形成了一套以忠诚为核心的价值观体系。这种融西方理性与东方灵性于一体的混血儿的企业文化管理模式,使企业成为牢固的利益共同体和命运共同体,对外具有较强的适应力,对内具有较紧的凝聚力。日本的群体价值观、社团资本主义比美国的个体价值观、个人资本主义更显示出其优越性。美国国家广播公司于1979年播出的电视节目"日本能,我们为什么不能"引起了美国各界人士的很大反响。他们认识到:"现在重要的不是政策,而是文化",他们认为,在管理思想上应来一次深刻的"革命"。于是,兴起了一股企业文化热。许多美国专家、学者著书立说,使企业文化形成了一门现代新的管理科学。

(二)企业文化的含义

在汉语里,"文化"是"文"和"化"的复合词,"文,错画也,修饰也"(《说文》);"化,教行也,变也"(《说文》)。这就是说,"文化"的本意是经过人的修饰使事物发生变化,如一块天然的石头,未经磨制只能是一块天然的石头,一经磨制之后就成为文物。"圣人之治天下也,先文德而后武力。凡武之兴,为不服也,文化不改,然后加诛。"(刘向:《说苑·指武》)这里的"文"是指文德,即现在所理解的社会伦理道德;"化"是指教化,即经教育而使人转化。因此,"文化"是指文德和教化。通俗地说,就是以伦理道德教导世人,使人们成为在思想、观念、言行和举止上合乎特定礼仪规范的人。晋束广微说的"文化内辑,武功外悠"也是这个意思。所以,中国古代所说的"文化"多指德治教化、典章文物、书籍文字等。

企业文化是指企业在长期的经营实践中形成的共同思想、作风、价值观念和行为准则,是一种具有企业个性的信念和行为方式,是一种企业管理经营哲学观念。

广义的文化，是指人类所创造的物质财富与精神财富的总和。因而，广义的企业文化也就是指企业所创造的物质财富与精神财富的总和。狭义的企业文化是指企业在经营管理中所形成的独具特色的思想意识、价值观和行为方式。企业文化通常指的是狭义的企业文化。

从其内部结构来看，企业文化包括物质文化、行为文化、制度文化和精神文化四个层面。

1. 物质文化

物质文化包括企业的名称、标志、产品及其包装设计、建筑、企业环境、企业广告等，也就是一切能为人们直接感知的东西。

2. 行为文化

行为文化是企业文化的第二个层次，是指企业员工在生产经营、学习娱乐中产生的活动文化。它包括企业经营、教育宣传、人际关系活动和文娱体育活动中产生的文化现象，是企业经营作风、精神面貌和人际关系的体现，也是企业精神和价值观的动态反映。

3. 制度文化

制度文化是企业物质文化与精神文化的中介，具有固定和传递功能。它既是人的意识形态与观念形态的反映，又是由一定物的形式所构成的。它包括企业领导体制、企业组织机构和企业管理制度。

4. 精神文化

精神文化是企业文化的核心层，是指企业在生产经营过程中，受一定的社会文化背景和意识形态影响而形成的一种精神成果和文化观念。它包括企业精神、企业经营哲学、企业道德、企业价值观和企业风貌等意识形态。它是企业物质文化和行为文化的升华，是企业的上层建筑。

二、企业文化的特征与功能

(一)企业文化的特征

企业文化是一种经济亚文化、从属于民族文化的大文化，但不同于其他类型的亚文化。其特征表现在以下几个方面。

1. 继承性

继承性包括两个方面的含义：一是企业文化作为一种亚文化，必然受到民族文化的影响，继承民族文化的特点，带有民族文化的烙印。例如，受本民族文化的影响，美国的企业文化带有创新、个人主义和理性主义色彩，而英国的企业文化带有贵族化的特点。二是企业文化延续了企业自身的文化传统和特色，这一特点在西方那些历史较长的企业中更为明显。

2. 人本性

人本性强调人的重要性，是现代企业文化的一大特征。企业是人的企业，企业文化是以人为主体的文化。因此，企业文化必然体现出强烈的人本主义色彩。人的素质决定企业的素质和企业文化的品质。例如机器、设备等生产要素，离开了人，都只是一堆废物。从这个角度看，企业文化就是以人为中心、以文化引导为手段的管理思想。

3. 独特性

企业的社会背景不同、所有制性质不同、生产方式不同、发展历史不同、行业性质不同、经营者和员工的素质不同，这些都是造成企业文化独特性的原因。越是成功的企业，企业文化的特征也就越明显。单个企业文化的独特性决定了企业文化的多样性。从创建企业文化的角度出发，也应坚持企业文化的独特性，只有特色鲜明，才能与同类企业、其他企业区别开来，提高企业的竞争力。

4. 稳定性

虽然企业文化不是一成不变的，要随着时代的发展而发展，但是它又具有相对的稳定性。也即在一定时期内，它能够保持一个稳定的面貌，这是企业文化发挥其功能的基础。否则，员工的思想和行为就失去了标准和导向。企业文化不能因领导人的更换、某些职工的调动而变动。例如美国国际商用机器公司(IBM)的企业精神"IBM就是服务"就一直没有改变，而是作为企业的精神支柱保留下来。稳定的企业文化是企业凝聚职工精神、实现共同目标的基础。

5. 综合性

作为一种理论，企业文化是涉及管理学、行为科学、社会学、心理学、经济学和文化学等多学科的交叉学科，综合性强；作为一种亚文化，其内容包括企业的经营哲学、企业精神、价值观、最高目标、职工交往准则等许多因素，体现了较强的包容性、交叉性和综合性。生活在一定企业文化氛围中的职工，从思想到行为无一不受到企业文化的影响和制约。正是这种内容和影响的综合性，使企业文化具有巨大的力量。

6. 客观性

就企业文化的产生而言，作为一种微观上层建筑，企业文化必然反映社会的文化传统、政治结构、经济状况、组织方式和交往方式，也反映企业的生产经营实践，是它们的共生物和混合体。因此，企业文化是对客观的社会现实和企业管理规律的概括和反映，具有科学性和客观性。就企业文化的作用而言，企业在对国家利益、荣誉、工作失误和企业员工关系方面，体现着不同的特点，反映着企业的生产经营状况。不管作用大小，是积极的还是消极的，企业文化总是客观存在的。

7. 时代性

企业是具体的，企业文化也是具体的，由于它们存在于一定的时代、空间中，因此企业文化的形成和发展必然带有时代的特色，甚至就是时代的产物。一个时代的政治体制、经济体制、社会结构和文化时尚等都会对企业文化产生影响，例如 20 世纪 50 年代形成的"鞍钢文化"和 60 年代的"大庆文化"都深刻地反映了时代的特定风貌。在市场经济条件下，锐意改革、大胆创新、开拓进取、市场竞争、经济效益等观念已经成为当前企业文化的核心内容。

8. 开放性

企业文化是一种适应市场经济发展要求的开放性的文化。主要表现在以下三个方面。

(1) 企业文化本身就是开放性的产物，是企业管理吸收其他学科的最新成果发展起来的边缘学科和文化形态。

(2) 企业文化是动态的，随着市场条件、社会因素和企业情况的变化而变化，具有可塑性。

(3) 适应经济全球化的需要，企业文化应该吸收竞争对手和国际跨国企业文化的优点，不断调整企业的战略和政策，实现持续发展。

(二)企业文化的功能

企业文化是企业的无形资产，具有潜在的生产力，是企业发展的力量之源。

1. 导向功能

企业文化反映广大员工共同的价值观和利益追求，对每个员工具有强大的感召力，把每个员工的思想和行为引导到企业的生产经营目标上，使人们自觉地为实现企业的目标而努力工作。同时，企业本身的发展方向也需要企业文化的引导。这两个影响的范围是重合的，员工行为决定着企业的行为，企业的行为又影响着员工的素质。优秀的企业文化会使企业整体的价值取向和行为与国家和社会的要求相协调，在实现企业价值的同时，也担负起企业应有的社会责任。

2. 凝聚功能

企业文化的凝聚功能，是通过企业文化建设而使企业对员工所产生的向心力和凝聚力。企业文化反映员工的意愿，体现员工的利益，能够把员工团结到一起。共同的价值观和一致的信念目标能促成员工在待人处事等方面的共识，形成一个协调融洽、配合默契的高效率的生产经营团队，产生巨大的生产力和较强的竞争力。

3. 激励功能

激励是通过物质的或精神的外在刺激，使员工产生积极进取、努力工作的思想和行为。企业文化是一种精神激励，比起物质激励，其适应性更强，作用更持久。企业文化的激励功能是指通过正确的价值观、企业精神、企业目标和企业伦理等在员工心目中渗透，最终使员工产生强烈的责任感和自豪感，鼓舞员工为企业的发展拼搏、奉献。企业文化的激励功能是通过满足员工的高层次需求来发挥作用的。激励功能主要包括：①通过积极向上的企业精神和对职工需求的满足，激发员工的进取心，把潜在生产力变为现实生产力；②通过确立科学合理的企业目标，激励员工最充分地发挥其智力、体力和技术才能，保持工作的高效率；③通过确立正确的价值观，使企业员工认识到自己工作的意义，鼓励员工努力工作。

4. 规范功能

企业文化虽然是非强制性的行为准则，但是却对每一位员工的思想和行为起着有效的规范作用。它的规范功能发挥作用的机制是：通过培养员工的荣誉感、自豪感、归属感、优胜感和责任感等情感因素，使员工的思想和行为与企业文化统一起来、一致起来。对那些符合企业文化精神的言行，企业应给予赞扬和鼓励；对于那些违背企业文化要求的言行，企业应给予批评。这样，员工就会逐渐形成以企业文化为标准规范的思想和行为方式，产生以企业文化为主导的"从众行为"。

5. 辐射功能

企业文化形成以后，特别是在其发展到较高水平后，不仅会对企业本身产生强烈的感染力，还会传播、辐射到企业外部，对社会文化(例如其他企业的企业文化、社区文化、民族文化等)产生重大影响。企业文化的这种"自我表现"功能，不仅提高了企业的知名度和美誉度，优化了企业形象，也会对社会文化的净化、改进起到积极的推动作用。

三、企业文化的建设与培育

(一)企业文化建设的步骤

1. 企业文化盘点

建设企业文化关键在于量体裁衣，建设适合本企业的文化体系，达到这一目标的大前提就是对企业文化的全面了解。

所谓企业文化的盘点，就是对企业现有文化做一次调查和分析。当一个企业尚处在创业阶段时，需要了解创业者的企业目标定位；如果是已经发展了一段时间的企业，则需要了解企业发展中的一些问题和员工广泛认同的理念。

常用的一些调研方法主要包括访谈法、问卷法、资料分析法和实地考察法等工作方法。可以是自上而下、分层进行，也可以是大规模一次进行，这取决于企业的规模和生产特点。企业文化的调研，其实也是一次全体员工的总动员，因此，最好是在开展工作之前，由公司主要领导组织召开一次动员大会。在调研期间，可以采取一些辅助措施，例如建立员工访谈室、开设员工建议专用信箱等，调动员工的积极性，增强参与意识。

企业文化建设是全体员工的事情，只有员工乐于参与、献计献策，企业理念才能被更好地接受。企业文化的调研要有针对性，内容主要围绕经营管理现状、企业发展前景、员工满意度和忠诚度、员工对企业理念的认同度等方面。一些企业内部的资料往往能够反映出企业的文化，企业可以从企业历史资料、各种规章制度、重要文件、内部报刊、公司人员基本情况、先进个人材料、员工奖惩条例和相关媒体报道等方面获得有用信息。

为了方便工作，最好列一个清单，将资料收集完整，以便日后检阅。在企业文化的调研当中，匿名问卷形式比较常用，它可以很好地反映企业文化的现状和员工对企业文化的认同度。企业可以根据需要设计问卷内容，设计原则是调查目标明确、区分度高、便于统计。对有价值观类型的调查，又不能让被调查者识破调查目的。例如，在分析员工价值取向的时候，可以提问："如果再次选择职业，您主要考虑以下哪些方面"，然后列出工资、住房、个人发展等许多要素，规定最多选三个。根据统计结果，就不难发现员工普遍性的价值取向了。经过一系列的企业文化调研后，需要进行一些分析，得出初步结论。分析主要集中在以下四个方面。

(1) 分析企业经营特点，搞清企业在行业中的地位和企业生产经营情况。

(2) 分析企业管理水平和特色，研究企业内部运行机制，重点分析企业管理思路、核心管理链、现有管理理念和主要弊端。

(3) 分析企业文化的建设情况以及领导和员工对企业文化的重视程度。

(4) 逐项分析企业文化各方面的内容，包括企业理念、企业风俗、员工行为规范等具体内容。根据对以上四方面内容的综合分析，就可以判断目前企业文化的状况，了解员工的基本素质，把握企业战略和企业文化的关系，分析企业亟须解决的问题和未来发展的障碍，这就为下一步企业文化的设计做好了准备。

2. 企业文化设计

企业文化是一个有机的整体，包括精神层(即理念层)、制度层和物质层，包含了CI(企业形象标识)体系的全部内容，既有理念系统，又有行为系统和视觉识别系统(详见本章第四节)。

理念层一般包括企业愿景(或称企业理想)、企业使命(或称企业宗旨)、核心价值观(或称企业信念)、企业哲学、经营理念、管理模式、企业精神、企业道德和企业作风(或称工作作风)。

制度层主要是为了贯彻企业的理念，日常管理的每一项制度都是企业理念的具体表现。

同时，有必要针对企业理念的特点制定一些独特的管理制度，尤其是在企业文化的导入期是十分必要的。

物质层的设计主要包括标识设计、服装设计和办公用品设计等，其核心是企业标识和企业标识的应用设计，这些设计都要为传达企业理念服务。

企业理念层是企业的灵魂，是企业持续发展的指南针。企业理念中的各部分有着内部的逻辑性，设计时需要保持内部的一致性、系统性。企业愿景描述了企业的奋斗目标，回答了企业存在的理由；企业哲学是对企业内部动力和外部环境的哲学思考；核心价值观解释了企业的判断标准，是企业的一种集体表态；企业经营理念回答了企业持续经营的指导思想；企业精神体现了全体员工的精神风貌；企业作风和企业道德是对每一位员工的无形约束。所有这些内容都相辅相成，构成一个完整的理念体系。

企业制度层的设计主要包括企业制度设计、企业风俗设计和员工行为规范设计，这些设计都要充分传达企业的理念。企业制度指工作制度、责任制度和特殊制度，这些制度既是企业有序运行的基础，也是塑造企业形象的关键。所谓特殊制度是指企业不同于其他企业的独特制度，是企业管理风格的体现，例如"五必访"制度，在员工结婚、生子、生病、退休、死亡时访问员工。企业风俗的设计也是不同于其他企业的标识之一，它是企业长期沿袭、约定俗成的典礼、仪式、习惯行为、节日和活动等，一些国外企业甚至把企业风俗宗教化，例如"松下教""本田教"。

企业物质层的设计主要是指企业标识、名称及其应用。企业的名称和标识如同人的名字一样，是企业的代码，设计时要格外慎重。清华同方的名称来源于《诗经》的"有志者同方"，简明、易记。企业的标识则是企业理念和企业精神的载体，企业可以通过它来传播企业理念，公众也可以通过它来加深对企业印象。同时，企业标识出现的次数和频度，直接影响着社会公众对该企业的认知和接受程度，一个熟悉的标识可以刺激消费欲望。如果把企业理念看成企业的"神"，那么企业标识就是企业的"形"，它是直接面对客户的企业缩影，因此，在设计和使用上要特别注意。

3. 企业文化实施

企业文化的实施阶段，实际上是企业的一次变革，通过这种变革，把企业优良的传统发扬光大，同时，纠正一些企业存在的问题。最早提出有关组织变革过程理论的是库尔特·勒温，他提出了"勒温"模型。该模型提出组织变革的三部曲：解冻——变革——再冻结，可以说这一模型也反映了企业文化变革的基本规律。

一般来讲，企业文化的变革与实施需要有导入阶段、变革阶段、制度化阶段和评估总结阶段。

(1) 导入阶段就是勒温模型的解冻期，企业在这一阶段的主要任务是从思想上、组织上、氛围上做好企业文化变革的充分准备。在此阶段内，要建立强有力的领导体制、高效的执行机制、全方位的传播机制等，让企业内部所有的人认识到企业文化变革的到来。为了更好地完成这一阶段的工作,可以建立领导小组来落实,设立企业文化建设专项基金来开展工作,在人力、物力上给予支持。

(2) 变革阶段是企业文化建设工作的关键,在这个阶段内,要全面开展企业文化理念层、制度层、物质层的建设,即进行由上而下的观念更新,建立健全企业的一般制度和特殊制度,形成企业风俗,做好企业物质层的设计与应用。这一阶段可谓是一个完整的企业形象塑造工程,其中心任务是价值观的形成和行为规范的落实,至少要花一年的时间。

(3) 制度化阶段是企业文化变革的巩固阶段,该阶段的主要工作是总结企业文化建设过程中的经验和教训,将成熟的做法通过制度加以固化,建立起完整的企业文化体系。在这一阶段,企业文化变革将逐渐从突击性工作转变成企业的日常工作,领导小组的工作也将从宣传推动转变成组织监控。该阶段的主要任务是建立完善的企业文化制度,其中应包括企业文化考核制度、企业文化先进单位和个人表彰制度、企业文化传播制度、企业文化建设预算制度等。该阶段常见的问题是新文化立足未稳、旧习惯卷土重来,尤其是过去有过辉煌的企业,往往会坚持旧习惯,这一点要求管理者做好足够的思想准备。

(4) 评估总结阶段是企业文化建设阶段性的总结,在企业基本完成企业文化建设的主要工作之后,总结评估以前的工作,对今后的企业文化建设具有十分重要的意义。评估工作主要围绕企业事先制订的企业文化变革方案,检查企业的变革是否达到了预期的效果,是否有助于企业绩效的改善和提高。总结工作还包括对企业文化建设的反思,主要针对内外环境的变化,检查原有的假设体系是否成立。总结工作具体的工作方法主要是现场考察、研讨会和座谈会等。

(二)如何培育独具魅力的企业文化

纵观世界成功的企业,其长盛不衰的原因大致有三点,即优质的产品、精明的销售和深厚的企业文化底蕴。而企业文化对企业的成长从表面上看也许不是最直接的因素,但却是最持久的决定因素。那么,在深化改革、建立现代企业制度的今天,如何培育具有本企业独具魅力的企业文化呢?

1. 注重培育企业整体价值观

企业整体价值观是企业文化建设的核心,企业精神则是企业整体价值观的集中体现。企业整体价值观决定着企业的经营目标和经营方向,规范着职工的行为,因此,培育企业整体价值观是建设企业先进文化、提高职工素质的重点。

(1) 要确立一个较高的追求目标。崇高的目标是企业文化建设的基础,企业要树立适应市场经济要求的企业价值目标,确立为社会服务,满足人们物质和精神方面追求的目标,而不仅仅把企业目标放在追求投资回报、利润最大化和企业自身的发展上,这样才能充分体现企业存在的社会价值。

(2) 要树立诚实守信的经营理念。在市场经济建立并逐步完善的今天,企业要树立"顾客至上""用户是资源""市场是求生之地"等经营理念，并落实到每一项具体的工作中去。向职工提出"今天的信誉，就是明天的市场"、用户提出的一切意见都是对的、经营合同必须做到百分之百履约等要求，大力倡导经营人员充分满足用户对产品质量、周期和服务的要求，全体职工充分满足经营人员对用户的承诺，并通过全体干部职工的努力确保合同按期履约，逐步树立企业在市场中重合同、守信用的整体形象。由于不同的企业其职工的素质、技术实力、产品特点、历史沿革等是不同的，因此，企业文化还必须结合企业实际来开展。

2. 注重培育具有企业家精神的企业领导

企业家精神是一个企业精神的核心，是影响企业生产经营及效益的最重要的非经济因素。作为企业文化直接设计者、倡导者和执行者的企业领导者，对企业文化具有以下两方面的重要影响。

(1) 企业领导者个人的思想修养、文化素质、形象魅力、行事风格及经营管理能力，集中体现了一个企业文化的优劣。在市场经济中，不论是用户还是竞争对手，首先接触到的是企业的经营管理者。具有良好素质和企业家精神的领导者不仅能得到用户的青睐，也会赢得竞争对手的尊重，无形中处于有利的竞争地位，最终获得业务订单。

(2) 企业文化是由领导者倡导，并经全体职工认同和实践后形成的企业整体价值观、信仰追求和道德准则，因此对全体干部职工来说，领导者有上行下效的示范责任。企业领导者精神振奋，具有较高的思想文化修养、技术管理水平以及言必行、行必果的作风，自然会得到全体干部职工的尊重、信任和效仿，促进企业良好风气的形成。因此，作为企业领导者，与时俱进、加强学习修养、不断充实和完善自己应是永恒的课题。

3. 注重培育企业信用文化

社会主义市场经济既是法制经济，也是信用经济，它需要诚信作保证。随着我国加入WTO，经济与世界接轨，信誉将成为企业在市场上的第一通行证。然而，在利益的驱动下，目前在一些企业中出现了恶性竞争、尔虞我诈、信用危机等，导致了社会整体信用水平的下降，严重影响了企业的声誉和形象。这种违背职业道德、只求得逞于一时的做法，对企业的长期发展是有百害而无一利的，无异于饮鸩止渴。

在企业经营生产活动中，教育干部职工把"诚实守信、用户至上"这一企业精神的核心内容要贯穿于企业经营管理的各个环节，只要向用户承诺了的生产合同，产品就要千方百计保证质量、安全和服务，真心实意地接受用户提出的批评意见，及时解决存在的问题，为用户提供更完善的产品和服务。

要加强企业领导自身的职业道德建设，自觉在市场经济活动和企业生产管理中坚持依法经营、依法治企，牢固树立经济效益和社会资产"双赢"的思想，牢固树立可持续发展的观点，不投机取巧、不损人利己，不断发展企业信用文化。

4. 注重培育高素质职工队伍

自身素质优良、纪律严明的职工队伍，是保持企业市场竞争力的基础，也是企业宝贵的财富。

在知识经济时代，人才和职工队伍已成为企业的第一资源，在培育高素质职工队伍方面应重点抓好以下两项工作。

(1) 坚持"以人为本"的经营发展思想，把"人"置于企业经营生产和管理的最高地位，坚持尊重人、理解人、关心人、信任人的原则，重视为职工学理论、学文化、学技术、学法规创造条件，重视为职工营造宽松和谐的生产工作氛围，积极为他们实现自我价值和发挥能量铺路搭桥，在促进企业生产发展的同时，促进职工的自我完善和综合素质的提高。

(2) 结合企业实际，因时、因事、因地开展职工群众喜闻乐见的员工技能竞赛、演讲比赛、艺术节运动会等活动，丰富职工的业余文化生活，让广大职工在各项活动中充分展示自己的聪明才智，进一步熟悉、了解和把握本企业所倡导的企业文化，增强对企业的认同感、向心力，树立"厂兴我荣，厂衰我耻"的思想意识，自觉地为企业的振兴和发展做出应有的贡献。

总之，对企业而言企业文化建设，是一项艰巨而复杂的系统工程，它需要各级组织和人员的关注、支持和参与。因此，在企业文化建设过程中，必须联系企业实际，只有找准切入点，突出个性，不断推陈出新，才能发挥企业文化的独特魅力。

第二节 延伸阅读

继企业文化理论之后，企业形象(Corporate Identity，CI)理论也很快传入了改革开放的中国。我国许多企业试着导入企业形象策划，其中有些企业获得了很大成功。学术界也把目光投向企业形象领域，介绍企业形象理论、阐述企业形象实务的书籍如雨后春笋般地出现在读者面前。那么，什么是企业形象？怎样认识和看待企业形象对企业发展的作用？企业形象理论和已有的企业管理理论有什么关系？企业形象策划与企业文化建设有何异同？这些问题不仅困扰着广大读者和企业管理人员，而且在管理学界也有一些不同的看法。

一、什么是企业形象

从心理学的角度来看，形象就是人们通过视觉、听觉、触觉和味觉等各种感觉器官在大脑中形成的关于某种事物的整体印象，简言之是知觉，即各种感觉的再现。有一点认识非常重要：形象不是事物本身，而是人们对事物的感知，不同的人对同一事物的感知不完全相同，其正确性受到人的意识和认知过程的影响。

第三章 企业文化塑造

由于意识具有主观能动性，因此事物在人们头脑中形成的不同形象会对人的行为产生不同的影响。

1. 企业形象

企业形象是企业内外对企业的整体感觉、印象和认知，是企业状况的综合反映。企业形象是企业与社会公众(包括企业员工)之间，通过传播媒介或其他接触过程而形成。它包括公众印象、公众态度和公众舆论三个层次。在公众印象的基础上，加入人们的判断，进而形成具有内在性、倾向性和相对稳定性的公众态度，多数人的肯定或否定的态度才形成公众舆论。公众舆论通过大众传播媒介和其他途径(例如人们的交谈、表情等)反复作用于人脑，最后影响人的行为。企业形象有好坏之分，当企业在社会公众中具有良好的企业形象时，消费者就愿意购买该企业的产品或接受其提供的服务；反之，消费者将不会购买该企业的产品，也不会接受其提供的服务。企业形象的好坏与否不能一概而论，多数人认为某企业很好时，可能另外一些人感到很差，而这种不良的形象将决定他(她)不会接受该企业的产品或服务。任何事物都难以十全十美，因此，在这里企业必须把握矛盾的主要方面，从总体上认识和把握企业形象。

2. 企业形象的分类

企业形象的分类方法很多，根据不同的分类标准，可将其划分为以下几类。

(1) 企业内在形象和外在形象。这是按企业的内外表现来划分的。内在形象主要指企业目标、企业哲学、企业精神、企业风气等看不见、摸不着的部分，是企业形象的核心部分。外在形象则是指企业的名称、商标、广告、厂房、厂歌、产品的外观和包装、典礼仪式、公开活动等看得见、听得到的部分，是内在形象的外在表现。

(2) 企业实态形象和虚态形象。这是按照主客观属性来划分的。实态形象又叫作客观形象，指企业实际的观念、行为和物质形态，它是不以人的意志为转移的客观存在。例如企业生产经营规模、产品和服务质量、市场占有率、产值和利润等，都属于企业的实态形象。虚态形象则是用户、供应商、合作伙伴、内部员工等企业关系者对企业整体的主观印象，是实态形象通过传播媒体等渠道产生的映像。

(3) 企业内部形象和外部形象。这是根据接受者的范围来划分的。外部形象是员工以外的社会公众对企业的整体感觉和认知，人们平时所说的企业形象主要就是指这种外部形象。内部形象则指该企业的全体员工对企业的整体感觉和认识。由于员工置身于企业之中，他们不但能感受到企业的外在属性，而且能够充分感受到企业精神、风气等内在属性，有利于形成更丰满、更深刻的企业形象。但是如果缺乏内部沟通，员工往往只重局部而看不到企业的全部形象，颇有"不识庐山真面目"的感觉。因此，内部形象的接受者范围虽小，但作用却很大，与外部形象有着同等重要的地位，决不可忽视。

(4) 企业正面形象与负面形象。这是按照社会公众的不同评价态度来划分的。社会公众对企业形象认同或肯定的部分就是正面形象，抵触或否定的部分就是负面形象。任何企业的企业形象都是由正反两方面构成的，换言之，企业形象应是一分为二的，公众中任何一个理智的个体都会既看到企业的正面形象，又看到企业的负面形象。对于企业来说，一方面要努力扩大正面形象，另一方面又要努力避免或消除负面形象，两方面同等重要。因为往往不是正面形象决定用户一定购买某企业产品或接受某项服务，而是负面形象使用户拒绝购买该企业的产品或拒绝接受其服务。

（5）企业直接形象和间接形象。这是根据公众获取企业信息的媒介渠道来划分的。公众通过直接接触某企业的产品和服务，由亲身体验形成的企业形象是直接形象；而通过大众传播媒介或借助他人的亲身体验得到的企业形象是间接形象。对企业形象作这种划分十分重要，如果一个用户在购买某种商品时看到的是粗陋的包装、落后的设计，试用时这也有毛病、那也不如意，无论别人告诉他这款产品如何如何好，这家企业怎么怎么不错，他也一定不会购买，因为直接形象比间接形象更能够决定整个企业形象。有些企业以为树立企业形象只能靠广告宣传，而不注重提高产品质量和服务水平，就是只看到间接形象而忽视了直接形象。

（6）企业主导形象和辅助形象。这是根据公众对企业形象因素的关注程度来划分的。公众最关注的企业形象因素构成主导形象，而其他一般因素构成辅助形象。例如，公众最关心电视机的图像、色彩、音质等质量和价格是否公道合理，因而电视机的质量和价格等构成电视机厂的主导形象，而电视机厂的企业理念、员工素质、企业规模、厂区环境、是否赞助公益事业等则构成企业的辅助形象。企业形象由主导形象和辅助形象共同组成，决定企业形象性质的是主导形象；辅助形象对主导形象有影响作用，而且在一定条件下能够与主导形象实现相互转化。

3. 企业形象的子系统

企业形象的组成因素比较复杂，我们可以将其归纳为三个层次，即理念形象、行为形象和视觉形象。

（1）企业理念形象。企业理念形象是由企业哲学、宗旨、精神、发展目标、经营战略、道德、风气等精神因素构成的企业形象子系统。

（2）企业行为形象。企业行为形象由企业组织及其成员在内部和对外的生产经营管理及非生产经营性活动中表现出来的员工素质、企业制度、行为规范等因素构成的企业形象子系统。内部行为包括员工招聘、培训、管理、考核、奖惩、各项管理制度、责任制度的制定和执行、企业风俗习惯等；对外行为包括采购、销售、广告、金融、公益等公共关系活动。

（3）企业视觉形象。企业视觉形象是由企业的基本标识及应用标识、产品外观包装、厂容厂貌、机器设备等构成的企业形象子系统。其中，基本标识指企业名称、标志、商标、标准字、标准色；应用标识指象征图案、旗帜、服装、口号、招牌、吉祥物等；厂容厂貌指企业自然环境、店铺、橱窗、办公室、车间及其设计和布置。在企业形象的三个子系统中，理念形象是最深层次、最核心的部分，也最为重要，它决定行为形象和视觉形象；而视觉形象是最外在的、最容易表现的部分，它和行为形象都是理念形象的载体和外化；行为形象介于上述两者之间，它是理念形象的延伸和载体，又是视觉形象的条件和基础。如果将企业形象比作一个人的话，理念形象好比是他的头脑，行为形象就是其四肢，视觉形象则是其面容和体型。

4. 企业形象的基本特性

以上介绍了企业形象的分类，又剖析了它的层次结构，下面将进一步阐述企业形象的特性，而了解这些特性对于正确把握企业形象的内涵、认识企业形象的作用、探索企业形象的发展规律是十分必要的。

(1) 主客观二重性。主观性是指企业形象作为企业在公众心目中的印象，必然受到公众自身价值观、思维方式、道德标准、审美取向、性格差异等主观因素的影响，因此同一个企业在不同公众心目中会产生有差别的形象。客观性则是指企业形象的存在这一事实，不受企业的规模大小、经营业绩好坏的影响，也不受包括企业领导人在内的任何人的承认与否、喜欢与否的限制，也不管企业是否主动去塑造，它与企业本身如影随形。企业形象从企业诞生之日起便开始形成，伴随企业的成长而发展变化，甚至由于各种原因企业不存在了(如倒闭、被兼并)，企业形象也还会在一定时间、一定范围内存在，其生命力超越了企业本身。因此，企业形象自企业创办之日起便是一种客观存在。当然，承认企业形象的客观性，并不是说企业在自身形象面前无能为力。企业是由具有主观能动性的人组成的社会组织，人们可以通过管理企业、改善经营与公共关系及对外宣传等有意识的实践活动主动影响和塑造企业形象，而不是只能被动地接受它。

(2) 系统性。企业实态形象本身是由复杂因素组成的，有公众容易感知的产品质量、功能、形状、色彩、包装，有企业的标志(企业标志和商标)、服装、旗帜、厂房、店面；有公众不太容易感受到的企业员工素质、行为规范、风俗习惯；还有一些看不见、摸不着，因而公众最不容易感受到的企业目标、宗旨、精神、风气等。这些看似复杂的组成因素之间有着内在的必然联系，它们相互依存、互为条件，决定了企业实态形象是一个具有很强的系统性的整体。由于主观建立在客观的基础上，因此公众主观形成的企业虚态形象也应该具有很强的系统性。公众形成对一家企业的整体感觉、印象和认知，是通过多种媒介渠道，由多方面信息综合作用的结果。系统性的特点表明，在塑造企业形象时要从整体着手，全盘规划，绝不能只重视其中一个方面或某几点而忽视了其他方面。

(3) 动态性。企业的生产经营情况、构成公众的人群、信息传播所借助的媒介渠道等决定企业形象的因素总是处于发展变化之中，因此企业形象是运动的，而不是静止不变的，这就是动态性的第一层含义。正面形象和负面形象、主导形象和辅助形象，以及内部形象和外部形象、直接形象和间接形象，它们作为企业形象的组成部分也不是固定不变的，而是相互间处于矛盾运动之中，在一定条件下对立面之间还能相互转化，这是动态性的第二层含义。例如，过去"经久耐用"是构成产品及企业的正面形象，甚至成为主导形象的因素。但随着物质生活水平的提高，人们开始追求时髦，某些产品的"经久耐用"就变成了保守、陈旧和落后的象征，甚至构成了企业的负面形象。把握动态性，对于探索塑造企业形象的科学规律是很重要的。

(4) 相对稳定性。说企业形象具有动态性，始终处于运动变化之中，并不意味着企业形象神秘莫测、不可认识和把握。企业形象不是凭空想象出来的，其产生、更新和发展是一个连续的过程，在一段时间内它又是相对稳定的、静态的，这是人们可以从客观角度认识、了解、分析和把握其基本规律的重要前提。从相对稳定性出发，人们还可以看到企业形象的发展变化离不开原来的基础，即企业形象具有继承性，在企业形象策划与塑造中任何割裂历史的做法都是非常危险的。正是因为企业形象有了这种相对稳定性，人们才能够将其划分类别、剖析层次结构以及后面将谈到的进行评价。

二、CI 的概念和内涵

任何企业的企业形象无论好坏，都是一种客观存在，并对企业的经营业绩产生着某种不可忽视的影响。少数一些有眼光的企业和企业家率先敏锐地捕捉到企业形象这一因素，主动地而不是被动地把良好企业形象的塑造列入了企业的工作日程。美国国际商用机器公司(IBM)于 1956 年在世界上第一个导入了 CI，它的巨大成功将企业界带进了一个新的境界。IBM 标志如图 3-1 所示。

图 3-1　IBM 标志

1. CI 的定义

CI 即 "Corporate Identity" 的缩写，中文直译为 "企业识别"；CIS 即 "Corporate Identity System" 的缩写，直译为 "企业识别系统"。鉴于二者并无本质的不同，考虑到其使用频度，本书将不再区别 CI 与 CIS，一律采用 CI 的提法，并称作 "企业形象识别"，同时将 "CI 策划" 视同 "企业形象策划"。

那么，怎样定义 CI 呢？不同学者和企业家的说法不一，至今仍无简洁明了并被公认的解释。日本学者中西元男认为：意图地、计划地、战略地展现企业所希望的形象；就本身而言，透过公司内外来产生最好的经营环境，这种观念和手法就叫作 CI。日本 SONY 公司高级主管黑木靖夫则认为：CI 就是企业的"差别化战略"。台湾的 CI 专家林磐耸认为：CI 就是将企业的经营理念和精神文化，运用统一的整体传达系统(特别是视觉传达设计)，传达给企业周边的关系或团体(包括企业内部与社会大众)，并使其对企业产生一致的认同感与价值观。《企业形象制胜》一书则解释为：运用视觉设计与行为的展现，将企业的理念与特质系统化、规范化、视觉化，以塑造具体的企业形象，并发挥它在体制上的管理作用。上述几种表述各有其合理之处，但如果作为定义，我们对林磐耸先生的表达更赞同一些。

理由有三个：①提出了 CI 的目标——直接目标是"把企业的经营理念和精神文化传达给周边的关系企业或团体"，最终目标是"使其(指这些周边的关系企业或团体)对企业产生一致的认同感和价值观"；②揭示了 CI 的核心是"企业的经营理念和精神文化"识别，而不是其他；③指明了 CI 的手段，即"统一的整体传达系统"，同时还反映了 CI 的系统性特点。但该定义也有缺点：①谈到的"经营理念"与"精神文化"及"价值观"到底是一种什么样的关系并不清楚；②不够简明。有鉴于此，本书认为：CI 就是通过统一的整体传达系统将企业文化外化为企业形象的过程，因为企业文化的核心和灵魂是精神层。这样表述既不失前述诸表达的优点，又更加简单、准确。

2. CI 的含义

为进一步理解 CI，可以从下面几个角度来认识。

(1) CI 是企业形象的塑造过程。有人将 CI 与企业形象混为一谈，这是一种误解。CI 是塑造企业形象的做法、措施，更准确地说是采取各种措施塑造企业形象的过程，而绝不是企业形象本身。企业形象的塑造不是短短一两天内能完成的事情，这反映了实施 CI 同样不是搞一个活动，而是一个长期的过程。

(2) CI 是企业管理的一项系统工程。有的企业负责人认为，本公司已有名称、标志图案和商标，还搞什么 CI 策划。这是对 CI 片面理解的缘故。因为除上述几方面外，CI 还涉及企业文化和企业实践的方方面面，是一个系统性很强的企业整体行为。由于不能了解这一点，有些广告公司承接的 CI 只是停留在视觉形象设计的各项美工阶段，导致一些企业花了钱却看不到有什么实效。重视 CI 的系统性，也就是许多人又把它称为"CIS"的原因。

(3) CI 是企业的一项投资行为。由于企业往往缺乏通晓 CI 的行家，因此它们的 CI 策划基本上都是委托专门的顾问公司、公共关系公司和广告公司来做。根据目前国内的情况，CI 策划一般需要花费 30 万～100 万元，陕西彩虹集团、河南新飞集团、广东杉杉集团的 CI 投资更在 200 万元以上。有些企业觉得一下子花这么多钱，又不一定能马上见实效，很不值得，这种看法是缺乏战略眼光的。因为从导入 CI 到实施完成，往往需要一两年甚至三五年或更长时间，其效果的显现具有滞后性，如果不能认识到 CI 是企业的一项有价值的投资，是很难理解这一点的。

(4) CI 是企业经营战略的组成部分。CI 在塑造企业形象的过程中，最重要的就是要把企业理念、行为和视觉要素的信息传播出去。面对日益激烈的市场竞争，以全局为对象、面向未来的战略管理是企业的必然选择。制定企业发展战略，必须站在全局高度，综合考虑供应、生产、技术、销售、服务、财务和人事等各方面，根据总体发展的需要制定企业经营活动的行动纲领。而企业形象的塑造正是企业发展战略必然涉及的问题，引入和实施CI不失为有远见的企业家的明智选择。因此，CI不是孤立的企业行为，而是影响企业未来发展道路的信息传播战略行为。

3. CI的内容

根据企业形象的三个层次，可以将企业形象识别分为理念识别(MI)、行为识别(BI)和视觉识别(VI)三个层次。

(1) 理念识别(Mind Identity，MI)。MI是指一个企业由于具有独特的经营哲学、宗旨、目标、精神、道德、作风等而区别于其他企业。MI是CI的灵魂和整体系统的原动力，它对BI和VI具有决定作用并通过它们表现出来，就好比一个人内在的独特气质只能通过他的行为和外表才能让人感受得到。理念识别的要素中，企业的群体价值观是核心要素。

(2) 行为识别(Behavior Identity，BI)。BI是指在企业理念统率下，企业组织及全体员工的言行和各项活动所表现出的一个企业与其他企业的区别。BI是企业形象策划的动态识别形式，有别于企业名称、标志等静态识别形式。从BI实施的对象来看，它包括内部活动识别和外部活动识别。由于员工及其群体的行为(包括语言)本身就是一种传播媒介，受众可以不借助其他传播媒介而直接产生对企业的认知，从而形成对企业形象的认识，而员工的言行无不是在企业价值观等理念要素的作用下表现出来的，因而行为识别实际上是理念识别的最主要载体。

(3) 视觉识别(Vision Identity，VI)。VI是指一个企业由于独特的名称、标志、标准字、标准色等视觉要素而区别于其他企业。VI的表达必须借助某种物质载体，例如厂房、店铺、广告牌、产品外观及其包装等。根据人体工程学的研究，人们获取信息的主要途径是视觉，约占80%，因此VI是整个企业形象识别系统中最形象直观、最具有冲击力的部分。人们对CI的认识是从VI开始的，早期的CI策划也主要是VI策划。VI虽然比MI和BI容易实施，效果显示度高，但它对企业形象的影响并不持久和深入，而且有时也难以完全反映MI，也就难以完全反映CI的内容。因此，脱离了理念识别和行为识别的视觉识别本身是缺乏生命力的。

4. CI在中国的发展

继蓝色巨人IBM之后，Cocacola、McDonda、3M和东方航空等企业也纷纷导入CI，到20世纪70年代，欧美国家的许多大公司先后完成了CI的改造。善于模仿的日本企业在70年代初期接受了CI，马自达(Mazda)、索尼(Sony)、第一劝业银行、三井银行、美能达等也先后实施了CI战略。几年后，宏碁(ACER)等台湾企业开始引入CI，并逐渐形成潮流。

第三章 企业文化塑造

虽然全球化的 CI 热正方兴未艾,但我国由于长期受封闭的计划经济体制的束缚,企业界缺乏"市场经济"的概念,一直没有创造企业形象差别的 CI 意识。1988 年,广东有一家生产"万事达"保健口服液的乡镇企业为了打开销路,决定委托广东新境界设计群进行总体的 CI 策划,公司名称、品牌改为"太阳神",启用新的企业标志(如图 3-2 所示),并实施统一的 CI 活动,很快打开了销路,使营业额增加了 200 多倍,仅 1992 年就达 12 亿元。"第一个吃螃蟹"的太阳神带动了中国的 CI 热,万宝集团、李宁公司、四通公司、丽臣实业等许多企业都加入了 CI 的行列。

图 3-2 广东太阳神标志

今天,CI 已经被中国企业界普遍接受,许多企业实施了 CI 策划。尽管不是所有企业都收到太阳神那样满意的效果,但 CI 的重要性却是不争的事实。

三、CI 的导入程序

导入 CI 有许多工作要做,根据它们内在的逻辑联系和先后顺序,可以把其工作内容概括为六个环节,按照先后顺序依次如下。

1. 提出 CI 计划

提出 CI 计划是导入 CI 的前提,无论是谁(企业领导者、企业顾问或其他人士)提出,最终都要使得企业最高领导者对 CI 有所了解并对企业内外环境有正确的认识。导入 CI 不是一个盲目的举动,而是为了解决企业目前或将来会遇到的问题,如企业名称陈旧、形象老化、企业形象与产品形象或业务领域不符、企业业务或市场环境有重大变化、与同行企业相比缺乏形象竞争力、公众认知度较差等。提出 CI 计划一般要形成书面的"CI 导入企划案",它主要包括目的、理由和背景、计划方针、施行细则、导入计划、实施的组织、费用预算。针对"企划案",企业一般要组织管理人员、咨询人员、员工代表进行讨论,论证通过以后,CI 计划的提出即结束,转入下一阶段调查与分析。

2. 调查与分析

通过调查研究,找到企业问题的关键所在,是成功实施 CI 的保证。调查内容主要是企业现状和企业形象两方面。企业现状也称企业实态,既包括产品品种、质量、包装、市场占有率、服务水平、研发情况、利税、财务、广告,也包括企业文化精神、员工满意度、内部和外部信息传递形式、团体和人际关系,当然还有企业的名称、商标、标准字和环境等。企业形象方面的调查除企业形象(如主导形象、辅助形象等)外，还包括企业的认知度、广告接触度、评价度以及企业形象影响因素的调查。除上述内容之外，一般还涉及对政府法律、法规、政策和竞争对手方面的调查，这是制订正确的、有针对性的 CI 实施策略必不可少的步骤。

3. 确定企业理念

在分析调查结果以后，立足企业历史、现实和未来发展方向，确定企业的目标、哲学、宗旨、精神、道德和作风等。具体的做法将在本书第五章详细阐述。

4. 行为与视觉设计

在企业理念指导下，设计相应的企业行为识别要素与视觉识别要素。

5. 发表 CI

发表 CI 就是将已制订成熟的 CI 方案向内部员工、新闻界和社会公众公开。对内发表的目的是激发员工热情，强化员工决心和执行 CI 各项计划的自觉性。发表内容包括：实施 CI 的意义和原因；CI 实施过程和进度；新的理念识别、行为识别和视觉识别要素；统一的对外说明方式等。对外发表旨在表明企业改变旧形象的意图和决心，引起公众关注、争取公众认同。许多实践表明，发表 CI 的时机非常重要，确定时机要充分考虑企业的内外环境因素。在以新闻发布会或广告形式对外发表之前，最好提前向供应商、经销商和政府领导等重要关系者通报，这会使他们感到企业对自己的尊重，并对企业新的形象给予积极认同。

6. CI 实施

如果不能坚决地贯彻实施，再好的 CI 方案和计划也无济于事。在实施过程中，关键在于企业领导者是否有坚定的信念，是否自觉从我做起。CI 实施虽然离不开政策、措施、制度的推动，但主要应调动广大员工的内在积极性和主动性，因此努力营造一个积极的企业氛围是很有必要的。企业下了很大决心，也投入了不少人、财、物力，那么 CI 实施的结果怎么样呢？这就涉及一个怎样检验实施效果的问题。检验 CI 效果有两个层次：①看 CI 计划的各项任务是否落实，如果各项措施得以顺利推行，各项计划圆满落实，则可谓初见成效；②通过市场占有率、销售额和利润增长情况等来进行验证，如果在企业的内外环境没有突变的情况下，这些指标都有明显提高，就可谓大见成效了。第二个层次是最终的检验，因为 CI 计划执行得再好，如果没有经营业绩的增长，对企业而言都是毫无意义的。当然，CI 发挥作用需要一个时间过程，正确地导入 CI 就一定会最终尝到甜头。例如，深圳 CBC(中华自行车)1994 年的销售额、利润均比导入 CI 前的 1986 年增长了 100 多倍，总产值达到 200 多亿元。CI 的效果并非都像太阳神、CBC 那样显著，也有一些不是很明显。当然，如果任何积极的效果都没有，甚至企业出现负增长，就不能归咎于 CI，而需要从其他方面找原因了。

第三节　大案例与小故事

一、大案例

快乐的美国西南航空公司[①]

美国西南航空公司创建于1971年，当时只有少量顾客、几只包袋和一小群焦急不安的员工。现在，它已成为美国第六大航空公司，拥有1.8万员工，服务范围横跨22个州的45个大城市。

总裁用爱心管理公司

现任公司总裁和董事长的赫伯·凯勒，是一位传奇式的创办人，他用爱心建立了这家公司。LUV是总部设在达拉斯的友爱机场的缩写，也是他们在纽约上市股票的标志，更是西南航空公司的精神。这种精神从公司总部一直感染到公司的门卫、地勤人员。

当踏进西南航空公司总部大门时，你就会感受到一种特殊的气氛。一个巨大的、敞顶的三层楼高的门厅内，展示着公司历史上值得纪念的事件。当你穿越欢迎区域进入把办公室分列两侧的长走廊时，你就会沉浸在公司为员工举行庆祝活动的气氛中……令人激动地布置着有数百幅配有镜架的图案，镶嵌着成千上万名员工的照片。歌颂内容有公司主办的晚会、集体活动、垒球队、社区节目以及万圣节。早期员工的一些艺术品，连墙面和油画也巧妙地穿插在无数图案中。

公司处处是欢乐和奖品

你到处可以看到奖品。饰板上用签条标明心中的英雄奖、基蒂霍克奖、精神胜利奖、总统奖和幽默奖(这个奖是倒挂着的)，并骄傲地写上受奖人的名字。你甚至还可以看到"当月顾客奖"。

员工们轻松地迈步穿越大厅过道前往自己的岗位，到处洋溢着微笑和欢乐，谈论着"好得不能再好的服务""男女英雄"和"爱心"等。公司制定的"三句话训示"挂满了整个建筑物，最后一行写着："总之，员工们在公司内部将得到同样的关心、尊敬和爱护，也正是公司盼望他们能和外面的每一位顾客共同分享。"

透明式的管理

如果你要见总裁，只要他在办公室，你可以直接进去而不用通报，没有人会对你说："不，你不能见他。"

每年举行两次"新员工午餐会"，领导们和新员工们直接见面，保持公开联系。领导

---

① 资料来源：业务员网，http://www.yewuyuan.com/article/200006/200006270042.shtml。

会向新员工们提些问题。例如，"你认为公司应该为你做的事情都做到了吗？""我们怎样做才能做得更好些？"员工们的每项建议，在20天内必能得到答复。一些关键的数据，包括每月载客人数、公司季度财务报表等员工们都能知道。

"一线座谈会"是一个全国性的会议，专为那些在公司里已工作了十年以上的员工设的。会上副总裁们对自己管辖的部门先做概括介绍，然后公开讨论。题目有："你对西南航空公司感到怎样？"、"我们应该怎样使你不断前进并保持动力和热情？"、"我能回答你一些什么问题？"等。

领导是朋友又是亲人

当你看到一张赫伯和员工们一起拍的照片时，他从不站在主要地方，总是站在群众当中。赫伯要每个员工知道他不过是众员工之一，是企业合伙人之一。

上层经理们每季度必须有一天参加一线实际工作，担任订票员、售票员或行李搬运工等。"行走一英里计划"安排员工们每年有一天到其他营业区工作，以了解不同营业区的情况。旅游鼓励了所有员工参加这项活动。

为让员工们对学习财务情况更感兴趣，西南航空公司每12周给每位员工寄去一份"测验卡"，其中有一系列财务上的问句。答案可在同一周的员工手册上找到。凡填写测验卡并寄回全部答案的员工都登记在册，有可能得到免费旅游。

这种爱心精神在西南航空公司内部闪闪发光，正是依靠这种爱心精神，当整个行业在赤字中跋涉时，他们连续22年有利润，创造了全行业个人生产率的最高纪录。1999年有16万人前来申请工作，人员调动率低得令人难以置信，连续3年获得国家运输部的"三皇冠"奖，表彰他们在航行准时、处理行李无误和客户意见最少三方面取得的最佳成绩。

思考题

1. 西南航空公司的企业文化是什么？它采取了哪些手段去贯彻？
2. 赫伯在创建西南航空公司的企业文化中起到了什么作用？
3. 哪些事实说明了西南航空公司的"爱心管理"是成功的？
4. 你对西南航空公司的企业形象是如何认识的？

二、小故事

小故事(一)

挪威人爱吃沙丁鱼，但沙丁鱼非常娇贵，极不适应离开大海后的环境。当渔民把刚捕捞上来的沙丁鱼放入鱼槽运回码头后，用不了多久沙丁鱼就会死去，而死掉的沙丁鱼味道不好、销量也差。倘若抵港时沙丁鱼还存活着，活鱼的卖价就要比死鱼高出若干倍。为延长沙丁鱼的活命期，渔民想方设法让鱼活着到达港口。后来渔民想出一个法子，将沙丁鱼的天敌鲇鱼放几条在运输容器里。因为鲇鱼是食肉鱼，放进鱼槽后，鲇鱼便会四处游动寻

第三章　企业文化塑造

找小鱼吃。为了躲避天敌的吞食，沙丁鱼自然加速游动，从而保持了旺盛的生命力。如此一来，沙丁鱼就一条条活蹦乱跳地回到渔港。

其实用人亦然。一个公司，如果人员长期固定，就缺乏活力与新鲜感，容易产生惰性。尤其是一些老员工，工作时间长了就容易厌倦、疲惰、倚老卖老，因此有必要找些外来的"鲇鱼"加入公司，制造一些紧张气氛。当员工们看见自己的位置多了些"职业杀手"时，便会有种紧迫感，知道该加快步伐了，否则就会被炒掉。这样一来，企业自然而然就生机勃勃了。

当压力存在时，为了更好地生存发展下去，惧者必然会比其他人更用功，而越用功，就跑得越快。

小故事(二)

生活真是有趣：如果你只接受最好的，你经常会得到最好的。有一个人经常出差，经常买不到座票。可是无论长途短途，无论车上多挤，他总能找到座位。他的办法其实很简单，就是耐心地一节车厢一节车厢找过去。这个办法听上去似乎并不高明，但却很管用。每次，他都做好了从第一节车厢走到最后一节车厢的准备，可是每次他都用不着走到最后就会发现空位。他说，这是因为像他这样锲而不舍找座位的乘客实在不多。经常是在他落座的车厢里尚余若干座位，而在其他车厢的过道和车厢接头处，居然人满为患。

他说，大多数乘客轻易就被一两节车厢拥挤的表面现象迷惑了，不大细想在数十次停靠之中，从火车十几个车门上上下下的流动中蕴藏着不少提供座位的机遇；即使想到了，他们也没有那一份寻找的耐心。眼前一方小小立足之地很容易让大多数人满足，为了一两个座位背负着行囊挤来挤去有些人也觉得不值。他们还担心万一找不到座位，回头连个好好站着的地方也没有了。与生活中一些安于现状、不思进取、害怕失败的人，永远只能滞留在没有成功的起点上一样，这些不愿主动找座位的乘客大多只能在上车时最初的落脚之处一直站到下车。

温馨提示：自信、执着、富有远见、勤于实践，会让你握有一张人生之旅永远的坐票。

小故事(三)

从20世纪90年代初开始的近10年间，海尔先后兼并了18个企业，并且都扭亏为盈。

在这些兼并中，海尔兼并的对象都不是什么优质资产，但海尔看中的不是兼并对象现有的资产，而是潜在的市场、潜在的活力、潜在的效益，如同在资本市场上买期权而不是买股票。海尔18件兼并案中有14个被兼并企业的亏损总额达到5.5亿元，而最终盘活的资产为14.2亿元，成功地实现了低成本扩张的目标。

人们习惯上将企业间的兼并比做"鱼吃鱼"，或者是"大鱼吃小鱼"，或者是"小鱼吃大鱼"。

而海尔吃的是什么鱼呢？海尔人认为他们吃的不是小鱼，也不是慢鱼，更不是鲨鱼，而是"休克鱼"。什么叫"休克鱼"？海尔的解释是：鱼的肌体没有腐烂，比喻企业硬件很好；而鱼处于休克状态，比喻企业的思想、观念有问题，导致企业停滞不前。这种企业一旦注入新的管理思想，有一套行之有效的管理办法，很快就能够被激活起来。

从国际上看，企业间的兼并重组可以分成三个阶段。

先是"大鱼吃小鱼"，兼并重组的主要形式是大企业兼并小企业；再是"快鱼吃慢鱼"，兼并重组的趋势是资本向技术靠拢，新技术企业兼并传统产业；然后是"鲨鱼吃鲨鱼"，这时的"吃"，已经没有一方击败另一方的意义，而是我们常说的所谓"强强联合"。

而吃"休克鱼"的理论，为海尔选择兼并对象提供了现实依据。国情决定了中国企业搞兼并重组不可能照搬国外模式。由于体制的原因，小鱼不觉其小，慢鱼不觉其慢，各有所倚，自得其乐，缺乏兼并重组积极性、主动性。所以活鱼不会让你吃，吃死鱼你会闹肚子，因此只有吃"休克鱼"。

小故事（四）

瑞士的埃尔德集团，是目前全球最大的收银机销售公司。但在公司成立的最初几年，因业务代表的消极心态，曾让公司面临全盘溃败的窘境。在这关键时刻，是一个小鞋匠稚嫩的"演讲"，激活了所有销售代表颓废的心境。从此，濒临倒闭的公司走上了强盛之路。

那年，公司陷入了空前的财务危机之中。总裁查菲尔先生亲自来到业务代表中间探访。他深知业务代表是公司最重要的资产，而保护这些资产的最好办法，就是要激发他们的活力。

查菲尔对这些神情沮丧的业务代表们说："我们的竞争对手，正在散布一些小道消息，说我们公司出现了无法克服的财务危机；还盛传谣言，说我们将削减业务代表。这些都不是事实。我今天来，就是召集各位，请大家如实地为自己辩护，诚实地说出自己的困惑。"

有位销售代表说："我的销售成绩下降，是因为我负责的那个区域正遭逢干旱，大家的生意都受到影响，没有人愿意购买收银机。还有，今年是总统大选年，每个人都在关心选举结果，大家的注意力都在总统身上，没有人有兴趣购买收银机。"

话音未落，第二位业务代表就站了起来，他的理由甚至比第一位更消极，言辞中充满了茫然和颓废："我感觉公司快要完蛋了，就像一座岌岌可危的大厦，我承认我正准备跳槽。"此时，业务代表中的一半人都坦陈自己确实在另谋出路。

查菲尔"腾"地跳到了椅子上，他打断了业务代表们的话，激动地说："现在休会5分钟，让我来擦擦鞋子，但请大家仍各就其位，后面将有精彩的内容。"

一分钟后，公司门口那个每天替员工们擦鞋的小鞋匠被人叫来了。查菲尔毫无顾忌地把鞋子伸了过去，并在大庭广众之下，与小鞋匠聊了起来。

"你几岁了？在我们公司门口，擦鞋有多久了？"查菲尔问他。

"我九岁，来了六个月了！"小男孩回答。

"很好。你擦鞋一次赚多少钱？"

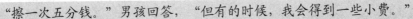

"擦一次五分钱。"男孩回答,"但有的时候,我会得到一些小费。"

"在你来之前是谁在这里擦鞋?他为什么离开?"

"是一位叫比尔斯的男孩,他已经十七岁了。我听说,他觉得擦鞋无法维持生活而离开了。"

"那你擦鞋一次只赚五分钱,有办法维持生活吗?"

业务代表们都惊异地听着男孩下面的回答。

"可以的,先生。我每个星期五给我的妈妈十元钱,存五元到银行,再留下两元做零花钱。我想我再干一年,就可以用银行里的钱买辆脚踏车了,但妈妈并不知道这件事,我要给她一个惊喜。"小男孩一边卖力地擦着鞋子,一边微笑着回答问题。

看着油光锃亮的皮鞋,查菲尔掏出五分钱给了萧鞋匠,男孩高兴地说:"谢谢您,先生。"查菲尔又掏出一元小费递给男孩,男孩面露迷人的微笑,还是那样欢快地说:"谢谢您,先生。"

查菲尔感慨地摸着男孩的头,说:"小家伙,谢谢你,你给我们做了一次很好的演讲。"接着,查菲尔转向业务代表们说:"这位男孩现在做的工作过去是由一个比他大八岁的男孩负责的。他们的工作相同,索取的费用相同,服务的对象也相同。"

"但是,"查菲尔十分激动地说,"两个人的结局不一样!这个小鞋匠内心充满着对生活的希望,当他工作时,他脸上总是面带微笑。他期待成功,所以成功也就走向他。而原来那个男孩性情非常冷漠,悲观失望,心情不稳定。而且,当顾客给他五分钱时,他也不会说声'谢谢',因此,他的顾客也不会再给他小费,自然也就不愿再看到他冷淡的脸⋯⋯所以,他的生意越来越惨淡,当然无法赖以为生。"

这时,小男孩抢着说:"我相信,我的努力会让很多人需要我⋯⋯这时,第一位演讲过的业务代表顿悟了,他说:"我明白了,我们之所以销售得不好,就是因为我们光接受了别人的困难,被对方的困难吓退了,而没有在销售收银机的时候,用我们的快乐和胜利的信念感染对方并消除他的恐惧心理。其实,不管对方有多少困难,当你把自己的乐观和自信带给他时,他自然就会接受你。"

小故事(五)

清晨,非洲草原上的羚羊从睡梦中醒来,它知道新的比赛就要开始,对手仍然是跑得最快的狮子,想要活命,就必须在赛跑中获胜。另一方面,狮子思想负担也不轻,假如它跑不过最快的羚羊,命运都是一样,当太阳升起时,为了生存下去,最好还是快跑吧!

多么奇妙的事情,强如狮子之强,弱似羚羊之弱,差别不可谓之不大,然而在物竞天择的广阔天地里,两者面临的源自求生欲望的压力却是平等的。

可见,在动物世界里,动物的对手说到底也就是它自己,它要逃避死亡的追逐,首先就要战胜自己,它必须越跑越快,因为稍一松懈便会成为他人的战利品,决无重赛的机会。

最大的敌人是自己,对人来说又何尝不是这样?不管你是总裁,还是小职员,为了保住自己的职位,不都要尽心尽责,全力以赴吗?要知道总有人盯着你的职位,跃跃欲试,总裁的高位自然热门，不必多说；小职员也不例外，因为公司门外总是有不少新人等着进来。这样看来，大家的选择都是一样，要么做得更好，要么被淘汰，在新的一天来临时，可不要拿闹钟出气了，还是对自己叫一声"加油"吧。

还等什么呢？你的对手就在你身边，快跑吧！

第四节　素　质　拓　展

一、思考题

(1) 联系引例中青蛙的下场谈企业文化的作用。

(2) 结合引例中韦尔奇谈谈企业家和企业文化建设的关系。

二、辩论

(1) 题目：文化冲突都是由沟通障碍产生的

(2) 目的：

① 了解掌握跨文化管理的基本理论。

② 培养学生运用冲突的协调克服沟通障碍的能力。

③ 初步学会运用沟通技巧。

(3) 具体要求：

① 将全班同学分成正方与反方若干小组(限5人一组)进行辩论。

② 正方坚持"文化冲突都是由沟通障碍产生的"立场论述。

③ 反方联系企业文化与企业形象的基本理论，举例说明文化冲突与沟通的正确关系即沟通障碍只是引起文化冲突的一个原因的观点以反驳正方观点。

④ 正反双方在辩论中，既要回答对方的提问，也要向对方提出疑难问题，要求答辩。

⑤ 正反双方举例鲜明生动，并形成书面辩论资料，呈报老师或评委。

三、论创业素质

关于欲望

将"欲望"列在中国创业者素质的第一位，你是不是觉得很奇怪？佛经上有一句话，叫作"无欲则刚"，意思是说，一个人如果没有什么欲望的话，他就什么都不怕，什么都不必怕了。和尚在寺院里修炼一辈子，末了没有一个不想上西天的；道士整日闭关打坐，末了没有一个不想白日飞升的，可见虽然"无欲则刚"，但要做到"无欲"是一件多么困难的事。

"欲"，实际就是一种生活目标，一种人生理想。创业者的欲望与普通人欲望的不同之处在于，他们的欲望往往超出他们的现实，往往需要打破他们现在的立足点，打破眼前的樊笼，才能够实现。所以，创业者的欲望往往伴随着行动力和牺牲精神。这不是普通人能够做得到的。你到任何一个政府机关门口一站，都可以发现这样一种人：他们表情木然，行动萧索、心态落寞，他们唯一的心愿，就是眼前的局面能够维持。他们祈愿的就是机构改革千万不要改到自己的身上，再就是每月工资能够按时足额发放。他们本来有足够的学识，有足够的能力以及资源来开创一番事业，但是他们没有这种欲望，他们觉得眼前的生活已足够好。这些人并不限于机关，任何一个有人群的地方都有这样的人，你如何能够指望他去创业？

我们说的创业者的欲望是不安分的，是高于现实的，需要掂起脚才能够得着，有的时候需要跳起来才能够得着。上海有一个文峰国际集团，老板姓陈名浩，是一个40多岁的男人。1995年，陈浩挟着20万块钱来到上海，从一个小小的美容店做起，现在已经在上海拥有了30多家大型美容院、一家生物制药厂、一家化妆品厂和一所美容美发职业培训学校，并在全国建立了300多家连锁加盟店，据说个人资产超过亿元。陈浩有一句话："一个人的梦想有多大，他的事业就会有多大。"所谓梦想，不过是欲望的别名。你可以想象欲望对一个人的推动作用有多大。

通过研究发现，成功创业者的欲望，许多来自于现实生活的刺激，是在外力的作用下产生的，而且往往不是正面的鼓励型的。刺激的发出者经常让承受者感到屈辱、痛苦。这种刺激经常在被刺激者心中激起一种强烈的愤懑、愤恨与反抗精神，从而使他们做出一些"超常规"的行动，焕发起"超常规"的能力，这大概就是孟子说的"知耻近乎勇"。一些创业者在创业成功后往往会说："我自己也没有想到自己竟然还有这两下子。"

因为想得到，而凭自己现在的身份、地位、财富得不到，所以要去创业，要靠创业改变身份，提高地位，积累财富，这构成了许多创业者的人生"三部曲"。做家具生意的"吉盛伟邦"在上海有很大的名声，它的老板叫邹文龙。邹文龙来自北方冰雪之国的长春，在一向瞧不起"外地佬"，尤其是"北方佬"的上海打出了一片天地，身家要以若干个亿元计算。邹文龙在接受媒体采访时说自己的创业动力来自"三大差别"。这"三大差别"不是他自己提的，是他现在的岳父给他提的。邹文龙说自己早恋，高二就开始谈恋爱，身体又不好，后来女朋友考上了大学，他却落了榜。他女朋友的父亲就对他说："你和我的女儿有三大差别。第一是城乡差别。女朋友是城市户口而邹文龙却来自贫穷的农村。第二是脑力劳动与体力劳动的差别。邹文龙的女朋友已经考上了大学，而邹却不得不接一个亲戚的班，到一个小杂货店搬油盐酱醋出卖劳动力。第三是健康上的差别。邹文龙因为身体不好影响到大学都没考上，难以想象一个身体不好的人以后怎么靠体力活儿吃饭，你怎么能够养得活我的女儿？所以，你和我的女儿谈恋爱，坚决不成！"

要想不放弃自己的女朋友，那就只有一条路，就是消灭"三大差别"。在这样的情况下，邹文龙开始了创业，并且创业成功。现在，女朋友早已变成了老婆，邹文龙还是喜欢对老婆说："我都是为你做的。"实际上，邹文龙说错了，他不是"为你做的"，而是"为了得到你做的"。这就是欲望的作用，再辅之以出色的行动力，邹文龙终于如愿以偿，"抱得美人归"。

无独有偶，大名鼎鼎的张树新的创业亦是源于一种刺激。只不过，这种刺激比邹文龙的"女朋友"来得更为刻骨铭心，因为关系到父亲的生死。张树新回忆说："我记得1989年我父亲患癌症来北京，到1992年去世，我们几乎倾其所有，最后想做很多的事情，却总是囊中羞涩做不了。那个时候社会上已经有很多人下海，大街上有很多不同的人的生活状态，你就会觉得你没有能力改变自己的生活状态，不用去讲那么多的大道理。"俗话说，哀莫大于心死。张树新就是在这样一种状态下，由报社记者而下海创业，成为一个创业者。创业的目的很简单，就是没有钱，想有钱，要赚钱。后来张因为创办瀛海威，第一个大张旗鼓将互联网引入中国而声名鹊起。现在张是联和运通投资公司的老板，已经由一个成功的创业者，发展为一个用自己的钱投资的职业投资家。

因为欲望，而不甘心，而创业，而行动，而成功，这是大多数白手起家的创业者走过的共同道路。丝宝集团的梁亮胜现在很有名，上了《福布斯》中国富豪榜，但寻究当年，梁也不过是一打工仔。只是这个打工仔有点与众不同。1982年，梁带着他的太太，和所在内地工厂的其他40多名青工一道被派往香港工作。当时"(梁胜亮)一家在香港只有四五平方米的住房。那是一间不到30平方米的房子，住了三家人，除去公用厨房、洗手间、走道，房间之小难以想象。他两口子住厅，另两家人各租了一间房，因为别人白天上班时要走厅，他就从厅里拉一块塑料布，留一个过道，他们夫妻两人只能挤在沙发上睡。那时，梁的梦想就是想有个楼花"。

即使是在这样艰苦的条件下，梁还是每天晚上坚持去上学。在香港的3年时间里，梁系统学习了航运、英语、国际贸易和经济管理等课程。后来梁就依靠做国际贸易，向国内贩卖檀香木材淘到了第一桶金，再后来，就办起了丝宝集团，出品舒蕾、风影洗发水等。现在梁站在成功者的角度说："回头来看，一起到香港的40多人现在都还在工厂里做工，因为他们满足现状，觉得现在做工比原来在国内做工好多了。"梁这话的意思就是说，是欲望促使了他的成功。因为他觉得自己可以做得更好，赚更多的钱，过更好的生活，他要给自己当老板，做自己的主人。而原来一起随他到香港做工的40多个工友，却没有他这样的欲望，所以他们20年前给别人做工友，20年后仍然只能给别人做工友，为别人赚钱。

做杉杉西服的郑永刚与梁亮胜如出一辙。郑总是不满足，在部队里不满足，退伍之后仍不满足。从一个公司到一个公司，从一个工厂到一个工厂，他总是觉得自己能做更大的事，应该拥有更大的舞台。他就在这样的不满足中，将自己的事业一步一步推向前进。现在他终于使"杉杉西服"成为"中国西服第一品牌"，同时也使自己成为一个亿万富翁。

第三章 企业文化塑造

　　一个真正的创业者一定是强烈的欲望者。他们想拥有财富，想出人头地，想获得社会地位，想得到别人的尊重。有人觉得一谈起这些东西就很庸俗，甚至一些成功者亦不愿提起这样的话题，特别是一涉及钱，便变得很敏感、很禁忌，其实完全不必如此。禁"欲"的时代早已经结束，你完全可以轰轰烈烈、堂堂正正地去追求自己的所欲所愿。

第二篇 经营篇

第四章 企业战略管理

引例 海尔与格兰仕：两种经典模式

海尔和格兰仕都是家电业成功的企业，但它们的企业战略完全不同。

砸冰箱的张瑞敏很容易将品牌意识推广到战略高度，而从纺织业跳到家电业的梁庆德则对家电生产的规模经济印象深刻。

海尔将品牌战略发挥到了极致；而格兰仕则采取了一种几乎完全相反的战略——贴牌战略。至少在现阶段看，"贴牌"战略与品牌战略各领风骚。

格兰仕走向微波炉产业的过程，其实是一个专业化的过程。海尔虽然以多元化著称，但也不违背规模经济的规则。事实上，海尔是在一个产业达到经济规模并获得领先优势时，才向其他产业扩展的。

海尔和格兰仕是中国最具特色的两家企业。在经营策略上，它们各走极端：海尔是中国最具品牌意识，而且品牌价值最高的企业；格兰仕则以低成本制造取胜，而且将其运用得极为彻底。无论它们的模式怎样不同，重要的是，它们都取得了令人瞩目的成功。在2000年中国家电出口的排行榜上，海尔名列第一，格兰仕则紧随其后；在销售额的排行榜上，海尔以406亿元高居榜首，格兰仕也以56亿元位居第七。

一个强调品牌，一个宁愿"贴牌"；一个多元扩展，一个专营一业。为什么看来截然相反的企业战略却都能获得成功？面对这两个值得仿效的楷模，如果我们不想东施效颦的话，就不能不探究它们战略后面的经济机理。

第一节 知 识 清 单

一、企业外部环境分析

企业的外部环境因素一般可分为三大类：一般环境因素、行业环境因素和具体环境因素。

(一)一般环境因素

一般环境因素是指对某一特定社会所有企业或其他经济组织都产生影响的环境因素,主要包括以下内容。

(1) 经济因素:主要指国民经济的发展情况,包括利率、通胀率、可支配收入、证券市场指数以及一般的经济周期等。

(2) 政治法律因素:指总的政治形势及立法和司法现状,包括国家政局的稳定性、社会制度、党派关系、相关法律法规以及产业政策等。

(3) 社会文化因素:包括社会价值观的变化,以及由此引起的社会成员行为观念和人口数量及结构的变化等。

(4) 技术因素:主要指目前社会技术总水平及其变化趋势。

(5) 自然因素:包括地理位置、气候、资源和自然灾害等因素。

(二)行业环境分析

行业环境是一般环境与具体环境的结合,它是对本行业内的所有企业都产生影响的环境因素。行业环境的分析主要有以下两方面的内容。

1. 行业发展阶段、规模和趋势分析

确定行业的各个阶段是行业分析的第一步。识别一个行业处于哪个发展阶段,可以用行业生命周期的理论和方法来进行,如表4-1所示。

表4-1 行业生命周期各阶段的特征

特征与阶段	幼稚期	成长期	成熟期	衰退期
市场增长率	较高	高	不高	下降
技术	技术变动大	技术稳定	成熟	—
产品开发	不稳定	容易	困难	—
产品品种	有限	多	多	减少
获利性	不确定	高	不高	下降
竞争者数量	少	多	稳定	减少
进入障碍	低	提高	高	—

从表4-1中可以看出,行业的发展也是有周期的,它同样会经历幼稚期、成长期、成熟期和衰退期四个阶段。在不同的阶段,有不同的市场和竞争特点,企业可以根据这些特点来判断自己所处行业的发展阶段。

行业的规模和发展趋势与行业在社会经济中的地位和作用有着密切的联系。行业在社会经济中的地位高、影响面大,行业的规模就大,其各种速度就快。行业在社会经济中的

地位和作用主要表现在三个方面：①行业的销售额占国民生产总值或国内生产总值的份额，以及利税额、就业量分别在国民生产总值或国内生产总值、财政收入和就业总量中的比重；②政府的产业政策以及行业的现状和未来对整个社会经济及其他行业发展的影响程度；③行业在国际市场的竞争能力。

2. 行业竞争结构分析——波特模型

美国哈佛大学商学院教授波特将企业的竞争因素概括为五种基本力量，提出了一个产业竞争结构的基本模式，即波特模型，如图 4-1 所示。

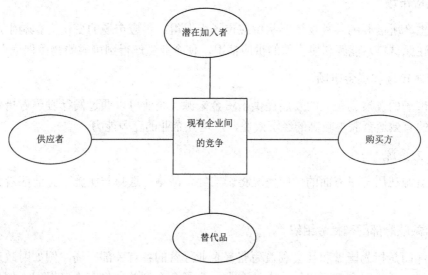

图 4-1　波特模型

这五种基本力量对企业的影响主要有以下几方面。

（1）新竞争者的入侵威胁。利用波特模型对新加入者进行分析的目的是要了解所在行业阻止新企业进入的能力和方法。

（2）现有竞争者之间的竞争。现有竞争者之间通常以价格竞争、广告战、改进产品和技术、增加顾客服务等方式争夺市场地位。

（3）分析买方和卖方力量。了解买方和卖方的力量是为了弄清在行业中企业与其客户和供应商之间谁占主导地位，从而基本确定企业与买方和卖方的关系。

（4）替代产品的威胁。替代产品是指在功能上能部分或全部代替某一产品的产品。当行业中的产品存在替代品时，替代品便对产品的生产企业构成威胁。为了减少替代品对企业的威胁，企业也会设法扩大产品的差别化程度，强调替代品所不能发生作用的方面。

这五种基本竞争力量都可能在企业竞争中产生影响。当然，在不同的行业中，这些因素对企业的竞争压力是不同的。分析竞争压力的来源，了解企业所处行业的竞争特点，使企业做到知己知彼、百战不殆。

(三) 具体环境分析

企业的具体环境，是指对某一特定企业构成影响的环境因素。具体环境分析一般要考虑以下主要因素。

1. 销售市场

顾客的需求或市场需求以及竞争者的情况是销售市场最重要的因素，了解销售市场，必须对顾客和竞争者进行研究、分析。

2. 供应市场

企业生产所需要的各种物资要从供应市场上取得，供应市场的变化会影响生产。企业应特别关注原材料、能源和协作件的供应情况，使企业生产得到可靠的物质保证。

3. 资本市场和资金市场

资本市场的发展为企业的发展提供了资金来源。企业可以通过发行股票筹措资金，并通过资金的有效运营获得较高的经济效益，以增强企业的竞争能力。

4. 人力资源

人力资源在质与量方面的供应情况将影响经营战略的选择与实施，企业应看到人才的重要性。

5. 有关政府部门和社会组织

政府部门是指为国家和社会利益而监督企业经营的各有关部、局，例如财政局、税务局、劳动局、质检局和工商局等。在社会上，为了公众利益，也有许多组织，例如消费者协会和绿色和平组织等，会对企业进行监督。因此，企业的管理者必须理顺与这些部门、组织之间的关系，在它们的监督和约束下进行生产经营活动。

二、企业内部环境分析

企业内部环境分析的主要内容有绩效分析和对企业战略选择的决策性因素分析。

(一) 绩效分析

绩效分析的意义在于通过对量化指标进行分析、比较，了解和把握企业的现状和资源状况，找出企业的优势所在。企业经营绩效的指标可分为以下五大类。

(1) 成长性指标，主要反映企业的经营能力和扩张能力。
(2) 效益性指标，主要反映企业的获利能力。
(3) 安全性指标，主要反映企业的短期偿债能力和长期偿债能力。

(4) 流动性指标，从资本各种形态的流动性角度反映企业资本的利用水平和经营效率状况。

(5) 生产性指标，从企业员工生产率的角度反映企业人均经营能力、经营成果以及经营成果的分配状况。

绩效分析的重点在于与历史时期、行业水平和主要竞争对手的比较，否则将失去意义。

(二)对企业战略选择的决策性因素分析

企业内部战略要素包括企业组织结构、企业文化和资源条件等。其中，企业组织结构、企业文化将在其他章节中加以论述，这里重点对影响企业战略选择的资源进行分析。

企业经营战略的制定必须建立在对企业资源条件全面认识的基础上，即通过对企业资源能力结构分析，识别资源条件的关键战略要素，找出其存在的战略优势与劣势。

1. 企业资源能力结构

企业资源能力结构是由企业经营要素决定的。管理专家用"6M+T=I"八大要素本身的素质及其相互结合的形式体现企业资源能力结构。八大要素如下。

(1) 人力。人力资源通常是指企业内具有劳动能力的人的体力和脑力的总和，它是劳动力的数量、质量和专长的统一，是企业的第一资源。

(2) 资金。资金是企业财产和物质的货币表现，企业的生产经营活动过程，也是资金运动的过程。

(3) 物料。物料是指企业生产经营活动所需各种原材料和辅助材料等的总称。企业生产过程，也是物料的消耗过程。

(4) 机器设备。机器设备是企业的"骨骼"系统，是现代化生产的物质技术基础。

(5) 营销方法。营销方法或技术是指企业在市场上所从事的旨在取得利润的各种活动。企业的竞争优势在较大程度上取决于市场营销方法的优劣，特别是营销组合策略的优劣。因此，营销方法是企业资源的一种特别能力，关系到企业战略目标的实现。

(6) 管理。管理是指利用各种企业管理职能，有效地运用人力、资金、物料、机器设备、营销方法等 5M 因素，使企业取得最大的经济效益。

(7) 时间。时间是企业生产经营活动诸因素中最宝贵的资源。对企业战略管理来说，对时间的重视主要表现在：把握时机，抓住机会，才能出奇制胜；市场竞争要求快速响应；注重货币的时间价值。

(8) 信息。信息是指为作出一项决策而必须具备的新知识。当今社会决定企业经营水平和企业能力的已不仅仅是装备和技术等，还取决于企业占有信息的程度。

2. 战略因素的分析与评价

在对企业资源能力结构系统认识的基础上，可以实现对资源条件的战略因素进行分析与评价，从而弄清企业在资源条件方面的关键战略以及优势和劣势。分析与评价战略因素的方法如下。

(1) 历史比较法。历史比较法要求企业战略层将本企业的历史状况作为对企业内部战略因素进行比较的基础。

(2) 竞争对手比较法。同一行业内的不同企业在营销技术、资金来源、生产设施、专门技术、管理能力和人员素质等方面都存在着差别，这些差别形成了企业间的相对优(劣)势。因此，在制定企业战略时，有必要将本企业的主要内部能力与竞争对手相比较，从而找出企业的主要优势和劣势。

三、企业目标

(一)企业目标的概念和作用

企业目标是企业宗旨和使命的具体化。对此，德鲁克精辟地阐述："有关企业及其宗旨和使命的基本定义必须转化成各种目标。否则，它们仍旧是永远不会产生成果的构想、良好的愿望和漂亮的警句。"

一般来讲，企业的目标由四部分组成：①目的，这是企业期望实现的标志；②衡量实现目的的指标；③企业应该实现的指标水平；④企业实现指标的时间表。

企业的目标是一个体系，可分为长期目标和年度目标。建立目标体系的目的是将企业的宗旨和使命转换成明确、具体的业绩目标，从而使企业发展有一个可以测度的指标，为管理活动指明方向，为考核提供标准。同时，目标还能起到激励员工和凝聚员工的作用。

(二)企业长期目标

长期目标又称战略目标，是企业在战略管理过程中所要达到的结果。

1. 长期目标的指标

长期目标的目的就是企业的愿景。企业长期目标往往是企业各利益相关者利益均衡的产物，为了全面反映企业各利益相关者的利益，企业的战略决策者一般应从两个方面考虑建立自己的长期目标。

第一方面是财务目标，这是指与财务业绩有关结果领域的指标。获得满意的财务业绩至关重要。如果没有足够的赢利和发展，那么企业追求的愿景、企业的长期健康性，以至企业的生存，都将受到威胁。无论是股东还是企业的经营者，都不会对一个不能带来满意财务结果的事业继续投入资本。具有代表性的财务目标是：收益增长率、满意的投资回报率(或经济附加值——MVA)、股利增长率、股票价格评价(或市场附加值)、良好的现金流、企业的信任度(强大的证券和信用评价，公认的"蓝带公司")、提高公司收入的多元化程度、在经济萧条期间稳定的公司收益等。

第二方面是战略地位目标，这是反映企业竞争力和市场地位的指标。如果企业的经营

第四章 企业战略管理

业绩不能反映企业不断提高的竞争力和市场地位,那么,企业的发展就不能鼓舞人心,企业继续产生良好财务业绩的能力也将受到怀疑。具有代表性的战略地位目标是:提高企业的市场份额,如何在行业中占据领先地位。例如拥有更短的从设计到市场的周期、比竞争对手更高的产品质量、更低的公司总成本、更宽或者更有吸引力的产品线、更卓越的顾客服务、更好的企业形象与顾客忠实度、更广阔的地理覆盖面、更高的顾客满意度水平、技术和产品革新方面的领导者、更好地承担社会责任方面的目标等。

2. 制定长期目标的程序

长期目标是选择战略方案的依据,战略方案是实现长期目标而采取的行动,两者的时间跨度应该是一致的。为使长期目标与战略方案有机地结合起来,制定长期目标时必须遵循以下程序。

(1) 根据环境预测和内部评估,确定长期目标的期望水平。

(2) 预测企业未来的绩效水平,并找出目标期望水平和未来预测水平的差距。

(3) 探讨弥补差距的战略方案。

(4) 综合调整各项战略,并修改对企业未来绩效水平的预测。经过调整和修订,如果期望水平与预测水平之间的差距可以得到弥补,则期望目标即长期目标。否则,就必须重新确定目标的期望水平。

3. 衡量长期目标的质量标准

企业在确定长期目标时,不仅要考虑上述内容,而且还要考虑目标内涵的质量。衡量长期目标的质量一般有以下标准。

(1) 适合性。企业中的每一个长期目标应该是企业宗旨的具体体现,违背企业宗旨的目标往往只会损害企业自身的利益。

(2) 可度量性。企业在制定长期目标时,要尽可能明确、具体地规定目标的内容及实现目标的时间进度。含糊不清的目标既容易引起误解,又无法衡量。正如惠普的合伙创始人比尔·休利特所说:"对于您测量不了的事情,您是管理不了的……那些能够被测量的东西才能被完成。"对于某些社会责任目标,也应当作出明确的定性解释。

(3) 合意性。企业所制定的目标要适合企业管理人员的期望和偏好,使他们便于接受和完成。此外,有的长期目标还要能使企业外部的利益群体接受。

(4) 易懂性。企业各层次的战略管理人员都必须清楚地理解他们所要实现的目标,必须理解评价目标效益的主要标准。为此,企业在阐述长期目标时,要准确、详细,使其容易为人们所理解。

(5) 激励性。企业长期目标要有一定的挑战性,激励人们去完成。在实践中,不同的个人或群体对目标的挑战性可能有着不同的认识。因此,企业要针对不同群体的情况提出不同的目标,以达到更好的激励效果。

(6) 灵活性。当经营环境出现意外的变化时，企业应能适时调整其目标。不过，有时企业在调整目标时会产生一定的副作用，例如影响员工的积极性等。为了避免或减少这种副作用，企业在调整目标时，最好只改变目标的实现程度，而不改变目标的性质，以保证其可行性。

4. 企业长期目标的层次

如果要使战略性思维和战略驱动性的决策渗透到整个组织的行为之中，那么，长期目标的对象就不只限于整个组织，还应当为企业的每个战略经营单位、事业部、职能部门建立自己的长期目标。

长期目标体系的建立自上而下的程度要比自下而上的程度更强一些。通常的做法是：首先建立整个企业的长期目标体系，然后在业务单元、分公司、职能部门建立长期目标，并使这些长期目标与公司整体的长期目标直接联系。这种自上而下的目标制定方式有两个优势：①它有助于在组织内各个部分的目标和战略之间创造协调一致性；②它有助于将企业沿着既定战略路径前进所做的努力统一起来。如果企业的高层管理部门偏向于让多个层次的组织成员参与企业整体目标的制定工作，而没有首先提出一个全企业范围内的目标体系作为指导，那么低层组织单元就没有一个将自己的业务目标和企业业务目标联系起来的基础。如果一个企业任由低层单位按自己的决策优先点来制定目标，那么最后产生的整个企业的目标体系，就会使各组织单元的目标和战略不协调，不能形成整体合力，以至于不能推动整个企业沿着既定的战略轨道前进。

(三)企业年度目标

年度目标是指实施企业总体战略的年度作业目标，是战略实施中的一种必要手段。它与企业的长期目标有着内在的联系，为监督和控制企业的绩效提供具体的、可衡量的依据，具有较强的可操作性。企业主要从以下两个方面考察其年度目标。

(1) 与长期目标的联系。年度目标是长期目标在时间上的一种分解，常常表明企业的管理者试图达到长期目标的速度。如果年度目标脱离了长期目标，往往会损害企业的长期生存与发展。

(2) 职能部门年度目标间的协调。年度目标又是长期目标在空间上的一种分解，即年度目标将长期目标的信息传递到主要职能部门，并将长期目标按职能的需要分解为更具体的年度目标，使之便于操作和落实。在实践中，有的企业职能部门在确定年度目标时，往往只注意本部门的利益，可能导致各职能部门的年度目标缺乏内在联系，从而损害企业的整体利益，影响整体效益。为了避免这种情况，应反复进行综合平衡，保持各部门年度目标间的一致性。此外，前面提到的衡量长期目标的六条标准对年度目标仍然适用。

四、企业经营战略

(一)战略的含义

英文中,"Strategy"一词来源于希腊语"Strategos",其含义是将军。到了中世纪,这个词演变为军事术语,指对战争全局的筹划和谋略即战略。它根据敌对双方的军事、政治、经济、地理等因素,照顾战争全局的各方面,规定军事力量的准备和运用。战略是从整个战争的胜利出发考虑问题,为了实现既定的战略目标,就要围绕战略部署制订具体的作战方案,这就涉及战术问题。战术(Tactic)是指解决局部问题的原则和方法,是有关特定军事行动的具体方案,考虑的是如何赢得战斗或战役的胜利。战略是战术的灵魂,是战术运用的基础;战术的运用要体现既定的战略思想,是战略的深化和细化。

除军事领域外,战略的价值同样适用于政治、经济等领域。后来战略泛指重大的、全局性的、左右胜败的谋划。将战略思想运用于企业经营管理之中,便产生了企业战略这一概念。

(二)企业经营战略的定义

企业经营战略是指企业面对激烈变化、严峻挑战的经营环境,为求得长期生存和不断发展而进行的总体性谋划。它是企业为实现其宗旨和目标而确定的组织行动方向和资源配置纲要,是制订各种计划的基础。

具体而言,企业经营战略是在符合和保证实现企业宗旨的条件下,在充分利用环境中存在的各种机会和创造新机会的基础上,确定企业同环境的关系,规定企业从事的经营范围、成长方向和竞争对策,合理地调整企业结构和配置企业的资源,从而使企业获得某种竞争优势。

(三)企业经营战略的特征

1. 长期性

企业战略的长期性特征,要求企业把战略的制定和实施的定位放在未来,适应时代发展趋势和市场变化方向,而不是针对当前要处理的问题。这就是说,企业战略的未来观是十分重要的出发点。

2. 全局性

企业战略的突出特征是对全局的把握,战略家必须有极好的战略观。以战略的全局性为出发点,企业战略必须根据企业总体发展的需要而制定,它所追求的是企业的整体效果,因而是一种总体决策。

3. 竞争性

企业在激烈的市场竞争中，必须参与两极对抗或多极对抗，而且由于其对抗的对手具有一定的实力和智力，因此，企业战略的竞争性是企业非常显著的特征。

4. 创新性

企业战略往往与未来新的趋势相联系，它与以往的多年度计划或长期计划的一个重要的区别就是创新性。企业为了生存和发展必须不断地开辟新的经营领域，做新的事业，必须不断地摆脱和淘汰过时、低效或陈旧事业的羁绊。

5. 风险性

企业战略的制定并不是企图消除风险，而是建立一种能够对风险的程度作出某种判断，并对风险的后果作出评价，然后作出是否参与冒险，或者回避风险的决策。

6. 应变性

企业战略要以适应未来环境的变化或者引导未来环境的变化作为战略思维的要务。

五、企业经营战略的层次

企业的目标是多层次的，它包括企业的总体目标、企业内各个层次的目标以及各经营项目的目标，各层次目标最终要能形成一个完整的目标体系。企业的战略不仅要说明企业的整体目标以及实现这些目标的方法，还要说明企业内各个层次、各类业务以及各个部门的目标及其实现方法。

(一)总体战略

总体战略又称公司战略，是企业的战略总纲，是企业最高管理层指导和控制企业的一切行为的最高行动纲领。在大型企业里，特别是多角化经营的企业，它需要根据企业的宗旨和目标选择企业可以竞争的经营领域，合理配置企业经营所必需的资源，决定企业整体的核心业务和业务组合，促使各经营业务相互支持、相互协调。可以说，从公司的经营发展方向到各经营单位之间的协调、资源的充分利用、整个公司的价值观念和企业文化的建立，都是总体战略的重要内容。

总体战略主要有发展战略、稳定战略和收缩战略。在这三种战略中最重要的是发展战略。它包括决定向什么方向发展，是在原行业中进行产品或市场的扩张，还是通过一体化、多角化进入新的经营领域；它决定企业采用什么方式发展，例如内部创业、并购、合资等发展方式，需要企业作出战略选择。

第四章 企业战略管理

1. 发展型战略

发展型战略是指通过新建、并购或战略联盟等方式扩大产销规模，提高市场地位的战略。其特征是投入大量资源扩大产销规模；不断开发新产品和新市场；通过创新主导引导消费，创造需求。发展型战略可分为以下三种形式。

(1) 集中型发展战略：集中资源提高一种产品的市场地位。

优点：管理简单，容易实现专业化生产的规模经济。

缺点：环境适应力差，风险较大。

(2) 一体化发展战略：包括前向一体化(例如生产企业自己做销售)和后向一体化(例如生产企业自己生产原材料)。

优点：减少原材料供应风险，便于掌握市场需求信息，带来更多利润。

缺点：管理费用增加，进入新的经营领域所需的投入较大，面临的风险较大。

(3) 多元化发展战略：包括混合多元化，进入新的与原业务不相关的经营领域；关联(同心)多元化，进入与现有产品相关的经营领域，例如由冰箱业进入空调业。

优点：风险较小，可以获得生产、技术、销售方面的协同效应。

缺点：所需投入较大。

2. 稳定型战略

稳定型战略是指维持现有产销规模和市场地位的战略。其特征是继续提供相同产品给原有顾客；保持现有规模或略有增长；继续追求与过去相同的经济效益目标；战略期内每年所期望取得的成绩按大体相同的比率增长，实现稳步发展。

适用条件：行业结构和市场需求稳定；企业决策层不希望承担改变战略所带来的风险；战略改变需要改变资源配置格局，代价较大；大企业发展太快可能导致资源和能力无法跟上，从而使企业陷入困境。

优点：平稳发展，风险较小，尤其对于成熟期和稳定环境中的企业较适合。

缺点：可能会失去一些全能型的人才和市场机会，可能会助长企业因循守旧的经营思想，不利于企业长远发展。

3. 收缩型战略(新增)

收缩型战略是指缩减企业经营规模的战略。收缩型战略有以下三种基本形式。

(1) 抽资转向战略：指减少某一经营领域内的投资，把节约下来的资金投入到其他更需要资金的领域中的战略。

(2) 调整性战略：指企业为扭转不良的财务状况而采取的收缩生产经营规模的战略，例如裁减员工。

(3) 放弃战略：即出售企业的某个业务部门，可能是一个子公司、一个事业部或一条生产线。例如摩托罗拉为了竞争手机业务而放弃了半导体业务。

总体战略主要回答企业应该在哪些经营领域内进行生产经营的问题。因此，从战略的四要素上看，经营范围和资源配置(投资组合问题)是总体战略中主要的构成要素，而竞争优势和协同作用两个要素则因企业不同而需要进行具体分析。在生产相关产品的多角化经营企业中，竞争优势和协同作用很重要，它们主要是解决企业内部各产品的相关性和在市场上进行竞争的问题。在多种行业联合的大型企业里，竞争优势和协同作用相对来讲并不重要，因为企业中各经营业务之间存在一定的协调性，可以共同形成整体优势。即使某个经营业务略有不善，其他的经营业务也还可以支持整个企业形成优势。

企业总体战略与企业的组织形态有着密切的关系。当企业的组织形态简单，经营业务和目标单一时，企业总体战略就是该项经营业务的战略，即经营单位战略；当企业的组织形态为了适应环境的需要而趋向复杂化，经营业务和目标也多元化时，企业的总体战略也应复杂化。不过，战略是根据企业环境变化的需要而提出的，它对组织形态也有反作用，它会要求企业的组织形态在一定时期内作出相应的变化。

(二)经营单位战略

经营单位是战略经营单位的简称，是指公司内其产品和服务有别于其他公司的一个单位。一个战略经营单位一般都有自己独立的产品和细分市场。它的战略主要针对不断变化的环境，在各自的经营领域里有效地竞争。为了保证企业的竞争优势，各经营单位要有效地控制资源的分配和使用。同时，战略经营单位还要协调各职能层的战略，使之成为一个统一的整体。经营单位战略(事业部战略、经营战略)主要有基本竞争战略、投资战略，以及针对不同行业和不同行业地位的经营战略。

从战略构成要素的角度来看，竞争优势与资源配置通常是经营单位战略中最重要的组成部分。但这里的资源配置主要是指产品和市场寿命周期问题。多数情况下，经营范围与产品和细分市场的选择有关，与产品和市场的发展阶段有关，而与产品和市场的深度与广度的关系甚少。在这个层次上，协同作用是指把经营单位中不同职能领域的活动加以协调。

总体战略是涉及企业全局发展的、整体性的、长期的战略计划，对企业的长期发展会产生深远影响。而经营单位战略则着眼于企业整体中的有关事业部或子公司，影响着某一类具体的产品和市场，是局部性的战略决策，只能在一定程度上影响总体战略的实现。所以，总体战略主要由企业的最高层参与决策、制定和组织实施；而经营单位战略形成的参与者主要是具体的事业部或子公司的决策层。

(三)职能战略

职能战略又称职能部门战略，是为了贯彻、实施和支持总体战略与经营单位战略而在企业特定的职能管理领域制定的战略。职能战略一般可分为营销战略、人力资源战略、财务战略、生产战略和研发战略等。

从战略构成要素来看，协同作用和资源配置是职能战略的关键要素，而经营范围则通

第四章 企业战略管理

常不用职能战略考虑。要根据经营单位战略的要求，在各职能部门中合理地配置资源，并确定各职能的协调与配合。

前面说过，在军事上习惯用战略和战术(或策略)来区分不同层次和范围的决策。但在战略管理中，通常不用战略和战术的说法对上述问题作出处理(实际上，职能战略属于战术)，而是将战略分为三个层次：①与企业总体战略相比，职能战略用于确定和协调企业短期的经营活动，期限较短，一般在一年左右；②职能战略是为负责完成年度目标的管理人员提供具体指导的，所以它较总体战略更为具体；③职能战略是由职能部门的管理人员在总部的授权下制定出来的。

对于跨行业多元化经营的大型企业来说，三个战略层次十分清晰，共同构成了企业的战略体系。三个层次战略的制定与实施过程实际上是各管理层充分协商、密切配合的结果。对于中小型企业而言，它们的战略层次往往不明显。它们往往相当于大型企业的一个战略经营单位，所以竞争战略对它们来说十分重要。如果它们成功了，就面临着一个发展的关口。对于单一经营的大型企业而言，前两个层次的战略往往是合在一起的。

(四)基本竞争战略

基本竞争战略是指在影响竞争力的某个因素上取得显著竞争优势的一种竞争模式。波特在《竞争战略》一书中曾经提出过三种基本竞争战略：成本领先战略、差异化战略和目标集中战略。他认为，企业要获得竞争优势，一般只有两个途径：①在产业中成为成本最低的生产者；②在企业的产品和服务上形成与众不同的特色，企业可以在或宽或窄的经营目标内形成这种战略。这些战略是根据产品、市场以及特殊竞争力的不同组合而形成的，企业可以根据生产经营的情况采用自己所需要的战略。

1. 成本领先战略

成本领先战略是指企业通过对其价值链的一系列环节的成本控制，使其成本在产业内为最低，以增强其竞争力的一种竞争模式。成本领先战略有两个重要特征：①一定要在产业内将企业自身的成本做到最低，否则就没有优势可言，或者丧失了这种战略的大部分优势；②所提供的最终产品或者服务的总成本最低，而不是在价值链中的某一个环节最低。对第二个特征而言，如果企业实施成本领先战略，就必须从产品创意开始到产品设计、生产、运输、包装、销售、服务和广告等所有环节把成本降到最低。

1) 成本领先战略的优势

波特在其著作中给出了一个成功实施成本领先战略的例子：越野起重机产业中的Harnischfeger公司，开始只有15%的市场份额，后来公司重新设计起重机，采用模块化部件和更新结构使之便于生产、易于维修，同时降低了材料消耗。然后公司建立了与产业规范相去甚远的几个装配区和一个传输组装线，采取大批零配件订货以节约成本。所有这些使该公司生产的产品质量可以被接受，而价格则下降了15%，公司的市场份额上升到25%。

国内的格兰仕也是一个成功实施成本领先战略的例子。它主要依靠大规模降低成本，使得在 20 世纪 90 年代初还属奢侈品的微波炉，到 1990 年年末已经进入了千家万户，其市场占有率也由进入市场初期的 5% 增长到 60%。

  2) 成本领先战略的风险

  成本领先战略的优势是明显的，但实施这一战略也面临着许多风险。企业在选择成本领先战略时还要看到这一战略的弱点，如果竞争对手的竞争能力过强，采用成本领先的战略就有可能处于不利的地位，具体表现在以下方面。

  (1) 竞争对手开发出成本更低的生产方法。例如，竞争对手利用新的技术或更低的人工成本，形成新的低成本优势，使得企业原有的优势丧失。

  (2) 竞争对手采用模仿的办法。当企业的产品或服务具有竞争优势时，竞争对手往往会采取模仿的办法，形成与企业相似的产品和成本，甚至有时后入者有更低的模仿成本，使先入者的成本优势丧失。

  (3) 顾客需求的改变。如果企业把注意力集中在追求低成本上，可能会忽视顾客需求和市场营销环境的改变，其结果是企业非但没有获得竞争优势，反而会处于劣势。

  (4) 由于原材料、能源或者供应链中某一环节价格的上涨，导致企业成本上升，使得企业原本低成本的优势荡然无存，以致无法抵御那些采取差异化战略的企业的产品优势，从而使成本领先战略归于失败。

  (5) 如果企业不能够有效地传达"物美价廉"的市场认知，而被消费者认为"便宜没好货"，则成本领先战略也会归于失败。

  如果企业要采用成本领先战略，就必须意识到上述可能遭遇的风险，并评估其不利因素出现的可能性，及早采取防范措施。

  2. 差异化战略

  差异化战略是指企业依据市场需求的差异化特征，通过提供与众不同的产品和服务以增强企业竞争力的一种模式。企业形成这种战略主要依靠的是产品和服务的特色，而不是产品和服务的成本。但这并不意味着企业可以忽略成本，这里只是强调这种战略的首要目标是形成差异，为此可能要牺牲成本。

  1) 差异化战略的优势

  企业采用这种战略，可以很好地防御产业中的竞争力量，获得超过产业平均水平的利润。具体表现在以下几个方面。

  (1) 形成进入障碍。由于产品的特色，顾客对产品或服务具有很高的忠实度，从而该产品和服务具有强有力的进入障碍。潜在的进入者要与该企业竞争，则需要克服这种产品的独特性。

  (2) 降低价格需求弹性。由于差异化，顾客对该产品或服务具有某种程度的忠诚，当这种产品的价格发生变化时，顾客对价格的敏感程度不高。这样，一方面可以抵御竞争者的低价竞销；另一方面还可以提高企业的赢利水平。

(3) 增强议价的能力。差异化战略可以为企业带来较高的边际收益，降低企业的总成本，增强企业对供应者的议价能力。同时，由于购买者别无其他选择，对价格的敏感程度又低，因此企业可以运用这一战略削弱购买者的议价能力。

(4) 防止替代品的威胁。企业的产品或服务如果具有特色，能够赢得顾客的信任，那么企业便可以在与替代品的竞争中处于更有利的地位。

2) 差异化战略的风险

实施差异化战略，企业将面临以下三个方面的风险。

(1) 如果企业形成产品差异化的成本过高，则大多数购买者就难以承受产品的价格，企业也就难以赢利，难以抵御竞争对手的低价格。

(2) 竞争对手推出相似的产品，抵消了企业努力要形成的产品差异；或者竞争对手推出了更具有差异化的产品，使得企业的原有客户流失。

(3) 消费者不再需要本企业赖以生存的那些产品差异化的因素。

3. 目标集中战略

目标集中战略是指集中企业资源于某个细分市场上，以增强竞争力的一种竞争模式。这个细分市场可以是某个特定的客户群、某产品系列中的一个或者几个规格或品种、某一个特定的细分区域市场。目标集中战略是建立在市场细分的基础上，它的最主要的战略意图是避开产业内强有力的对手的竞争，力图在一个不被这些竞争对手所关注的市场上形成竞争优势。目标集中战略与那些企图成为专家型企业的战略定位相吻合。

目标集中战略与其他两个基本的竞争战略不同。成本领先战略与差异化战略面向全产业，在整个产业的范围内进行活动；而目标集中战略则是围绕一个特定的目标进行密集型的生产经营活动，要求能够比竞争对手提供更为有效的服务。

企业一旦选择了目标市场，便可以通过产品差异化或成本领先的方法，形成目标集中战略。也就是说，采用目标集中战略的企业，基本上就是特殊的差异化或特殊的成本领先企业。

1) 目标集中战略的优势

目标集中战略与其他两个基本竞争战略一样，可以防御产业中的各种竞争力量，使企业在本产业中获得高于一般水平的收益。其优势在于可以在一个特定的目标市场上取得成本领先战略的优势或差异化战略的优势，或者二者兼而有之。当然实施这一战略的前提是：企业能够以更高的效率、更好的效果为某一小范围内的对象服务，从而在更大范围内超越竞争对手。尽管采用目标集中战略的企业能在其目标市场上保持一定的竞争优势，获得较高的市场份额，但由于其目标市场是相对狭小的，所以该企业的市场份额的总体水平是较低的。

目标集中战略在获得市场份额方面有某些局限性。因此，企业在选择目标集中战略时，应该在产品获利能力和销售量之间进行权衡和取舍,必要时还要在产品差异化和成本状况中进行权衡。

2) 目标集中战略的风险

企业在实施目标集中战略时,可能会面临以下风险。

(1) 以较宽的市场为目标的竞争者采用同样的目标集中战略;竞争对手从企业的目标市场中找到了可以再细分的市场,并以此为目标实施目标集中战略,从而使原来采用目标集中战略的企业失去优势。

(2) 由于技术进步、替代品的出现、消费者偏好变化等多方面的原因,细分目标市场与总体市场之间在产品或服务的需求上差别变小,所以企业原来赖以形成目标集中战略的基础也就失掉了。

(3) 在较宽的范围经营的竞争对手与采取目标集中战略的企业之间在成本上的差异日益扩大,前者的成本优势日益明显,抵消了企业为细分目标市场服务的成本优势,或抵消了通过目标集中战略而取得的产品差异化,导致目标集中战略的失败。

(4) 采用目标集中战略的企业所选择的细分市场非常具有吸引力,以致各个竞争厂商蜂拥而入,瓜分细分市场的利润。

六、战略管理的过程

战略是计划的一种形式,但战略管理却不仅仅是制定战略,它是制定和实施战略的一系列管理决策与行动。一般认为,战略管理由几个相互关联的阶段组成,这些阶段有一定的逻辑顺序,包含若干必要的环节,由此形成了一个完整的体系,如图 4-2 所示。

(一)战略分析

战略分析的主要任务是对能保证组织在现在和未来始终处于良好状态的那些关键性影响因素形成一个概观,即对影响企业战略形成的关键因素进行分析,并根据企业目前的"位置"和发展机会来确定企业未来应该达到的目标。该阶段的主要工作如下。

1. 明确企业当前宗旨、目标和战略

首先要明确企业当前的宗旨、目标和战略,这些指导企业目前行动的纲领性文件是战略分析的起点。

2. 外部环境分析

外部环境分析的目的就是要了解企业所处的战略环境,掌握各环境因素的变化规律和发展趋势,发现环境的变化将给企业的发展带来哪些机会和威胁,为制定战略打下良好的基础。

第四章　企业战略管理

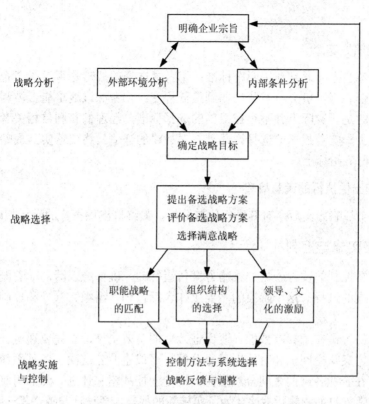

图 4-2　企业经营战略管理过程图

3. 内部条件分析

内部条件分析还要了解企业自身所处的相对地位，分析企业的资源和能力，明确企业内部条件的优势和劣势；还需要了解不同的利益相关者对企业的期望，理解企业的文化，为制定战略打下良好的基础。

4. 重新评价企业的宗旨和目标

当掌握了环境的机会和威胁，并且识别了自身的优势和劣势之后，需要重新评价企业的宗旨，必要时还要对它作出修正，以使它更具有导向作用，进而确定下一步的战略目标。

(二)战略选择

战略选择阶段的任务是决定达到战略目标的途径，为实现战略目标确定适当的战略方案。企业战略管理人员在战略选择阶段的主要工作内容如下。

1. 产生战略方案

根据外部环境、企业内部条件以及企业宗旨和目标，拟订供企业决策者选择的多种战略方案。

2. 评价战略方案

评价战略备选方案通常使用两个标准：①考虑选择的战略是否发挥了企业的优势、克服了劣势，是否利用了机会将威胁削弱到最低程度；②考虑该战略能否被利益相关者所接受。需要指出的是，实际上并不存在最佳的选择标准，经理们和利益相关者的价值观及期望在很大程度上影响着战略的选择。此外，对战略的评估最终要落实到战略收益、风险和可行性分析的财务指标上。

3. 最终选出供执行的满意战略

评价完各个战略方案后，对其进行比较分析，最终选出供执行的满意战略。

(三)战略实施与控制

战略实施与控制的过程就是把战略方案付诸行动，确保经营活动朝着既定的战略目标与方向不断前进的过程。这个阶段的主要工作包括计划、组织、领导和控制四种管理职能的活动。

战略实施的关键在于其有效性。要保证战略的有效实施，首先要通过计划活动，将企业的总体战略方案从空间上和时间上进行分解，形成企业各层次、各子系统的具体战略或策略、政策，在企业各部门之间分配资源，制定职能战略和计划。然后再制订年度计划，分阶段、分步骤来贯彻和执行战略。为了实施新的战略，要设计与战略相一致的组织结构。这个组织结构要能保证战略任务、责任和决策权限在企业中的合理分配。一个新战略的实施对组织而言是一次重大的变革，变革总会有阻力，所以变革的领导工作很重要。这包括培育支持战略实施的企业文化和激励系统、克服变革阻力等。

战略实施的成功与否取决于管理者激励员工能力的大小和人际技能。战略实施活动会影响到企业中的所有员工和管理者，每个部门都必须回答以下问题：

(1) 为了实施企业经营战略中属于我们责任的部分，我们必须做什么？

(2) 我们如何才能将工作做得更好？

战略实施是对企业的一种挑战，它要求激励整个企业的管理者和员工，以主人翁的精神和热情为实现已明确的目标而努力工作。

战略控制是战略管理过程中一个不可忽视的重要环节，它伴随战略实施的整个过程。建立控制系统是为了将每一阶段、每一层次、每一方面的战略实施结果与预期目标进行比较，以便及时发现偏差，适时采取措施进行调整，以确保战略方案的顺利实施。如果在战略实施过程中，企业外部环境或内部条件发生了重大变化，则控制系统会要求对原战略目标或方案作出相应的调整。

第四章　企业战略管理

第二节　延伸阅读

一、企业战略管理的产生

企业经营战略是商品经济发展的产物，是在企业外部环境范围扩大、内容复杂、变化频繁，使企业的生存和发展面临严峻挑战的情况下产生的。企业经营战略在20世纪50年代首先产生于美国，后来传到其他发达国家，现在已在更大范围内传播开来。

美国在20世纪上半叶经历了两个时代。第一个时代是大批量生产的时代(前30年)。这个时代从经济发展上看，主要是巩固和发展19世纪工业革命的成果；从企业来看，主要是完成大批量生产的机制，促使单位产品成本降低。当时的企业管理者对企业的发展前景十分满意，认为只要能提供低价、标准的产品，就能获得赢利和发展，所以企业把主要精力放在提高内部生产效率上，企业实行的是控制性的管理。以泰罗为首的科学管理理论将管理纳入科学的轨道，但古典管理理论主要将研究的重点放在企业内部的管理活动上，很少涉及对环境和企业经营战略理论的研究。

第二个时代是大批量销售的时代(后20年)。从经济发展上看，这个时代基本消费品的需求正逐步趋向饱和，当时工业的主要任务是适应基本消费品以外的更高需求的高涨要求，以及市场进一步国际化的要求；从企业看，应付环境的变化、满足市场多样化的需求成为最重要的问题。所以，在这个时代，企业不得不面向外部、转向市场，在更广阔的市场上进行更加激烈的竞争。而且，企业在国际市场上还要经受关税、金融汇率、保护政策、文化差异等的干扰。总之，与过去相比，企业的环境更加复杂，更富有挑战性，竞争更加激烈，企业仅靠内部控制式管理，已无法应付未来的挑战和实现自我发展的愿望。正因为如此，在这个时代产生了以销定产和产品差异等新的经营观念。也正是在这种条件下，企业产生了筹谋未来发展的要求和行动，采取了推断式的管理方式，例如目标管理、预算管理和长远计划等。那时的长远计划是建立在未来一定会比过去好、未来可以根据历史推断的假设基础上的，完全依靠历史的推断来确定企业未来的目标和行动，并以此来应付环境的变化。

从20世纪50年代起，美国的经济在经过高速发展之后，进入了一个高度竞争的阶段。其主要特点是：需求结构发生变化；科技水平不断提高；全球性竞争日趋激烈；社会、政府和顾客提高了对企业的要求和限制；资源短缺；突发事件不断等。这些特点造成了企业外部环境庞大复杂、变化频繁、难以预料，使企业经常面临着许多生死攸关的挑战。企业仅靠推断式的管理再也不能保证自己的生存和发展了，而必须对新的环境进行深入分析，作出新的响应，采用新的管理方式来谋求自己的生存和发展。企业经营战略管理就是在这种条件下应运而生的。

二、企业宗旨

(一)企业宗旨的定义

任何企业都有其特定的宗旨。企业宗旨是企业管理者确定的企业生产经营的总目标、总方向、总特征和总的指导思想。它反映了企业管理者为组织将要经营的业务规定的价值观、信念和指导原则;描述了企业力图为自己树立的形象;揭示了本企业与同行其他企业在目标上的差异;界定了企业的主要产品和服务范围,以及企业试图满足的顾客基本需求。

关于企业宗旨的思想主要是以彼得·德鲁克于20世纪70年代中期创立的一整套理论为基础提出的。德鲁克认为,确定企业的宗旨就是要明确这样的问题:"我们的企业是什么以及它应该是什么?"定义企业宗旨就是阐明企业的根本性质与存在的目的或理由,说明企业的经营领域和经营思想,为企业目标的确定和战略的制定提供依据。

企业宗旨有多方面的内容,所以有时又称战略展望、战略意图、远景和使命、战略纲领、目的和任务陈述等。尽管提法不同,但都是表明企业存在的理由和追求,回答"我们的企业是什么以及它应该是什么"这一关键问题。这个听起来很简单的问题,正是企业必须时时作出明确答复的最大难题。在企业结构简单的情况下,企业的所有者与经营者将各种职能集于一身,其信念、愿望和抱负决定着企业的宗旨,决定着整个企业的生产经营方向和运作方法,这一阶段企业产生的问题比较清晰。但经营一段时间后,企业逐渐扩大,增加了新的产品和新的市场时,这些企业产生的问题就会变得模糊。特别是随着新的经济时代的到来,企业需要面对各种新的变化,例如转产、多角化经营、兼并、合资等。在新的情况下,企业如何选择自身存在的基础、如何树立自身存在的价值和意义、如何确立企业生存和发展的理念,是企业面临的重要课题。

(二)企业宗旨的内容

1. 企业愿景

愿景是企业对其前景所进行的广泛的、综合的和前瞻性的设想,即企业要成为什么?这是企业为自己制定的长期为之奋斗的目标。它用文字描绘企业的未来图景,使人们对未来产生向往,从而使人们团结在这个伟大的理想之下,集中他们的力量和智慧来共同奋斗。愿景只描述对未来的展望,而不包括实现这些展望的具体途径和方法。

愿景不一定要实现,只要有50%~70%的可能性就可以了,关键是要能使大家认可,激励人们前进。愿景一般包括10~30年可见的目标,以及对实现该目标时的情景的生动描述。

2. 企业使命

企业使命旨在阐述企业长期的战略意向,其具体内容主要说明决定企业目前和未来所要从事的经营业务范围。

使命是企业存在的目的和理由。可能有人会说企业是为了盈利而存在的，不过，利润是企业成功经营的结果。企业只有以某种技术，在某些地区，以某种可获利的价格，向某些顾客提供了某种产品或服务，满足了顾客的某种需求，企业才能赢利。集中考察刚刚起步的企业，可能会使研究者能更好地理解企业使命。开办一个新企业时，不是决定利润多少，而是决定要满足的需求、顾客和所采用的技术。所以，要想获得一个在战略的角度上清晰明了的业务界定，必须包括以下三个要素。

1) 顾客的需求

企业需要满足的需求是什么？仅仅知道企业所提供的产品和服务是远远不够的。顾客需要的不是产品和服务本身，而是产品或服务提供的功能，而这种功能能够满足他们的某种需求。没有需求或需要，也就没有业务可言。

2) 顾客

需要满足的对象是谁？企业定位的顾客群是什么？顾客群这个因素之所以重要，是因为它代表了一个需要提供的市场，即企业打算在哪些地区展开竞争，以及企业追逐的购买者类型。

3) 技术和活动

企业在满足目标市场时所采用的技术和开展的活动。这个因素表明企业是如何满足顾客需求的，以及企业所覆盖的活动是行业的"生产分销"价值链的哪些部分。

3. 经营哲学

经营哲学是一个组织为其经营活动方式所确定的价值观、信念和行为准则，是企业文化的高度概括。经营哲学主要通过以下两方面表现出来。

1) 企业提倡的共同价值观

国际商用机器公司(IBM)前董事长"小 T. J. 华森"论述了共同价值观的重要性。他说："我的论点是，首先，我坚信任何组织为了生存并获得成功，必须树立一套正确的信念，作为它们一切方针和行动的前提。其次，我相信一个公司成功的最主要因素是其成员忠诚地坚持那些信念。最后，我认为如果一个组织在不断变动的世界中遇到挑战，它必须在整个寿命期内随时准备变革它的一切，唯有信念却永远不变。"

2) 企业对利益相关者的态度

企业应该有效地反映企业内外部利益群体和个人的合理要求。企业内部利益群体包括企业的股东、董事会、管理人员和员工；企业外部利益群体包括企业的顾客、供应商、销售商、竞争者、政府和一般公众等。这些利益群体希望企业能够按照他们满意的方式进行生产经营活动。例如，职工要求在经济收入、社会地位和心理状态上得到满足；股东要求从他们的投资中得到满意的回报；顾客要求购买到物美价廉、符合他们利益的商品；供应者希望企业能够长期使用他们的产品或服务；竞争者要求能够公平竞争；政府机构要求企业遵纪守法；社区公众则希望由于企业在当地的存在，使他们的生活水平能够有所提高；更进一步讲，一般公众希望企业保护环境，促进社会公正和进步，支持社会活动和文化活动等。企业应当在其宗旨中明确地阐述自己对这一问题的态度，即企业在承担遵守法律和创造利润的基本责任外，还愿意承担多少社会责任。

(三)确定企业宗旨的意义

企业的宗旨可以不用文字陈述出来，而只为企业高层领导人所掌握。但是，精心策划、措辞恰当的企业宗旨对管理者来说具有真正的价值，表现在以下五个方面。

(1) 使公司的高层管理者对公司的长期发展方向和未来业务结构有一个清晰的认识。

(2) 降低公司的管理部门在缺少企业宗旨指导的情况下制定决策的风险。

(3) 它传递着公司的目标，激励企业员工作出承诺，激励员工竭尽全力为实现企业的宗旨做出自己的贡献。

(4) 低层的管理部门可以依照它来确定部门的宗旨，设置部门使命和目标体系，制定与公司的发展方向和与总体战略协同一致的职能部门战略。

(5) 有助于公司做好规划未来的充分准备。

第三节 大案例与小故事

一、大案例

本雅之战[①]

爆发于20世纪80年代初的日本本田与雅马哈公司之间的摩托车市场之争，被称为摩托车行业的第一恶战，又被称为"近代日本工业领域最残酷的一次竞争"。尽管这场历时两年的恶斗以本田大获全胜而结束，但在这一"经典之战"中，双方均展示了高超的战略技巧。下面对这场经典的本雅之战双方所采用的战略、战术进行回顾与分析，这对我国企业更好地参与国内和国际竞争有着重要的借鉴意义。

(一)背景分析

在20世纪50年代以后，当时的日本摩托车市场以每年40%的势头增长，行业的首席宝座数易其主。最初是东发公司，其占有率为22%；本田居次席，占有率为20%。但在此后，面对迅速增长的市场，东发公司一直对扩大生产下不了决心，固守旧志。而本田则力求与每年42%的需求增长率相适应，快速提升市场占有率，使年销售额增长了66%，并为

---

① 原载《上市公司》2005年第4期，作者为长城证券研发中心金永红。

第四章 企业战略管理

此果断筹措了大量的银行贷款。而东发则自恃第一，安于现状，没有把本田放在眼中。这样本田才能充分灵活地运用"先发制人"战略迅速降低成本，从而在摩托车市场争夺中，占据优势。5年时间内本田取得了摩托车行业稳固的霸主地位，夺得了44%的市场份额。这时摩托车市场的年增长率已下降到9%，面对本田的咄咄之势，东发再也无力回天。在让出首席宝座后，东发一败涂地，终致破产。本田自此则不断发展，实力益发雄厚。到20世纪70年代，日本的摩托车市场基本上是四分天下，依次为本田、雅马哈、铃木和川崎。其中，本田在日本本土上的占有率高达85%，稳居宝座。60年代末70年代初，世界摩托车市场需求的增长明显减缓。为此本田决定开拓新的生产线——进军汽车市场，实行多元化经营。而当时的日本汽车行业还很不景气，为了防止新事业的失败，本田不得不将公司里最好的设备、技术力量和优秀人才投入其中，从而使得摩托车部门出现空虚和停滞的状态。但本田万万没有想到，此举竟导致了近代工业领域的一场"经典之战"。

(二)双雄鏖战

就在本田致力于汽车生产，无暇顾及摩托车业务时，原来居摩托车行业老二的雅马哈公司，认为这是一个竞争世界第一的好机会，为此它不惜一切代价积极拓展摩托车市场。在雅马哈的猛烈攻势下，本田公司节节败退。1970年本田的销售额以3∶1领先于雅马哈，到1979年本田的摩托车销售额一直没有增加，雅马哈公司则将本田公司领先的程度从3∶1降到了1.4∶1。在1970年年初，雅马哈只有18种车型，本田有35种。到1981年雅马哈是60种，本田是63种，雅马哈的市场占有率与本田已不相上下。1981年，本田的国内市场占有率下降到了40%，而雅马哈则由原来的10%左右增加到35%左右，即把本田失去的全部份额据为己有了。后来，二者的差距又进一步缩小为1个百分点，本田为38%，雅马哈为37%。再往前走一步，雅马哈就将超过本田，夺得头把交椅。

在胜利面前，雅马哈的决策者们认为自己的羽翼已丰，向本田发出了挑战。1981年，雅马哈的经理公开露出拿下本田的意图，并说："本田正在拼命推销汽车，有经验的摩托车推销员几乎都集中在汽车部门，我们可以在摩托车上与它一决雌雄。只要有生产能力，我就可以击败本田。"基于这样的思路，同年8月，雅马哈公司总经理日朝智子宣称："很快将建一座年产量100万台机车的新工厂，这个工厂建成后，将可以使雅马哈总产量提高到每年400万台，超过本田20万台，那时本田公司将让出第一把交椅的位置。"假如其新厂的摩托车在日本可以全部销出，雅马哈的国内市场占有率就将接近60%。因此，1982年1月的一次会议上，雅马哈公司董事长小池表示："本田与敝公司之间决定性的差距，在于我们强大的供给能力。我们将以新的产量超过本田。身为一家专业的摩托车厂商，我们不能永远屈居第二。一年内，我们将要成为国内最大的厂家。两年内，我们要称雄世界。"

面对雅马哈的挑战和攻势，本田怎能善罢甘休？本田的董事长河岛早在1978年就在《日经新闻》上暗示："只要我当社长一天，本田就永远是第一。"1982年元月，当雅马哈公司挑战性的言论传到本田决策者的耳朵里时，他们迅速作出决策：在雅马哈新厂未建成时，以迅雷不及掩耳之势给予反击，打掉他们的嚣张气焰。一场被誉为日本工业领域最残酷的战役打响了。

从商战一开始，本田就采用了大幅度降价策略，增加促销费用和销售点。在竞争最激烈时，一般车型摩托车的零售价，降价幅度都超过 1/3，以致一部 50CC 的本田摩托车价格比一辆 10 变速的自行车还便宜。由于本田公司除摩托车生产外，还有汽车生产，特别是 20 世纪 80 年代初汽车销售稳定上升，因此，"东边不亮西边亮"，它完全可以通过汽车的盈利来弥补摩托车价格战的损失，最终达到打击雅马哈、扩大市场份额的目的。雅马哈公司则是一个专业的摩托车生产厂商，它的生存完全依赖摩托车。因为投资建厂造成企业的成本投入较大，如果采用与本田公司相同的降价策略，公司本身是无法负担的，但如果不降价或降价幅度较小，那就只有在价格大战中失败。显然，在价格战上雅马哈公司已处于劣势。

本田采取的另一策略是加快产品的更新换代，迅速使产品多样化。在 18 个月内，本田凭借它的技术优势，也凭着它有三分之二的营业收入来自汽车、资金充裕等条件，推出 81 种新车型，淘汰了 32 种旧车型，共变更了产品目录中的品种 113 个。产品更新换代的加快，使企业在消费者心目中树立起新的形象。这样，本田摩托车的销售量直线上升。而雅马哈公司相比之下则有些相形见绌了。为了超过本田，雅马哈公司在投资建新厂上下了很大赌注，内部运营资金入不敷出，只好向外大量贷款，而新厂尚未建成，无法产生效益，因此雅马哈几乎无力开发新产品。在本田推出 81 种新车型时，雅马哈公司只推出 34 种新车型，淘汰了 3 种车型。产品更新换代速度的减慢，使雅马哈在市场上的形象日益衰老，产品日益积压。

在价格战之中，雅马哈难以承受巨大的损失，节节败退；在市场形象方面，由于推出新产品品种单调而渐受顾客冷落，造成大量库存积压。一年中的较量，雅马哈市场占有率从原来的 37% 下降为 23%，产量迅速下降，1982 年营业额比上一年锐减了 50% 以上。在这种情况下，雅马哈只有举债为生。1982 年年底，雅马哈公司的债务总额已达 2200 亿日元。银行家们看到雅马哈前景不妙，纷纷停止贷款。雅马哈公司缺乏资金，产品无法降价出售，库存越积越多。1983 年年初，雅马哈的库存量达到了摩托车行业总库存量的一半左右，相当于其整整一年的销售量。处理库存的唯一办法是向零售商提供推销费，并大幅降价，但雅马哈连这点力量也没有了，被逼得走投无路，最后竟一本正经地研究如何化库存为废铁的计划。雅马哈及其子公司的财政马上陷入困境，1981 年的负债和自有资金的比例是 3∶1，但到 1983 年则恶化为 7∶1。而此时，本田依靠汽车的连续成功，使财务体制变得非常健全。

雅马哈不得不制定应急措施，摩托车的产量削减到 150 万辆，此后又降为 138 万辆，裁员规模也继续扩大，约占全部员工的 20%。原制订的事业计划在两年内不得不全部冻结。然而，本田却丝毫也不停止追击，他们进一步增加品种，对雅马哈施加压力。从 1984 年年初到 9 月，本田又更新了 39 种旧型号，推出 39 个新品种。这样，本田在日本市场发售的摩托车品种共达 110 个。而雅马哈只有 23 个新品种，尤其在主导产品 50CC 级上，本田已有 18 个品种更新换代，而雅马哈却只搞了 6 种。为了避免破产，雅马哈开始拍卖资产。从 1983 年 4 月到 1984 年 4 月的一年时间里，雅马哈出卖了相当于 160 亿日元的土地、建筑物和设备。走投无路的雅马哈公司终于于 1983 年 6 月向本田举出白旗。它不仅没有实现争夺摩托车霸主的梦想，反而丢掉了第二把交椅的位置。这场竞争使雅马哈公司伤痕累累，很久都无法恢复元气。

思考题
1. 与本田之战和本田与雅马哈之战有什么区别？角色相同却为什么结果不同？
2. 从态势看，两家公司在各时期分别采用的是什么战略？

二、小故事

小故事(一)

有一位父亲带着三个孩子，到沙漠去猎杀骆驼。他们到了目的地，父亲问老大："你看到了什么？"老大回答："我看到了猎枪，还有骆驼，还有一望无际的沙漠。"父亲摇摇头说："不对。"父亲以同样的问题问老二。老二回答说："我看见了爸爸、大哥、弟弟、猎枪，还有沙漠。"父亲又摇摇头说："不对。"父亲又以同样的问题问老三。老三回答："我只看到了骆驼。"父亲高兴地说："你答对了。"

一个人若想走上成功之路，首先必须要有明确的目标。目标一经确立，就要心无旁骛，集中全部精力，勇往直前。

小故事(二)

哈佛大学有一个非常著名的关于目标人生影响的跟踪调查，对象是一群智力、学历和环境等条件差不多的年轻人，调查结果发现：27%的人没有目标；60%的人目标模糊；10%的人有清晰但比较短期的目标；3%的人有清晰且长期的目标。

25 年的跟踪研究结果发现，他们的生活状况及分布现象非常有意思。

那些占 3%有清晰且长期目标的人，25 年来几乎都不曾更改过自己的人生目标。他们始终朝着同一方向不懈地努力，25 年后，他们几乎都成了社会各界的顶尖成功人士，他们中不乏白手创业者、行业领袖和社会精英。

那些占 10%有清晰短期目标者，大都生活在社会的中上层，他们的共同特点是，短期目标不断被达成，生活状态稳定，成为各行各业不可缺少的专业人士，例如医生、律师和高级主管等。

其中占 60%的目标模糊者，几乎都生活在社会的中下层面，他们能安稳地生活与工作，但都没有什么特别的成绩。

剩下27%的是那些25年来都没有目标的人群，他们几乎都生活在社会的最底层，他们的生活都过得不如意，常常失业，靠社会救济生活，并且常常都在抱怨他人、抱怨社会、抱怨世界。

小故事(三)

有一对兄弟，他们的家住在80层楼上。有一天他们背着很大的行李包外出旅行回家，发现大楼停电了！哥哥对弟弟说："我们就爬楼梯上去！"于是，他们背着两大包行李开始爬楼梯。爬到20楼的时候他们开始累了，哥哥说："包太重了，不如这样吧，我们把包放在这里，等来电后坐电梯来拿。"弟弟同意了。于是，他们把行李放在了20楼，继续向上爬。他们有说有笑地往上爬，但是好景不长，到了40楼，两人实在累了。想到还只爬了一半，两人开始互相埋怨，指责对方不注意大楼的停电公告，才会落得如此下场。他们边吵边爬，就这样一路爬到了60楼。到了60楼，他们累得连吵架的力气也没有了。弟弟对哥哥说："我们不要吵了，爬完它吧。"于是他们默默地继续爬楼梯，终于80楼到了！兄弟俩兴奋地来到家门口，才发现他们的钥匙落在了20楼的包里……

有人说，这个故事其实就是反映了我们的人生：20岁之前，我们活在家人、老师的期望之下，背负着很多的压力、包袱，自己也不够成熟，能力不足，因此步履难免不稳。20岁之后，离开了众人的压力，卸下了包袱，开始全力以赴地追求自己的梦想，就这样愉快地过了20年。可是到了40岁，发现青春已逝，不免产生许多的遗憾和追悔，于是开始遗憾这个、惋惜那个，抱怨这个、嫉恨那个……就这样在抱怨中度过了20年。到了60岁，发现人生已所剩不多，于是告诉自己不要再抱怨了，就珍惜剩下的日子吧！于是默默地走完了自己的余年。到了生命的尽头，才想起自己好像有什么事情没有完成……原来，我们所有的梦想都留在了20岁的青春岁月，还没有来得及完成……

小故事(四)

《梦溪笔谈》记载：海州知府孙冕很有经济头脑，他听说发运使准备在海州设置三个盐场，便坚决反对，并提出了许多理由。后来发运使亲自来海州谈盐场设置之事，还是被孙冕顶了回去。当地百姓拦住孙冕的轿子，向他诉说设置盐场的好处，孙冕解释道："你们不懂得作长远打算。官家买盐虽然能获得眼前的利益，但如果盐太多卖不出去，30年后就会自食恶果了。"然而，孙冕的警告并没有引起人们的重视。

他离任后，海州很快就建起了三个盐场，几十年后，当地刑事案件上升，流寇盗贼、徭役赋税等都比过去大大增多；由于运输、销售不通畅，囤积的盐日益增加，盐场亏损负债很多，许多人都破了产。这时，百姓才开始明白，在这里建盐场确实是个祸患。

第四节　素质拓展

一、思考题

(1) 根据引例，结合海尔和格兰仕的成功，谈谈专业化和多元化战略各有何利弊？
(2) 你如何看待格兰仕的"贴牌"战略？
(3) 格兰仕的低价战略取得成功是靠什么支撑的？

二、辩论

(1) 题目：计划赶不上变化，计划的作用越来越小
(2) 目的：
① 掌握计划、战略的基本理论。
② 培养学生综合思考的能力。
③ 学会正确看待环境的变化。
(3) 具体要求：
① 将全班同学分成正方与反方若干小组(限5人一组)进行辩论。
② 正方坚持"计划赶不上变化，计划的作用越来越小"立场论述。
③ 反方联系环境变化的情况，举例说明环境变化快，但计划的作用仍然巨大，特别是针对中长期计划而言。在计划的执行过程中可以修订计划，以此反驳正方观点。
④ 正反双方在辩论中，既要回答对方的提问，也要向对方提出疑难问题，要求答辩。
⑤ 正反双方举例鲜明生动，并形成书面辩论资料，呈报老师或评委。

三、创业素质论坛

关于眼界

名人老总佘德发是个非常有意思的人，据说这个人不管走到哪里，随身都会带着两样宝贝：一样是手提电脑，因为名人在全国设有许多的分部、分公司，佘德发带着电脑走到哪里，那里就是公司的总部；另一样是一个旅行箱，里面全是各种各样的报纸，佘德发走到哪里，读到哪里，将一箱一箱的报纸，当成精神食粮。

人们都喜欢夸耀自己见多识广，对于创业者来说，就不是夸耀，是要真正见多识广。广博的见识，开阔的眼界，可以很有效地拉近自己与成功的距离，使创业活动少走弯路。

通过研究上千创业案例，发现这些创业者的创业思路有几个共同来源。

第一，职业。俗话说，不熟不做，由原来所从事的职业下海，对行业的运作规律、技术、管理都非常熟悉，人头、市场也熟悉，这样的创业活动成功的概率很大。这是最常见的一种创业思路的来源。

第二，阅读，包括书、报纸、杂志等等。比亚迪老总王传福的创业灵感来自一份国际电池行业动态，一份简报似的东西。1993年的一天，王传福在一份国际电池行业动态上读到，日本宣布本土将不再生产镍镉电池，王传福立刻意识这将引发镍镉电池生产基地的国际大转移，意识自己创业的机会来了。果然，随后的几年，王传福利用日本企业撤出留下的市场空隙，加之自己原先在电池行业多年的技术和人脉基础，做得顺风顺水，财富像涨水似地往上冒。他于2002年进入了《福布斯》中国富豪榜。另一位财富英雄郑永刚，据说将企业做起来后，已经不太过问企业的事情，每天大部分时间都花在读书、看报，思考企业战略上面。很多人将读书与休闲等同，对创业者来说，阅读就是工作，是工作的一部分，一定要有这样的意识。

第三，行路。俗话说，"读万卷书，行千里路"。行路，各处走走看看，是开阔眼界的好方法。《福布斯》中国富豪里面少有的女富豪之一沈爱琴，说自己最喜欢的就是出国。出国不是为了玩，而是去增长见识，更好地领导企业。

行路意味着什么，或者换句话说，眼界意味着什么？如果你是一个创业者，开阔的眼界意味着你不但在创业伊始可以有一个比别人更好的起步，有时候它甚至可以挽救你和你企业的命运。眼界的作用，不仅表现在创业者的创业之初，它会一直贯穿于创业者的整个创业历程。"一个人的心胸有多广，他的世界就会有多大。"我们也可以说，"一个创业者的眼界有多宽，他的事业也就会有多大。"

比如科宝。科宝整体厨房如今在国内非常有名，但是科宝在起步时，并不是做整体厨房的，专业是抽油烟机。后来科宝的创始人蔡明发现不少顾客在买了抽油烟机以后，还会向他们定做几格吊柜、厨柜，以便放置一些厨房用品甚至是冰箱等电器。这时候科宝才开始有意识地向整体厨房方面转型。"那时我们理解的整体厨柜就是做几个柜子，把燃气灶和其他厨房用具放在一块就行了。这种状况一直持续到1999年5月。我去德国科隆参加每两年举行一次的家具配件展，算是开了眼界。看了展会，我发现自己以前做的东西，那哪能叫整体厨房，简直就是垃圾。"

展会后，蔡明从德国直接去了意大利，雇了一个意大利司机，从北边的威尼斯出发一直南下。"我让那司机帮我安排好路线，一路上，只要门上写着Cucina(意大利语'厨房')，我就进去看。看了几十个厂家，每个厂家都有几十个甚至是上百个款式。古典的、现代的、大众的、前卫的、各种流派都看了个遍。到最后，看到Cucina我就想吐。"

这一路看了20多天，蔡明回到国内，下令把他们以前做的东西全部推倒重来。欧洲的各种流派、款式，融进自己的理念。科宝，或者说蔡明，在做整体厨房若干年后，一直到1999年的欧洲之行，才明白什么叫真正的整体厨房。这就是行千里路的作用。开阔眼界后的老板，将原本平庸的企业带入了一个全新的境界。与此同时，老板自己也进入了一个新

第四章 企业战略管理

境界,发现了一个新天地。

第四,交友。很多创业者最初的创业思路是在朋友启发下产生,或干脆就是由朋友直接提出的。所以,这些人在创业成功后,都会更加积极地保持与从前的朋友联系,并且广交天下友,不断地开拓自己的社交圈子。时尚蜡烛领头羊山东金王集团创始人陈索斌的创业思路来自于一次在朋友家中的闲谈。昆明赫赫有名的"云南王"、新晟源(昆明最大的汽车配件公司)老板何新源有两大爱好,至今仍保持着和朋友在茶楼、酒馆谈天的爱好。何新源称其为"头脑风暴"。这样的头脑风暴,使他能够不断地有新思路、新点子,生意越做越大,越做越好。都说广东人是天生的生意人,你看一看,广东人里面有几个是不好泡茶楼的?泡茶楼,喝茶是一方面,交朋友谈生意是更重要的另一方面。原来北京人不太爱喝茶,现在北京的茶馆却多过米铺。这与近几年来北京的商业气味越来越浓不无关系,茶馆里面的人,十有八九是在交朋友谈生意。

上述四大创业思路的来源,也就是四大开阔眼界的有效方法。见钱眼开,莫如说眼开见钱,眼界开阔才能看见更多的钱,赚到更多的钱。所以奉劝创业者,有空一定要到处多走一走,多和朋友谈一谈天,多阅读、多观察、多思考。"机遇只垂青有准备的头脑",让自己"眼界大开"就是最好的准备。

第五章　企业营销管理

引例　芙蓉王：对决高端[1]

面对中华香烟这个高端市场上的老大哥，芙蓉王打了一场在高端市场的进攻战。20世纪90年代，以邓小平南巡为标志，国内的改革开放进入了一个前所未有的新时期，高端香烟呈现出巨大的市场机会。当时的香烟市场，极品有中华，每包为30~60元，其次是红塔山、555等；每包10~15元、5~10元的品牌则集中在白沙、红河等。不难看出，20~30元的市场是一个空档，没有一个成功的品牌，在营销学上，这叫作空白市场，是产品进入市场的最佳机会点。于是，湖南常德卷烟厂顺势推出定价在20多元的芙蓉王。从此，在20~30元这个价格空档，芙蓉王占据了第一的位置，并以年增长40%的速度挑战中华。2004年6月，"中国500强最具价值品牌"排行榜显示，芙蓉王品牌价值排名进入烟草行业前五位。

进攻第一

如果营销是一场战役的话，那么很显然，在中国高端香烟市场上，中华是领先者，芙蓉王是挑战者。中华已经占据了制高点，打的是一场防御战；芙蓉王打的是进攻战。里斯·特劳特在其《营销战》一书中提出了进攻战的3条原则：

(1) 考虑的重点应该是领先者在市场中的强势；
(2) 要找到领先者强势中的弱点，并攻击此弱点；
(3) 在尽可能狭窄的阵地上发动进攻。

在营销案例中，进攻战的经典之作是"两乐"之争。可口可乐的强势是什么？它是第一家可乐饮料公司，在市场上的历史比百事可乐要长得多，占有市场的绝对优势。但是，强势中也包含着弱点，那就是可口可乐被认为是传统的代表，而青年一代更喜欢百事可乐。于是，百事可乐的新策略把竞争对手定位成"落伍、传统、过时"的形象，并提出了"百事，新一代的选择"。结果，百事取得了巨大的成功。

再回过头来看今天的中华和芙蓉王，与可口可乐和百事可乐有着诸多相似之处。中华的历史比芙蓉王要长得多，它代表着传统势力，中华的品牌形象保守，产品几乎从不更新。这样看来，中华并不是绝对优秀，只是因为无人进攻罢了。后起之秀的芙蓉王如果能以产品创新为武器，将自己打造成为新锐、创意的品牌形象，那么就有取胜的可能。

---

[1] 资料来源：小木虫论坛。

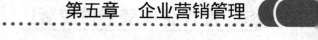

进攻战的成功，使芙蓉王已经覆盖除台湾地区以外的中国所有省份，进入96%的省会城市，占全国660个重点城市的76%，这在地区封锁十分严重的国内香烟市场十分罕见。更可怕的是，芙蓉王多年来一直保持着40%以上的增长势头。

制造口碑

1995年3月23日，芙蓉王在北京拍卖，差价及叫价轮次创下中国香烟竞价拍卖历史之最，至今仍未被打破。全国13个省市与常德卷烟厂签订了购销合同。

一直以来，芙蓉王都拒绝过度曝光，对硬性广告的投入非常理性，芙蓉王并不希望通过大众消费品式的广告轰炸手段去实现品牌的高知名度，而更希望通过口碑传播，努力为品牌渲染一种神秘高贵的气氛，提升品牌的美誉度。在北京拍卖成功之后，芙蓉王又策划了在华天大酒店夜总会的拍卖，拍卖结果是芙蓉王以1500元一条成交，这在当时简直是天价。受拍卖的影响，芙蓉王的市场价格一路攀升。

在芙蓉王被炒得炙手可热之时，常德卷烟厂却在报纸上刊登了一则严正声明，声明指出：鉴于芙蓉王已被某些市场大肆炒作，有的地方甚至炒到了1000多元一条，严重地扰乱了香烟市场秩序，常德卷烟厂对此予以坚决抵制。这实际上又是一个非常高明的广告。

高端消费品的两个策略

高端消费品营销的第一个策略是：只要最贵的。芙蓉王深刻地领会并把握了这一点。它认为，许多高端消费者抽烟并不是为自己抽，而是为别人抽，这样的消费心理决定了中国需要一个更高档的香烟品牌出现。

高端消费品营销的第二个策略是：有钱不一定能买到。从20世纪50年代到70年代，中华一直作为特供烟，主要供应驻外使领馆和来华外宾，于是在普通消费者心中，中华香烟是稀缺产品，可望而不可及，这大大提升了其身价。

蓝盖和蓝软芙蓉王虽然在未作任何广告的情况下悄然入市，但还是出现严重供不应求的局面。为保证质量，芙蓉王坚持严格限产的策略，所生产的8000大箱蓝盖和蓝软只能严格控制比例，分发到有关市场。于是，在许多地方，出现了有钱也买不到芙蓉王的现象，只要有蓝盖和蓝软上市，马上便被抢购一空。

芙蓉王认为，对高端消费品不可以像大众消费品一样去"推"，而必须始终保持一种"拉"的态势。也就是说，要由市场需求来拉动生产。一个高端产品如果供应得太多太滥，就会失去它的价值感。因此，在某些时候，需要加大购买这种产品的难度，制造供求紧张，市场需求就会随之上升。使一个产品稀缺难求，便可以卖出天价，这是高端消费品营销的至理名言。

第一节 知识清单

一、市场营销和目标市场

(一)市场与市场营销

1. 市场

市场的概念有狭义和广义之分，狭义的市场是指具体的交易场所，即人们进行商品买卖的地方；广义的市场是指商品交换关系的总和，包括市场交易场所和市场机制。

市场有三个要素：有某种需要的人、为满足这种需要的购买能力和购买欲望。三者的关系可用公式简单表示如下：

$$市场=人口+购买力+购买欲望$$

这三个要素是相互制约、缺一不可的，只有当人口众多、购买力高、购买动机又强时，才能决定市场的规模和容量，才能构成现实的理想市场。

2. 市场营销

市场营销是对思想、产品及劳务进行设计、定价、促销及分销的计划和实施的过程，从而产生满足个人和组织目标的交换。

这一定义比诸多定义更为全面和完善。主要表现是：①产品概念扩大了，它不仅包括产品或劳务，还包括思想；②市场营销概念扩大了，市场营销活动不仅包括营利性的经营活动，还包括非营利组织的活动；③强调了交换过程；④突出了市场营销计划的制订与实施。

3. 企业经营哲学的演进

企业的市场营销活动总是在一定的思想和价值观念的指导下进行的。在市场营销活动中，企业在处理企业、消费者和社会三者利益关系方面所持的态度、思想和价值观念，就是企业经营哲学。一般认为，生产观念、产品观念、推销观念、市场营销观念和社会市场营销观念是五种有代表性的市场营销管理哲学。

(二)市场细分与目标市场策略

1. 市场细分

1) 市场细分的含义

市场细分(Market Segmentation)是指根据市场消费需求的差异性，把某一产品的市场整体按照一定的标准划分为若干需要不同的营销组合的分市场或子市场，从而确定具体目标市场的过程。

2) 市场细分产生的客观基础

(1) 市场的异质性。购买者之间总是存在差别(例如性别、年龄、收入和职业等)，他们有不同的欲望和需求，严格来说，每一个不同的购买者构成一个单独的市场。

(2) 市场竞争中企业资源的有限性。任何一家企业，不论规模多大，都不能为所有的消费者提供某一种或几种商品和服务，同时也不能为某一消费者或某一群消费者提供他们所需的所有商品和服务。这是因为要满足这些需求，需要庞大的资源——资金、技术、人力、信息和土地等，这些资源本身就是稀缺的，对于一家企业而言，其可获得程度更加受到限制。

3) 市场细分应坚持的原则

企业可根据单一因素，也可根据多个因素对市场进行细分。企业选用的细分标准越多，相应的子市场也就越多，每一子市场的容量相应就越小；相反，企业选用的细分标准越小，子市场就越少，每一子市场的容量则相对较大。如何寻找合适的细分标准，对市场进行有效的细分，在企业营销实践中并非易事。一般而言，成功、有效的市场细分应遵循以下基本原则。

(1) 可衡量性。

可衡量性是指细分的市场是可以识别和衡量的，亦即细分出来的市场不仅范围明确，而且对其容量大小也能大致作出判断。

(2) 可进入性。

可进入性是指细分的市场应该是企业通过营销努力可以有效到达并为之服务的市场。一方面，有关产品的信息能够通过一定的媒体顺利传递给该市场的大多数消费者；另一方面，企业在一定时期内有可能将产品通过一定的分销渠道运送到该市场。否则，该细分市场的价值就不大。

(3) 可营利性。

可营利性即细分出来的市场，其容量或规模要大到足以使企业获利。进行市场细分时，企业必须考虑细分市场上顾客的数量，以及他们的购买能力和购买产品的频率。如果细分市场的规模过小、市场容量太小、细分工作烦琐、成本耗费多、获利少，就不值得去细分。

(4) 对营销策略反应的差异性。

对营销策略反应的差异性是指各细分市场的消费者对同一市场营销组合方案会有差异性反应；或者说对营销组合方案的变动，不同细分市场会有不同的反应。如果在男青少年与女青少年中，对于汽车销售的反应基本是一致的；那么在基于年龄细分基础上的性别细分，对于汽水销售商来说则是没有价值的。

2. 目标市场策略的选择

对市场进行细分后，企业要选择最有利的目标市场，制定符合自己状况和发展需要的目标市场策略。

1) 可供企业选择的目标市场策略

(1) 无差异市场营销策略。

无差异营销策略是指企业将产品的整个市场视为一个目标市场，用单一的营销策略开拓市场，即用一种产品和一套营销方案吸引尽可能多的购买者。无差异营销策略只考虑消费者或用户在需求上的共同点，而不关心其在需求上的差异性。

无差异营销策略的优点是：①生产单一产品，可以减少生产与储运成本；②无差异的广告宣传和其他促销活动可以节省促销费用；③不搞市场细分，可以减少企业在市场调研、产品开发和制订各种营销组合方案等方面的营销投入；④这种策略对于需求广泛、市场同质性高且能大量生产、大量销售的产品比较合适。

其缺点是：①消费者的需求千差万别并不断变化，一种产品长期为所有消费者和用户所接受非常罕见；②当众多企业如法炮制都采用这一策略时，会造成市场竞争异常激烈，同时在一些小的细分市场上消费者需求得不到满足，这对企业和消费者都是不利的；③易受到竞争企业的攻击。当其他企业针对不同细分市场提供更有特色的产品和服务时，采用无差异策略的企业可能会发现自己的市场正在遭到蚕食但又无法有效地予以反击。

(2) 差异性市场营销策略。

差异性市场营销策略是将整体市场划分为若干细分市场，针对每一细分市场制订一套独立的营销方案。例如，服装生产企业针对不同性别、不同收入水平的消费者推出不同品牌、不同价格的产品，并采用不同的广告主题来宣传这些产品，采用的就是差异性营销策略。

差异性营销策略的优点是：①小批量、多品种，生产机动灵活、针对性强，使消费者的需求更好地得到满足，由此促进产品销售；②由于企业是在多个细分市场上经营，在一定程度上可以减小经营风险；③一旦企业在几个细分市场上获得成功，就有助于提高企业的形象及市场占有率。

差异性营销策略的缺点是：①增加营销成本。由于产品品种多，管理和存货成本将增加；由于公司必须针对不同的细分市场发展独立的营销计划，会增加企业在市场调研、促销和渠道管理等方面的营销成本。②可能使企业的资源配置不能有效集中、顾此失彼，甚至在企业内部出现彼此争夺资源的现象，使拳头产品难以形成优势。

(3) 集中性市场营销策略。

实行差异性营销策略和无差异营销策略，企业均是以整体市场作为营销目标，试图满足所有消费者在某一方面的需求。集中性营销策略则是集中力量进入一个或少数几个细分市场，实行专业化生产和销售。实行这一策略，企业追求的不是在一个大市场角逐，而是力求在一个或几个子市场占有较大份额。

集中性营销策略的指导思想是：与其四处出击收效甚微，不如突破一点取得成功。这一策略特别适合资源力量有限的中小企业。中小企业由于受财力、技术等因素的制约，在整体市场上可能无力与大企业抗衡，但如果集中资源优势在大企业尚未顾及或尚未建立绝对优势之时，在资源优势的小市场发挥自己的技术，往往会容易成功。

2) 企业进行市场策略选择时要考虑的因素

企业进行市场策略选择时要考虑的因素有以下方面。

(1) 企业能力。企业能力是指企业在生产、技术、销售、管理和资金等方面力量的总和。如果企业力量雄厚，且市场营销管理能力较强，即可选择差异性营销战略或无差异性营销战略；如果企业能力有限，则适合选择集中性营销战略。

(2) 产品同质性。同质性产品主要表现在一些未经加工的初级产品上，例如水力、电力和石油等。虽然这些产品在品质上或多或少地存在差异，但用户一般不加区分或难以区分，因此，同质性产品的竞争主要表现在价格和提供的服务条件上。该类产品适合采用无差异战略。而对服装、家用电器、食品等异质性需求产品，可根据企业资源力量，采用无差异性营销战略或集中性营销战略。

(3) 产品所处的寿命周期阶段。新产品上市往往以较单一的产品探测市场需求，产品价格和销售渠道基本上单一化。因此，新产品在引入阶段可采用无差异性营销战略。否则一旦等产品进入成长或成熟阶段，市场竞争就会加剧，同类产品就会增加，此时如果采用无差异经营就难以奏效。所以，成长阶段采用差异性或集中性营销战略效果更好。

(4) 市场的雷同性。如果顾客的需求、偏好较为接近，对市场营销刺激的反应差异不大，可采用无差异性营销战略；否则，应采用差异性或集中性营销战略。

(5) 视竞争者战略而定。如果竞争对手采用无差异性营销战略时，企业选择差异性或集中性营销战略就有利于开拓市场，提高产品竞争能力；如果竞争者已采用差异性战略，则企业不应以无差异战略与其竞争，可以选择对等的或更深层次的细分或集中化营销战略。

(三)市场营销组合

市场营销组合就是企业为了满足目标市场的需求而采用可控制的基本因素的组合。尤金·麦卡锡把这些因素概括为四个变量(4P)，即产品(product)、价格(price)、分销(place)和促销(promotion)。这样，4P 内容就构成了市场营销组合的四大基本策略。

1. 产品策略

产品策略包括产品品种、规格、性能、质量、特色、外观造型、品牌商标、包装装潢及售后服务等。

2. 价格策略

价格策略包括价格政策、价格水平、浮动幅度、折扣折让和调价技巧等。

3. 分销策略

分销策略包括分配渠道、市场规划、销售渠道的宽广度、企业销售组织和商品储运等。

4. 促销策略

促销策略，包括人员推销、广告、宣传、公共关系、营业推广和销售服务等。

二、产品策略

企业在制定营销策略时，首先要决定企业通过什么产品来满足顾客需求。产品是市场营销组合中的首要因素，因为市场营销的其他策略，例如定价、促销和分销都是以产品策略为基础，所以产品策略是市场营销策略的基础。

(一) 产品整体概念

人们通常对产品的理解是：具有某种物质形状，能提供某种用途的物品。这是一种狭义的理解。在现代营销学中，产品概念具有极其宽广的外延和丰富的内涵，产品是指所有能满足顾客需求和欲望的有形物品和无形服务的总和。

产品整体概念是指人们向市场提供的、能够满足消费者或用户某种需求的任何有形物品和无形服务的总和。产品整体概念由三个基本层次组成，即核心产品、形式产品和附加产品，如图 5-1 所示。

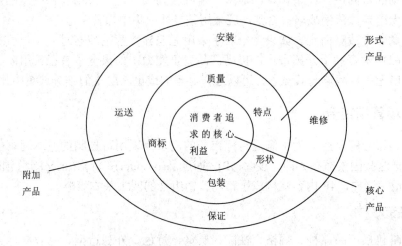

图 5-1　产品组成层次

1. 核心产品

核心产品是产品整体概念中最基本的层次，是购买者购买某一特定产品时追求的基本效用和利益，是顾客需要的中心内容。例如顾客购买化妆品是为了使用后能变白、变美。

2. 形式产品

形式产品是核心产品的存在形式和载体，但形式产品与核心产品相比具有更为宽泛的内容，它通常向购买者展现出一些可以使人感知的特征。例如产品的质量水平、档次、款式、特色、包装以及品牌等。

3. 附加产品

附加产品指的是消费者或用户在购买某一特定的形式产品时所得到的其他方面利益的总和，包括咨询服务、产品介绍、提供信贷、免费送货、安装调试、技术培训、产品保证和售后服务等。

(二)产品的生命周期

1. 产品生命周期的含义

产品生命周期是指产品从进入市场到退出市场所经历的市场生命循环过程，进入和退出市场标志着产品生命周期的开始和结束。

产品生命周期和产品的使用寿命是两个不同的概念。前者是指产品的市场寿命，即在市场上的存在时间，其长短主要受市场因素的影响；后者是指从产品投入使用到产品报废所经历的时间，其长短受自然属性、使用频率等因素的影响。

2. 产品生命周期各阶段的特点及营销策略

一般产品生命周期可以分成四个阶段，即引入期、成长期、成熟期和衰退期，如图 5-2 所示。

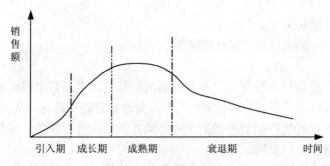

图 5-2　产品生命周期

1) 引入期

引入期是指产品初次上市销售的阶段。在这个阶段，顾客对产品不熟悉，因而呈以下特点：①生产不稳定，生产的批量较小；②成本比较高，企业负担较大(通常没有利润，甚至亏损)；③人们对该产品尚未接受，销售增长缓慢；④产品品种少；⑤市场竞争少。

在这种情况下企业的着眼点应是建立新产品的知名度，广泛宣传、大力推销，吸引潜在顾客的注意和试用，争取打通分销渠道，占领市场。主要策略有以下几种。

(1) 快速撇脂策略：指以高价格和高促销水平推出新产品的策略。采用此策略必须具备的条件有：产品鲜为人知；了解产品的人急于购买，并愿意按卖主的定价支付；企业面临潜在的竞争，必须尽快培养对本产品"品牌偏好"的忠实顾客。

(2) 缓慢撇脂策略：指以高价格和低促销水平推出新产品的策略。它适用于这样一些情况：市场规模有限；顾客已经了解该产品；顾客愿意支付高价；没有剧烈的潜在竞争。

(3) 快速渗透策略：指用低价格和高促销水平推出新产品的策略。采用此策略必须具备的条件有：市场规模大；顾客并不了解该新产品；市场对价格比较敏感；有强大的潜在竞争对手存在。

(4) 缓慢渗透策略：指以低价和低促销水平推出新产品的策略。采用此策略必须具备的条件有：市场规模大；产品有较高的知名度；市场对价格敏感；存在潜在的竞争对手。

2) 成长期

成长期是指新产品通过试销效果良好，购买者逐渐接受该产品，产品在市场上已站稳脚跟并且打开了销路。这一阶段的特点是：①大批量生产经营，成本降低，企业利润迅速增加；②销量上升较快，一般价格也有所提高；③生产同类产品的竞争者开始介入。

在这个阶段，产品的产量不断增加；工艺装备和各种专用设备全部投入生产线，发挥比较大的作用；销售量增长快，企业开始有较多的利润；随着更多的生产者、经营者加入这个行列，竞争逐渐加剧。在这种情况下，企业必须保持良好的产品和服务质量，切勿因产品畅销而急功近利，片面追求产量和利润。为了促进市场的成长，企业可采取以下策略。

(1) 扩充目标市场，积极开拓新的细分市场。

(2) 广告宣传的重点从建立产品知名度转向厂牌、商标的宣传，使人们对该产品产生好的印象，产生好感和偏爱。

(3) 增加新的分销渠道或加强分销渠道。

3) 成熟期

成熟期是指产品进行大批量生产并且市场销售稳定，产品需求趋向饱和的阶段。这一阶段的特点主要有：①购买者一般较多；②产品普及并日趋标准化；③销售数量相对稳定；④成本低，产量大；⑤生产同类产品的企业之间在产品质量、花色、品种、规格、包装、成本和服务等方面的竞争加剧。

在这一阶段，企业不应满足于保持既得利益和地位，而要积极进取，争取稳定市场份额，延长产品市场寿命。主要策略有以下几种。

(1) 千方百计地稳定目标市场，保持原有的消费者数量，同时使消费者"忠于"某个产品。

(2) 增加产品的系列使产品多样化，增加花色、规格、档次，扩大目标市场，至少也要维持原市场占有率(覆盖率)，改变广告宣传的重点和服务措施。

(3) 要重点宣传企业的信誉。这时的广告宣传和试销阶段的情况不同，不能只介绍某种产品。因为市场上同类产品很多，如果再做同样的宣传、稍有失误便会变成替别人做广告。同时，还要加强售后服务工作。

这一阶段还有一个重要的任务就是研制第二代产品，为产品的升级换代做好准备。

4) 衰退期

衰退期是指产品走向淘汰的阶段。这时，产品在市场上已经老化，不能适应市场需求，市场上已诞生其他性能更好、价格更低廉的新产品，足以满足消费者的需求。这时市场的情况是：①老产品的销量和利润呈锐减状态；②老产品价格显著下降。

在这一阶段，对大多数企业来说，应当机立断，弃旧图新，及时实现老产品的更新换代。对此有经验的营销人员总结了三个字，叫作"撤、转、攻"。甩卖是"撤"的一种，"撤"还要讲究方法和策略。"转"有几层意思：一是转移目标市场，例如20世纪80年代，在南美洲难觅踪影的桑塔纳却在中国卖出中高档轿车的价钱；二是转移产品的用途。"攻"指在"撤"的同时采取进攻型策略，推出新产品是最典型的"攻"。

(三)产品组合策略

产品有其由成长到衰退的过程，因此，企业不能仅仅经营单一的产品。世界上很多企业经营的产品往往种类繁多，例如美国光学公司生产的产品超过3万种，美国通用电气公司经营的产品多达25万种。当然，并不是经营的产品越多越好，那么企业应该生产和经营哪些产品才是有利的？这些产品之间应该有什么配合关系？这就是产品组合问题。

1. 产品组合

产品组合是指一个企业生产、销售的各种产品线及其产品品种、规格的组合和相互搭配。

产品线是指能够满足同类需求，在功能、使用和销售等方面具有类似性的一组产品。

产品项目是指产品大类或产品线中各种不同品种、规格和质量的特定产品。

产品组合时有四个不同的因素：宽度、深度、长度和相关性，见表5-1。

表5-1 产品组合的因素

长度 \ 宽度	彩电	冰箱	电风扇	服装
产品	21寸	双王子	型号1	男西装
	25寸	金王子	型号2	女西装
	29寸	单开门	型号3	男西裤
	35寸	双开门		女西裤
	35寸纯平			男中山装
	数码电视			女中山装

1) 产品组合的宽度

产品组合的宽度是指一个企业生产经营的产品大类有多少,也就是说拥有多少条产品线。拥有产品的产品线越多,产品组合就越宽;否则就越窄。表5-1中企业的产品组合的宽度是4,即拥有4条产品线。

2) 产品组合的深度

产品组合的深度是指一条产品线中平均具有的产品项目数。在表5-1中产品组合的深度是19/4(即产品项目数19除以4组生产线)

3) 产品组合的长度

产品组合的长度是指一个企业所有产品线中产品项目的总和。在表5-1中,产品组合的长度为19。

4) 产品组合的相关性

产品组合的相关性是指各个产品线在最终用途、生产技术、分销渠道和其他方面的关联程度。在表5-1中企业拥有4条产品线,既有彩电、冰箱、电风扇,又有服装,前三个有一定的关联性,但同服装产品线的关联性就较小。

产品组合的四个因素和促进销售、增加利润都有密切的关系。一般来说,拓宽、增加产品线有利于发挥企业的潜力,开拓新的市场;延长或加深产品线可以适应更多的特殊需要;加强产品线之间的一致性,可以增强企业的市场地位,发挥和提高企业在有关专业上的能力。

2. 产品组合策略

企业应根据自身的情况,采取相应的产品组合策略。产品组合策略有以下几种。

1) 扩大产品组合

扩大产品组合包括拓展产品组合的宽度和加强产品组合的深度。前者指在原产品组合中增加产品线,扩大经营范围;后者指在原有产品线内增加新的产品项目。当企业预测现有产品线的销售额和盈利率在未来可能下降时,就须考虑在现有产品组合中增加新的产品线,或加强其中有发展潜力的产品线。

2) 缩减产品组合

市场繁荣时期,较长、较宽的产品组合会为企业带来更多的盈利机会。但是在市场不景气或原料、能源供应紧张时期,缩减产品线反而能使总利润上升。因为剔除那些获利小甚至亏损的产品线或产品项目,企业可集中力量发展获利多的产品线和产品项目。

3) 产品线延伸策略

全部或部分地改变现有产品的市场定位称为产品线延伸。产品线延伸有向下延伸、向上延伸和双向延伸三种实现方式。

(1) 向下延伸。

向下延伸是在高档产品线中增加低档产品项目。实行这一决策需要具备以下市场条件之一：利用高档名牌产品的声誉，吸引购买力水平较低的顾客慕名购买此产品线中的廉价产品；高档产品的销售量增长缓慢，企业的资源设备没有得到充分利用，为赢得更多的顾客，可将产品线向下伸展；企业最初进入高档产品市场的目的是建立厂牌信誉，然后再进入中、低档市场，以扩大市场占有率和销售增长率；补充企业的产品线空白。实行这种策略也有一定的风险。例如处理不慎，会影响企业原有产品特别是名牌产品的市场形象，而且也有可能激发更激烈的竞争、对抗。虽然新的低档产品项目可能会蚕食掉较高档的产品项目，但某些公司的重大失误之一就是始终不愿意填补市场上低档产品的空隙。例如哈利·戴维森公司的失败就在于忽视了轻型摩托车的市场。

(2) 向上延伸。

向上延伸是在原有的产品线内增加高档产品项目。实行这一策略的主要目的是：高档产品市场具有较大的潜在成长率和较高的利润率；企业的技术设备和营销能力已具备加入高档产品市场的条件；企业要重新进行产品线定位。采用这一策略也要承担一定的风险，要改变产品在顾客心目中的地位是相当困难的，处理不慎还会影响原有产品的市场声誉。

(3) 双向延伸。

双向延伸即原定位于中档产品市场的企业掌握了市场优势以后，向产品线的上下两个方向延伸。

4) 产品线现代化决策

现代社会科技发展突飞猛进，产品开发也是日新月异，产品的现代化成为一种不可改变的大趋势，产品线也必然需要进行现代化改造。产品大类现代化策略首先面临这样的问题：是逐步实现技术改造，还是以更快的速度用全新的设备更换原有的产品大类？逐步现代化可以节省资金耗费，但缺点是竞争者很快就会察觉，并有充足的时间重新设计他们的产品大类；而快速现代化策略虽然在短期内耗费资金较多，却可以出其不意，击败竞争对手。

(四)产品品牌与包装

1. 产品品牌和品牌策略

1) 品牌的含义

品牌是一种名称、术语、标记、符号或设计，或是它们的组合运用，用作一个销售者或销售者集团的标识，以便同竞争者的产品相区别。品牌是一个集合概念，包括品牌名称、品牌标志和商标。品牌名称是指品牌中可以用文字表述的部分；品牌标志是指品牌中可以被认出，但不能用文字表述的部分。

一个品牌不单单是一种名称、术语、标记、符号或设计，或它们的组合运用，更重要的是品牌所传递的价值、文化和个性，它们确定了品牌的基础。

2) 商标

商标实质上是一个法律名词，是指已获得专用权并受法律保护的一个品牌或一个品牌的一部分。商标是企业的无形资产，驰名商标更是企业的巨大财富。

商标可以分为注册商标与非注册商标。注册商标是指受法律保护、所有者享有专用权的商标。非注册商标是指未办理注册手续、不受法律保护的商标。国家规定必须使用注册商标的商品，必须申请注册商标，未经核准注册的商标，不得在市场上销售。商标使用人应对其使用商标的商品质量负责。各级工商行政管理部门应通过商标管理，监督商品质量，制止欺骗消费者的行为。

3) 品牌策略

企业进行品牌决策，应考虑以下问题。

(1) 品牌有无策略。

一般来说，现代企业都要建立自己的品牌和商标。虽然这会使企业增加成本费用，但可以得到许多好处：便于管理订货；有助于企业细分市场；有助于树立良好的企业形象；有利于吸引更多的品牌忠诚者；注册商标可使企业的产品特色得到法律保护，防止别人模仿、抄袭。企业推出无牌产品的主要目的是节省包装和广告等费用，降低价格，扩大销售。

企业是否使用品牌要仔细权衡，合于利而动，不合于利而止。

(2) 品牌使用者策略。

企业有三种可供选择的策略：企业可以决定使用自己的品牌，这种品牌叫作企业品牌、生产者品牌；企业也可以决定将其产品大批量地卖给中间商，中间商再以自己的品牌将物品转卖出去，这种品牌叫作中间商品牌、私人品牌；企业还可以决定有些产品使用自己的品牌，有些产品使用中间商品牌。

(3) 品牌统分策略。

如果企业决定其大部分或全部产品都使用自己的品牌，那么还要进一步决定其产品是分别使用不同的品牌，还是统一使用一个或几个品牌。可供选择的具体战略有以下四种。

① 个别品牌是指企业各种不同的产品分别使用不同的品牌。其好处是：企业的整个声誉不致受其某种商品的声誉的影响。

② 统一品牌是指企业所有的产品都统一使用一个品牌名称。

③ 分类品牌是指企业的各类产品分别命名，一类产品使用一个牌子。例如一家公司同时生产火腿和化肥，需要使用不同的品牌名称，以免互相混淆。

④ 企业名称加个别品牌是指企业对其不同的产品分别使用不同的品牌，而且各种产品的品牌前面还冠以企业名称。其好处是：在各种新产品品牌名称前冠以企业名称，可以使新产品合法化，能够享受企业的信誉；而各种不同的新产品分别使用不同的品牌名称，又可以使各种不同的新产品各有不同的特色。

(4) 品牌扩展策略。

品牌扩展策略是指企业利用其成功品牌的声誉来推出改良产品或新产品，包括推出新的包装规格、香味和式样等。企业采取这种策略，可以节省宣传新产品的费用，能使新产品迅速、顺利地打入市场。

第五章 企业营销管理

(5) 多品牌策略。

多品牌策略是指企业同时经营两种或两种以上互相竞争的品牌。这种策略由宝洁公司首创。传统的市场营销理论认为，单一品牌延伸能使企业降低宣传成本，易于被顾客接受，便于企业形象的统一。宝洁公司认为，单一品牌并非万全之策。因为一种品牌树立之后，容易在消费者心目中形成固定的形象，不利于产品的延伸，尤其是像宝洁这样横跨多个行业、拥有多种产品的企业更是如此。多种不同的品牌有助于企业内部各个部门、产品经理之间开展竞争，提高效率，可以吸引更多的顾客，提高市场占有率。

(6) 品牌重新定位策略。

某一个品牌在市场上的最初定位即使很好，随着时间的推移也必须重新定位。

2. 产品包装和包装策略

1) 包装的概念

包装是指设计并生产容器或包装物的一系列活动。它有两层含义：一是指盛放或包裹产品的容器或包扎物；二是指设计、生产容器或包扎物并将产品包裹起来的一系列动作。

产品包装一般包括以下三个部分。

(1) 首要包装，即产品的直接包装。例如牙膏皮、啤酒瓶都是这种包装。

(2) 次要包装，即保护首要包装的包装物。例如包装一定数量的牙膏的纸盒或纸板箱。

(3) 装运包装，即为了便于储运、识别某些产品的外包装。

2) 包装的作用

搞好产品包装，对企业市场营销可起到以下作用。

(1) 保护产品。良好的包装可以使产品在市场营销过程中、在消费者保存产品期间不致损坏、变质、散落，以保护产品的使用价值。

(2) 促进销售。特别是在实行顾客自我服务的情况下，更需要利用产品包装来向广大顾客宣传产品，吸引顾客的注意力。

(3) 包装还能提供创新的机会。包装的创新能够给消费者带来巨大的好处，同时也给生产者带来利润。

3) 包装的设计原则

企业在包装设计时，应考虑以下几点。

(1) 包装应与商品的价值或质量相适应。避免"一等产品，三等包装"或"三等产品，一等包装"。

(2) 包装应能显示商品的特点或独特风格。对于以外形和色彩表现其特点的商品，例如服装、装饰品和食品等，包装应向购买者直接显示商品本身，便于选购。

(3) 包装应方便消费者购买、携带和使用。这就要求包装有不同的规格和分量，以适应不同消费者的需要。

(4) 包装上的文字说明应实事求是。例如产品成分、性能、使用方法、数量、有效期限等要符合国家标准，以增强顾客对商品的信任。

(5) 包装应给人以美感。设计时要考虑消费者的审美习惯，使消费者能从包装中获得美的享受，并产生购买欲望。

(6) 包装上的文字、图案和色彩等不能和目标市场的风俗习惯、宗教信仰发生抵触。

4) 包装策略

符合设计要求的包装固然是良好的包装，但良好的包装只有同包装策略结合起来才能发挥应有的作用。可供企业选择的包装策略如下。

(1) 相似包装策略，即企业生产的各种产品，在包装上采用相似的图案和颜色，体现其共同的特征。其优点在于能节约设计和印刷成本，树立企业形象，有利于新产品的推销。但有时也会因为个别产品的质量下降而影响到其他产品的销路。

(2) 差异包装策略，即企业的各种产品都有自己独特的包装，在设计上采用不同的风格、色调和材料。这种策略能够避免由于某一商品推销失败而影响其他商品的声誉，但也相应地会增加包装设计费用和新产品的促销费用。

(3) 相关包装策略，即将多种相关产品配套放在同一包装物内出售，例如系列化妆品的包装。这可以方便顾客购买和使用，有利于新产品的销售。

(4) 复用包装策略或多用途包装策略，即包装内产品用过之后，包装物本身还可以作其他用途使用，例如包装奶粉的铁盒消费还可以二次使用。这种策略的目的是通过给消费者额外利益而扩大产品销售。

(5) 分等级包装策略，即对同一种商品采用不同等级的包装，以适应不同的购买力水平。例如送礼商品和自用商品采用不同档次的包装。

(6) 附赠品包装策略，即在包装上或包装内附赠奖券或实物，以吸引消费者购买。这一策略对儿童尤为有效。

(7) 改变包装策略，当某种产品销路不畅或长期使用一种包装时，企业可以改变包装设计、包装材料，使用新的包装。这可以使顾客产生新鲜感，从而扩大产品销售。

三、价格策略

价格是市场营销组合中一个十分敏感的重要因素，也是唯一能产生收入的因素。其变化直接影响着市场对产品的接受程度，影响着市场需求和企业的效益。企业的定价策略要有利于补偿成本、促进销售和获取利润，就要考虑顾客对价格的承受能力，这就使定价具有了买卖双方双向定价的特征。

(一)影响定价的因素

价格作为营销因素组合中最活跃的因素，企业应对整个市场变化作出灵活的反应。当然，这种变化必须受价值规律的制约，但它主要受市场状况、消费者行为以及国家的政策、法令等因素的影响。

第五章 企业营销管理

1. 商品价值与商品成本因素

价值是形成价格的基础，而成本又是价值的重要组成部分，因此，价格的制定必须考虑这两个重要因素。

1) 商品价值

价格是价值的表现形式，而商品的价值是价格的基础和本质。因此商品定价时，必须首先考虑商品的价值。

2) 商品成本

成本是商品价格构成中最基本、最重要的因素，也是商品价格的最低经济界限。在一般情况下，商品的成本高，其价格也高；反之亦然。商品的成本因素主要包括生产成本、销售成本、储运成本、机会成本和使用成本。

2. 商品市场因素

商品价格除了受成本和价值因素影响外，在很大程度上，还受商品市场供求状况、市场竞争状况以及其他因素的影响。

在市场经济条件下，市场供求决定市场价格，而市场价格又决定市场供求。因此，制定商品营销价格时必须考虑市场的供求状况。同时还应充分考虑到商品的市场竞争状况，一般来说，竞争越激烈，对价格的影响也越大。

3. 国家法律及政策限制

国家法律和政策对价格的影响往往至关重要。政府和立法部门往往从全局出发，为了维护国家、社会和消费者的利益，制定了一系列的经济法规来约束和规范企业的价格行为，例如《中华人民共和国反不正当竞争法》、《中华人民共和国反暴利法》、《中华人民共和国价格法》等。这种约束和规范，无论从目的还是手段来看，都是多方面的。例如，中国政府为了保护消费者的利益不受到侵害，设立了专门的物价机构来审查企业产品的定价是否合理，特别是对一些关系到国计民生的重要产品的价格制定了最高上限，而且近年来还特别举行了专门的听证会来确定这些产品价格调整的合理性。

4. 消费者行为与心理因素

消费者行为，尤其是心理行为，是影响企业定价的一个重要因素。无论哪一种消费者，在消费过程中必然会产生种种复杂的心理活动，并支配消费者的消费过程。因此，企业制定商品价格时，不仅要迎合不同消费者的心理，还应促使或改变消费者行为，使其向有利于自己营销的方向转化。同时，要积极主动地考虑消费者的长远利益和社会的整体利益。

(二)定价方法

成本、需求和竞争是影响企业定价的最基本因素，与之相对应的，就形成了以成本、需求和竞争为导向的三大类基本定价方法。

1. 成本导向定价法

成本导向定价法是指企业以产品的成本为基础,再加上一定的利润和税金而形成价格的一种定价方法。成本导向定价法简便易行,是我国现阶段最基本、最普遍的定价方法。在实际工作中,作为定价基础的成本,其分类繁多,因此以成本为基础的定价方法也多种多样。主要包括以下几种。

1) 总成本加成定价法

总成本加成定价法是按单位产品总成本加上一定比例的毛利定出销价,这是成本导向定价法的基本形式。其计算公式为

$$单位产品价格 = 单位产品总成本 \times (1+加成率)$$

2) 收支平衡定价法

收支平衡定价法是在企业不亏损的条件下来确定产品最低价格的方法。其计算公式为

$$单位产品价格 = 单位固定成本 + 单位变动成本$$

这种定价方法以收支平衡点确定价格,只能使企业的生产耗费得到补偿。这是在企业的产品销售遇到困难时,为避免更大的损失所采取的以保本经营为目的的定价方法。

3) 边际成本导向定价法

边际成本导向定价法又叫边际贡献导向定价法,是抛开固定成本,仅计算变动成本,并以预期的边际贡献补偿固定成本以获得收益的定价方式。边际贡献是指企业增加一个产品的销售所获得的收入减去边际成本后的数值。如果边际贡献不足以补偿固定成本,则出现亏损。其基本公式为

$$价格 = 变动成本 + 边际贡献$$
$$边际贡献 = 价格 - 变动成本$$
$$利润 = 边际贡献 - 固定成本$$

边际成本导向定价法适用于竞争十分激烈、市场形势严重恶化等情况,目的是减少企业损失。因在供过于求时,若坚持以完全成本价格出售,就难以为消费者所接受,会出现滞销、积压,甚至导致停产、减产,不仅固定成本得到无法补偿,就连变动成本也难以收回;若舍去固定成本尽力维持生产,以高于变动成本的价格出售商品,则可用边际贡献来补偿固定成本。

2. 需求导向定价法

需求导向定价法是指以需求为中心的定价方法,它依据消费者对产品价值的理解与需求强度制定价格。需求强度是指消费者想获取某种商品的强烈或迫切程度。需求导向定价法的原则是:市场需求强度大时,制定高价;反之,则制定低价。这种定价方法综合考虑了成本、产品的生命周期、市场购买能力和消费者心理等因素,灵活有效地运用价格差异,有利于企业获得较好的收益。

3. 竞争导向定价法

竞争导向定价法是企业根据市场竞争状况确定商品价格的一种定价方式。其特点是：价格与成本和需求不发生直接关系。竞争导向定价法的具体作法是：企业在制定价格时，主要以竞争对手的价格为基础，与竞争品的价格保持一定的比例。即竞争品的价格未变，即使产品成本或市场需求变动了，也应维持原价；若竞争品的价格变动，即使产品成本和市场需求未变，也要相应调整价格。

(三)价格策略

定价策略是指企业根据市场中不同变化因素对商品价格的影响程度采用不同的定价方法，制定出适应市场变化的商品价格，进而实现定价目标的企业营销战术。

1. 新产品定价策略

新产品的定价是营销策略中一个十分重要的问题，它关系到新产品能否顺利进入市场、站稳脚跟并获得较大的经济效益。目前，国内外关于新产品的定价策略，主要有撇脂定价策略和渗透定价策略。

1) 撇脂定价策略

撇脂定价策略是指企业在产品寿命周期的投入期或成长期，利用消费者的求新、求奇心理，抓住激烈竞争尚未出现的有利时机，有目的地将价格定得很高，以便在短期内获取尽可能多的利润，尽快地收回投资的一种定价策略。其名称来自从鲜奶中撇取乳脂，含有提取精华之意。

2) 渗透定价策略

渗透定价策略是指企业在产品上市初期，利用消费者求廉的消费心理，有意将价格定得很低，使新产品以物美价廉的形象吸引顾客、占领市场，以谋取远期的稳定利润。采用这种策略有两个好处：一是低价可以使新产品尽快被市场接受，并借助大量销售来降低成本，获得长期稳定的市场地位；二是微利可以阻止竞争对手进入，有利于企业控制市场。其缺点是投资回收期长、见效慢、风险大。

2. 差别定价策略

差别定价策略是指企业以不同的价格向不同的消费者销售相同或类似的产品。常用的差别定价策略有以下四种形式。

1) 顾客差别定价

顾客差别定价即企业按照不同的价格把同一种产品或劳务卖给不同的顾客。例如，某汽车经销商按照目标价格把某种型号的汽车卖给顾客 A，同时按照较低价格把同一种型号的汽车卖给顾客 B。这种价格歧视表明，顾客的需求强度和商品知识有所不同。

2) 产品形式差别定价

产品形式差别定价即企业对不同型号或形式的产品分别制定不同的价格，但是，不同型号或形式的产品价格之间的差额和成本费用之间的差额并不成比例。

3) 产品部位差别定价

产品部位差别定价即企业对于处在不同位置的产品或服务分别制定不同的价格，即使这些产品或服务的成本费用没有任何差异。例如足球场或剧场，任何一个座位对服务提供者而言，成本都是相同的，但是对观众来说，不同的座位却会带来不同的观看效果。因此，我们可以看到足球场和剧院对不同的座位制定不同的票价。

4) 销售时间差别定价

销售时间差别定价即企业对于不同季节、不同时期甚至不同钟点的产品或服务也分别制定不同的价格。

3. 心理定价策略

心理营销定价策略是针对消费者的不同消费心理制定相应的商品价格，以满足不同类型消费者的需求的策略。心理营销定价策略一般包括尾数定价、整数定价、习惯定价、声望定价和招徕定价等具体形式。

1) 尾数定价策略

尾数定价又称零头定价，是指企业针对的是消费者的求廉心理，在商品定价时有意定一个与整数有一定差额的价格。尾数定价策略给人一种定价精确、值得信赖的感觉，是一种具有强烈刺激作用的心理定价策略。

2) 整数定价策略

整数定价与尾数定价相反，针对的是消费者的求名、求方便心理，将商品价格有意定为整数。由于同类型产品的生产者众多，花色、品种各异，在许多交易中，消费者往往只能将价格作为判别产品质量、性能的"指示器"。同时，在众多尾数定价的商品中，整数能给人一种方便、简洁的印象。

3) 习惯性定价策略

某些商品需要经常、重复地购买，因此这类商品的价格在消费者心理上已经"定格"，成为一种习惯性的价格。

许多商品尤其是家庭生活日常用品，在市场上已经形成了一个习惯价格。消费者已经习惯于消费这种商品时，只愿付出这么多的代价，例如一块肥皂、一瓶洗涤灵的价格。对这些商品的定价，一般应依照习惯确定，不要随便改变价格，以免引起顾客的反感。善于遵循这一习惯确定产品价格者往往得益匪浅。

4) 声望定价策略

声望定价策略是整数定价策略的进一步发展。消费者一般都有求名望的心理，根据这种心理，企业将有声望的商品制定比市场同类商品高的价格，即为声望定价策略。它能有

第五章 企业营销管理

效地消除购买心理障碍，使顾客对商品或零售商形成信任感和安全感，顾客也从中得到荣誉感。

声望定价往往采用整数定价方式，其高昂的价格能使顾客产生"一分价钱一分货"的感觉，从而在购买过程中得到精神的享受，达到良好效果。

5) 招徕定价策略

招徕定价又称特价商品定价，是一种有意将少数商品降价以招徕、吸引顾客的定价方式。商品的价格定得低于市场价，一般都能引起消费者的注意，这正适合消费者的"求廉"心理。

采用招徕定价策略时，必须注意以下几点。

(1) 降价的商品应是消费者常用的，最好是适合于每一个家庭应用的物品，否则没有吸引力。

(2) 实行招徕定价的商品，经营的品种要多，以便使顾客有较多的选购机会。

(3) 降价商品的降低幅度要大，一般应接近成本或者低于成本。只有这样，才能引起消费者的注意和兴趣，才能激发消费者的购买动机。

(4) 降价品的数量要适当，太多商店亏损太大，太少容易引起消费者的反感。

(5) 降价品应与因伤残而削价的商品明显区别开来。

4. 折扣定价策略

折扣定价策略是通过减少一部分价格以争取顾客的策略，在现实生活中应用十分广泛。用折让手法定价就是用降低定价或打折扣等方式来争取顾客购货的一种售货方式，包括以下几种形式。

1) 数量折扣策略

数量折扣策略就是根据代理商、中间商或顾客购买货物的数量多少，分别给予不同折扣的一种定价方法。数量越大，折扣越多。其实质是将销售费用节约额的一部分以价格折扣方式分配给买方，目的是鼓励和吸引顾客长期、大量或集中向本企业购买商品。数量折扣可以分为累计数量折扣和非累计数量折扣两种形式。

2) 现金折扣策略

现金折扣策略是在"信用购货"的特定条件下发展起来的一种优惠策略，即对按约定日期付款的顾客给予不同的折扣优待。现金折扣实质上是一种变相降价赊销、鼓励提早付款的办法。例如付款期限为一个月，立即付现折扣5%，10天内付现折扣3%，20天内付现折扣2%，最后十天内付款无折扣。有些零售企业往往利用这种折扣节约开支、扩大经营；卖方可据此及时回收资金，扩大商品经营。

3) 功能折扣策略

功能折扣策略是企业根据各类中间商在市场营销中担负的不同功能给予的不同折扣。企业采取该策略的目的是为了扩大生产，争取更多的利润或为了占领更广泛的市场，利用中间商努力推销产品。功能折扣的多少，随行业与产品的不同而不同。相同的行业与产品，又要看中间商所承担的商业责任的多少而定。如果中间商提供运输、促销、资金融通等功能，对其折扣就较多；否则，折扣将随功能的减少而减少。一般而言，给予批发商的折扣较大，给予零售商的折扣较少。

4) 季节性折扣策略

季节性折扣策略是指生产季节性商品的企业，对销售淡季来采购的买主所给予的一种折扣优待。季节性折扣的目的是鼓励购买者提早进货或淡季采购，以减轻企业仓储压力；合理安排生产，做到"淡季不淡"，充分发挥生产能力。季节性折扣实质上是季节差价的一种具体应用。

5) 推广让价策略

推广让价是生产企业对中间商积极开展促销活动所给予的一种补助或降价优惠，又称推广津贴。中间商分布广、影响面大，熟悉当地市场状况，因此企业常常借助他们开展各种促销活动，例如刊登地方性广告、布置专门橱窗等。对中间商的促销费用，生产企业一般以发放津贴或降价供货作为补偿。

四、分销策略

(一)分销渠道的含义和类型

1. 分销渠道的含义

分销渠道是指促使产品或服务顺利地被使用或消费的一整套相互依存的组织，包括商品或劳务从生产者向消费者转移时，取得这种商品或劳务的所有权或者帮助转移所有权的所有企业和个人。因此，分销渠道是由处于渠道起点的制造商、处于渠道终点的消费者，以及处于制造商与消费者之间的中间商(因为他们取得了商品的所有权)和代理商(因为他们帮助转移所有权)等营销中介构成。

2. 分销渠道的类型

1) 根据生产者与消费者之间是否有中间商的介入划分

根据生产者与消费者之间是否有中间商的介入，分销渠道的类型可以划分为直接分销渠道与间接分销渠道。

(1) 直接分销渠道。直接分销渠道是生产者通过自己的销售人员或销售机构把商品直接销售给消费者或用户。直接分销渠道是没有中间商的介入、产销直接见面的分销方式。

直接渠道的主要形式有上门推销、邮寄销售、电话销售、开设自销门市部、通过订货会或展销会与消费者直接签约供货等形式。

(2) 间接分销渠道。商品生产者通过中间商来销售自己的商品，在生产者和消费者之间有中间商的介入，这种营销渠道叫作间接渠道。

第五章　企业营销管理

2) 根据中间环节层次的多少划分

根据中间环节层次的多少，分销渠道的类型可以划分为长渠道与短渠道。

分销渠道的长度是指产品流通过程中所经过的不同层次的中间环节的多少。在产品从生产者转移到消费者的过程中，任何一个对产品拥有所有权或负有推销责任的机构，就叫作一个渠道层次。显然，产品流通所经过的中间环节越多，则渠道越长；反之，则越短。按照产品流转过程中所经过的中间环节层次的多少，分销渠道可以划分为以下几种模式。

(1) 生产者——消费者。这种模式叫作零级分销渠道或直接分销渠道，简称直销，指产品不经过任何中间环节，直接由生产者供应给消费者。它是一种最简便、最短小的渠道。

(2) 生产者——零售商——消费者。这种模式叫作一级渠道，也叫一层分销渠道，是指生产者和消费者之间只经过一个层次的中间环节的分销渠道。在消费品市场上，这个中间环节通常是零售商，即由生产企业直接向零售商店供货，零售商再把商品转卖给消费者。

(3) 生产者——批发商——零售商——消费者。这种模式叫作二级渠道，是指在生产者与消费者之间经过两个层次的中间环节的分销渠道。这种渠道是消费品分销渠道中的传统模式，为大多数中、小企业所采用。大多数中小型企业生产的产品零星分散，需要批发商先将产品集中起来供应给零售商；而一些小零售商进货零星，也不便于直接从生产企业进货而需要从批发商那里进货。所以大多数中、小型生产企业和零售商都认为这是一种比较理想的分销渠道。

(4) 生产者——代理商——零售商——消费者。这种模式也叫二级渠道，也是在生产者与消费者之间经过两个层次的中间环节的分销渠道。它与第三种模式的不同之处是用代理商代替了批发商。与批发商不同的是，代理商一般都比较熟悉某类产品的知识。许多生产企业为了大批量销售产品，通常通过代理商或经纪人，由他们把产品转卖给零售商，再由零售商销售给消费者。

(5) 生产者——代理商——批发商——零售商——消费者。这种模式叫作三级渠道，是指在生产者与消费者之间经过三个层次的中间环节的分销渠道。有些消费品技术性很强，又需广泛推销时，多采用这种分销渠道。

3) 根据生产者同一层次中间环节选用中间商的多少划分

根据生产者同一层次中间环节选用中间商的多少，分销渠道的类型可以划分为宽渠道与窄渠道。

分销渠道的宽度是指渠道的同一个层次中间环节使用同种类型的中间商数目的多少。一般而言，按照渠道的宽窄，企业的分销渠道可以分为以下三种模式。

(1) 密集性分销是指企业尽可能多地通过许多负责任的批发商、零售商推销其产品。例如，便利品通常采取这种策略，使广大消费者和用户能随时随地买到这些日用品。

(2) 选择性分销是指制造商在某一地区仅仅通过少数几个精心挑选的、最合适的中间商推销其产品。这种形式对各类产品都适用，它比独家分销面宽，有利于扩大销路、开拓市场、展开竞争；比密集型分销又节省费用，并易于控制。

(3) 独家分销是指制造商在某一地区仅仅选择一家中间商推销其产品。通常双方协商签订独家经销合同，规定经销商不得经营竞争者的产品。这样便于控制经销商的业务经营，调动其经营积极性，以有效占领市场。

4) 根据生产者选用渠道模式的多少划分

根据生产者选用渠道模式的多少，分销渠道的类型可以划分为单渠道和多渠道。

分销渠道的广度，是宽度的一种扩展和延伸，它指制造商是选择一条还是几条分销渠道进行某产品的分销活动。

(1) 单渠道。如果生产者在一定的时空条件下，只选择一种模式的分销渠道，就叫单一的分销渠道。

(2) 多渠道。如果生产者在一定的时空条件下，同时选择两个或两个以上模式的分销渠道，就叫复合型的多渠道。

(二)设计分销渠道模式

设计分销渠道模式，主要是决定企业是采取短渠道，还是长渠道；决定是选择直接分销，还是间接分销；决定经过几道中间环节，是选择宽渠道还是窄渠道；是只选择一种模式的分销渠道，还是同时选择若干种模式的分销渠道。影响分销渠道模式选择的因素很多，企业要仔细分析、认真考虑、综合评价，然后设计出适合本企业营销的渠道模式。

1. 产品因素

1) 产品的价值

一般来讲，产品的单价越低，分销渠道可以越长；反之，产品单价越高，分销渠道则短一些更经济。因此，普通的日用消费品和工业品中的标准件的销售，一般都要经过一个或一个以上的批发商，再经零售商转至消费者手中；而一些价格较高的耐用消费品和工业品中的专用设备则不宜经过较多的中间商转卖。

2) 产品的自然属性

一般来讲，对于自然属性比较稳定的产品可以考虑使用中间商或相对较长的渠道；而对易腐烂、易毁损或易于过时的产品，应尽可能采用直接渠道或相对较短的渠道。

3) 产品的体积与重量

体积庞大和笨重的产品应尽可能采取较短的分销渠道，以节省运输和保管方面的人力、物力。例如大型设备、机械设备等；体积小或重量轻的产品，则可采取较长的渠道。

4) 产品的技术性质和销售服务要求

对于技术性不十分强的耐用消费品，一般可以通过中间商出售，为加强销售服务，企业应对中间商进行必要的培训和指导；对于技术性很强的工业品，企业应采取直接渠道销售，以加强销售服务工作。

5) 定制品和标准品

定制品有特殊的规格要求，一般需生产者与消费者或用户直接面议规格、质量和式样等，不宜经过中间商；标准品因具有一定的品质、规格和式样，分销渠道可长可短；而对于那些标准化、系列化、通用化程度很高的产品可以选用宽渠道和长渠道。

6) 产品所处的市场寿命周期的不同阶段

新产品上市初期，企业为了尽快打开销路，往往不惜花费大量资金，组成直接分销队伍直接向消费者销售；当产品在市场上已经形成高的知名度与美誉度时，出于拓展市场的需要，可以考虑逐步利用间接渠道分销。

2. 市场因素

1) 潜在顾客的数量及销售量的大小

如果潜在顾客的数量较少，企业可以考虑使用推销员或邮寄直接向消费者或顾客推销；反之，如果潜在顾客的数量多，则应采取间接分销。市场销售量的大小也是决定分销渠道模式的重要因素。商品销量大，可采取较短的渠道；对分散的、个别的零售商，则需采取较长的渠道。

2) 潜在顾客的地理分布情况

如果顾客集中分布在一个或少数几个地区，则可以考虑采用直接销售的方式，或者生产企业直接卖给零售商；如果顾客分布很分散，则应选择间接销售和宽渠道销售。

3) 消费者的购买习惯

消费习惯不同，也会影响到分销渠道。①顾客购买数量大、单位分销成本低的产品，尽可能将产品直接出售给顾客。②顾客购买的频率高、每次购买的数量很少、且产品价值低的产品，则需要利用中间商进行分销，即采用长渠道与宽渠道；反之，则采用短渠道。例如，消费者几年才买一次的家具，厂家就可以向他们直销。③消费者的购买行为投入程度较高的产品，即购买之前需要充分比较研究、购买过程中需要投入较多的精力与时间的产品，选用短渠道与窄渠道效果会更好；反之，则可以采用长渠道。④对于日常生活用品，人们在购买之前较少进行分析、比较，在购买时也不愿意花费很多时间跑很远的路途，希望在家或工作地点附近完成购买，因此适合较长与较宽的渠道。⑤对于时装、电器和家具等产品，人们在购买之前要跑许多地方、看许多广告，进行比较选择，并在购买时不惜花费时间和跑较远的路途，因此可选择较短与较窄的渠道。

4) 市场竞争情况

市场竞争对分销渠道模式选择的影响应考虑两种情形：①与竞争对手采取同样的分销渠道，但必须要做得优于竞争对手；②采取与竞争对手完全不同的分销渠道。出于市场竞争的需要，企业有时选择与竞争者相同的渠道、相似的地点；而有时则故意避开竞争者常用的渠道，别出心裁、一反常规，开辟新的渠道。

3. 企业自身的因素

1) 企业实力

对于资金雄厚、信誉好的企业，可以自己组织分销队伍进行销售，采取直接分销渠道，也可采取间接渠道销售；对于资金缺乏、财力较弱的企业，只能依靠中间商进行销售，分销渠道势必要长些。

2) 管理能力

企业渠道管理水平也会影响企业渠道的长度与宽度。一般来说，如果制造商在销售管理、储运安排、零售运作等方面缺乏经验，人员素质也不适合自己从事广告、推销、运输和储存等方面的工作，最好选择较长渠道与宽渠道；如果制造商熟悉分销运作、具有一定的产品分销经验，并具有较强的销售力量、储运能力，则不必依赖中间商，选择短渠道与窄渠道。

3) 控制渠道的愿望

如果企业希望对分销渠道进行高强度控制，同时自身又有控制能力，一般采取较短、较窄渠道的做法。如果采用中间商分销，一方面会使制造商的渠道控制力削弱，并且诸如市场调查、储存、运输、广告、零售的功能又大多是由中间商完成，极有可能导致制造商受制于中间商；另一方面会使制造商分销受到限制。

4) 企业的声誉及提供服务的能力

如果制造商声誉好，能承担大量的促销费用和提供展销、维修等广泛的售后服务，中间商就乐于代其销售；反之，中间商的积极性不高，企业只好自己进行销售。

5) 企业经济效益的考虑

在选择分销渠道模式时，应比较各种渠道给企业带来的经济效益的大小。当预期直接销售的收支相抵后所得的利润大大超过间接销售所取得的利润时，则应采取直接渠道销售；否则应采取间接渠道销售。

4. 中间商因素

1) 中间商的经销积极性

如果中间商愿意经销制造商的产品，同时不对制造商提出过多、过分的要求时，会使企业更愿意利用中间商，因此企业可选择长渠道与宽渠道的做法。例如雅芳公司的化妆品，当初就是因为百货商店作梗而被迫走上直销之路的。

2) 中间商的上货条件

如果利用中间商的成本太高，或是中间商压低采购价格，或是中间商要求上架费太多，企业就应考虑采取较短、较窄的渠道。

3) 中间商的开拓市场能力

如果中间商能够帮助制造商把产品及时、准确、高效地送达消费者手中，企业就可以选择较长与较宽的分销渠道；反之，应该选择较短、较窄的渠道。

5. 市场环境因素

1) 总体经济形势

整个社会经济形势好，分销渠道模式的选择余地就大。当经济不景气、市场需求下降时，企业应尽量减少不必要的流通环节，利用较短的渠道。

2) 国家的政策法规

国家的有关政策和法律因素对分销渠道也有重要影响。例如《中华人民共和国反不正当竞争法》、《中华人民共和国反垄断法规》等，都会影响分销渠道的选择。例如我国对烟酒、鞭炮、汽油、食盐等产品的销售有专门的法规，对这些产品的分销渠道就要依法设计。

五、促销策略

(一)促销的含义与作用

1. 促销的概念

促销是指企业通过人员推销或非人员推销的方式，向目标顾客传递商品或劳务的存在及性能、特征等信息，帮助消费者认识商品或劳务所带给消费者的利益，从而引起消费者的兴趣，激发消费者的购买欲望及购买行为的活动。

促销的方式有人员促销和非人员促销两类。直接促销(即人员促销)是指通过推销员或销售员口头直接向顾客宣传介绍商品，以达到销售目的的活动；间接促销(即非人员促销)是指通过一定的媒体传播商品的有关信息，以实现商品销售的目的的活动，包括广告、公共关系营销推广(销售促进)等。

2. 广告

广告促销的作用是传递信息、激发需求和引导消费。现代广告不应只是一味地单向沟通，而是形如单向沟通的双向沟通，即应把企业与顾客共同的关心点结合起来考虑广告的制作和传播。

广告媒体可以分为印刷品广告、电子广告媒体、户外广告、POP 广告、交通媒体广告、网络广告等。

3. 营业推广

营业推广是指除了人员推销、广告和公共关系之外能够有效地刺激顾客购买、提高交易效率的种种促销活动。营业推广包括陈列、展示、示范表演和演出等推销活动。一般用于暂时的或额外的促销活动，是对人员推销和广告推销的一种补充。由于营业推广是一种短期促销行为，在制定策略时，应考虑推广的时间、规模、方式和途径，以提高推广的效益。

营业推广分为对顾客的推广、对中间商的推广、对推销人员的推广三种类型。对顾客的推广包括赠送样品或试用样品、有奖销售、产品陈列和演示促销等形式；对中间商的推广包括订货会、批量进货优惠、推广津贴、直辖市经营和销售竞赛等形式；对推销人员的推广包括推销竞赛、工资奖金与销售业绩挂钩、精神奖励等方法。

4. 公共关系

公共关系简称公关，是指企业有计划地、持续不断地运用沟通手段，争取内部和外部公众的信任和支持，树立企业良好的形象和信誉，为企业的发展创造良好的社会关系环境所采取的一系列科学策略和运动。

公共关系的对象很广，包括消费者、新闻媒体、政府、业务伙伴和社区等。企业开展公关活动，首先要确定对象，把握对象的特点和需求，然后有针对性地进行。

(二)促销组合及其影响因素

促销组合是指企业根据促销的需要，对各种促销方式进行的适当选择和综合编配。促销方式分为人员推销、公共关系、营业推广及广告等。企业要对这四种促销方式进行适当选择，综合使用，以求达成最好的促销效果。

推式策略是指企业运用人员推销的方式把产品推向市场，即推向中间商或消费者。这一策略需利用大量的推销人员推销产品，它适用于生产者和中间商对产品的前景看法一致的产品。推式策略风险小，推销周期短，资金回收快，但其前提条件是须有中间商的共识和配合。

拉式策略是指企业运用非人员推销的方式即以广告促销为主的方式，将顾客吸引过来。企业针对最终消费者展开广告攻势，把产品信息介绍给目标市场的消费者，使其产生强烈的购买欲望，形成急切的市场需求，然后"拉引"中间商纷纷要求经销这种产品。这一策略一般适合于单位价值较低、技术简单，以及流通环节较多、渠道较长和市场范围较广的产品等。

1. 产品性质

不同类型产品的消费者在信息的需求、购买方式等方面是不同的，因此企业需要采用不同的促销方式。不同的促销方式在工业品和消费品市场上的作用如图5-3所示。

2. 产品生命周期

在不同的产品生命周期阶段，企业的营销目标及重点都不一样，因此，促销方式也不尽相同。在投入期，要让消费者认识、了解新产品，可利用广告与公共关系广为宣传，同时配合使用营业推广和人员推销,鼓励消费者试用新产品;在成长期,要继续利用广告和公共关系来扩大产品的知名度,同时用人员推销来降低促销成本;在成熟期,竞争激烈,要用广告及时介绍产品的改进,同时使用营业推广来增加产品的销量;在衰退期,营业推广的作用更为重要,同时配合少量的广告来保持顾客的记忆。

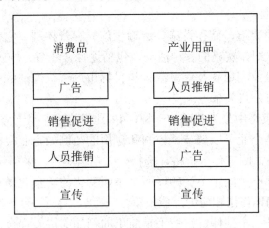

图 5-3 消费品和产业用品的促销组合

3. 市场性质

市场需求的情况不同,企业应采取的促销组合也不同。一般来说,市场范围小、潜在顾客较少以及产品专用程度较高的市场,应以人员推销为主;而对于无差异市场,因其用户分散、范围广,则应以广告宣传为主。

4. 促销费用

促销预算的多少直接影响促销手段的选择,预算少,就不能使用费用高的促销手段。预算开支的多少要视企业的实际资金能力和市场营销目标而定。不同的行业和企业,促销费用的支出也应不同。

第二节　延伸阅读:市场营销中"4P、4C、4R、4S"

一、4P 策略

4P 是指产品(product)、价格(price)、地点(place)、促销(promotion)。4P 是市场营销过程中可以控制的因素,也是企业进行市场营销活动的主要手段,对它们的具体运用,形成了最基本的企业的市场营销战略。

首先对于产品来说，要注意到产品的实体、服务、品牌和包装，具体来说产品是指企业提供给目标市场的货物和服务的集合，包括产品的效用、质量、外观、式样、品牌、包装和规格，此外还包括服务和保证等因素。

作为价格则主要包括基本价格、折扣价格、付款时间、借贷条件等。它是指企业出售产品所追求的经济回报。

地点通常包括分销渠道、储存设施、运输设施、存货控制。它代表企业为使其产品进入和达到目标市场所组织、实施的各种活动，包括途径、环节、场所、仓储和运输等。

促销的内容是指企业利用各种信息载体与目标市场进行沟通的传播活动，包括广告、人员推销、营业推广与公共关系等。

4P策略是这四种策略中最为基础的一种，4P具有的特点也十分明显：

首先这四种因素是企业可以调节、控制和运用的，例如企业根据目标市场情况，能够自主决定生产什么产品，制定什么价格，选择什么销售渠道，采用什么促销方式。

其次，这些因素都不是固定不变的，而是不断变化的。企业受到内部条件、外部环境变化的影响，必须能动地作出相应的反应。

最后这四种因素是一个整体，它们不是简单的相加或拼凑集合，而应在统一目标指导下，彼此配合、相互补充，能够求得大于局部功能之和的整体效应。

二、4C策略

4C是指消费者(consumer)、成本(cost)、便利(convenience)、沟通(communication)。4C由营销学家菲利普·科特勒提出。他提出了整体营销的概念，整合营销其意义就是强调各种要素之间的关联性，要求它们成为统一的有机体。具体地讲，整合营销更要求各种营销要素的作用力统一方向，形成合力，共同为企业的营销目标服务。

消费者指消费者的需要和欲望。企业要把重视顾客放在第一位，强调创造顾客比开发产品更重要，满足消费者的需求和欲望比产品功能更重要，不能只想着卖出企业制造的产品，而是要提供顾客确实想买的产品。

成本指消费者获得满足的成本，或是消费者满足自己的需要和预想所愿意付出的成本价格。它包括企业的生产成本(生产适合消费者需要的产品成本)、消费者购物成本、不仅指购物的货币支出，还有时间耗费、体力和精力耗费以及风险承担。因此企业要想在消费者支持的价格限度内增加利润就必须降低成本。

便利指购买的方便性。与传统的营销渠道相比，新的观念更重视服务环节，在销售过程中强调为顾客提供便利，让顾客既购买到商品，购买到便利。企业要深入了解不同的消费者有哪些不同的购买方式和偏好，把便利原则贯穿于营销活动的全过程，售前做好服务，及时向消费者提供关于产品的性能、质量、价格、使用方法和效果的准确信息。售后应重视信息反馈和追踪调查，及时处理和答复顾客意见，对有问题的商品主动退换，对使用故障积极提供维修方便,大件商品甚至终身保修。

沟通指与用户沟通,企业可以尝试多种营销策划与营销组合,如果未能收到理想的效果,说明企业与产品尚未完全被消费者接受。这时,不能依靠加强单向劝导顾客,要着眼于加强双向沟通,增进相互的理解,实现真正的适销对路,培养忠诚的顾客。

三、4R 策略

美国的 Done Schuhz 提出了一个全新的营销四要素:与顾客建立关联(Relevance)、反应(React)、关系(Relation)、回报(Return),即 4R 策略。

与顾客建立关联是指在竞争性市场中,企业通过某些有效的方式在业务、需求等方面与顾客建立关联,形成一种互助、互求、互需的关系,把顾客与企业联系在一起。顾客是具有动态性的,顾客的忠诚度也是变化的,要提高顾客的忠诚度,赢得长期而稳定的市场,避免其忠诚度转移到其他的企业,企业必须与他们建立起牢固的关联,这样才可以大大减少了顾客流失的可能性。

反应是指的企业市场反应,在相互影响的市场中,对于经营者来说最现实的问题不在于如何控制、制定和实施计划,而在于如何站在顾客的角度及时地倾听顾客的希望、渴望和需求,并及时答复和迅速作出反应,满足顾客的需求。对于企业来说应该建立快速反应机制,了解顾客与竞争对手的一举一动,从而迅速作出反应。

而对于关系来说,则要求通过不断改进企业与消费者的关系,实现顾客固定化。同时企业要注意的是尽量对每一位不同的顾客的不同关系加以辨别,这其中包括从一次性顾客到终生顾客之间的每一种顾客类型,分清楚不同的关系在进行企业市场营销时才不至于分散营销力量。与顾客建立起良好的关系,从而获得顾客的满意和忠诚感,才能保持顾客,进一步还能把满意的顾客变成亲密的顾客。

回报对企业来说,是指市场营销为企业带来短期或长期的收入和利润的能力。一方面,追求回报是市场营销发展的动力;另一方面,回报是维持市场关系的必要条件。企业要满足客户需求,为客户提供价值,同时也要获取利润,因此,市场营销目标必须注重产出,注重企业在营销活动中的回报,一切市场营销活动都必须以为顾客及股东创造价值为目的。

四、4S 策略

4S 是指满意(satisfaction)、服务(service)、速度(speed)和诚意(sincerity)。 4S 市场营销策略则主要强调从消费者需求出发,建立起一种"消费者占有"的导向。它要求企业针对消费者的满意程度对产品、服务、品牌不断进行改进,从而达到企业服务品质最优化,使消费者满意度最大化,进而使消费者对企业产品产生一种忠诚。

满意是指的顾客满意,强调企业要以顾客需求为导向,以顾客满意为中心,企业要站在顾客立场上考虑和解决问题，要把顾客的需要和满意放在一切考虑因素之首。

服务包括几个方面的内容，①精通业务工作的企业营销人员要为顾客提供尽可能多的商品信息，经常与顾客联络，询问他们的要求；②要对顾客态度亲切友善，用体贴入微的服务来感动用户；③要将每位顾客都视为特殊和重要的人物，也就是那句顾客是上帝；④在每次服务结束后要邀请每一位顾客下次再度光临，作为企业，要以最好的服务、优质的产品、适中的价格来吸引顾客多次光临；⑤要为顾客营造一个温馨的服务环境，这要求企业对文化建设加大力度；⑥在整个服务过程中最重要的是服务人员用眼神表达对顾客的关心，用眼睛去观察，用头脑去分析，真正做到对顾客体贴入微关怀的服务。

速度指不让顾客久等，而能迅速地接待、办理，有最快的速度才能迎来最多的顾客。

诚意指要以他人利益为重的真诚来服务客人。要想赢得顾客的人，必先投之以情，用真情服务感化顾客，以有情服务赢得无情的竞争。

五、"4P、4C、4R、4S"策略各自的优缺点

在市场营销过程中 4P、4C、4R、4S 策略拥有各自的优势和劣势。

对于 4P 策略来说，其直观性、可操作性和易控制性是最大的优点。4P 包含了企业营销所运用的每一个方面，它可以清楚直观的解析企业的整个营销过程，而且紧密联系产品，从产品的生产加工一直到交换消费，能完整地体现商品交易的整个环节，对于企业而言，容易掌握与监控，哪个环节出现了问题，都容易及时地诊断与纠正。4P 的缺陷也是比较明显的，由于它以企业为中心，以追求利润最大化为原则，这势必会产生企业与顾客之间的矛盾，4P 不从顾客的需求出发，其成本加利润法则往往不被消费者所动，企业也不考虑消费者的利益，只是采用各种手段让消费者了解他的产品，从而有机会购买其产品。而不是注意消费者的引导思想。

4C 营销策略注重以消费者需求为导向，克服了 4P 策略只从企业考虑的局限。但是，从企业的营销实践和市场发展的趋势来看，4C 策略也有一些不足。首先，它立足的是顾客导向而不是竞争导向，而在市场竞争中，要取得成功就要既考虑客户，又考虑竞争对手。另外，4C 策略在强调以顾客需求为导向的时候却没有结合企业的实际情况。最后，4C 策略仍然没有体现既赢得客户，又长期地拥有客户的关系营销思想，被动适应顾客需求的色彩较浓，没有解决满足顾客需求的操作性问题。

4R 营销策略的最大特点是以竞争为导向，弥补了 4C 策略的不足，主动地创造需求，运用优化和系统的思想去整合营销，通过关联、关系、反应等形式与客户形成独特的关系，把企业与客户联系在一起，形成竞争优势。为追求回报，企业必然实施低成本战略，充分考虑顾客愿意付出的成本，实现成本的最小化，并在此基础上获得更多的市场份额，形成规模效益。这样，企业为顾客提供价值和追求回报相辅相成，相互促进，客观上达到的是一种双赢的效果。当然 4R 策略也有缺陷，它要求同顾客建立关联，需要实力基础或某些特

殊条件，并不是所有的企业都能轻易做到。

4S 市场营销策略的主要优点则是建立起一种"消费者占有"的导向，要求企业针对消费者的满意程度对产品、服务、品牌不断进行改进，从而使企业服务品质达到最优化，使消费者满意度最大化，进而使消费者达到对企业产品产生一种忠诚。4S 策略的不足是对于一个企业来说要达到使消费者满意，并且树立起企业的独特品牌会有相当大的难度。因为这不仅关系到企业的决策层，更关系到企业上上下下的每一个员工的态度，更要求企业能树立起一定的企业文化。

六、"4P、4C、4R、4S"策略的结合应用

现代的市场营销管理从本质上来说是一种观念、一种态度、一种企业思维方式，它的核心是正确处理企业、顾客和社会三者之间的利益关系。要达到市场营销的成功应该采用 4P、4C、4R、4S 策略的有机结合，企业要全面树立以顾客为中心的价值观，"做生意就是要创造顾客，留顾客"发展"连锁顾客"。以顾客需求为导向，通过顾客的满意系统的运行，赢得忠诚满意的顾客群。此外，企业必须透露出一种以他人利益为重的真诚、可信。

下面以宝洁公司为例分析一下它在市场营销过程中对于 4P、4C、4R、4S 策略的结合运用。

首先对于 4P 中的产品要素来说，号称"没有打不响的品牌"的宝洁公司自 20 世纪 80 年代进军中国市场以来，从"海飞丝"洗发水开始，接连推出了飘柔、潘婷、舒肤佳、碧浪等产品。宝洁对于这些洗洁产品很注重突出其产品特点，对于潘婷来说，强调它拥有的维他命 B5 的独特功能，从发根彻底渗透至发梢，营养头发。而对于舒肤佳则以杀菌为突破口，宣传它不仅要去污，而且还要杀灭皮肤上的细菌。对于碧浪，则强调它对顽固蛋白质污渍的去污能力，并且打出了浸泡 30 分钟，不必搓揉就能将衣物洗得干干净净的产品新特点。

对于 4P 中的价格和 4C 中的成本因素，宝洁以消费者愿意付出的成本为定价原则。宝洁最初打入中国市场时是以高品质、高价位的品牌形象进入的，虽然当时中国消费者的收入并不高，但宝洁仍将自己的产品价格定得很高，是国内品牌的三到五倍，但与进口的产品相比又要便宜 1~2 元。这正切中了我国消费者崇尚名牌的购买心理，消费者愿意以较高的价格购买其产品，这使宝洁拥有强大的竞争力，得以在洗发水用品市场上的众多品牌中脱颖而出。而现阶段，宝洁虽然继续保持其高品质，但价格却更为大众化。

对于 4C 策略中的消费者、便利、与消费者沟通环节和 4R、4S 策略以消费者和顾客为出发点来说，宝洁做到了尽一切可能了解消费者需求，使顾客满意。

此外，为了了解企业与顾客的关联程度，宝洁公司每年运用多种市场调研工具和技术，例如消费者座谈会、接收消费者信件、跟踪调查系统等与全球超过 700 万消费者进行交流，及时捕捉消费者的意见，同时发现并了解他们的需求。

第三节 大案例与小故事

一、大案例

"步步高"高在哪？①

人们对"步步高"的了解，大多是从广告中得来的，那么"步步高"的广告策略到底高在哪里呢？

广告的运用只有服从于正确的市场策略，并用准确的创意去表现和传达，才能在市场竞争中创造出竞争优势。否则，从1997年的几十家影碟机企业，到今天依然能活跃在市场上的也就不会仅剩几家了。

成长期的市场，广告量决定一切？

无疑在影碟机市场开发的早期，媒体上大量广告的出现，提高了消费者对影碟机产业的关注度，使影碟机产业一举成为一个高关注度的行业，同时也造就了先科、万利达、爱多、金正等一批知名度比较高的影碟机品牌。早期的影碟机广告多为叫卖式广告，几乎没有什么创意可言。但当时该产品市场还处于卖方市场，成长速度很快，市场竞争规则远不像其他成熟行业竞争那么复杂和激烈，尽管品牌满天飞，但只要品牌知名度高，就不愁没有市场。

新科、万利达、先科就是在最初的几年凭借其大量的广告投放一举奠定了品牌的基础——知名度。但直到今天，在影碟机行业已经进入到后影碟机时代——DVD时代。尽管这几个品牌也都从当初只生产VCD到现在已经开始生产DVD，甚至品牌延伸到其他行业，但对大多数消费者而言，新科、万利达、先科这几个品牌又有何不同？他们的广告似乎从来就没有什么太大的变化，如果说有比较成功之处的话，恐怕就是比较过硬的销售渠道和终端销售。

成熟期的市场，怎样实现差异化？

1997年、1998年影碟机行业高速发展，城市市场几乎达到了饱和程度，以至于到了1998年底就显出增长乏力的迹象。这时，影碟机市场很快就从"卖方"市场过渡到了"买方"市场，真正的竞争开始显现。正当影碟机市场从成长期走向成熟期时，"步步高"才刚刚准备进入这个市场。

当时爱多靠着成龙的"好功夫"篇广告在中央电视台一套黄金档密集播出，一跃成为影碟机行业颇具影响力的品牌，而"步步高"的总经理段永平果断地推出李连杰"真功夫"篇广告针锋相对的同一时段播出，在很短时间内又造就了一个知名品牌"步步高"。他们

---

① 资料来源：《中外管理》2000年第12期，作者赵正源。

第五章 企业营销管理

的共同之处在于采用了名人广告策略(尽管现在看来这种手法屡见不鲜)，使自己的品牌形象与其他品牌的模糊形象一下子就区别开来，产生了很高的记忆度，再加上他们分别当选1997年、1998年的央视"标王"称号，无论媒体投放量还是广告创意都比其他品牌大大前进了一步。

采取这样的广告策略，符合当时已经形成的竞争性市场的竞争规则。当整个行业已经没有什么技术的秘密可言，当任何一个产品都不具备战胜其他产品的竞争优势时，这个行业也就进入了竞争性行业。如今的彩电市场、影碟机市场整体上都属于竞争性市场。

当价格战还没有来临时，做品牌才是一件既现实又长远的事情。而广告恰恰是对品牌的长线投资，但并不是什么样的广告都能够对品牌的塑造起到实质和持续的作用。比如，永远的叫卖式的广告就只能使品牌停滞不前，永远的功能诉求广告在竞争性市场上也会显得苍白无力，而"步步高"抓住了市场竞争的游戏规则，以差异化的形象创造了同质化市场的差异，市场的天平也就不知不觉产生了倾斜。

品牌知名度是销售支撑点？

段永平日前在接受央视记者采访时表示，"步步高"之所以三年来年年都来央视竞标，决非像报纸所分析得那样，仅仅是不惜一切代价而自我炒作。他说："企业所做的这一切都经过缜密的考虑，否则如若现金流不好，企业怎么可能年年来央视竞标？"其实，段永平的话是说，你即使能一时获得较高的知名度，但并不一定能获得好的现金流。所以，对于一个竞争激烈的行业，品牌知名度已经很难成为销售的支撑点，没有突出的品牌形象和鲜明的品牌记忆，品牌知名度对消费者的购买决策就没有实际意义。

在"步步高"涉足无绳电话市场时，由于"步步高"无绳电话独特的销售主张——无绳、来电显示，具有先入为主和独占性的优势，就一直没有借助名人来速成品牌形象，而是通过差异化的功能诉求、幽默和风趣的广告创意同样在差异化的市场上取得了竞争优势。在复读机这样的竞争性市场上，步步高再次玩起品牌差异化的策略，请来歌星张惠妹大肆歌舞一番，那些小品牌就再也翻不了身了。从此，步步高就稳稳占据复读机市场第一品牌的位置。

影碟机行业进入DVD时代后，依然没有摆脱竞争性的残酷形势，"步步高"再次出击，请来国际影星——施瓦辛格为品牌做代言人，并干脆统合了旗下所有产品，在平面广告中统一用施瓦辛格的形象来推广DVD、无绳电话和复读机，而在电视广告方面依然鲜明地贯彻各自的广告策略。

可以清楚地看出，"步步高"深谙不同市场竞争的游戏规则，懂得如何运用准确的广告策略来推动市场。在竞争性市场上，步步高从来都是名人开道，这是其广告策略的核心内容，而且逐渐在长期的广告宣传中积累了品牌资产，形成了独特的品牌内涵。在差异化市场上，"步步高"则通过鲜明的销售主张和出众的创意奠定品牌的根基，省去大笔的广告投入。

差异化是品牌的支撑点？

差异化虽能取得竞争优势，但只做差异，不做品牌的结果也不能取得持续的竞争力。这对于企业长远的发展并无裨益，会使企业长期背上差异化的包袱，甚至没有差异就不能生存。假设当差异化已经不能成为赢得超额利润的动力时，企业的核心竞争力从何体现？

　　因此，对于差异化的企业和品牌，差异化是赢得超额利润的支撑点，却不是品牌的支撑点。相反，品牌却是差异化的支撑点，没有品牌的支撑，差异化也是不稳定的，是难以长久的。这一点，"步步高"无绳电话选择了品牌形象和差异化并重的策略。

　　可见，产品的广告策略并不是广告创意和表现那么简单，而是要深刻懂得不同市场的竞争规则对广告策略的要求。策略对了，创意只要跟着策略走就行了。

思考题

1. 结合产品生命周期理论，谈谈"步步高"是如何做的？
2. 请你谈谈广告、产品差异、品牌三者的关系。

二、小故事

小故事(一)

　　在追求销售成功的过程中，销售员十有八九不会一帆风顺，一定会遇到困难、碰到瓶颈，也一定有"头撞南墙"的时候。

　　有一个经典故事，讲的是有一位大师用几十年的时间练就了一身"移山大法"，然而故事的结局却出乎意料——

　　世上本无什么移山之术，唯一能移动山的方法就是：山不过来，我就过去。

　　现实世界中有太多的事情就像"大山"一样，是人们暂时或永远都无法改变的。"移山大法"启示人们：如果事情无法改变，人就需要改变自己。

　　如果别人不喜欢自己，是因为自己还不够让人喜欢。

　　如果无法说服他人，是因为自己还不具备足够的说服力。

　　如果顾客不愿意购买我们的产品，是因为我们还没有生产出足以令顾客愿意购买的产品。

　　如果我们还无法成功，是因为我们自己暂时还没有找到成功的方法。

　　要想事情改变，首先得改变自己。只有改变自己，才会最终改变别人；只有改变自己，才可以最终改变属于自己的世界。

　　山，如果不过来，那就让我们过去吧！

小故事(二)

　　有个农夫在打扫完马厩时，发现老婆送他的怀表不见了。

　　由于这个怀表对他来说十分珍贵，于是他在马厩里寻找了很长时间，几乎把马厩翻遍

第五章　企业营销管理

了还是没有找到。他气馁地走出马厩，发现外面有一群玩耍的孩童。

于是他向那群孩童说："你们之中有谁能在马厩找出我遗失的怀表，我就给他五毛钱。"于是孩童们一窝蜂地跑进马厩里去找怀表。过了一段时间，孩童们走出马厩，都表示没有找到怀表。此时农夫也更加的气馁、失望，就在这时，农夫听到了一个声音："我可以再进去找一次吗？"一个孩童对他说。

但是农夫觉得大家几乎都把马厩翻遍了都找不到，怎么可能凭你一个人就找得到呢？

由于没有任何的利害关系，因此农夫答应了这位孩童。不到一会儿的功夫那个孩童走出马厩，他手里拿的正是农夫遗失的怀表。农夫很惊讶地问他，你是怎么找到的？

那个小孩回答说："我进去之后什么都不做，只是静静地坐在地上，慢慢地我听到了滴答滴答的声音于是循着声音我找到了怀表。"

这个故事告诉我们：当我们不断地努力工作时，我们是否曾经静下心来好好地思考过，我们所努力的方法及方向是否正确呢？

小故事(三)

英国劳埃德保险公司曾从拍卖市场买下一艘船，这艘船1894年下水，在大西洋上曾138次遭遇冰山，116次触礁，13次起火，207次被风暴扭断桅杆，然而它从没有沉没过。

劳埃德保险公司基于它不可思议的经历及在保费方面给带来的可观收益，最后决定把它从荷兰买回来捐给国家。现在这艘船就停泊在英国萨伦港的国家船舶博物馆里。

不过，使这艘船名扬天下的却是一名来此观光的律师。当时，他刚打输了一场官司，委托人也于不久前自杀了。尽管这不是他的第一次失败辩护，也不是他遇到的第一例自杀事件，然而，每当遇到这样的事情，他就会心生一种负罪感。他不知该怎样去安慰那些在生意场上遭受了不幸的人。

当他在萨伦船舶博物馆看到这艘船时，他忽然有了一种想法，为什么不让他们来参观参观这艘船呢？于是，他就把抄下来的这艘船的历史和这艘船的照片一起挂在他的律师事务所里，每当商界的委托人请他辩护时，无论输赢，他都建议他们去看看这艘船。

它使他们知道：在大海上航行的船没有不带伤的。

虽然屡遭挫折，却能够坚强地百折不挠地挺住，这就是成功的秘密。

小故事(四)

有个自称专治驼背的医生，招牌上写着"无论驼得像弓一样，像虾一样，像饭锅一样，经我医治，着手便好"。

有个驼背信以为真，就请他医治。

他拿了两块木板，不给驼背开药方，也不给他吃药，把一块木板放在身上，叫驼背趴在上面，用另一块木板压在驼背的身上，然后用绳子绑紧。接着，便自己跳上板去，拼命乱踩一番。驼背连声呼叫求救，他也不理会，结果，驼背算是给弄直了，人也"呜呼哀哉"了。

驼背的儿子和这个医生评理，医生却说："我只管把他的驼背弄直，哪管他的死活！"

营销启示：顾客的需求是多样的，顾客的偏好也是多样的，企业营销的问题是找出解决顾客需求的产品和方法，并且这种产品和方法能够满足顾客的需求，这才是成功的营销。许多企业在广告中吹嘘自己的产品可以解决什么什么问题，当顾客购买使用后却不见效果、想评理却找不到人诉说了。

小故事(五)

卡尔文·柯立芝于1923年登上美国总统的宝座。

这位总统以少言寡语出名，常被人们称作"沉默的卡尔"但他也有出人意料的时候。

柯立芝有一位漂亮的女秘书，人虽然长得不错，但工作中却常粗心出错。一天早晨，柯立芝看见秘书走进办公室，便对她说："今天你穿的这身衣服真漂亮，正适合你这样年轻漂亮的小姐。"

这几句话出自柯立芝口中，简直让秘书受宠若惊。柯立芝接着说："但也不要骄傲，我相信你的公文处理也能和你一样漂亮的。"果然从那天起，女秘书在公文上很少出错了。

一位朋友知道了这件事，就问柯立芝："这个方法很妙，你是怎么想出来的？"柯立芝得意洋洋地说："这很简单，你看见过理发师给人刮胡子吗？他要先给人涂肥皂水，为什么呀，就是为了刮起来使人不痛。"

营销启示：在指导下属的工作中，赞扬比批评更有效。

第四节 素 质 拓 展

一、思考题

(1) 引例中芙蓉王在争夺市场的过程中采取了什么样的竞争策略？
(2) 结合市场定位的有关知识谈谈芙蓉王在竞争过程中是怎样定位的？
(3) 市场营销策略的实质是什么？

二、辩论

(1) 题目：企业营销管理是企业管理的核心工作
(2) 目的：了解掌握企业营销管理的基本内容，培养学生重视营销工作程序，学会运用营销策略和相关理念。

(3) 具体要求：

① 将全班同学分成正方与反方若干小组(限5人一组)进行辩论。

② 正方坚持"企业营销管理是企业管理的核心"立场论述。

③ 反方联系企业管理、企业管理者基本理论，举例说明确立企业营销管理作用大小对不同类企业的影响，界定企业营销管理与其他各职能管理(特别是企业战略管理)的正确关系等论点反驳正方观点。

④ 正反双方在辩论中，既要回答对方的提问，也要向对方提出疑难问题，要求答辩。

⑤ 正反双方举例鲜明生动，并形成书面辩论资料，呈报老师或评委。

三、论创业素质

关于敏感[①]

敏感不是神经过敏。神经过敏的人，像琼瑶小说里的那些角色，可以当花瓶，可以作茶余饭后的消遣，惟独不适合创业。

创业者的敏感，是对外界变化的敏感，尤其是对商业机会的快速反应。

潘石屹现在是商场的红人，潘石屹成为红人有他成为红人的理由。有谁能够从别人的一句话里听出8亿元的商机，而且是隔着桌子的一句话，是几个不相干之人的一句话？别人不能，但潘石屹能。别人没有这个本事，潘石屹有这个本事。

1992年，潘石屹还在海南万通集团任财务部经理。万通集团由冯仑、王功权等人于1991年在海南创立。冯仑、王功权都曾在南德集团做过事，当年都是"中国首富"牟其中的手下谋士。万通成立的头两年，通过在海南炒楼赚了不少钱。1992年，随着海南楼市泡沫的破灭，冯仑等人决定将万通移师北京，派潘石屹打前锋。

潘石屹奉冯仑的将令，带着5万元差旅费来到了北京。

"这天，他(指潘石屹)在怀柔县政府食堂吃饭，听旁边吃饭的人说北京市给了怀柔四个定向募集资金的股份制公司指标，但没人愿意做。在深圳待过的潘石屹知道指标就是钱，他不动声色地跟怀柔县体改办主任边吃边聊：'我们来做一个行不行？'体改办主任说：'好哇，可是现在来不及了，要准备6份材料，下星期就报上去。'

"潘石屹立即将这个信息告诉了冯仑，冯仑马上让他找北京市体改委的一位负责人。这位领导说：'这是件好事，你们愿意做就是积极支持改革，可以给你们宽限几天。'做定向募集资金的股份制公司，按要求需要找两个'中'字头的发起单位。通过各种关系，潘石屹最后找到中国工程学会联合会和中国煤炭科学研究院作为发起单位。万事俱备，潘

[①] 辛保平，《科学投资》，北京，2003年第9期(从第2章到第10章的10个素质均来自于《科学投资》)

石屹用刚刚买的 4 万元一部的手机打电话问冯仑:'准备做多大?'冯仑说:'要和王功权商量一下。'王功权说: '咱们现在做事情,肯定要上亿。'

"潘石屹在电话那边催促冯仑快做决定,'这边还等着上报材料呢。'冯仑就在电话那头告诉潘石屹: '8 最吉利,就注册 8 个亿吧。'北京万通就这样,在什么都没做的情况下,拿到了 8 个亿的现金融资。"

以上这段文字出自 IT 名记刘韧的手笔,很生动。这就是潘石屹那个"一言 8 亿"的传奇故事。后来万通在海南赔了本,多亏了潘石屹这一耳朵"听"来的 8 个亿,才有了万通的今天。后来兄弟几个又闹分家,于是诞生了潘石屹现在的红石和北京大北窑旁边的现代城。

潘石屹能赚到这笔钱不是出自偶然,而是源于他的商业敏感。我们前面说过陈索斌。陈索斌是一个"海归",在美国留过学,有经济学硕士学位。陈索斌所学与蜡烛无关,在创业之前他亦从未与蜡烛行业有过任何接触。为什么他会选择时尚蜡烛作为自己的创业方向呢?原来 1993 年的一天晚上,陈到一位朋友家中谈事,突然遇到停电,朋友的妻子赶紧找出一截红蜡烛点上,烛光下红彤彤的蜡烛一股股地冒着黑烟,忽明忽暗。朋友的妻子在旁边抱怨说: "如今卫星都能上天了,怎么这蜡烛还是老样子,谁要是能捣鼓出不冒黑烟的蜡烛,说不定能得个诺贝尔奖什么的。"就是这样一句话触动了陈索斌,于是不久就有了"金王"。再不久,"金王"成了中国的时尚蜡烛之王。随着"金王"的成功,陈索斌自然而然也就成了亿万富翁。对蜡烛黑烟的抱怨,相信不只陈索斌一个人听到过,为什么只有他抓住了这个机会呢?这只能归结于陈索斌比一般人更为强烈的商业敏感。

如果说潘石屹、陈索斌最初的财富都是用耳朵"听"来的,那么夏明宪最初的财富就是用眼睛"看"来的。1989 年,在山城重庆开着一家小五金杂货店的夏明宪,忽然发现来买水管接头(一种钢管)的人多了起来。他觉得很奇怪,这些人买这么多水管接头干什么用?后来一打听,才发现是一些先富起来的山城人,为了自身和家庭财产的安全,开始加固家里的门窗。买水管接头,就是为了将它们焊接起来,做成铁门防盗(那时候还没有防盗门的概念)。夏明宪发现这个秘密后,立即意识到自己的机会来了。他马上租了一个废置的防空洞,买来相应的工具,刨、锯、焊、磨地干了起来。一个多星期,他就做了 20 多扇"铁棍门",赚了一大笔钱。后来顺着这个思路不断发展,就有了现在的"美心防盗门",与盼盼防盗门一起,成为中国防盗门行业两块响当当的品牌。原来的五金店小老板变成了现在的防盗门大老板,成为山城重庆数得着的一个"财主"。

一些人的商业敏感来自耳朵,一些人的商业敏感来自眼睛,还有一些人的商业敏感来自于自己的两条腿。北京人都很熟悉什刹海边那些拉洋车的,黑红两色的装饰,非常显眼。这些人都是一个叫徐勇的年轻人的部下。1990 年,爱好摄影的徐勇出版了一本名叫《胡同 101 像》的摄影集,那些对中国民俗感兴趣的外国朋友,在看到这本影集后就开始请徐勇带自己去胡同参观,讲解胡同文化历史。徐勇立刻就意识到这里有机会。不久他的以北京"坐

第五章　企业营销管理

三轮逛胡同"为主题的旅游公司办了起来。当初徐勇将自己的想法告诉朋友和家人的时候，几乎遭到了所有人的一致反对，北京可看的东西太多了，故宫、长城、颐和园……哪一个不比胡同更吸引人，有多少到北京来的人会有兴趣去看那破破烂烂的胡同，北京本地人更不会有兴趣。政府有关部门当时也不看好他的主意。现在，徐勇的"胡同游"却日进斗金，让所有人大跌眼镜。

北京人说一个人不懂事，会说他"没有眼力见儿"，意思是看不出好歹。其实，面对每天在眼前溜来溜去的商业机会，有几个人是有"眼力见儿"的？张维仰是深圳市东江环保股份有限公司董事长。这家公司是国内第一家在香港上市的民营环保企业。1987年以前，张只是深圳市城管部门的一个普通员工。一天，深圳蛇口的一家外资企业找到深圳市城管部门，提出以每吨500港币的高价，请求帮忙处置其公司产生的工业垃圾。城管部门派人拉回来两三吨废物，却不知如何处理。一位工作人员将这些垃圾拿到实验室化验，发现废物中铜的含量很高，经过技术手段加以综合处理，可以制成广泛应用于工业和农业的化工原料硫酸铜。这件事当时也没有谁留意，却被旁边的张维仰默默记在了心里。不久，张维仰辞职创业，从为深圳企业处理垃圾做起，后来发展到垃圾的无害化处理和变废为宝。当时适逢国家大力倡导环保，张维仰好风凭借力，一下子便发达了起来。应该说，当时这个机会摆在张维仰的每一个同事面前，大家机会是均等的。最后只有张维仰抓住了这个机会，因为他的商业感觉更好，再辅之以强大的行动力，所以，他能够胜出毫不奇怪。

谈及商业敏感，梁伯强不能不谈。在财富道路上，梁伯强不是一个幸运儿。他曾经几次被命运打倒在地，但最后又倔犟地爬起来。他积累的财富几度灰飞烟灭，但又一次次在他"再来一次"的喊声中重新聚拢。1998年，或许是出于感动，命运改变了对梁伯强的态度，开始对他眷顾起来。这年4月的一天，梁伯强在一张别人用来包东西的旧报纸上，偶然读到一篇文章。这篇文章的名字叫作《话说指甲钳》。文章说，1997年10月27日，时任国务院副总理的朱镕基，在中南海会见全国轻工企业第五届职工代表时说："(你们)要盯住市场缺口找活路，比如指甲钳，我们生产的指甲钳，剪了两天就剪不动指甲了，使大劲也剪不断。"文章说，当时朱总理还特意带来3把台湾朋友送给他的指甲钳，向与会代表展示其过硬的质量、美观的造型和实用的功能，并以此为例，激励大家要对产品质量高度重视，希望科技进步和技术创新，开发更多更好的新产品，把产品档次、质量尽快提高上去。

梁伯强读到这篇文章，眼前一亮。他再一了解，得知这件事令当时国家轻工部压力很大，为此成立了专案小组。轻工部还联合五金制品协会在江浙开了几次会议，寻求突破这个问题的方案，但都没有根本解决。梁伯强得知这些情况后非常兴奋，因为他做了十多年的五金制品，这正是他擅长的事情。他知道机会来了。梁伯强的"非常小器·圣雅伦"指甲钳就是在这种背景下产生的。现在，梁伯强号称"世界指甲钳大王"。一个一向不顺的创业者，在蹉跎了半辈子后，终于靠自己的一次敏悟改变了命运。当然，梁伯强的成功，还有很重要的一点，就是他懂得前文所讲的明势与借势。他借的是朱镕基讲话之势，借的是轻工部"老房子着火"之势，因而一举成功，一鸣惊人。

有些人的商业感觉是天生的，例如胡雪岩，更多人的商业感觉则依靠后天培养。如果你有心作一个商人，你就应该像训练猎犬一样训练自己的商业感觉。良好的商业感觉，是创业者成功的最好保证。

第六章 企业客户关系与公共关系管理

引例 台风来临之际[①]

浙江台州曾出现过一场 50 年未遇的台风。某公司一个大客户的仓库正好位于海堤内 40 米处，由于位置特殊连保险公司也拒绝接受投保。在台风紧急警报发布后，该经销商还存有侥幸心理，以为台风未必在当地登陆。该公司的客户经理过去曾经一再对其告诫必须改变仓库位置并参加保险，而该公司经销商一直未有动作。但这次情况非同小可，客户经理特地赶往台州，再次规劝他马上把货物转移至安全的地方。这次他终于听了劝告。随后发生的台风和伴随的海啸在当地历史上是少有的，在同一仓库放货的另一客户遭受了灭顶之灾，价值 100 多万元的水泥竟全部被冲入了大海，顷刻倾家荡产。事后这个经销商非常后怕，同时也对该公司的客户经理非常感激，庆幸接受了厂家的意见，虽然当时花了 1 万多元的仓储和搬运费，但保住了价值 60 多万元的货物。后来他对该公司的客户经理说："其实厂家完全可以不予关心，因为这完全是经销商买断的货，无论是否损失与厂家无关。但你们是把我真正当成家里人来看待了，今后我还有什么理由不好好与厂家合作呢？"

"关系营销"观念起源于 20 世纪 70 年代欧洲的服务营销学派和产业营销学派，主要致力于实行顾客关系管理，通过发展长期稳定的顾客关系来建立顾客忠诚，提高企业的市场竞争力。

当今企业正面临着有史以来最为激烈的竞争，而且在经济全球化快速推进的大趋势下愈演愈烈，重视、保持现有客户成为企业生存和发展的关键。客户关系管理是伴随着建立客户准则之上的营销理念应运而生的。它不仅为企业提供了一个收集、分析、利用客户信息的系统，更为现代企业提供了一种全新的商业管理战略；它可以帮助企业充分利用其客户关系资源，扩展新的市场和业务渠道，提高客户的满意度和企业的赢利能力，帮助企业在空前激烈的竞争中立足和发展。

---

① 中国物流招标网，http://info.clb.org.cn/anlitongjian/jingyingzhidao/2007-06-20/17892.html。

第一节　知识清单

一、客户关系管理的内涵

客户关系管理最早由美国著名的市场调研公司"Gartner Group"提出,自 1997 年开始,经过几年的发展,全球的客户关系管理市场一直处于爆炸性的快速增长之中。那么,客户关系管理到底是什么呢?是经营的计算机化?还是一系列的工具和技术组合?或是培养顾客忠诚度的营销活动?事实上,对于什么是客户关系管理,目前学术界和企业界皆没有统一的定义。福莱国际传播咨询有限公司(Fleishman-Hillard)董事长格雷厄姆当年帮助的小公司艾默生成长为全球知名品牌和世界 500 强企业)给出了一个简单的理解,他认为:"客户关系管理是企业处理其经营业务及顾客关系的一种态度、倾向和价值观。"因此,客户关系管理可以理解为一种方法和思路——如何在市场上及顾客的大脑中创建和发展你的企业。有鉴于此,实施客户关系管理,必须着眼于企业的所有过程,考虑到企业的方方面面——从供应商到最终用户、从内部员工到企业的顾客。

由于每一位顾客都是一个独立的主体,都有自己的选择,客户关系管理应该区别对待不同的顾客,以个性化的服务方式增强他们对企业的依赖度和忠诚度,促使他们选择本企业的产品或服务。Oracle 高级副总裁萧伯特(Robert Shaw)为客户关系管理给出了一个比较实际而且可行的定义,他认为:"客户关系管理是一个互动过程,用于实现企业投入与顾客需求满足之间的最佳平衡,从而实现企业利润的最大化。"因此,实施客户关系管理战略,必须衡量所有职能部门的投入(如营销、销售及服务成本)和产出(如收入、利润和价值);不断获取和更新顾客关系生命周期内有关顾客需求、动机和行为的知识;应用顾客知识不断地改善业绩;有效地整合营销、销售和服务等活动,以实现统一的目标;采用合适的系统来支持对顾客知识的获取、共享以及对客户关系管理有效性的评估;根据顾客需求的变化,不断调整营销、销售和服务等投入,以实现利润最大化的目标。萧伯特的定义清晰地阐明了客户关系管理中的因果链——投入引发顾客动机,而后导致顾客行为,然后形成产出。而且,他还强调企业投入的质和量,营销人员不仅要重视投入的量,如广告频次、直接邮寄的次数,还必须重视投入的质,以促进顾客关系的发展,提高顾客满意度。他认为:"过分偏重投入的量,并不足以支撑企业利润长期而稳定地增长。"

尽管上述知名人士对客户关系管理的内涵的各种表述有所不同,但均从不同的侧面反映了客户关系管理的本质。基于前人对客户关系管理的认知及其驱动因素的探讨,结合客户关系管理发展的新特点,本书编者认为客户关系管理可定义为:客户关系管理(CRM)是企业总体战略的一种,它采用先进的数据库和其他信息技术来获取顾客数据,分析顾客需求特征和行为偏好,积累和共享顾客知识,有针对性地为顾客提供产品或服务,发展和管理顾客关系，培养顾客长期的忠诚度，以实现顾客价值最大化和企业收益最大化之间的平衡。该定义包括三个层面的含义。

(1) 客户关系管理并不只是一种简单的概念或方案，它也是企业战略的一种，贯穿于企业的每个部门和经营的各个环节，其目的在于理解、预测和管理企业现有的或潜在的顾客。客户关系管理涉及战略、过程、组织和技术等各方面的变革，以使企业更好地围绕顾客行为来有效地管理自己的经营。

(2) 信息技术是客户关系管理的使能者(Enabler)。一些新技术如知识发现技术、数据仓库技术和数据挖掘技术等，有效地促进了数据获取、顾客细分和模式挖掘。简言之，信息技术的引入，使得顾客知识的积累和共享更为有效。

(3) 客户关系管理的目的是实现顾客价值最大化和企业收益最大化之间的平衡，即顾客与企业的"双赢"。事实上，顾客价值最大化与企业收益最大化是一对矛盾统一体。坚持以顾客为中心、为顾客创造价值是任何客户关系管理战略必须具备的理论基石。

二、客户关系管理途径

(一)客户关系管理中的操作原则

无论国企还是民营，只要企业持续、健康、快速地发展，就必须处理好客户关系，把握好以下四项原则。

1. 把处理客户关系放在企业发展战略的高度

一个企业无论发展到哪个阶段，都离不开客户。把客户关系放在企业发展的战略高度来处理，就既能保证满足客户的眼前利益，又能保证满足客户的长远利益。

2. 把建立客户双向忠诚度作为客户关系的核心来抓

所有的企业都知道企业的利润来源于客户。为了使利润持续不断地进入企业，就需要建立客户的忠诚度，并能达到长久的青睐。这种忠诚是以感情为基础的，而不是以权利、金钱、武力等为基础。海尔提出"真诚到永远"就是以感情为基础，因此产生了一个推销员背着洗衣机走几十里路，也要按时给客户送到货的感人故事。

3. 企业内部要形成人人学会与客户沟通的机制

建立牢固的客户关系是通过形成客户与企业间双向忠诚度来实现的。客户要偏爱企业的品牌，对品牌产生忠诚度就需要沟通。目前，许多企业比较重视销售人员与客户的沟通，但还没有达到企业内人人重视沟通、人人学会沟通的水平。在新营销时代，企业要形成人人学会与客户沟通的机制，从产品设计、原材料采购，到加工、包装、物流、财务、销售、售后服务、信息反馈等各个环节，都要有沟通的意识和技巧。全员沟通的形成是企业销售人员沟通的基础和氛围，只有形成这样的机制，才能有利于客户忠诚度的建立。

4. 寻求客户要有全面的长远的眼光

客户天生就存在差异，并不是每个客户都能成为忠诚的客户。"忠诚"是一种权利，正如弗雷德里克·齐赫德在《忠诚的效应》中所说，以忠诚为核心的企业管理应当记住三点：①有些客户天生办事可靠，为人诚实，而不计较是跟哪家公司做生意，这种人喜欢稳定而长期的业务关系；②有些客户做生意比一般人更为有钱可赚，他们买东西较多，支付账单更痛快，需要的服务反倒不多；③有些客户会觉得你的产品和服务比你的竞争对手更好，更加物有所值，你的特定优势更能满足某些客户的需求。因此要获得客户的忠诚，重要的一步就是对客户进行细分，找到正确客户。

(二)客户关系管理途径

实现客户关系管理有许多不同的途径。不同行业、不同规模的公司可以根据自身的资源、所处市场的竞争状况、销售团队成员的风格等特点来选择不同的途径。这些方法归结起来有以下几个方面。

1. 向客户提供附加的经济利益

公司向经常使用和购买本公司的产品或服务的客户提供额外的利益。如国内外众多航空公司向经常乘坐其航班的用户(指旅客)提供的里程奖励计划、中国移动通信公司向其手机用户提供的用户积分奖励计划等就是典型的例子。

2. 向客户提供附加的社会利益

公司的营销人员在工作中要不断地增加对客户所应承担的社会责任。比如对消费者的选择表示赞赏，向消费者提出使用更好的产品或服务的建议，不回避产品使用中可能出现的问题，勇于承担责任并通过有效的方法解决等。再如中国移动通信公司在各城市机场提供的贵宾服务，惠普(HP)、华硕(ASUS)等电脑厂商在主要城市机场内提供的无线上网体验服务等。

3. 建立公司与客户之间的结构性纽带

公司可以通过向客户提供更多的服务来建立结构性的关系纽带。比如在流通行业，厂商可以帮助其销售网络中的成员、特别是一些较小的成员提高其管理水平，合理地确定其进货时间和存货水平，改善商品的陈列；或者向销售网络中的成员提供有关市场的研究报告等信息。

4. 强化品质、服务与价格策略

产品的品质、质量等是建立营销关系的基础，因此推行关系营销的途径也少不了从品质、服务及价格等营销组合方面入手。销售人员一定要加强产品的服务性工作，搞好产品的售前、售中与售后服务，不断提高公司的服务水平。另外，要制定合理的价格水平。互惠互利是公司进行关系营销的核心，只有这样，客户的利益才能得到保证，客户才能成为公司的忠实顾客，公司的关系营销才能真正发挥作用。

(三)管理客户关系发展的四个阶段

"客户—公司"关系将经历以下四个可预测的阶段。

1. 引起客户注意

如果不能引起客户注意，那么你就不可能与他们有太多的交流。你有很多选择：可以很粗鲁或很友好，也可以通过金钱或奖励来吸引他的注意。当你考虑采用哪种交流方式时，一定要留意希望客户与公司品牌建立关系的类型。你希望客户每次收取邮件时都期望得到免费礼品或赠品？或者你期望他们认为你能提供高质量的产品或认为你的公司会认真考虑客户的建议。如果你期望通过彩票或赠品来吸引客户的注意力，那么你需要考虑这些激励因素对你与他们继续联系并进入下一步关系的影响。

2. 客户许可

既然你已经引起客户的注意，那么为了使你与客户的关系进入下一阶段，你还需要得到他们的许可。实际上，这才是真正的"第一次约会"。在本阶段的关系中，你的目标是说服客户，让他们相信你的品牌是最适合与他们建立关系的，你期望他们参与你认为能够带给他们方便和价值的营销计划。为实现本目标，聆听客户的心声是很关键的，他们期望从你那里得到什么东西呢？你要提供什么样的服务才能让他们认为值得与你建立长期联系伙伴呢？实现这一阶段很容易，提出一些你期望他们回答的问题就可以了。

3. 参与

当客户完成第一次购物后，说明他对你公司品牌的兴趣不仅仅是随意的，而已经从有礼貌的听众变为被吸引的购买者了。这就是你与客户建立服务关系的基础，你可以通过向客户发送消息、新闻、娱乐和促销信息等来向客户发送实实在在的价值，以与他们建立服务关系。

4. 建立忠诚度

从参与到建立忠诚度与从随意的关系到真正的承诺一样。忠诚的客户或成员被你的公司完全吸引住了，他们是值得信赖、可以预测和有价值的。他们反复与你的公司进行交易，已经成为你的热心客户并会口头宣传你的公司，尽一切可能把你的公司告诉他们的朋友和同事。然后，你所面临的挑战就是确保客户永远被吸引。忠诚的客户已经与你的公司品牌建立了情感联系。

三、客户关系管理应用系统

要运用客户关系管理系统(CRM),就须对客户关系应用系统的基本模块有一个全面的认识。我们可以参照一下 Oracle 的 CRM 的主要模块。

(一)客户关系管理应用系统的实施内容

客户关系管理应用系统的实施内容包括以下几个方面。

1. 客户联系人管理

客户联系人管理主要包括：客户方联系人基本概况的记录、存储和检索；跟踪同客户的联系时间、联系经过与结果描述等，并可以把相关的文件作为附件以备检索；客户方各个职能部门的设置及其关系、客户方各职能部门关键人物在决策中的角色等信息。

2. 销售人员时间管理

销售人员时间管理主要包括日历功能、设计约会和访问活动计划。当这些活动之间有冲突时，系统会自动提示，进行事件安排，如洽谈、拜访、电话、信函、电子邮件和传真；查看客户关系管理团队中其他人的安排，把事件的安排通知相关的人，以免发生冲突。

3. 客户信息管理功能

客户信息管理功能主要包括客户基本信息、交易历史的记录；客户联系人的信息与变更情况；客户订单的输入和跟踪；销售建议书和销售合同的最后生成。

4. 潜在客户管理

潜在客户管理主要包括曾有的业务线索(如访问、联系、意见征询或接入的咨询电话等)的记录、升级，以及这些业务线索的分配；销售机会的评估、升级和分配；潜在客户的跟踪。

5. 客户服务

客户服务的主要功能包括：服务协议和合同；服务项目的快速录入、调度和重新分配；搜索和跟踪与某一业务相关的事件；生成服务事件报告和服务事件的升级；订单管理和跟踪；问题及其解决方法的数据库。

6. 电话营销和电话销售

电话营销和电话销售的主要功能包括：生成电话列表，并把它们与客户、联系人和业务建立关联；把电话号码分配给销售员；记录电话细节，并安排回电；电话录音，同时给出书写器，用户可做记录；通话统计和报告；自动拨号。

7. 呼叫中心

呼叫中心的主要功能包括：呼入和呼出的调度管理和电话处理；互联网回呼；电话转移和路由选择；报表统计分析；管理分析工具；通过传真、电话、电子邮件、打印机等自动进行资料发送。

8. 综合销售管理

综合销售管理意味着综合以上七项功能进行全面的管理：主要包括组织和浏览销售信息，例如客户概况、业务描述、联系人、交易时间、销售阶段、销售额、可能结束时间等；产生各销售业务的阶段报告，并根据企业所设计的标准评估业务所处阶段、交易成功的可能性、历史销售状况评价等信息，从而对销售业务进行指导；销售地域的重新设置和销售权限的重新分配，但同时保持对地域信息(如省市、邮编、行业、相关客户、联系人等)的维护；根据利润、领域、优先级、时间、状态等标准(这些标准的具体数值由使用系统的企业制定)，制定关于将要进行的销售活动方面的报告；提供类似 BBS 的功能，用户可把销售秘诀贴在系统上，还可以进行某一方面销售技能的查询；销售费用管理；销售佣金管理。

9. 整合传播管理

整合传播管理的主要功能包括：提供类似公告板的功能，可张贴、查找、更新营销资料，从而实现营销文件、分析报告等的共享；在进行营销活动(如广告、邮件、研讨会、网站、展览会等)时，能获得预先定制的信息支持；把营销活动与业务、客户、联系人建立关联；显示任务完成进度；跟踪特定公关事件，并安排新事件，如研讨会、会议等；关系营销的相关工作，例如客户信息储存、信函书写、批量邮件，并将这些信函或邮件与合同、客户、联系人、业务等建立关联。

10. 合作伙伴关系管理

合作伙伴关系管理的主要功能包括：对公司数据库信息设置存取权限，合作伙伴通过标准的 Web 浏览器以密码登录的方式对客户信息、公司数据库、与渠道活动相关的文档进行存取和更新；合作伙伴通过浏览器使用销售管理工具和销售机会管理工具，如销售方法、销售流程等，并使用预定义和自定义的报告；产品和价格浏览。

11. 系统运营信息管理

系统运营信息管理的主要功能包括：在站点上显示个性化信息；把一些文件作为附件粘贴到联系人、客户、事件概况等上；根据要求对竞争对手的 Web 站点进行监测，如果发现变化，会向用户报告；根据用户定义的关键词对 Web 站点的变化进行监视。

12. 智能化图表管理

智能化图表管理的主要功能包括：预定义查询和报告；定制用户查询和报告；以报告

或图表的形式查看潜在客户和业务可能带来的收入；通过预定义的图表工具进行潜在客户和业务的传递途径分析；将数据转移到第三方的预测和计划工具中；系统运行状态显示。

(二)客户关系管理应用系统的实施步骤

首先 CRM 的成功实施必须有一些前提和基础，其中最重要的是必须得到高层领导的理解和支持。一般情况下，企业的销售副总、营销副总或总经理本人应该是项目的支持者，他们为 CRM 项目设定明确的目标，并为项目提供达到目标所需的时间、资金和其他资源的支持。而且在项目的进行中，特别是遇到困难和问题时，仍要坚持对项目小组的激励和支持。

其次，CRM 的实施队伍应该是一个组织精良的团队。这个团队的成员不仅要对企业的业务流程和技术解决方案充分了解，而且要善于将技术与需要改善的特定问题联系起来，根据问题来选择合适的技术，而不是一味地调整流程来适应技术的要求。另一方面，小组成员还要擅长沟通，以使项目小组能掌握更多的事实。这样才能保证开发的 CRM 能最大程度适应本企业的需要，使用户更快地适应和接受未来的新业务流程。

第三，CRM 是一个全员项目。CRM 事实上并不是哪个项目小组的事，而是全员的工作。企业全体员工都要认识到客户关系管理系统的价值，并且身体力行，全力配合，才能使 CRM 项目成功推进。如果其中某些个人或群体消极对待，CRM 项目的价值将无法得到充分体现。例如，如果客户经理觉得客户资料并不重要，不愿详细录入也不愿及时更新，那么客服中心就无法取得正确的资料进行联络和分析；如果产品研发人员认为客户服务中心统计的客户意见不值得一提，那么新产品就无法融入真正的客户需要。

在这三个前提之下，CRM 项目实施的基本步骤如下。

1. 确立业务计划

企业要清楚地认识到自身对于 CRM 的需求，以及 CRM 将如何影响自己的商业活动。在准确把握和描述企业应用需求的基础上，企业应制订一份最高级别的业务计划，力争实现合理的技术解决方案与企业资源的有机结合。

2. 建立 CRM 团队

企业在 CRM 项目成立之后，应当及时组建一支团队。可以从每个拟使用 CRM 的部门中抽选出得力代表组建团队。为保证团队的工作能力，应当进行计划的早期培训和 CRM 概念的推广。

3. 分析客户需求，开展信息系统初建

CRM 项目团队必须深入了解不同客户的不同需求或服务要求，了解企业和客户之间的交互作用有哪些，以及人们希望它如何工作。客户信息的收集工作的初步建设就是建立客户信息文件，一般包括客户原始记录、统计分析资料和企业投入记录。企业应该根据自身

管理决策的需要、客户特征和收集信息的能力，选择不同的客户档案内容，以保证档案的经济性和实用性。

4. 评估销售、服务过程，明确企业应用需求

在清楚了解客户需求的情况下，对企业原有的业务处理流程进行分析、评估和重构，制定规范、合理的新业务处理流程。在这个过程中，企业应该广泛征求员工的意见，了解他们对销售、服务过程的理解和需求，并确保企业管理人员的参与。重构流程后，应该从各部门应用的角度出发，确定其所需各种模块的功能，并让最终使用者寻找出对其有益的及其所希望使用的功能。

5. 选择合适方案，投入资源全面开发，分段推进

企业在考虑软件供应商对自己所要解决的问题是否有充分的理解和解决的把握，并全面关注其方案可以提供的功能的前提下，选择应用软件和实施的服务商。然后，投入相应的资源推进软件和方案在企业内的安装、调试和系统集成，组织软件实施。

应该以渐进的方式实现 CRM 方案，因为这样企业可以根据其业务需求随时调整 CRM，而不会打断最终用户对系统的使用。所谓渐进的方式，是指分段地实现某一方案，当需要更多的功能时，再不断向系统添加，这样可以避免系统实现上的混乱。如有必要，可以针对某用户群进行测试，以确定新的功能是否必要和有效。这样通过在企业需要分部门地部署软件系统，然后才与其他应用系统集成。

6. 组织培训

企业应该针对 CRM 方案实施相应的培训，培训对象主要包括销售人员、服务人员以及管理人员。培训目的主要是使系统的使用对象掌握使用方法，了解方案实现后的管理与维护方面的需要，以使 CRM 能成功运行。

7. 使用、维护、评估和改进

企业通过使用新的系统，例如通过衡量管理绩效的数据监控体系、内部管理报表体系、决策数据及分析体系对企业经营状况作出分析。在此过程中，企业要与系统的供应商一起对系统应用的有效度进行评估，在使用中发现问题，对不同模块进行修正，不断提高其适用程度。

四、现代企业公共关系的内涵、基本要素和特征

(一)现代企业公共关系的内涵

现代企业公共关系的最新表述是：现代企业公共关系是现代企业在企业公共关系原则指导下，运用传播、沟通活动，了解和掌握企业环境变化趋势，协调公众关系，树立企业

信誉，塑造企业形象，以实现企业目标和创造企业最佳生存和发展环境的一种独特的现代企业管理职能。

现代企业公共关系的唯一目标就是树立良好的现代企业形象。要树立良好的形象确实不易。企业形象是社会公众对企业的整体印象和评价，它的好坏将直接关系到企业的命运和前途。企业总体形象的评价有两大指标：一是企业的美誉度，一是企业的知名度。理想的企业形象是企业的美誉度与知名度相结合的形象。

(二)公共关系的基本要素

公共关系的基本要素包括：社会组织、社会公众、管理工作和信息传播。

1. 社会组织

社会组织是公共关系活动的主体，即公共关系活动的组织者、承受者和执行者，有时也简称组织。

2. 社会公众

社会公众是公共关系活动的客体，即与公共关系活动主体发生联系及相互作用的组织和个人的总和。社会公众是公共关系活动主体开展公共关系活动的对象或指向，也就是做谁的公共关系工作，有时也简称公众。在公共关系活动中，社会公众始终处于不断变化之中，随着面临问题的产生、发展、巨变或解决而形成、变化、重视或自行消失。可变性是社会公众的基本特征。

3. 管理工作

管理工作是指公共关系活动的方法，即社会组织对其内部公众实施的沟通与教育工作和对其外部公众进行的协调、引导工作。

4. 信息传播

信息传播是指公共关系活动的手段，即社会组织与其社会公众之间进行的双向信息沟通，也可称为公共关系活动的媒介。

公共关系的四大要素互相依存、相互制约，并构成了公共关系的基本问题。

(三)现代企业公共关系的基本特征

现代企业公共关系的基本特征如下。

(1) 以公众为对象。现代企业公共关系的对象就是与现代企业生存与发展相关的各类公众。

(2) 以美誉为目标。就是树立良好的现代企业形象，即树立高美誉度和高知名度相结合的现代企业形象。

(3) 以互惠为原则。这是现代企业"双赢"本质的必然要求。

(4) 以长远为方针。现代企业要着眼于长远利益，不要贪图眼前利益而误大事。

(5) 以真诚为信条。这是现代企业能够长足发展的重要基础。

(6) 以沟通为手段。这是现代企业公共关系的必然选择，反映了现代企业公共关系谋求发展的基本思路。

五、现代企业公共关系的基本职能

现代企业公共关系的基本职能如下。

1. 塑造、传播企业的良好形象

在买方市场条件下，树立良好的企业形象是企业在市场竞争中的重要手段。知名企业、著名商标对消费者具有巨大的吸引力，在同样价格、同样功能的商品条件下，消费者总是首先选择知名企业的产品。正因如此，企业十分重视运用公共关系，通过塑造与传播良好企业形象感染、吸引公众，使公众支持企业行为。

2. 协调、发展企业与相关公众的良好关系

从企业公共关系的定义中可以看出，企业公共关系担负着协调与处理企业与相关公众的关系的重任。在分层的基础上，主动协调好企业内部的干群关系、工人关系、干部关系、部门关系及非正式群体关系，从而使企业内部各方面关系和谐，职工精诚团结，提高工作效率，改善职工精神状态，增强企业的凝聚力。另一方面妥善处理和协调好企业与用户、企业与政府、企业与协作者、企业与代理商的关系以及企业与其所在地区的关系。

3. 监测企业形象，处理企业危机

企业形象在市场竞争中具有举足轻重的作用。良好的企业形象对社会公众，特别是对消费者公众有巨大吸引力，是企业最宝贵的无形财产。塑造良好的企业形象需要企业全员的共同努力，要经过相当长的累进过程，有时甚至经历几代人的辛勤耕耘才能实现。

市场竞争充满风险，决策不当、管理不善、企业家素质不高均会导致危机的发生。因此，企业家在树立风险意识的同时也必须树立危机意识，建立防止危机产生的预警系统，发挥企业公共关系职能，搞好危机管理，为企业生产经营及维护良好的企业形象保驾护航。

4. 配合战略实施，减少经营阻力

企业经营战略是企业根据内外部环境及资源情况，为求得生存和长期发展对企业的发展目标以及达到目标的途径和手段的总体谋划，是企业经营思想的集中体现。其核心是企业使命和愿景。通过公共关系职能可以更好地对使命、愿景进行描述、被员工和顾客认同。

六、现代企业公共关系管理的步骤

现代企业公共关系管理包括以下四个步骤(四步工作法)。

1. 开展企业公共关系调研

开展企业公共关系调研的目的是为掌握足够的信息,了解企业所处的环境和公共关系状态,确定企业所面临的公共关系问题。这一工作步骤是其他企业公共关系工作的基础。

2. 制订企业公共关系计划

根据公共关系调研结果,确定企业公共关系目标,拟订企业公共关系策略,策划企业公共关系活动方案,制定工作程序及时间表。

3. 实施企业公共关系方案

依据企业公共关系计划和行动方案,逐步推广,以实现企业公共关系目标,最终实现总目标。

4. 检评企业公共关系效果

检评企业公共关系效果包括企业公共关系计划实施前的效果预测、模拟试验以及公共关系计划实施和实施后的效果检测与评估,目的在于有效控制计划的推行。根据检测和评估所得,对原计划进行调整,以实现企业公共关系活动的总目标。

第二节 延伸阅读：顾客满意度

一、顾客让渡价值模型

顾客价值理论是研究构成顾客价值的基本内涵和消费者评价顾客价值的基本标准的理论。消费者购买某一产品是为了获得一定的顾客价值,即其所得到的期望利益;而消费者会不会购买这一产品则取决于"顾客让渡价值",即顾客总价值(其获得的全部利益,包括产品价值、服务价值、人员价值和形象价值)与顾客总成本(其支付的全部成本,包括货币成本、时间成本、体力成本和精力成本)之间的差额(见图6-1)。当顾客让渡价值为正时,购买行为很有可能实现;顾客让渡价值为负时,购买行为则很难发生。

我们可以用下面的例子来说明顾客价值理论。假设一个住在郊区的主妇准备购买一台脱排油烟机时,她会面临这样的情况：一种她所喜欢的脱排油烟机,在其附近的商店里有售,同时她也知道在市中心这种脱排油烟机的价格比较便宜,而且款式也比较多。但是市中心的商店不肯送货和负责安装，而附近的商店则不仅负责安装，还能常年维修。主妇考虑再三，还是决定在附近购买。主妇作出购买决策的理由可以用顾客价值理论去加以说明：即如果市中心同类产品的价格比在附近购买便宜不了多少(如仅便宜 5%)，那么，主妇会认为她得到的顾客总价值(仅为产品效用)差异不大；而顾客总成本则因省却了运货、安装等时间、精力和体力成本，而大大低于在市中心购买的总成本，从而使顾客让渡价值增大，于是她会决定在附近购买。当然如果价格相差得比较大(如相差 20%以上)，主妇则会由于总成本差异大于总价值差异而仍然选择去市中心购买。因为那样顾客让渡价值不会增加而会减少。

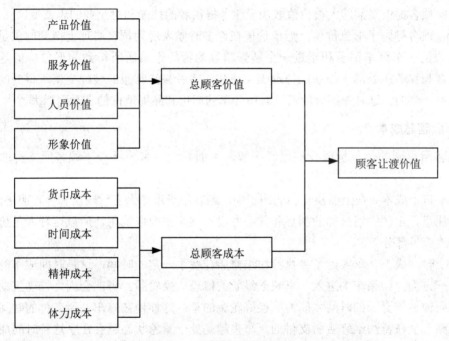

图 6-1　顾客让渡价值模型

顾客让渡价值模型被学界普遍接受是顾客行为研究在 20 世纪 80 年代后的又一次突破，这个概念说明了顾客对所谓"是否合算？是否划得来？"的判断细节，并对价值和成本作了更全面、深入的分析，从而将企业的注意力从产品和服务上吸引到了"价值"上。无论是有形商品的出售，还是无形服务的消费都可以用到这个最基本的概念。

1. 顾客总价值

单纯用有形产品来说明顾客总价值是比较简单的，但大多数消费行为是有形产品和服务产品兼而有之，例如一个轿车车主去某品牌的特约维修店换轮胎，他可以得到以下价值。

(1) 顾客得到了产品价值——一只新轮胎的使用价值。轮胎质量是否合格，以及各项性能高于标准水平的程度将决定产品价值的高低。

(2) 顾客得到了服务价值。顾客不需要去轮胎销售商处提货，而是在维修店得到了这只轮胎。这还不是最重要的，重要的是有人为他换好了轮胎并且作了校正。当然，服务价值的大小除了和换轮胎的技术有关外，还和耗时有关。

(3) 顾客得到了人员价值。人员价值的含义十分广泛，主要是指服务人员的可靠性、响应性、安全性和移情性。假设有一位年长的技师不仅在几分钟内换好了轮胎，并且向顾客讲述了造成轮胎破损的几种可能的原因。不仅如此，当老技师知道车主是个新司机时，还提醒他新司机经常犯的错误及因此会导致的严重后果。离开时，车主顺便问了一个有关汽车保养方面的问题，老技师给予了解答。那么这位车主所得到的人员价值是非常高的。是否能向顾客提供高额的人员价值取决于服务提供者的技能和对企业的忠诚度。

(4) 顾客得到了形象价值。形象价值在许多时候表现为顾客心理上得到的满足。顾客走进路边的一个修车铺子和走进一个装修精致的特约维修店所得到的形象价值是不一样的，顾客与穿着肮脏的工作服的修理工交谈和与穿着整洁制服的技师交谈所得到的形象价值也是不一样的。这种差别会随着顾客所开车的车价和品牌地位的上升而增大。

2. 顾客总成本

顾客所得到的全部价值我们已经了解，下面我们再来分析一下顾客所支付的成本的构成。

(1) 货币成本。在上面换轮胎的例子中，顾客用货币作为支付轮胎和修理服务的费用。但是请注意，上例中老技师的指导和关心并没有向车主收取费用。所以这种人员价值将是真正的"超值部分"。

(2) 时间成本。车主为了寻找特约维修店花费了一定的时间，这是时间成本的一个方面；另一方面，如果车主进入一家缺乏经验的修理店换轮胎，可能会因为修理工缺少经验和训练而使他等更长的时间才能得到换好轮胎的车。这样他在修车站所支付的时间成本就会远远高于他在特约维修店所支付的。车主越是处于紧急状态越会在乎这种时间成本。另外一种情况是，所需要修理的车必须耗时几天才能修好，甲维修店可以向急等用车的车主提供一辆备用车供其使用，而乙修车站却提供不了。这样顾客在甲维修店所付出的时间成本就低得多了。

(3) 精神成本。顾客可能在进维修店前，路过了一个社会修理厂或一个轮胎专卖服务店，他曾犹豫要不要去特约维修店修理。为了作出决策，他用心作了比较，这就是顾客付出的精神成本。在换上轮胎后，顾客就有了风险。假如他的轮胎是在路边一个修车摊换的，并且比平均价格便宜了许多，顾客可能就更担心新轮胎会不会有问题，这也是顾客的精神成本。所以，为了降低这种成本，大多数顾客更愿意去特约维修店或轮胎专卖店去换胎。另外，我们在服务的特性中已讨论过，服务无形性会带来购买风险的上升，顾客也常常出于降低风险的考虑，忠诚于某个维修店。此外，服务商在广告中对自己可以提供的服务品质或服务的时间作出承诺，也是为了降低顾客可感知的风险，从而降低他们的精神成本。

(4) 体力成本。顾客当然可以选择购买一个轮胎，然后自己把它换上，这样他就耗费了自己的体力。为了节省体力和降低风险，很多顾客选择了专业的技师来完成这项工作。

了解顾客价值理论，主要是要明白两点：①顾客在信息基本透明的情况下，会以顾客让渡价值的最大化作为购买决策的主要依据；②顾客的总价值和总成本都是包含多种因素的综合体，而不仅仅是产品效用和产品价格之间的比较。当明白了消费者会根据顾客的让渡价值来决定其购买行为，那么企业就应当主动对自己的顾客让渡价值进行测算和评估，并同竞争者的顾客让渡价值进行比较，以调整顾客的总价值和总成本，增强自己的竞争力。

二、顾客满意

顾客满意是指顾客通过对产品可感知的效果(或结果)与其期望值相比较后，所形成的愉悦或失望的感觉状态。顾客满意或不满意的感觉及其程度受以下四个方面的影响。

1. 产品和服务让渡价值的高低

顾客对产品或服务的满意会受到产品或服务的让渡价值高低的重大影响。我们在上一节已经讨论过，如果顾客得到的让渡价值高于他的期望值，他就倾向于满意，差额越大越满意；反之，如果顾客得到的让渡价值低于他的期望值，他就倾向于不满意，差额越大就越不满意。

2. 顾客的情感

顾客的情感同样可以影响其对产品和服务的满意的感知。这些情感可能是稳定的、事先存在的，比如情绪状态和对生活的态度等。非常愉快的时刻、健康的身心和积极的思考方式，都会对所体验的服务的感觉有正面的影响；反之，当顾客正处在一种恶劣的情绪当中，消沉的情感将被他带入对服务的反应，并导致他对任何细小的问题都不放过或感觉失望。

消费过程本身引起的一些特定情感也会影响顾客对服务的满意度。例如，中、高档轿车的销售过程中，顾客在看车、试车和与销售代表沟通过程中所表现出来的对成功的事业、较高的地位或是较好的生活水平的满足感，是一种正向的情感。这种正向情感是销售成功的润滑剂。从让渡价值的角度来看，这类顾客对形象价值的认定水平比一般顾客要高出许多，才会有这样的结果。

3. 对服务成功或失败的归因

这里的服务包括与有形产品结合的售前、售中和售后服务。归因是指一个事件感觉上的原因。当顾客为一种结果(服务比预期好得太多或坏得太多)而震惊时，他们总是试图寻找原因，而他们对原因的评定能够影响其满意度。例如，一辆车虽然修好，但是没有能在顾客期望的时间内修好，顾客认为的原因是什么(这有时和实际的原因是不一致的)将会影响到他的满意度。如果顾客认为原因是维修店没有尽力，因为这笔生意赚钱不多，那么他就会不满意甚至很不满意；如果顾客认为原因是自己没有将车况描述清楚，而且新车配件确实紧张的话，他的不满程度就会小一些，甚至认为维修店是完全可以原谅的。相反，对于一次超乎想象的好的服务，如果顾客将原因归为"维修店的分内事"或"现在的服务质量普遍提高了"，那么这项好服务并不会对提高这位顾客的满意度有什么贡献；如果顾客将原因归为"他们因为特别重视我才这样做的"或是"这个品牌是因为特别讲究与顾客的感情才这样做的"，那么这项好服务将大大提高顾客对维修店的满意度，并进而将这种高度满意扩张到对品牌的信任。

4. 对平等或公正的感知

顾客的满意还会受到对平等或公正的感知的影响。顾客会问自己：我与其他的顾客相比是不是被平等对待了？别的顾客得到比我更好的待遇、更合理的价格、更优质的服务了吗？我为这项服务或产品花的钱合理吗？以我所花费的金钱和精力，我所得到的比别人多还是少？公正的感觉是顾客对产品和服务满意感知的中心(注意同样的道理适用于内部员工满意)。例如，在1992年，西尔斯汽车中心受到来自44个州的受骗顾客的指控，因为该汽车中心对他们的汽车进行了不必要的维修。由于西尔斯雇员的报酬来自于维修车辆的数量，这就导致了对顾客收取了实际上并不必要的费用。西尔斯公司为平息控诉而花费的2700万美元以及其他额外的商业损失，皆是因为其顾客对所遭受的不公正待遇的强烈不满而造成的。

三、顾客满意度研究

顾客对企业的满意存在着程度上的区别，为了了解这种满意程度，企业可以通过以下四种方法进行满意度研究。

1. 顾客满意度专项调查

顾客满意度专项调查是指定期的调查，其一般原则与本书所介绍的市场调查的一般方法一致。通常情况下，公司在现有的顾客中随机抽取样本，向其发送问卷或打电话询问，以了解顾客对公司及其竞争对手在运营中各方面的印象。

满意度研究的问题类型通常采取等级型封闭式提问。例如：请问您对本公司的维修速度是否满意？(选项为完全不满意、不满意、尚可、满意、完全满意)。有三点必须说明：①上例所提供的选项是五个等级，也有企业和学者主张采用六个等级，以避免结论过于向中间等级集中，缺少倾向性。②上例中的选项用的是语意差别法，其实质是为了表达从最不满意到最满意的程度的差别。如果认为这样的表达容易引起理解上的歧义，也可以用图示法，即用一个有方向的横线加文字说明来表示程度的差别，这样可能更直观。③在有些调查中，为了得出最终得分，以便在不同受调查企业间作出比较，常以1~5分来区别五个等级。

2. 投诉和建议制度

企业常常为顾客抱怨、投诉和建议提供一切可能的渠道，做法各异。有些企业向顾客提供不同的表格，请他们填写喜悦和失望；有些企业在公共走廊上放置建议箱或评议卡，并出钱雇用一些顾客向其他顾客收集抱怨，西方的医院就经常采取这种方法来收集顾客的不满；有些企业通过热线电话或投资建设功能强大的呼叫中心来接受顾客的投诉电话，并且通过反应迅速的更正系统和新产品开发系统，从这些电话中找到产品(或服务)改进或市场开拓的机会。

3. 神秘顾客

有些公司花钱雇用一些顾客也包括公司的人员，有些服务行业的公司用内部人员(这些人往往是后台工作人员，他们与前台工作人员互不相识)，让他们装扮成顾客，亲身经历一般顾客在消费中所需要经历的全部过程，然后向公司报告公司及其竞争产品(或服务)所具有的优点和缺点。这些神秘顾客甚至会故意提出一些问题，以测试公司的销售人员、前台服务人员和抱怨处理人员能否作出适当的处理。

4. 研究流失的顾客

顾客之所以会离开公司，除了一些诸如搬家、突然遭遇经济上的变化等客观原因之外，大多数是因为顾客对公司不满，或是顾客不认为存在什么非得与该公司长期交易的理由。也就是说，有些公司可能因某些事情得罪了顾客，令其感到不满；而有些公司与其竞争对手相比，在留住顾客的努力上几乎没有什么特别之处，而将其顾客吸引走的那家公司则具备更为独到的做法。公司不仅要和那些离去的顾客对话，而且还必须想办法控制顾客流失率，而这些办法就来自于与流失的顾客的访谈之中。

四、满意与忠诚

感到满意的顾客都会再掏钱并成为忠诚顾客吗？满意程度和消费者忠诚是什么关系呢？

哈佛商学院的厄尔·萨塞同其学生弗雷德里克·莱希赫尔德的研究表明，顾客满意与顾客忠诚之间有高度的正相关关系，这种关系的取向会因为行业的不同而不同。20世纪80年代，施乐公司通过广泛的顾客研究发现，在顾客满意等级表上给施乐公司打5分(非常满意)的顾客比打4分(基本满意)的顾客再次购买施乐公司产品的可能性大6倍。

这一发现告诉我们：必须持续不断地提高顾客的满意度，增加完全满意的顾客的比率，才能使忠诚顾客的数量不断增多。尽管如此，客户满意(Customer Satisfaction，CS)理论并非要求企业绝对地追求顾客满意最大化。原因主要有三个方面：①企业提高利润还存在其他的途径，例如改进制造流程、通过研发改进产品等。②企业除了顾客还有许多利益攸关者，他们包括雇员、供应商和股东。如果增加了在提高顾客满意度方面的开支，就意味着原来用于提高其他利益攸关者的资金相对减少，这可能会导致这些利益攸关者的不满。③如果单纯追求顾客满意最大化，公司可能会采取降低售价或是增加供应物数量的做法，这样做导致的成本上升可能会抵消甚至超过高满意度所带来的利润，造成总体利润的下滑。所以，客户满意理论所倡导的实际上是在总资源一定的限度内，公司在保证其他利益攸关者至少能接受的满意水平的前提下，尽力提供一个高水平的顾客满意度。

五、实现挽留顾客

挽留顾客的一个基本做法就是实时监控和评估顾客与企业的关系的质量，例如采用每年一次的顾客关系调查来了解顾客的感知价值、质量和满意度，进而采取相应的挽留顾客策略。在竞争激烈的市场中，企业要实现挽留顾客，必须让顾客获得满意的质量和价值。客户关系管理系统所提供的顾客数据仓库和数据分析技术可以有效地辅助挽留顾客的实现。通过对数据库的分析，可以很容易地知道谁是企业当前的顾客、这些顾客的购买行为怎样、为公司创造的收益如何、相关的服务成本怎样、他们有什么样的偏好等信息。当顾客取消服务时，相关的信息也会保存在数据库中。基于这样的信息：美国万国宝通银行根据信用卡持卡人的消费模式和偏好，编制了 1349 个版本的信用卡会员通信，以满足特定顾客的需求和兴趣。通过提供顾客决策所需的信息，可以有效地提高顾客对企业的信任，培养高度的顾客忠诚，实现挽留顾客。毫无疑问，如果企业掌握了准确的顾客知识，并据此提供高质量的产品和服务，将大大提高挽留顾客的胜算。格雷芬和劳恩斯坦将挽留顾客的对象主要分为两种：牢固顾客和危险顾客。前者指的是那些曾经多次购买并且表现出五种忠诚特征中的一种或多种的顾客；后者指的是多种迹象表明在未来有可能发生流失或叛逃的顾客。对于牢固顾客，企业实现挽留的基本策略是，通过为顾客提供更高价值的产品或服务，培养顾客的忠诚度；而对于危险顾客，企业则应该积极地探寻顾客不满意的原因，针对存在的问题，采用服务挽救或其他措施，力争稳定这种危险关系，将顾客拉回企业的怀抱，避免顾客流失或叛逃。

贝里和普拉苏拉曼(Parasuraman)提出了挽留顾客的三个层次模型。

第一个层次，企业对顾客的吸引是通过物质的刺激，例如为大批量购买者或长期顾客提供价格折扣等。这些传统的销售促进活动也可以视为培养忠诚度的手段，主要是为那些不忠诚的品牌转换者提供短期的物质激励。尽管物质刺激的影响是短期性的，但事实上可能会影响长期品牌的树立，而且此类销售促进方式容易被竞争对手模仿，无法为企业带来

第六章　企业客户关系与公共关系管理

差别化的竞争优势。有证据表明，销售促进活动通过刺激顾客的品牌转换，能为公司赢得短期的销售增长。但是，既然不忠诚的顾客能够为一家公司的激励所吸引，他也就可能轻易地被竞争对手的刺激所吸引。

第二个层次，企业对顾客的吸引不仅通过价格刺激，而且还通过社会交往与顾客发展长期的关系。顾客被视为"客户"，企业的任务就是寻求对客户需求和想法的理解。服务被定制化以满足单个顾客的需求，企业也在尽力寻找与顾客接触的方式，以发展与客户之间的社会连接。在专业服务提供者和他们的客户之间，社会连接十分普遍。比如，当病人前来看牙时，牙医只需稍微浏览一下病人的档案，就能唤起对病人的职业、家庭、兴趣和牙疾史等的记忆，使得双方的交流更具亲切感。通过这种方式，牙医就能够建立起与病人之间的社会连接。不过，单单依靠社会连接也不足以实现对顾客的长期挽留，只是相对于价格刺激而言，社会连接更不易被竞争对手模仿。通常，如果顾客缺乏强有力的转换理由，社会连接便可以有效地促使顾客去维持现有关系。一般说来，社会连接与价格刺激(物质连接)并用，效果会更佳。

第三个层次的挽留顾客不仅包括前两个层次的物质连接和社会连接，还包括结构连接。这是一种能有效地提高顾客忠诚度和实行挽留计划的方法，许多公司采用这种手段将顾客牢牢地抓住。结构连接的概念最早由腾布尔(Turnbull)和威尔森(Wilson)提出，其含义是："如果某种关系结束，则顾客就会失去某种收益，或者由于关系改变的过程十分复杂，代价十分高昂，而使得关系的结束几乎不可能实现。"结构连接实质上是通过设置一种退出障碍，提高顾客的转换成本，将顾客与企业紧紧地联系在一起。比如，航空公司的频繁飞行奖励计划就是为了挽留顾客，如果顾客转换航空公司，则面临着失去免费飞行奖励的机会成本。但是，通过结构约束所建立起来的联系显然是不对称的，顾客在关系中处于被动和不利的地位。

通过市场细分，实施客户关系管理，建立客户关系管理中的顾客忠诚和挽留顾客，企业往往能获得长期优势。在培养顾客忠诚和实现挽留顾客的过程中，客户关系管理并不排斥采用物质刺激的方式，但更重视运用第二、三层次的社会连接和结构连接策略，采用竞争对手难以模仿的关系过程来培养顾客的忠诚度，实现基于顾客忠诚基础之上的挽留顾客，营造差别化竞争优势。客户关系管理观念强调，不同的顾客具有不同的价值，企业必须将最大的精力放在最有价值的顾客身上。在挽留顾客问题上也是如此。客户关系管理采用先进的数据库技术、知识发现技术、数据挖掘技术以及其他智能化分析工具来分析顾客的价值、购买模式、行为特征、偏好等方面的信息，使得挽留顾客和忠诚度培养更具有针对性和准确性，强有力地支持第二、三层次的挽留顾客的策略。可以这样说，客户关系管理对培养顾客忠诚和实现挽留顾客过程中所提供的数据支持远比以往任何时候都更有效。此外，客户关系管理强调"真正的顾客忠诚应该建立在合作互利、相互依赖和风险共担的基础之上，也只有这样的顾客忠诚才具有更大的稳定性和持久性，更能有效地实现挽留顾客"。

第三节 大案例与小故事

一、大案例

星巴克的客户关系

星巴克是一个奇迹，它可能是过去 10 年里成长最快的公司之一，而且增长势头没有丝毫减缓的迹象。自 1992 年在纳斯达克公开上市以来，星巴克的销售额平均每年增长 20%以上。在过去 10 年里，星巴克的股价上涨了 2200%。星巴克也是世界上增长最快的品牌之一，它是《商业周刊》"全球品牌 100 强"最佳品牌之一，其品牌价值与上年相比增长 12%，是为数不多的在如此恶劣的经济环境下仍能保持品牌价值增长的公司。

不过，星巴克品牌引人注目的并不是它的增长速度，而是它的广告支出之少。星巴克每年的广告支出仅为 3000 万美元，约为营业收入的 1%，这些广告费用通常用于推广新口味咖啡饮品和店内新服务，譬如店内无线上网服务等。与之形成鲜明对比的是，同等规模的消费品公司的广告支出通常高达 3 亿美元。

星巴克成功的重要因素是它视"关系"为关键资产，公司董事长舒尔茨一再强调，星巴克的产品不是咖啡，而是"咖啡体验"。与客户建立关系是星巴克战略的核心部分，它特别强调的是客户与"咖啡大师傅"的关系。

舒尔茨认识到"咖啡大师傅"在为客户创造舒适、稳定和轻松的环境中的关键角色，那些站在咖啡店吧台后面直接与每一位客户交流的吧台师傅决定了咖啡店的氛围。为此，每个"咖啡大师傅"都要接受培训，培训内容包括客户服务、零售基本技巧以及咖啡知识等。此外"咖啡大师傅"还要预测客户的需求，并在解释不同的咖啡风味时与客户进行目光交流。

认识到员工是向客户推广品牌的关键，星巴克采取与市场营销基本原理完全不同的品牌管理方式。星巴克将在其他公司可能被用于广告的费用投资于员工福利和培训。1988 年，星巴克成为第一家为兼职员工提供完全医疗保险的公司。1991 年，它又成为第一家为兼职员工提供股票期权的公司，星巴克的股票期权被称为"豆股票"(bean stock)。在舒尔茨的自传《星巴克咖啡王国传奇》中，他写道："'豆股票'及信任感使得职员自动、自发地以最大热忱对待客人，这就是星巴克的竞争优势。"星巴克的所有员工，不论职位高低，都被称为"合伙人"，因为他们都拥有公司的股份。

星巴克鼓励授权、沟通和合作。星巴克公司总部的名字为"星巴克支持中心"，这表示对于那些在星巴克店里工作的"咖啡大师傅"们来说，公司管理层的角色是为他们提供信息与支持。星巴克鼓励分散化决策，并将大量的决策放到地区层面，这给员工很大的激励。许多关键决策都是在地区层面完成的，每个地区的员工就新店开发与总部密切合作，

第六章 企业客户关系与公共关系管理

帮助识别和选定目标人群，他们与总部一起完成最终的新店计划，保证新店设计能与当地社区文化一致。星巴克的经验显示，在公司范围内沟通文化、价值和最佳实践是建立关系资产的关键部分。

另外，客户在星巴克消费的时候，收银员除了品名、价格以外，还要在收银机输入客户的性别和年龄段，否则收银机就打不开。所以公司可以很快知道客户的消费的时间、消费了什么、金额多少、客户的性别和年龄段等。除此之外，公司每年还会请专业公司做市场调查。

星巴克也通过反馈来增强与客户的关系。每周，星巴克的管理团队都要阅读原始的、未经任何处理的客户意见卡。一位主管说："有些时候我们会被客户所说的吓一跳，但是这使得我们能够与客户进行直接的交流。在公司层面上，我们非常容易失去与客户的联系。"

星巴克将其关系模型拓展到供应商环节。现在，许多公司都将非核心业务剥离，这使得它们与供应商的关系变得极其关键，特别是涉及关键部件的供应商。有些公司把所有完成的交易都视为关系，但是真正优秀的公司都认识到，在商业交易和真正的关系之间存在着巨大的差别，即是否存在信任，它们都投入大量的资源去培养与供应链上的合作伙伴之间的信任。

星巴克倾向于建立长期关系，它愿意通过与供应商一起合作来控制价格，而不仅仅是从外部监控价格，它投入大量的时间与金钱来培育供应商。在星巴克看来，失去一个供应商就像失去一个员工，因为你损失了培育他们的投资。星巴克对合作伙伴的选择可以说非常挑剔，但一旦选择过程结束，星巴克就非常努力地与供应商建立良好的合作关系。第一年，两家公司的高层主管代表通常会进行三到四次会面，之后，每年或每半年进行战略性业务回顾以评估这种合作关系。产品和产品的领域越重要，参与的主管级别就越高。

思考题

1. 星巴克的客户理念是怎样的？
2. 星巴克是怎样管理客户关系的？

二、小故事

小故事(一)

乔·吉拉德认为，卖汽车，人品重于商品。一个成功的汽车销售商，肯定有一颗尊重普通人的爱心。他的爱心体现在他的每一个细小的行为中。有一天，一位中午妇女从对面的福特汽车销售商行，走进了吉拉德的汽车展销室。她说自己很想买一辆白色的福特车，就像她表姐开的那辆，但是福特车行的经销商让她过一个小时之后再去，所以先过这儿来瞧一瞧。"夫人，欢迎您来看我的车。"吉拉德微笑着说。妇女兴奋地告诉他："今天是我55岁的生日，想买一辆白色的福特车送给自己作为生日的礼物。""夫人，祝您生日快乐！"吉拉德热情地祝贺道。随后，他轻声地向身边的助手交代了几句。

吉拉德领着夫人从一辆辆新车面前慢慢走过，边看边介绍。在来到一辆雪佛莱车前时，他说："夫人，您对白色情有独钟，瞧这辆双门式轿车，也是白色的。"就在这时，助手走了进来，把一束玫瑰花交给了吉拉德。他把这束漂亮的花送给夫人，再次对她的生日表示祝贺。那位夫人感动得热泪盈眶，非常激动地说："先生，太感谢您了，已经很久没有人给我送过礼物。刚才那位福特车的推销商看到我开着一辆旧车，一定以为我买不起新车，所以在我提出要看一看车时，他就推辞说需要出去收一笔钱，我只好上您这儿来等他。现在想一想，也不一定非要买福特车不可。"

后来，这位妇女就在吉拉德那儿买了一辆白色的雪佛莱轿车。正是这种许许多多细小行为，为吉拉德创造了空前的效益，使他的营销取得了辉煌的成功。

小故事(二)

有一家食品店在经济萧条时期苦苦支撑，濒临倒闭。为了挽救这种局面，店主想出了一个绝好的办法。他命人去苹果产地预先订购了一批苹果，在成熟以前用标签贴在苹果上。在苹果完全变红之后，揭下标签纸，就会留下了一片空白。老板准备在这苹果身上大做文章。

他从自己的客户名单中选出大约 200 名订货数量较大的客户，把他们的名字用油性水笔写在透明的标签纸上，请人一一贴在苹果的空白处，然后随货送给客户。结果几乎所有的客户都对这种苹果感到惊讶并受到感动，因为客户认为商店真的把他们奉为上帝并且放在心间。很快，周围的小店终于无力支撑而倒闭，这家食品店销量大增，顾客盈门，而且还扩大了规模。

小故事(三)

吴美霞，2002 年 3 月进职青岛海景花园大酒店，2004 年 12 月提升为客房部迎宾楼班组主管，2010 年 3 月因业绩突出被提拔为酒店客房一部经理助理至今。吴美霞助理在平常的对客服务和管理工作中，时刻不忘五字方针，正式在五字方针的指引下，她捕捉并创造了一个又一个让顾客欣喜感动的故事。

2009 年 4 月 9 日，吴美霞在检查 4509 房间时，看到居住的是两位女士因而将浴袍换成两件女士的；客人喜欢吃水果，便为客人预备了些，并预备了黄瓜和小西红柿；看到客人有自带的化妆品放到大理石台面上，便为客人展上了化妆品垫布；10 日在整理房间时，看到房间内有一双穿过的袜子，在长条桌下面放着，便帮客人洗干净，并烘干，得知其中的一名客人过生日，便在房间内挂了彩灯，并放了生日快乐的影碟，而且在餐桌用花瓣摆成生日快乐的字样；这些举动让客人热泪盈眶，很是感动。最终两位客人留言以表感谢。

小故事(四)

《商君书》记载，商鞅准备在秦国变法，制定了新的法律。为了使百姓相信新法是能够坚决执行的，他便在京城南门口竖了一根木头，对围观者说："谁要能将这根木头从南门搬到北门，就赏他五十两银子！"大多数人都不相信有这等好事，怕商鞅的许诺不能兑现，就在大家犹豫不绝时，有一个人却扛起木头，从南门一直走到北门。商鞅当场兑现，赏给他五十两银子。这样一来，人们都相信商鞅说的话是算数的，在他推行所立的新法的时候人们就遵守了。

我国古人很讲究言不在多，但必须守信的道理，因为守信就能得到人们的信任。一般老百姓讲不讲信用，只是关系到人际关系；而政治家、军事家讲不讲信用，则关系到治国、治军的大事。

第四节　素　质　拓　展

一、思考题

(1) 结合引例，你认为客户关系管理的实质是什么？
(2) 如何培养客户的忠诚度？
(3) 如何进行顾客满意度调查？

二、辩论

(1) 题目：顾客就是上帝
(2) 目的：
① 掌握顾客关系的基本理论。
② 培养学生在思维碰撞中学习思辨的能力。
(3) 具体要求：
① 将全班同学分成正方与反方若干小组(限 5 人一组)进行辩论。
② 正方坚持"顾客就是上帝"立场论述。
③ 反方联系具体案例，举例说明顾客像小孩，是需要哄骗和教育的，以皮来反驳正方观点。
④ 正反双方在辩论中，既要回答对方的提问，也要向对方提出疑难问题，要求答辩。
⑤ 正反双方举例鲜明生动，并形成书面辩论资料，呈报老师或评委。

三、论创业素质

关于谋略

楚霸王之所以不值得人们同情，一在于他有勇无谋，二在于他有妇人之仁。商场如战场，一个有勇无谋的人，早晚会成为别人的盘中餐。

可口可乐成功的 30 条法则，条条光明正大，那是因为它做到了现在这么大，如果它当初创业时就推出了 30 条法则，恐怕早就被敌人吃掉了。

创业是一个斗体力的活动，更是一个斗心力的活动。创业者的智谋，将在很大程度上决定其创业成败。尤其是在目前产品日益同质化、市场有限、竞争激烈的情况下，创业者不但要能够守正，更要有能力出奇。

奥普浴霸现在是国内浴室取暖产品的第一品牌。其创始人杭州奥普电器有限公司董事长方杰，在 1993 年将浴霸产品引入中国时，国人尚没有在浴室吊顶的概念。方杰想了一个办法，将浴霸定位为时尚产品，并且专门针对那些二十来岁的漂亮姑娘进行营销。方杰的说辞是："我是国外留学回来的海归派。在国外作为一个白领能不能在家洗个澡，是一个时髦的生活方式，是你家里面生活状态的一个标志。"海派小姑娘的标志，就是崇洋媚外，瞧不起"自己人"，如果有任何东西，能够将她们同周围土里土气的"自己人"区分开来，她们愿意付出任何代价。方杰就巧妙地利用了上海人的这种"海派"心理，将奥普浴霸在上海滩一炮打响。

现在很多人很佩服冯仑，觉得这个人能做能侃，很了不起。冯仑不是有了钱才有本事，他是因为有了本事才有了钱。1991 年，冯仑和王功权南下海南创业的时候，兜里总共才有 3 万块钱。3 万块钱要做房地产，即使是在海南也是天方夜谭。但是冯仑想了一个办法。信托公司是金融机构，有钱。他就找到一个信托公司的老板，先给对方讲一通自己的经历。冯仑的经历很耀眼，对方不敢轻视；再跟对方讲一通眼前商机，自己手头有一单好生意，包赚不赔，说得对方怦然心动；然后提出：不如这样，这单生意咱们一起做，我出 1300 万元，你出 500 万元，你看如何？这样好的生意，对方又是这样一个人，有这样的经历，有什么不放心？好吧！于是该老板慷慨地甩出了 500 万元。冯仑就拿着这 500 万元，让王功权到银行做现金抵押，又贷出了 1300 万元。他们就用这 1800 万元，买了 8 幢别墅，略作包装一转手，赚了 300 万元，这就是冯仑和王功权在海南淘到的第一桶金。冯仑的说法："做大生意必须先有钱，第一次做大生意又谁都没有钱。在这个时候，自己可以知道自己没钱，但不能让别人知道。当大家都以为你有钱的时候，都愿意和你合作做生意的时候，你就真的有钱了。"冯仑初到海南，尽管没钱，也一定要将自己和公司上下都收拾得整整齐齐，言谈举止让人一眼看上去就是很有实力的样子。

吴敬琏写过一篇文章《何处寻找大智慧》，对创业者来说，无所谓大智慧小智慧，能把事情做好，能赚到钱就是好智慧。京城白领没有几个没有吃过丽华快餐的，京城的大街小巷，经常能看见漆着丽华快餐标志的自行车送餐队。丽华快餐由一个叫蒋建平的人创立，起家地是江苏常州，开始不过是常州丽华新村里的一个小作坊，在蒋建平的精心打理下，很快发展为常州第一快餐公司。几年前，当蒋建平决定进军北京时，北京快餐业市场已近饱和。蒋建平剑走偏锋，从承包中科院电子所的食堂做起，做职工餐兼做快餐，这样投入少而见效快；由此推而广之，好像星火燎原，迅速将丽华快餐打入了北京市。假如蒋建平当初进入北京，依循常规，租门面，招员工，拉开架式从头做起，恐怕丽华快餐不会有

第六章　企业客户关系与公共关系管理

今天。

　　谈到商业谋略，梁伯强是最令人敬佩的一个。梁伯强想做指甲钳，在国内却找不到过硬的技术，找来找去，他发现韩国人在这方面行，技术好。可是韩国人一向抠门，对自己的技术看得很严。公开向韩国人讨要技术肯定不行，出钱买人家也未必肯卖。为了从韩国人那里偷师学艺，梁伯强想了一个"曲线救国"的办法。第一步，他先想办法成为韩国人的代理商，为其在中国内地批发销售指甲钳。这样既建立了自己的指甲钳销售网络，又取得了韩国人的信任。第二步，在取得韩国人的信任后，梁伯强便开始找借口，说韩国人的货这不行哪不行，质量不过关，产品老崩口，天天找韩国人的麻烦，把自高自大的韩国人气得不行。最后为了证明自己的产品质量过关，韩国人竟在一怒之下，将产品生产材料和工艺流程都告诉了他。梁伯强一听大喜过望，立刻自己开打，"非常小器·圣雅伦"于是呼啸出山，一亮相就获得满堂彩。

　　梁伯强偷艺的故事，不禁让人想起华人第一首富李嘉诚。李嘉诚当年未发迹时，为了获得塑料花的生产工艺，也曾到意大利演了这么一出。看来，财富强人有时在财富智慧上也是惊人相似。

　　谋略或者说智慧，时时贯穿于创业者的每一个创业行动中。王传福做比亚迪，别人都是用整套的机器代替人力，他偏偏反其道而行之，用大量的人力代替机器，只在不得不用机器的少数几个环节才使用少量的机器。原因在于，王传福知道，作为一个劳动力供应的大国，中国工人的人力成本远低于购置成套机器设备的成本。使用人力代替机器，虽然使比亚迪的工厂变得不那么好看，显得不那么现代化，但却使比亚迪的生产成本一下子就降了下来，竟低于主要竞争对手日本人 40%。凭借价格优势，比亚迪在世界市场横扫千军，将日本人打得稀里哗啦。王传福也在短短数年之内，积累了巨量的财富，进入了《福布斯》中国富豪榜，2002 年排名第 41 位。

　　对于创业者来说，智慧是不分等级的，它没有好坏、高明不高明的区别，只有好用不好用，适用不适用的问题。总结创业者的智慧，不外乎不拘一格，出奇制胜。作为创业者，你的思维是否至今依然因循守旧？

第三篇　企业资源管理

第七章　现代企业人力资源管理

引例　"何慕事件"的幕前幕后①

1995年1月9日，距大寒仅十来天的东方大都会上海，寒流之中忽然卷来一股热浪，让见多识广的上海人惊讶不已。

这天，在发行量超过80万份、以文化气息浓厚深得中国知识分子喜爱的《文汇报》上，出现这样一则广告：醒目的黑底空心横批"招聘市场部经理一名，年薪50万"，落款是一家上海人未曾听说过的企业——浙江天翁保健品有限公司。广告注明招聘事宜"经上海市人事局批准同意社会公开招聘"，其可信度应是确凿无疑的。

1月10日，上海的《解放日报》也在一版明显的位置刊登了与《文汇报》相同内容的招聘广告。

据了解，50万年薪招聘人才的点子的直接创意和作者就是天翁公司老总孙尧忠。他曾在某电视台非常得意地说："何慕来应聘值10万，这个点子就值40万。"

孙尧忠是何许人也？天翁公司是一家怎么样的企业呢？

孙尧忠，1961年生，高中文化程度，浙江上虞市松厦镇人，1988年从部队转业，接管上虞县织造厂并亲自创办浙江天翁总公司至今。1994年8月，经过大量的市场调研、预测和多方调查，天翁公司投资1100万元创办了浙江天翁保健品有限公司，将下属的9家企业分别冠以"天翁"名称，并与上海生物化学制药厂、杭州商业食品研究单位合作，开发出现代高科技产品——天翁多糖营养液、开胃饮料、玉米粥、太空水等系列产品。凭着雄厚的技术力量和先进的生产设备及高素质的市场营销人员，产品逐渐走俏。

孙尧忠1994年雄心勃勃地说："争取1995年的产值达到2亿元，在增加两条流水线的1996年争取销售额达到3亿元，1997年时销售额突破5亿元大关，要将天翁公司办成一个现代化的大型企业集团。"

了解了天翁公司的如此创业历程与未来的发展雄心，可能就不难理解他们50万元年薪

---

① 资料来源：清华大学领导力项目培训网转载自《世界经理人》。

招聘人才的惊人之举了。

当 108 份人才档案堆在孙尧忠面前后，惊喜之余，他有点不知所措——他觉得每个人才都是不忍舍弃的。他在上海闭门谢客，一连数天，对每份档案材料仔细地研究分析。之后，又设法与这些应聘者逐一见面，当场考核。初次面试，大约有 50 多名入围。天翁公司已准备拓展全国市场，在原有 4 个营销部的基础上组建南方、中原和东北市场。因为这次招聘的是天翁公司全国市场部经理，统筹全国各营销部的营销策划，故还请入围者与各市场部经理切磋交流，遴选出 10 名候选人。这 10 名候选人组成考察团赴北京、上海、武汉和杭州等地进行实地考察后，递交了一份全国市场工作总体计划，经各市场部经理及专家组综合审查，选出了 3 名最佳候选人。据说，整个招聘过程，自始至终置于上海企业界、经济理论界权威人士组成的专家组的监审之下。

1995 年 4 月 14 日，何慕与其他两名候选人一同出现在电视台直播现场。他们在专家答辩会上，就国际市场营销策略等问题进行了阐述、答辩，然后由专家当场打分，何慕得了最高分，公证人员当场进行了公证。于是，50 万元年薪的总经理诞生了。

何慕，1965 年生，黑龙江佳木斯人，上海复旦大学经济系毕业，在校时任校学生会干部，毕业后曾在上海霞飞公司、康美公司、天津康泰公司做过营销工作。

招聘工作虽然结束了，但新闻界、经济界、理论界的评论风起云涌，一浪高过一浪。请看那段时间有关招聘事件的一些文章标题：《"天翁"此举值得商榷》、《50 万元能买到人才吗？》、《是起哄还是求贤若渴？》……

1995 年 10 月 4 日，春风得意的何慕在毫无思想准备的情况下，突然接到以上虞市长生发展总公司的名义发出的免职通知书。免职书不是当面交给他的，而是两份传真。文件中说："决定免去何慕同志全国市场部部长的职位，发文后即生效。""何慕同志在担任市场部部长期间因管理失职、决策失误，本公司将按公司规定追查其经济责任。"

有趣的是，当初招聘的是经理而招聘书及任职文件的抬头是上虞市长生发展公司，落款却是天翁公司，而实际招聘单位按《文汇报》广告显示是浙江天翁保健品有限公司。到底是谁在招？谁在聘？谁在解聘？人们被这几个文件搞糊涂了。

10 月 7 日，神情颓丧的何慕出现在杭州市两家电视台的屏幕上，将被解聘的消息向观众作了公布。

对何慕的"管理失职、决策失误"，孙尧忠坦率而具体地向人们作了解释：天翁公司的系列饮品面向全国，必须有一位走全国一盘棋的能人，一年花 50 万元聘一位人才能获得几千万元的销售额怎么不值？解聘何慕的原因最主要有两个。第一个原因是何慕上任后在杭州的销售储存额不足 100 万元，9 月份只有 1.7 万元，而温州却近 200 万元，苏南市场发货达 110 万元，仅广告费开支就达 32 万元，而返还款只有 17.8 万元，9 月份的销售额只有 3 万元。这让人们记起何慕当时在竞聘答辩会上的慷慨陈词："我将尽自己全部的能力、智商和精力来证明自己。"他当时的承诺是年销售额为 6000 万元。可惜 6 个月后没能兑现，显然，并不理想甚至与天翁公司期望值相去甚远的经济效益，导致了何慕被解聘的结果。

第七章　现代企业人力资源管理

如果说以上事实使天翁公司对何慕的能力产生怀疑，那么，第二个原因使天翁公司对何慕的人品也产生了怀疑。

8月，何慕以每片0.18元的价格在一个体户那里订了价值8万元的"天翁餐饮纸"，而孙尧忠认为这种餐饮纸充其量只能是每片0.10元。9月，何慕未同公司和部里的人打招呼，开车去了苏南、上海，一走十来天。在这几天中，天翁公司无奈作出两项决定：停止给何慕发货，除非上批贷款返回；免去何慕的职务。

10月10日下午，在杭州星建国际商务律师事务所内，何慕接受众人采访时说，至今还不明白总公司为何要解聘他。对天翁公司关于解聘原因的陈述，何慕表示非常惊讶，认为开拓苏南市场是成功的。对天翁公司出具的一些数字，何慕表示怀疑，但数字到底如何？他认为"需要重新查实"。至于做餐饮纸一事，何慕说："是我同意让部里的人办的。我跑了5家工厂，最低的是每片0.19元。怎么能这样怀疑人呢？"何慕认为，由此可见总公司给他的自由度有多大，连这样的事也生疑，全国市场还怎么打开？

总结从应聘到被解聘的教训，何慕申辩道："我是被竞聘的气氛所感染，为自己能遇上这样一个千载难逢的机遇而兴奋。我是在这样的氛围烘托下茫然进入角色的。我犯了一个致命的错误，在50万元年薪的诱惑下，缺乏对天翁公司的必要了解，除了厂房外，我对这家企业的管理风格知之甚少。"

而孙尧忠对何慕的评价是："这个人有两个特点。第一他特别能说，他编写的市场规划制度比谁都漂亮，这点我佩服；第二他办事不讲效率、拖拖拉拉，很多事拖着不办。何慕如果真有本事，他卖出多少箱天翁营养液，我就给他全部利润。如果能获利润50万元，我一分也不要，全部给他。现在他非但没有为我们创造利润，反而白白浪费了几百万元的广告费。"

天翁事件的一切焦点集中在50万元年薪上，并由此产生了其他问题。当何慕被解聘后，他不得不面对这个问题。

何慕说："不是我的我不拿。是我的不去拿也是对自己不负责。"他透露，除了8月下旬一次性领取8万元以外，再没有拿到一分钱的工资。他说："此前孙尧忠叫我每月到财务科领2000元，我拒绝了。"而天翁公司则表示，总公司于10月9日如期召开董事会，决定按50万元年薪付给何慕，从4月10日算起是25万元，但必须对何慕管理的账目进行清理后才能支付工资。

尽管天翁公司已表示了按50万元年薪支付的意愿，而何慕还是感到被解聘的委屈。他聘请了律师，并上诉杭州市中级人民法院，起诉天翁公司侵权。因《劳动法》规定劳动争议发生后，只有先经仲裁才可以向法院起诉，故绍兴中级法院建议何慕通过劳动仲裁部门解决。

上虞市劳动争议仲裁委员是在10月23日接到何慕的申诉状的。何慕在申诉状上要求天翁公司立即支付申请人工资236 986元及利息，支付申请人被扣发工资的赔偿费用59 245元，支付申请人赔偿金236 986元。上虞市仲裁委员会在调查取证后认为，双方当事人虽未签订过劳动合同，但事实劳动关系成立，申诉方何慕在担任被诉方全国市场部经理之职期间，因年薪工资双方原有约定，并对任职期间按 50 万元年薪如实支付均无异议，予以认定。申诉方提出的 59 264 元赔偿费用以及 236 986 元赔偿金的申诉请求，因依据不足，不予认定。

上虞市劳动争议委员会仲裁庭作出以下调解协议：①双方同意申诉人工资按实际任职时间从今年 4 月 20 日到被诉方的免职决定日止，前后计 5 个月 15 天，按每月工资 41 667 元计算，共应支付 229 168.50 元。②双方同意申诉人实得工资在仲裁调解书送达之日起 4 天内一次性支付。③本案受理处理费 180 元，由双方各承担一半。

11 月 27 日下午 4 点 20 分，双方在调解书上签字，似乎都松了一口气，握手道别。

"何慕事件"就此收场了。但它是否像一些人所评论的"是一场让人啼笑皆非的肥皂剧"？它能否对中国发展中的人才市场提供更多的借鉴和思考？请读者自己去评论。

第一节 知识清单

一、人力资源规划

(一)人力资源规划的含义

人力资源规划实质上就是在预测未来的组织任务和环境对组织要求以及为完成这些任务和满足这些要求而提供人员的管理过程。人力资源规划是组织的人力资源供给和需求的平衡过程。具体的人力资源规划工作有：①分析企业战略对人力资源规划的影响；②企业人力资源数量的供需预测；③与其他规划的协调。

(二)人力资源规划的内容

人力资源规划的主要内容包括五个方面：晋升规划、补充规划、培训开发规划、调配规划、工资规划。

(三)人力资源规划的过程

人力资源计划的整个过程大致可以分为六个步骤，如图 7-1 所示。前三个步骤分别是在组织战略规划框架之下编制人力资源计划、招聘员工、选用员工，这一阶段的结果是要发掘有能力的人才并加以选用。后三个步骤分别是职前引导、培训员工、职业生涯发展，这三项活动是为了确保组织既能留住人才又能使员工技能得以更新，符合未来的组织发展要求。上述程序均会受到来自于政府政策和法律的约束。

图 7-1 人力资源管理的程序图

(四)人力资源规划中的人员配备原则

合理用人、用好人才，是组织生存和发展的重要环节之一，也是衡量人力资源计划是否有效的一个重要标准。因此，在编制和实施人力资源计划过程中必须坚持以下几个重要的人员配备原则：因事择人原则；因才施用原则；用人所长原则；人事动态平衡原则。

二、工作分析

在人力资源管理中，工作分析、工作说明书与工作规范的设计是一项非常重要的工作。工作分析是确定完成各项工作所需的技能、责任和知识的系统过程，它是一种重要而普通的人力资源管理技术。

(一)工作分析的主要内容

国外人事心理学家从管理的角度提出了著名的工作分析公式，把工作分析所要研究的主要内容归纳为6W1H，即做什么(What)、为什么做(Why)、用谁做(Who)、何时做(When)、在哪里做(Where)、为谁做(Who)、如何做(How)。

1. 做什么(What)

"做什么"是指所从事的工作活动。主要包括：
(1) 任职者所要完成的工作活动是什么？
(2) 任职者做这些工作活动会产生什么样的结果或产品？
(3) 任职者的工作结果要达到什么样的标准？

2. 为什么做(Why)

"为什么做"表示任职者的工作目的，也就是这项工作在整个组织中的作用。主要包括：
(1) 做这项工作的目的是什么？
(2) 这项工作与组织中的其他工作有什么联系？对其他工作有什么影响？

3. 用谁做(Who)

"用谁做"是指对从事某项工作的人的要求。主要包括：

(1) 从事这项工作的人应具备什么样的身体素质？
(2) 从事这项工作的人必须具备哪些知识和技能？
(3) 从事这项工作的人至少应接受过哪些教育和培训？
(4) 从事这项工作的人至少应具备什么样的经验？
(5) 从事这项工作的人在个性特征上应具备哪些特点？
(6) 从事这项工作的人在其他方面应具备什么？

4. 何时做(When)

"何时做"表示在什么时间从事各项工作活动，主要包括：
(1) 哪些工作活动有固定时间？在什么时候做？
(2) 哪些工作活动没有固定时间？应如何安排？

5. 在哪里做(Where)

"在哪里做"表示从事工作活动的环境。主要包括：
(1) 工作的自然环境，包括地点(室内与户外)、温度、光线、噪音和安全条件等。
(2) 工作的社会环境，包括工作所处的文化环境(例如跨文化的环境)、工作群中的人数、完成工作所要求的人际交往的数量和程度、环境的稳定性等。

6. 为谁做(Who)

"为谁做"是指在工作中与哪些人发生关系，发生什么样的关系。主要包括：
(1) 工作要向谁请示和汇报？
(2) 向谁提供信息或工作结果？
(3) 可以指挥和监控何人？

7. 如何做(How)

"如何做"是指任职者怎样从事工作活动以获得预期的结果。主要包括：
(1) 从事工作活动的一般程序是怎样的？
(2) 工作中要使用哪些工具？
(3) 操纵什么机器设备？
(4) 工作中所涉及文件或记录有哪些？
(5) 工作中应重点控制的环节有哪些？

从工作分析的产生、发展过程来看，工作分析包含两方面的内容。①工作岗位本身的信息。它主要确定工作岗位的内涵，即职务名称、工作地点、工作任务、工作职责、工作权限、工作对象、劳动资料、工作环境及本工作岗位与相关工作岗位之间的联系和制约方式等。表达这些信息的人事文件被称作工作描述(Job Description)。②本岗位的人员特征即任职资格的信息。工作分析应包含工作岗位对员工的要求根据工作岗位自身的特点，工作

第七章 现代企业人力资源管理

岗位会要求在本岗位工作的员工应该具备的知识水平、工作经验和身体状况等资格条件。表达这些信息的人事文件通常被称为岗位规范(Job Specification)。

(二)工作分析的作用

1. 工作分析的主动性使组织的结构合理

工作分析就像建筑业的概算师(预算师),概算出一座建筑需要多少石、砖、水泥、沙、木,需要多少人工,以及它们之间的结构比例及"质"的规定等。企业工作分析根据企业的性质及状况主动策划企业的组织机构层次,分析企业是适合金字塔式的多层次组织机构,还是适合扁平式"中层革命"的组织机构。

2. 工作分析的科学性使员工的才能充分发挥

工作分析可以人尽其才,才尽其用,避免"大材小用"或"人才高消费",但这必须建立在工作分析的科学性上。工作分析的盲目性与随意性不可能使员工的才能得到充分发挥。通过工作分析科学地规定各个岗位的具体工作内容,并使量化指标具有科学性,从而最大限度地发挥员工的才能与潜能。

3. 工作分析的规范性使员工的权责明晰

工作分析是企业对某一特定的工作作出明确规定,并确定完成这一工作需要什么样的行为过程。工作分析要规范企业中各项工作的性质、内容、任务、权利和责任,以及所需员工的学识、经验等条件。

工作分析首先要规范工作职责,规范与职位对等的责任与权利,在什么岗位承担什么责任,享受多少权利一目了然,减少扯皮,甚至可以将它延伸到责任追究制。工作分析离不开职务规范。职务规范是通过职务说明书明确职务(工作)的责任范围、工作范围及任职资格,使每一岗位(职务)的员工都明确自己的职责所在,既不敢有所怠慢,也不敢妄自非为。如果没有规范化的工作分析,随意性就会使员工既无享受权利的感觉,又无个人责任感。发挥工作分析的作用与功能不可忽视工作分析的规范性。

4. 工作分析的基础性使考评的依据公平

工作分析是事前分析,具有高透明度,体现公开、公正和公平的"三公"原则。工作分析是基础性分析,是对职务、工作任务、工作范围和工作职责进行客观描述,对适应工作岗位的员工提出一般要求、生理要求和心理要求,并对聘用(任用)条件包括工作时数、工资结构、支付工资的方法、福利待遇、该工作在组织中的地位、晋升机会、培训机会等都做了明确要求,既便于员工"按图索骥",又便于企业对员工的业绩、绩效进行考评。工作分析既是企业招聘员工的前提,也是企业人力资源开发与管理的基础性工作,同时也是员工自我评价、自我选择的依据。企业组织可以在工作分析的基础上了解员工工作的各种信息,以便从开发、培训、工资、奖金和福利等全方位地有效激励员工,使员工的积极性得以发挥，使组织评价得到公众的认同。

总之，工作分析是人力资源管理中起核心作用的要素，是人力资源管理工作的基础，只有做了工作分析，方可开展和完成人力资源开发与管理的其他各项工作。忽视了工作分析，实际上是在人力资源之中釜底抽薪，使人力资源管理的过程失去了源头、起点与归宿。因此，人力资源管理必须从工作分析开始。

(三)工作分析的基本方法

要想得到一个系统、完善的工作分析资料，最好是对这项工作进行实际的调查研究。调查研究的方法有许多种，下面我们简单介绍几种主要的方法。

1. 访谈法

访谈法是与担任有关工作职务的人员一起讨论工作的特点和要求，从而取得有关信息的调查研究方法。在工作分析时，我们可以先查阅和整理有关工作职责的现有资料。在大致了解职务情况的基础上，访问担任这些工作职务的人员，一起讨论工作的特点和要求。同时，也可以访问有关的管理者和从事相应培训工作的教员。

2. 问卷法

问卷法是让有关人员以书面形式回答有关职务问题的调查方法。通常，问卷的内容是由工作分析人员编制的问题或陈述，这些问题和陈述涉及实际的行为和心理素质，要求被调查者对这些行为和心理素质在他们工作中的重要性和频次(经常性)按给定的方法作答。

3. 资料分析法

为了降低工作分析的成本，应当尽量利用现有的资料，以便对每个工作的任务、责任、权利、工作负荷、任职资格等有一个大致的了解，为进一步调查奠定基础。

4. 直接观察法

直接观察法是指有关人员亲临工作现场，运用感觉器官或其他工具，对工作者的工作过程、行为、内容、特点、性质、设备和环境等进行仔细观察，并用文字或图表的形式详细记录下来，而后再作系统分析与归纳总结的方法。

5. 技术会议法

技术会议是召集管理人员、技术人员举行会议，讨论工作特征与要求。由于管理人员和技术人员对有关的工作比较了解，尤其是比较了解有关工作的技术特征和工艺特征，所以他们的意见对获取有效的工作分析资料无疑是很有用的。

6. 工作日志法

工作日志法是员工的直接上级事先设计好详细的工作日志表，让员工按照要求在规定的时间填写，真实地表现该员工每日的工作情况，从而收集员工的职务信息。如果这种记录记得很详细，那么经常会提供一些其他方法无法获得或者观察不到的细节。使用这种方法需要注意，工作日志应该及时填写，一般30～45分钟为一个周期，或者以一个工作人为单位，做什么填什么，要及时、全面地填写。使用这种方法时，管理者应该加强监督，督促员工认真、及时填写。

7. 工作参与法

工作参与法是由工作分析人员亲自参加工作活动，体验工作的整个过程，从中获得工作分析的资料。要想对某一工作有一个深刻的了解，最好的方法就是亲自去实践。通过实地考察，可以细致、深入地体验、了解和分析某种工作的心理因素及工作所需的各种心理品质和行为模型。

8. 关键事件法

关键事件法是请管理人员和工作人员回忆、报告对他们的工作绩效来说比较关键的工作特征和事件，从而获得工作分析的资料。这种方法要求管理人员、员工以及其他熟悉工作职务的人员记录工作行为中的"关键事件"——使工作成功或者失败的行为特征或事件。在大量收集关键事件以后，可以对它们作出分析，并总结出职务的关键特征和行为要求。

三、员工的招聘与培训

(一)员工招聘的来源

人力资源计划中最关键的一项任务是能够招到并留住有才能的员工，因此，组织提升制度对招聘工作有着非常重要的影响。依据招聘的内外环境不同，组织大致可以通过外部招聘和内部提升两种方式来选择和填补员工的空缺。

1. 外部招聘

外部招聘就是根据组织制定的标准和程序从组织外部选拔符合空缺职位要求的员工。选择员工具有动态性，特别是一些高级员工和专业岗位，组织常常需要将选择的范围扩展到全国甚至全球劳动力市场。

外部招聘具有以下优势。

(1) 具备难得的外部竞争优势。所谓外部竞争优势是指被聘者没有太多的顾虑，可以放手工作。

(2) 具有外来和尚会念经的外来优势。

(3) 有利于平息并缓和内部竞争者之间的紧张关系。

(4) 能够为组织输送新鲜血液。来自外部的候选人可以为组织带来新的管理方法与经验，他们没有太多的框框、程序束缚，工作起来可以放开手脚，从而给组织带来更多的创新机会。

外部招聘也有许多局限性，主要表现在：
(1) 外聘者对组织缺乏深入了解。
(2) 组织对外聘者缺乏深入了解。
(3) 外聘行为对内部员工的积极性有影响。大多数员工都希望在组织中能有不断升迁和发展的机会，都希望能够担任越来越重要的工作，如果组织过于注重从外部招聘管理人员，就会挫伤他们的工作积极性，影响他们的士气。同时，有才华、有发展潜力的外部人才在了解到这种情况后也不敢轻易应聘。因为一旦定位，虽然在组织中已有较高的起点，但今后升迁和发展的路径却很狭窄。

2. 内部提升

内部提升是指组织内部成员的能力和素质得到充分确认之后，被委以比原来责任更大、职位更高的职务，以填补组织中由于发展或其他原因而空缺了的管理职务。

内部提升制度具有以下优点。
(1) 有利于调动员工的工作积极性。内部提升制度给每个人带来希望和机会，且会带来示范效应。
(2) 有利于被聘者迅速展开工作。被聘者了解组织运行的特点，所以可以迅速地适应新的工作，而且工作起来要比外聘者更加得心应手，从而能迅速打开局面。

内部提升制度也可能会带来以下一些弊端。
(1) 可能会导致组织内部近亲繁殖现象的发生。
(2) 可能会引起同事之间的矛盾。在若干个候选人中提升其中一名员工时，虽可能提高员工的士气，但也可能使其他落选者产生不满情绪。这种情绪可能出于嫉妒，也可能出于欠公平的感觉，无论哪一种情况都不利于被提拔者展开工作，不利于组织中人员的团结与合作。

(二)员工招聘的程序与方法

为了保证员工招聘工作的有效性和可行性，应当按照一定的程序并通过竞争来组织招聘工作，具体步骤如下。
(1) 制订并落实招聘计划。
(2) 对应聘者进行初选。
(3) 对初选合格者进行知识与能力的考核。
(4) 竞聘演讲与答辩。
(5) 案例分析与候选人实际能力的考核。
(6) 选定录用员工。

(7) 评价和反馈招聘效果。

(三)人员培训的方法

一个组织中的培训对象主要有新来员工、基层员工、一般技术或管理人员、高级技术或管理人员。员工培训的方法有多种，依据所在职位的不同，可以分为对新职工的培训、在职培训和离职培训三种形式。

1. 新来员工的培训

应聘者一旦决定被录用之后，组织中的人事部门应该对他将要从事的工作和组织的情况给予必要的介绍和引导，西方国家称之为职前引导。职前引导的目的在于减少新来人员在新的工作开始之前的担忧和焦虑，使他们能够尽快熟悉所从事的本职工作以及组织的基本情况，例如组织的历史、现状、未来目标、使命、理念、工作程序及其相关规定等，并充分了解其应尽的义务和职责以及绩效评估制度和奖惩制度，等等。

2. 在职培训

对员工进行在职培训是为了使员工通过不断学习掌握新技术和新方法，从而达到新的工作目标要求所进行的不脱产培训。工作轮换和实习是两种最常见的在职培训。所谓工作轮换是指让员工在横向层级上进行工作调整。其目的是让员工学习多种工作技术，使他们对各种工作之间的依存性和整个组织的活动有更深刻的体验和更加开阔的视野。所谓实习是让新来人员向优秀的老员工学习，以提升自己知识与技能的一种培训方式。在生产和技术领域，这种培训方式通常被称为学徒制度；而在商务领域，则被称为实习制度。实习生的工作必须在优秀的老员工的带领和监督之下进行，老员工有责任和义务帮助实习生克服困难，顺利成长和进步。

3. 离职培训

离职培训是指为使员工能够适应新的工作岗位要求而让员工离开工作岗位一段时间，专心致志于一些职外培训。最常见的离职培训方式包括教室教学、影片教学以及模拟演练等。

4. 专业知识与技能培训

专业知识与技能培训有助于员工深入了解相关专业的基本知识及其发展动态，有助于提高人员的实际操作技能。专业知识与技能培训可以采取脱产、半脱产或业余等形式，例如各种短期培训班、专题讨论会、函授和业余学校等。

5. 职务轮换培训

职务轮换是指人员在不同部门的各种职位上轮流工作。它有助于受训人全面了解整个组织的不同工作情况，积累和掌握各种不同的工作经验，从而提高他们的组织、管理和协调能力，为其今后的发展和升迁打好基础。

6. 提升培训

提升是指将人员从较低的管理层级暂时提拔到较高的管理层级上，并给予一定的试用期。这种方法可以使有潜力的管理人员获得宝贵的锻炼机会，既有助于管理人员扩大工作范围，把握机会展示其能力和才干，又能使组织全面考察其是否适应和具备领导岗位上的能力，并为今后的发展奠定良好的基础。

7. 设置助理职务培训

在一些较高的管理层级上设立助理职务，不仅可以减轻主要负责人的负担，而且有助于培训一些后备管理人员。这种方式可以使助理接触到较高层次上的管理实务，使他们不断吸取其直接主管处理问题的方法和经验，在特殊环境中积累特殊经验，从而促进助理的成长。

8. 设置临时职务培训

设置临时职务培训可以使受训者体验在空缺职位上的工作情景，充分展示其个人能力，避免"彼得"现象的发生。劳伦斯·彼得曾经发现，在实行等级制度的组织里，每个人都期望爬到能力所不及的层次。他把这种由于组织中有些管理人员被提升之后不能保持原来的成绩，反而可能给组织效率带来大滑坡的现象归结为"彼得原理"。

四、绩效评估

(一)绩效评估的定义和作用

所谓绩效评估是指组织定期对个人或小组的工作行为及业绩进行考察、评估和测度的一种正式制度。用过去制定的标准来比较员工的工作绩效，记录并及时将绩效评估结果反馈给员工，可以起到有效的检测及控制作用。绩效评估是组织与员工之间的一种互动关系。在实际工作中，绩效评估因为在制度设计、评估的标准及方法、执行程序等诸多方面很难真正做到客观和准确，所以，管理人员与员工之间往往会发生一些矛盾和冲突。由于绩效评估给人力资源的各个方面提供了反馈信息，并与组织中的各个部分紧密联系在一起，因此，实施绩效评估一直被认为是组织内人力资源管理中最棘手也是最强有力的方法之一。

在人力资源管理中，绩效评估的作用体现在以下几个方面。

1. 绩效评估为最佳决策提供了重要的参考依据

绩效评估的首要目标是为组织目标的实现提供支持。特别是在制定重要的决策时，绩效评估可以使管理者及其下属在制订初始计划的过程中及时纠偏，减少工作失误，为最佳决策提供重要的行动支持。

2. 绩效评估为组织发展提供了重要的支持

绩效评估另一个重要目标是提高员工的业绩，引导员工努力的方向，使其能够跟上组织的变化和发展。绩效评估可以提供相关的信息资料作为激励或处分员工、提升或降级、职务调动以及进一步培训的依据，这是绩效评估最主要的作用。

3. 绩效评估为员工提供了一面有益的镜子

绩效评估使员工有机会了解自己的优缺点，以及其他人对自己工作情况的评价，对工作起到了有益的镜子作用。特别是当这种评价比较客观时，员工可以在上级的帮助下有效发挥自己的潜能，顺利执行自己的职业生涯计划。

4. 绩效评估为确定员工的工作报酬提供依据

绩效评估的结果为确定员工的实际工作报酬提供了决策依据。实际工作报酬必须与员工的实际能力和贡献相结合，这是组织分配制度的一条基本原则。为了鼓励员工出成绩，组织必须设计和执行一个公正、合理的绩效评估系统，对那些最富有成效的员工和小组给予明确的加薪奖励。

5. 绩效评估为员工潜能的评价以及相关人事调整提供了依据

绩效评估中对能力的考评，是指通过考察员工在一定时间内的工作业绩，评估他们的现实能力和发展潜力，看其是否符合现任职务所具备的素质和能力的要求，是否具有担负更重要工作的潜能。组织必须根据管理人员在工作中的实际表现，对组织的人事安排进行必要的调整。对能力不足的员工应安排其到力所能及的岗位上，而对潜能较强的员工应提供更多的晋升机会，对另一些能力较为平衡的员工则可保持其现在的职位。当然，反映员工过去业绩的评价要与描述将来潜力的评价区分开来。为此，组织需要创设更为科学的绩效评估体系，为组织制订包括降职、提升或维持现状等内容的人事调整计划提供科学的依据。

(二) 绩效评估的程序与方法

绩效评估的有效性依赖于一定的执行程序。在执行程序之前，首先要对影响绩效评估过程的内外环境因素进行分析，确定哪些因素影响到了评估的有效性。例如，一个封闭型、缺乏信任的组织文化很难为个人或团队的努力提供需要的环境，而在这样一个环境中，即使个人付出很大的努力，业绩也往往难以实现。因此，在绩效评估过程中，组织应避免使用那些不能动态反映内外环境变化的执行程序。

绩效评估可以分为以下几个步骤。

(1) 确定特定的绩效评估目标。
(2) 确定考评责任者。
(3) 评价业绩。
(4) 公布考评结果，交流考评意见。
(5) 根据考评结论将绩效评估的结论备案。

五、薪酬管理

薪酬(报酬)是组织必须付出的人力成本,也是吸引和留住优秀人才的手段。从经济学的观点来看,它既是员工在组织中投入劳动的报酬,也是组织的成本支出;从心理学的角度来说,它是激励组织中个体行为的手段。

企业中的报酬系统对于企业的正常运作是十分必要的。完善、合理、积极的报酬系统是激励员工卓有成效地工作的基本前提,一旦报酬系统失灵,企业的运作将会产生相应的故障和麻烦。

1. 报酬系统的结构

报酬系统主要分为两部分:金钱报酬和非金钱奖励。其中非金钱奖励可以分为职业性奖励和社会性奖励;金钱报酬可以分为:直接报酬和非直接报酬。直接报酬主要有工资和奖金;非直接报酬主要有公共福利、个人福利、有偿假期和生活福利。其详细内容如图 7-2 所示。

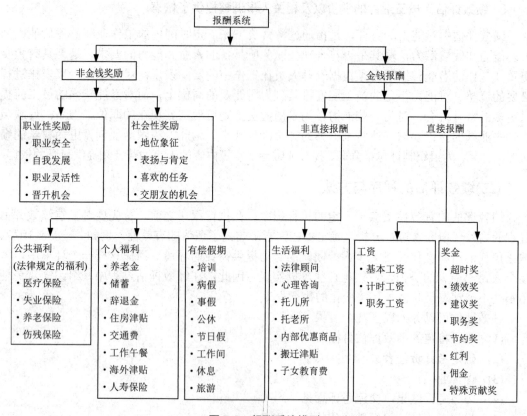

图 7-2　报酬系统模型

2. 报酬系统的意义

报酬系统的重要性主要有以下几点。

(1) 吸引人才。在市场经济中，报酬无疑是吸引人才的有效工具，报酬系统的完备与积极肯定会有助于吸引更多的人才。

(2) 留住人才。一个优秀的报酬系统能够为企业留住人才，使员工认识到在该企业中工作的时间越长，越有回报。

(3) 激励人才。使人才为实现企业目标努力工作是报酬系统有效运作的主要标准。优秀的报酬系统应该使每个员工都能自觉地为企业目标努力工作。

(4) 满足组织的需要。企业的一项基本目标是以较低的成本来获取合理的利润，一个优秀的报酬系统应该既满足员工的需要，又满足企业的需要。

第二节　延伸阅读：职业计划与发展

一、职业计划与发展的意义和特点

(一) 职业计划与发展

所谓职业计划是指员工根据自己的能力和兴趣，通过规划职业目标以及实现目标的手段，使自己在人生的各个不同阶段得到不断发展。

现实中，每个人都有自己不同的志趣、经历和背景，因此，每个人都会产生不同的职业偏好。特别是组织结构日趋扁平阻碍了人们的纵向流动，这使员工的职业计划不能单单偏重于组织层级职位上的不断升迁，而应更多地体现在员工的技术和管理能力、工资、成就感、安全感、业务能力扩展等各个方面的心理满足感。

所谓职业生涯发展是指组织在发展过程中，要根据内外环境变化的要求对员工进行动态调整，以使每个员工的能力和志趣都能与组织的需求相吻合。职业生涯发展体现了一个人在机遇面前所选择的不同发展路径。

1. 传统路径

传统路径是指员工在一个层级组织中经过不断努力，从下向上纵向发展的一条路径。必须看到，由于兼并、重组、收缩和组织再造等行为的日趋增多，管理层的数目正在大量减少，这使纵向发展的机会大大减少。

2. 网络路径

网络路径是指员工在纵向层级和横向岗位上都具有发展机会。在这条路径上发展的人或组织认为：一个人如果在纵向晋升的过程中能够多一些横向上的工作经历，将有助于员工的成长；由于比传统路径有更多的发展机会，因此减少了路径堵塞的可能性和由此所带来的失落感。

3. 横向技术路径

横向技术路径是指员工通过努力不断地拓宽专业技术知识。组织开辟这样的路径可以促使员工在不同的工作领域经受锻炼，可以调动员工不断创新的积极性，最终提升自己在组织中的价值。

4. 双重职业路径

双重职业路径是指组织通过设计技术发展路径，让那些有一技之长的技术专家能够专心于技术贡献，而让那些有管理能力的人沿传统路径升迁和发展。双重职业路径的优点在于避免了从合格的技术专家中选拔出不合格的管理者，使那些具有高技能的技术人员和管理者都能沿着各自不同的路径发展。

(二)职业生涯发展的意义及特点

组织要想在激烈的竞争环境条件下生存并发展，人才是最为关键的组织要素，杰出的人才更是一种稀缺资源。一般来讲，组织总希望能够通过各种方法留住人才。然而，人才并不是在职业生涯的每一时刻都能表现出卓越才华的。实践证明，他们的精力、兴趣和能力都会随着新的工作环境及其工作内容的改变而发生变化，这种变化势必会影响到他们的职业生涯。因此，组织应当能够充分认识到这一事实，及时帮助员工设计一条切实可行的未来职业生涯发展的路径，并通过各种有效的方法使得组织中的人力资源得到充分利用。

设计并管理职业生涯的优点表现为以下几个方面。

1. 确保组织获得需要的人才

职业生涯发展计划与人力资源计划具有目标上的一致性，并且是对后者必要的补充。人力资源计划指出了组织在未来需要哪些人力资源，而职业生涯发展计划则指出了员工的需求与理想怎样才能与组织相吻合。

2. 增加组织的吸引力以留住人才

每个组织都希望招到并留住最优秀的人才，而这种人才往往会考虑到他们自己的发展道路，期望能够在更好的组织环境中发挥自己的才能，如果组织对他们的职业生涯有所安排和建议的话，他们的忠诚度就会比较高。

3. 使组织中的成员都有成长和发展的机会

组织不仅要考虑特殊人才的职业生涯发展道路，同时也要使组织中的每一个成员都有成长和发展的机会。职业生涯发展计划应包括增加培训和横向调动等增加员工价值的方法，使员工相信组织并不歧视任何员工。

4. 减少员工的不平衡感和挫折感

员工受教育的程度越高，他们对工作的期望目标也就越高。然而，由于经济周期波动以及组织不断变革的影响，每个组织都不可能有太多的升迁机会。当两者无法匹配时，员工便会产生强烈的心理不平衡感和挫折感，职业生涯发展能够切实地增加员工的信心。

二、职业生涯发展的阶段及其管理

一个人的职业生涯将经历五个阶段：摸索期、立业期、生涯中期、生涯后期和衰退期，每一个阶段都有其特点。

1. 摸索期

对于大多数人而言，职业生涯摸索期是指从学校毕业到步入工作岗位这段时期。正是在这段时期，人们形成了对职业生涯的一种预期，其中有很多是颇有抱负的理想，甚至是不切实际的幻想。这些理想或幻想在工作一开始可能会潜藏不露，到后来会逐渐地暴露出来。如果这些理想或幻想能够实现，员工将会产生极大的成就感；反之，如果个人愿望不能够跟组织的实际安排相吻合，将使员工本人和组织都遭受不应有的挫折和损失。

2. 立业期

立业期是指员工从寻找工作和找到第一份工作开始，到30多岁第一次体验工作经历为止的时期。在这段时期内，员工需要经历与同事相处、做好本职工作、处理好个人生活问题以及经历现实中的成功或失败等过程。这个时期的特征是：员工需要通过个人的思考和努力，调整自己的行为并与组织合拍，在磨合中不断改进自己的工作，一旦发生错误，要有勇气承认并加以改正。

3. 生涯中期

生涯中期是指从面临第一次严重的职业危机开始一直到走出困境为止这样一段时期。在这段时期，一个人的绩效水平可能会继续得到提高，也可能保持稳定，或者开始下降。这一阶段的重要特征是：人们此时已不再是一个学习者，不会再有更多的试挫机会，如果犯错误将会付出巨大的代价。特别是在一层级组织中，如能够经受得住这一考验，就可能获得更大的发展机会；反之，则可能要面临调整和变换工作或者寻求其他的变换方式走出困境，诸如继续深造、变换工作环境，等等。

4. 生涯后期

生涯后期是指经历了中期考验之后一直到退休这段时间。显然，对于那些成功地进行了生涯中期转换获得了继续发展的人们来说，这段时期意味着收获季节的到来，事业成功、工作轻松，他们可以凭借自己多年积累的经验和判断力以及非凡的能力向组织证明其存在的价值；然而对于那些经历了挫折或停滞不前的人来讲，这一段时期可能会遭遇来自各个方面的压力，会感觉到过去曾经想象的那种理想很遥远。也正是在这一时期，人们会意识到需要减少工作的流动性，从而可能会更安心于现有的工作。

5. 衰退期

衰退期是指退休之后的人生经历。这一段时期，对于成功的人士来讲，意味着几十年的成就和绩效表现就要停止，容易使人产生一种失落感；而对于那些人生经历和绩效表现一般的人来讲，则可能会有一个令人舒心的时期，因为此时他们可以把工作中的烦恼抛在脑后。

职业生涯的阶段模型提示我们，处在不同时期的员工其特点是不一样的，有效管理职业生涯必须针对员工的具体特点分别对待。对于摸索期的新员工来说，他们常常对自己的职务抱有不切实际的预期，因此，组织应该加强职前引导，及时而客观地告知他们有关工作职务和组织的正面和负面信息，避免由于目标的不匹配给组织和个人造成的不稳定。对于立业期阶段的员工来讲，必须给他们必要的培训和指导，以确保他们知识和技能的及时更新，使其能更好地开展组织工作，并及时对他们提供指导和鼓励。

对于生涯中期阶段的员工，组织要及时提醒他们失误可能导致的代价，管理者应该做好必要的准备，帮助员工克服各种不稳定因素并使工作变得更富有弹性。生涯后期的员工希望有更多的时间或从事压力更小一些的工作，组织应该通过不断的调整及时开发利用这些员工的才能，保证组织在人才的年龄结构上的合理和一致性。

最后，组织应当认识到处于衰退期的每个人都会遇到情绪低落的时候，如果处理不好就会发生矛盾，甚至于发生敌视或攻击、挑衅行为，组织应当对其有所防范。特别是要做好这些人的思想工作，防止不必要的冲突和难堪。

第三节 大案例与小故事

一、大案例

微软的薪酬管理

微软无疑是当今世界最伟大的公司之一，从1975年创立时的3人、年收入仅16005美元的白手起家，到2003年(财年，微软的财年从当年的7月1日起到次年的6月30日止)的5万多员工、322亿美元的销售收入、147亿美元的税前利润的全球软件界无冕之王，微

第七章　现代企业人力资源管理

软在其发展的历程中创造了一个又一个的神话。其主要创始人、现任微软的董事会主席、首席架构设计师比尔·盖茨从 1998 年起蝉联全球(福布斯)首富已达 5 年之久，成为许多年轻人心目中的偶像。

(一)薪酬哲学

在 2003 年 7 月 8 日举行的微软薪酬变革主题新闻发布会上，微软的 CEO 史蒂夫·鲍尔默(SteveBallmer)指出：" 对微软的绝大多数员工来说，薪酬肯定不是让他们在留在微软的最重要的原因。但是如果员工花太多心思在薪酬问题上的话，那么他们用在创造性的工作上的精力肯定会大打折扣，而创造性的工作能帮助人们'释放潜能'"。

在这个发布会上，鲍尔默提出了微软薪酬管理哲学：

(1) 确保薪酬体系能吸引最好的员工到微软工作；

(2) 能使员工在加盟微软后与企业同甘共苦；

(3) 能尽其所能，使员工集中精力，关注使微软成功的根本驱动因素，即：我们希望有很多客户，我们希望客户在与微软打交道中能非常愉快和满意；

(4) 把员工利益和股东利益联系起来，使其休戚相关。

基于上述薪酬哲学，微软的薪酬体系由三个部分组成：基于能力的工资体系、以认股权为核心的激励体系、独具特色的福利体系。

(二)工资体系

微软的工资体系比较复杂，一般员工的工资级别是从 50 级到 60 级。在微软，副总裁级的基本工资是 70 级①，每个级别对应于一个工资区间。

微软的工资是基于能力的，在研发系列，这一点体现得尤为明显：微软新进本科毕业生的起点技术级别是 9 或 10 级，13 级是开发人员中的很高的级别了，最高的技术级别是 15 级。

微软的基本工资在业内是中等水平，比许多竞争对手都低。整体工资水平每年根据市场调查结果调整一次，工资的晋升每半年进行一次，主要依据是半年度绩效考核结果。在微软，工程师们一般是没有加班工资的。比尔·盖茨的工资如表 7-1 所示。

表 7-1　2000—2002 年比尔·盖茨的工资

财　年	基本工资(Salary)	奖金(Bonus)
2000 年	438 000 美元	200 000 美元
2001 年	494 992 美元	171 762 美元
2002 年	547 500 美元	205 810 美元

在微软，盖茨的工资收入即使是在总裁一级中也并不是最高的，2002 年总裁级中工资最高的是主管微软平台群组(Platforms Group)的副总裁詹姆斯·阿尔钦(James Allchin)，其年工资收入达到了 895 195 美元：基本工资是 495 195 美元，奖金是 400000 美元。

与相同规模的其他企业相比，盖茨的工资是比较低的。例如甲骨文的 CEO 拉里·埃里克森 2002 年的薪酬总额高达 706 077 000 美元(含股权激励)。在微软，盖茨和鲍尔默是不享受股权激励的。

(三)股权激励

股票期权不是微软的发明，但是能将股票期权的作用发挥得如此淋漓尽致、并进而成为硅谷乃至全球高科技的"行规"，微软在其中可谓功不可没。

1. 缘起

1975年微软成立之初，比尔·盖茨和保罗·艾伦(Paul Allen)有一个非正式协议，即公司的股权在两人之间按60%、40%的比例划分。后来双方正式签订了一个协议，盖茨拥有其中64%的股份，保罗拥有其余的36%的股份。

1981年微软改合伙制为公司制，其时，公司的全部股权掌握在盖茨及其几个亲密的人手中。这当然引起了公司其他成员的不满。1982年，公司进行了股权改造，规定员工能在四年内以95美分的价格分期购买公司股票2500股。与此同时，公司取消了所有的加班工资。这就是微软股权激励的雏形。

事实上，如果某位员工将这2500股一直保持到1992年，则其股票收入将高达400万美元！

2. 发展

随着1986年公司的正式上市，股权激励在微软越来越普及。从这一年起，微软开始在全公司范围内大规模推行股票期权。在随后的实践中，微软逐步形成了以激励型股票期权(Incentive Stock Option)为核心，包括非法定股票期权(Nonqualified Stock Option)、股票奖励(Stock Award)和股票增值权(Stock Appreciation Right，简称SAR)等在内的股权激励体系。

以股票期权为例，微软在全球是第一家用股票期权来奖励普通员工的企业。在招聘员工的时候，微软会根据员工的能力、职位等因素同员工签订一个包括有认购数量、行权规则等规定在内的雇佣协议。在工作18个月后，员工可以获得认股权中25%的股票，此后每6个月可以获得其中12.5%的股票，10年内兑现完全部认股权。除此之外，配合公司的半年一次的考核，微软还会根据员工的考核结果、职位、贡献以及公司的销售收入和利润等情况，授予员工认购权。

3. 效果

微软的股票期权曾经令许多人一夜之间成为百万富翁。据统计，在微软公司靠股票期权跻身百万富翁行列的员工数以千计，微软因此也成为全球百万富翁最多的公司。股票期权极大地刺激了员工的工作积极性，降低了员工的流动率。在微软工作5年以上的员工，很少有离开的。一项统计资料表明，1995年美国IT业的员工流动率是20.6%，美国所有公司的员工流动比率是16%，而同期微软的流动率只有8.7%。在这其中，股票期权可谓功不可没。

(四)特色福利

微软的福利待遇比较优厚。其中很受员工欢迎的有以下几种。

1. 雇员股票购买计划

雇员股票购买计划又称储蓄投资计划(Saving Investment Plan)，根据该计划，员工可用

第七章　现代企业人力资源管理

从工资中扣减的钱购买公司股票。该计划的主要特点是：购买公司股票所需的钱直接从税后工资中扣减；直接从公司购买，无须证券交易费用；购买公司股票时，价格上一般有优惠。

2. 舒适的办公环境

微软的办公环境相当优美，整个建筑格局就像一所大学一样。不仅如此，在西雅图，微软每一位正式员工都有自己独立的办公室，该办公室的装修、布置和摆设由员工全权负责。

3. 生日祝福

员工生日时会收到由其上司带来的公司的祝福。

4. 家人体验日

每年一天，在这一天，微软的员工可带家庭成员来公司体验生活。

5. 体育锻炼卡

为了让员工工作之余能得到全面的休息，公司给员工免费提供附近体育馆的锻炼卡。

(五)薪酬改革

2003年全球薪酬管理领域最大的新闻莫过于微软宣布从2003年起，微软的股权激励将以受限股票代替股票期权。在解释微软此举背后的原因之前，让我们先来了解一下什么是受限股票。

微软将向所有员工提供"受限制的"股份奖励，这些股票的所有权将在5年内逐步转移到微软员工手中。所谓限制性是指，微软的员工必须将公司以奖励形式发放的股票保留5年，5年后如果还在微软就职，将有权卖出这些股票。

为什么要改变实施了近20年的期权激励，取而代之受限股票呢？让我们先来看看微软CEO鲍尔默的看法："……(这)有助于继续吸引和留住优秀员工，而且更好地协调他们与股东的利益。"

在停止实施股票期权的同时，微软还对高级经理的激励制度进行了改革。根据微软的改革方案，微软的600多名高层经理除了有资格获得受限股票外，他们还将获得基于"共享业绩股票奖励"(Shared-performance Stock Awards)计划的股权激励。

该计划的主要内容是：每3年为一周期，用于奖励的股票总额在计划实施之初即被确定；属于团队奖励，根据在相同的绩效因子上表现决定授予的股票额；计量绩效的考核指标重点关注公司战略计划成功的驱动因子——例如顾客数量和顾客满意度等，辅之以公司营业收入、利润等传统指标。

思考题

1. 微软的薪酬哲学是什么？
2. 微软薪酬在与其战略的对接中起了什么作用？
3. 微软薪酬体系体现了哪些管理理念和思路？

4. 微软薪酬制度的最大特点是什么？

5. 对微软股权激励及其变革进行效果分析，并联系实际谈谈自己的看法。

二、小故事

小故事(一)

生物中最勤劳者莫过于蚂蚁，它们能够以惊人的速度将超过体重数倍的东西拖回蚁巢。即便是这样，蚂蚁的工作潜能仍然很大。

有人把蚂蚁放在大玻璃瓶内，观察它们在独自情况下和三五成群时的活动情形。

结果发现，蚂蚁的数目增加时，蚂蚁工作量也增加，独自在瓶中的蚂蚁只要增加一只新蚂蚁，它工作就更起劲；加入第三只时，原来两只的活动反应加速；两只活动率不同的蚂蚁共同活动时，活动率渐趋一致。这说明群体因素助长了工作效率。这样的现象也见于其他动物。动物研究者发现，有同类在旁边时，鸡、鱼、老鼠吃得多些；马、狗、蟑螂跑得快些；小鸡啄食的次数要多些。

人类活动也是一样，要实现群体增量，必须培育出一个良好的"群体生态系统"。对于一个企业来讲，内部的用人机制、管理机制和由此产生的群体氛围是形成良性群体生态系统的关键要素。

小故事(二)

很久很久以前，人类都还赤着双脚走路。有一个国王到某个偏远的乡间旅行，因为路面崎岖不平，有很多碎石头，硌得他的脚又痛又麻。回到王宫后，他下了一道命令，要将国内的所有道路都铺上一层牛皮。他认为这样做，不只是为自己，还可造福他的臣民，让大家走路时不再受脚痛之苦。

但即使杀尽国内所有的牛，也筹措不到足够的皮革，而所花费的金钱、动用的人力更不计其数。虽然根本办不到，甚至还相当愚蠢，但因为是国王的命令，大家也只能摇头叹息。

一位聪明的仆人大胆向国王进言："国王啊！为什么您要劳师动众，牺牲那么多头牛，花费那么多金钱呢？您何不只用两小片牛皮包住您的脚呢？"国王听了很惊讶，但也当下领悟，于是立刻收回成命，采用这个建议。据说，这就是"皮鞋"的由来。

想改变世界，很难；要改变自己，则较为容易。

与其改变全世界，不如先改变自己——"将自己的双脚包起来"。改变自己的某些观念和做法，以抵御外来的侵袭。

当自己改变后，眼中的世界自然也就跟着改变了。

如果你希望看到世界改变，那么第一个必须改变的就是你自己。

第七章 现代企业人力资源管理

小故事(三)

在美国一个农村,住着一个老头,他有三个儿子。大儿子、二儿子都在城里工作,小儿子和他在一起,父子相依为命。

突然有一天,一个人找到老头,对他说:"尊敬的老人家,我想把你的小儿子带到城里去工作?"

老头气愤地说:"不行,绝对不行,你滚出去吧!"

这个人说:"如果我在城里给你的儿子找个对象,可以吗?"

老头摇摇头:"不行,快滚出去吧!"

这个人又说:"如果我给你儿子找的对象,也就是你未来的儿媳妇是洛克菲勒的女儿呢?"

老头想了又想,终于让儿子当上洛克菲勒的女婿这件事打动了。

过了几天,这个人找到了美国首富石油大王洛克菲勒,对他说:"尊敬的洛克菲勒先生,我想给你的女儿找个对象?"

洛克菲勒说:"快滚出去吧!"

这个人又说:"如果我给你女儿找的对象,也就是你未来的女婿是世界银行的副总裁,可以吗?"

洛克菲勒还是同意了。

又过了几天,这个人找到了世界银行总裁,对他说:"尊敬的总裁先生,你应该马上任命一个副总裁!"

总裁先生头说:"不可能,这里这么多副总裁,我为什么还要任命一个副总裁呢,而且必须马上?"

这个人说:"如果你任命的这个副总裁是洛克菲勒的女婿,可以吗?"

总裁先生当然同意了。

这虽然是一个小故事,但却是当代企业家配置资源的最佳方式!

小故事(四)

一个人去买鹦鹉,看到一只鹦鹉前标着:此鹦鹉会两门语言,售价二百元。

另一只鹦鹉前则标道:此鹦鹉会四门语言,售价四百元。

该买哪只呢?两只都毛色光鲜,非常灵活可爱。这人转啊转,拿不定主意。

结果突然发现一只老掉了牙的鹦鹉,毛色暗淡散乱,标价八百元。

这人赶紧将老板叫来:这只鹦鹉是不是会说八门语言?

店主说:不。

这人奇怪了:那为什么又老又丑,又没有能力,会值这个数呢?

店主回答:因为另外两只鹦鹉叫这只鹦鹉老板。

第四节　素 质 拓 展

一、思考题

(1) 你如何评价"何慕事件"？
(2) 企业用 50 万元年薪的广告招聘市场部总经理意味着什么？
(3) 天翁公司是否达到了宣传企业的目的？这样做有什么利弊？
(4) 企业和应聘者个人在此事件中各应承担什么责任？应吸取什么教训？

二、辩论

(1) 题目：招聘中的面试官大多是"外貌协会"的
(2) 目的：
① 了解掌握面试类型和方法。
② 学会如何提高面试质量(信度和效度)，运用科学手段降低面试中个人的偏见。
(3) 具体要求：
① 将全班同学分成正方与反方若干小组(限 5 人一组)进行辩论。
② 正方坚持"招聘中面试官大多以貌取人"立场论述。
③ 反方联系企业招聘基本理论，举例说明确立招聘严谨性、界定招聘采用胜任力模型的益处及可行性等论点反驳正方观点。
④ 正反双方在辩论中，既要回答对方的提问，也要向对方提出疑难问题，要求答辩。
⑤ 正反双方举例鲜明生动，并形成书面辩论资料，呈报老师或评委。

三、创业素质论坛

关于人脉

创业不是引"无源之水"，栽"无本之木"。每一个人创业，都必然有其凭依的条件，也就是其拥有的资源。一个创业者的素质如何，看一看其建立和拓展资源的能力就知道了。

创业者资源分为外部资源和内部资源两种。内部资源主要是创业者个人的能力，其所占有的生产资料及知识技能，也就是人们通常所说有形资产及无形资产，只不过这种有形资产和无形资产属于个人罢了。创业者的家族资源也可以看作创业者内部资源的一部分。拥有一份良好的内部资源，对创业者个人来说无疑是重要的，但因为其中大部分不是通过创业者个人努力获取，而是自然存在的，具有天然属性，因此我们在此不作重点讨论。

第七章　现代企业人力资源管理

我们希望在此讨论的是创业者外部资源的创立。其中最重要的一点是人脉资源的创业，即创业者构建其人际网络或社会网络的能力。一个创业者如果不能在最短时间之内建立自己最广泛的人际网络，那他的创业一定会非常艰难，即使其初期能够依靠领先技术或者自身素质，比如吃苦耐劳或精打细算，获得某种程度上的成功，我们也可以断言他的事业一定做不大。除非他像比尔·盖茨，能开发出一个 Windows，前无古人，无可取代，只好由他独霸市场。

创业者人际资源，按其重要性来看，第一是同学资源。现在社会上同学会很盛行，仅北京大学，各种各样的同学会就不下几十个，据说其中有一个由金融投资家进修班学员组成的同学会，仅有 200 余人，控制的资金却高达 1200 个亿。据说是中国最好的工商管理学院之一的上海中欧工商管理学院，除了在上海本部有一个学友俱乐部外，在北京还有个学友俱乐部分部。人大、北大、清华等名牌大学在北京、上海、广州、深圳都有同学会或校友会分会，在这些地方，形形色色的同学会多如牛毛。

周末的时候，到北大、清华、人大等校园走走，会发现有很多看上去不像学生的人在里面穿梭。其中有许多人是花了大价钱从全国各地来进修的。学知识是一方面的原因，交朋友是更重要的原因。对于那些"成年人班"，例如企业家班、金融家班、国际 MBA 班等班级的学生，交朋友可能比学知识更加重要，有些人唯一的目的就是交朋友。一些学校也看清了这一点，在招生简章上就会明白无误地告诉对方：拥有本校的同学资源，将是你一生最宝贵的财富。

在研究的上千个创业者案例中，有许多成功者的身后都可以看到同学的身影，有少年时代的同学，有大学时代的同学，更有各种成人班级如进修班、研修班上的同学。赫赫有名的《福布斯》中国富豪南存辉和胡成中就是小学和中学时的同学，一个是班长，一个是体育委员，后来两人合伙创业，在企业做大以后才分了家，分别成立正泰集团和德力西集团。一位创业者在接受采访时说，他到中关村创立公司前，曾经花了半年时间到北大企业家特训班上学、交朋友。他开始的十几单生意，都是在同学之间做的，或是由同学帮着做的。同学的帮助，在他创业的起步阶段起了很大的作用。

实际上，同学之间本来就有守望相助的义务，在现今这个时代，带着商业或功利的目的走进学堂，也并没有什么不妥当。

同学之间因为接触比较密切，彼此比较了解，同时因为少年人不存在利害冲突，成年人则大多数从五湖四海走到一起，彼此也甚少存在利害冲突，所以友谊一般都较可靠，纯洁度更高。对于创业者来说，是值得珍惜的最重要的外部资源之一。

与同学相似的，是战友；可以与同学和战友相提并论的是同乡。共同的人文地理背景，使老乡有一种天然的亲近感。曾国藩用兵只喜欢用湖南人，中国历史上最成功两大商帮，徽商和晋商不管走到哪里，都是老乡拉帮结派，成群结伙的。正是同乡之间互为犄角，互为支援，才成就了晋商和徽商历史上的辉煌。在很长一段时间内，中国几乎所有商业繁盛之地，其最惹眼、最气派的建筑不是徽商会馆，就是晋商会馆。会馆者，老乡交游约会之馆也。如今，一个人要外出创业，比如一个湖南人要到深圳创业，或者一个福建人要到纽约创业，老乡众多仍然是最有利条件之一。这是近年来各地同乡会风起云涌的原因。同学资源和同乡资源，可并称为创业者最重要的两大外部资源。

　　第二是职业资源。对创业者来说，效用最明显首推职业资源。所谓职业资源，即创业者在创业之前，为他人工作时所建立的各种资源，主要包括项目资源和人际资源。充分利用职业资源，从职业资源入手创业，符合创业活动"不熟不做"的教条。尤其是在国内目前还没有像美国或欧洲国家一样，普遍认同和执行"竞业避止"法则的情况下，选择从职业资源入手进行创业，已经成为许多人创业成功的捷径和法宝。例如昆明的"云南汽车配件之王"何新源，在创办新晟源汽配公司之前，就在省供销社从事相同工作；有名的宝供物流，其创始人刘武原来也是汕头供销社的一名"社员"，被单位派到广州火车站从事货物转运工作，后来承包转运站，再后来利用工作中建立的各种关系，创立了宝供，通过为宝洁公司做物流配送商，一举成为国内物流业之翘楚。前中学数学教师、"好孩子"创始人、《福布斯》中国富豪宋郑还是通过一位学生的家长，得到了第一批童车订货，这才知道世界上原来还有童车这样一个赚钱玩意儿的。同时，宋郑还做童车的第一笔资金也是通过一位在银行作主任的学生家长获得的。如果没有学生家长的帮助，宋郑还可能会一事无成。

　　据调查，国内离职下海创业的人员，90%以上利用了原先在工作中积累的资源和关系。

　　第三是朋友资源。朋友应该是一个总称。同学是朋友，战友也是朋友。老乡是朋友，同事一样是朋友。一个创业者，三教九流的朋友都要交，谈得来，交得上，就好像十八般兵刃，到时候不定就用上了哪般。朋友尤如资本金，对创业者来说是多多益善。"在家靠父母，出门靠朋友""多一个朋友多一条路"是至理名言。一个创业者如果不能交朋友，没有几个朋友，肯定只有死路一条。俞敏洪为跟警察交朋友，喝酒喝到差点死过去，但他后来发现，自己这"差点一死"，值！所以我们认为，人际交往能力应列在创业者素质的第一位。

第八章　现代企业物流管理

引例　美国福特汽车公司的及时制[①]

20世纪最初的20年间，福特首先将泰勒的科学管理原则应用于生产的组织过程，创立了流水线作业体系，从而奠定了现代大工业管理组织方式的基础，因此，流水线作业体系也被称为泰勒制或福特制。其基本特点表现为大规模、批量生产，以实现规模经济效益。这种最早应用于汽车工业的组织生产方式很快就扩展到其他产业，在五六十年代创造了现代工业的"黄金时代"。进入70年代后，福特制出现了严重的危机，欧美企业陷入困境，其原因并非简单的生产成本问题，更重要的是它们无法对市场多样化的需求作出更快、更适宜的反应。

80年代以来，美国、西欧及其他国家开始学习和应用日本首创的JIT管理方法。福特汽车公司是北美三大汽车制造公司之一，其工厂遍布北美，生产重点在于汽车组装，依赖北美许多供应商供应零部件，于1987年开始实施JIT。

福特汽车的及时生产是以最低库存直接针对市场需求的小批量生产，其生产设计具有迅速转产或转型的灵活性。厂房的布局使机械加工过程组合得更密切，这样可以减少材料的移运。另外，由于与零售商达成协议，因此生产计划可以稳定。公司的及时生产需要及时制系统的支持。福特汽车公司的及时制系统具有以下几个特点。

(一)厂内系统

福特汽车公司的生产线进料储存量设计为保持全天所需的原材料外加半天的保险库存，除非需要作安全库存的关键物品，消除大多数非生产线进料库存。大部分原料直接传递到生产线进料地点，消除大宗库存，取消库存用地。通过将原料直接传递到生产线进料地点，从而取消了额外的物资管理。同时使用可退换容器来改进搬运效率。

(二)包装系统

所用包装是专门为福特汽车公司设计的，采用可折叠式包装以便回收。减少可消耗包装的成本，提高包装的保护性以便于运输，标签及文字记录的位置准确化，使得搬运快捷、准确。优化模型设计，方便运输工具及铲车作业，提高搬运效率，尤其是生产线进料处的搬运效率。

(三)运输系统

[①] 资料来源：硅谷动力，http://www.enet.com.cn/article/2007/0216/A20070216447123_3.shtml。

及时物流需要可靠的运输供应者。福特公司尽量减少运输承运人的数量，谈判合同中包括惩罚条款。随时检查运输系统的可靠性，必要时用汽车运输来代替铁路运输。在可能的情况下，用及时性铁路运输来取代常规铁路运输。

(四)内向运输系统

汽车和铁路运输定时到达福特工厂，采用特定的时间、窗口进行递送。使用转动式拖车卸货，而不采用倾倒和转换式卸货。这样可消除拖车连成一串的情况，使接货的人力安排更有效，减少卸货车辆的等待时间。采用循环收取的办法，以便一辆车能够从若干的供应者那里收取物料，这样，重复和线路熟悉提高了效率。运输公司与福特公司每天通过计算机网络信息系统进行通信，例如物资需求系统(DMRS)。另外，还利用铁路运输来发展及时性服务。

(五)供应者

供货方均以年度合同的方式向福特公司供货。供货方掌握20天的关于福特公司每日生产需求的连续报表，以便制定供货计划由每天物资需求系统来连接。每天晚上，DMRS将次日的物资需求信息传递给运输公司，供应者必须及时将物资准备好以便装车。运输采用特定的集装箱、用特定的拖盘并在特定的时间、窗口进行。承运人将在特定的时间、窗口提取物资，货物往往在当日或连夜运送。

(六)成功因素

从福特公司的成功经验来看，及时管理协调员是确保系统正常运行的关键。当供货者或承运人或福特厂家未能按计划运作时，及时管理协调员对系统进行调整；当供货者或承运人一方违约时，及时管理协调员要追究其责任。另外，福特公司和供货者及承运人三方按计划运作，建立伙伴关系，履行各自的承诺。福特公司对可靠的服务支付费用，并帮助培训。

第一节 知识清单

一、企业物流管理概述

(一)物流的概念

从宏观上来讲，物流管理是指在社会再生产过程中，根据物质资料实体流动的规律，应用管理的基本原理和科学方法，以物流系统为研究对象，对物流活动进行计划、组织、指挥、协调、控制和监督，使各项物流活动实现最佳的协调与配合，以降低物流成本，提高物流效率和经济效益。

早在20世纪50年代，"Physical Distribution"一词在美国指代的就是今天我们所说的"物流"，其原意是指"物的分发"，指的是实物流通过程中的商品实体运动，是与商品销售有关的物流活动。到了20世纪60年代，日本改称为"物流"。

第八章　现代企业物流管理

关于物流的概念，由于人们对物流的认识有一个不断深化的过程，所以目前还没有一个统一严格的定义。

美国最早对物流的定义是在20世纪50年代，定义为"物流系指军队运输、补给及屯驻"。后来人们逐渐认识到，物流不仅发生在军事后勤系统，而是普遍地存在于一般的经济体系中，包括企业界、交通运输部门、城市规划中的交通运输系统等。物流活动不论其发生在哪些部门、哪些地区，一般都包括运输和存储活动，并要适时适地提供所需的产品。

20世纪五六十年代，日本的企业界和政府为了提高产业劳动率，组织了各种专业考察团到国外考察学习，公开发表了详细的考察报告，全面推动了日本生产经营管理的发展。1956年日本流通技术考察团考察美国引入物流观念后，1958年6月又组织了流通技术国内考察团对日本国内的物流状况进行了调查，这大大推动了日本物流的研究。物流的内涵与外延也在不断丰富。

中国物流的发展，在20世纪实现了从无到有和从小到大两个阶段的变化。物流概念的引入是在20世纪70年代末，把物流作为一门学科进行研究则在80年代中期以后。关于物流的概念，2001年8月1日颁布实施的中华人民共和国国家标准《物流术语(GB/T 18354—2001)》将物流定义为"物品从供应地向接受地的实体流动过程。根据实际需要，将运输、储存、装卸、搬运、包装、流通加工、配送、信息处理等基本功能进行有机结合"。

(二)物流管理的发展沿革

关于物流管理的发展过程，大致经历了以下三个阶段。

1. 第一阶段——运输管理阶段

物流管理起源于第二次世界大战中军队输送物资装备所发展出来的储运模式和技术。

在第二次世界大战后这些技术被广泛应用于工业界，并极大地提高了企业的运作效率，为企业赢得了更多客户。当时的物流管理主要针对企业的配送部分，即在成品生产出来后，如何快速而高效地经过配送中心把产品送达客户，并尽可能维持最低的库存量。美国物流管理协会当时叫作实物配送管理协会，而加拿大供应链与物流管理协会则叫作加拿大实物配送管理协会。

在这个初级阶段，物流管理只是在既定数量的成品生产出来后，被动地去迎合客户需求，将产品运到客户指定的地点，并在运输的领域内去实现资源最优化使用，合理设置各配送中心的库存量。准确地说，这个阶段物流管理并未真正出现，有的只是运输管理、仓储管理、库存管理。物流经理的职位当时也不存在，有的只是运输经理或仓库经理。

2. 第二阶段——物流管理阶段

现代意义上的物流管理出现在20世纪80年代。人们发现利用跨职能的流程管理的方式去观察、分析和解决企业经营中的问题非常有效。通过分析物料从原材料运到工厂，流经生产线上每一个工作站，产出成品，再运送到配送中心，最后交付给客户的整个流通过程，企业可以消除很多看似高效率却实际上降低了整体效率的局部优化行为。因为每个职能部门都想尽可能地利用其产能，没有留下任何富余，一旦需求增加，则处处成为瓶颈，导致整个流程的中断。又比如运输部作为一个独立的职能部门，总是想方设法降低其运输成本，这本身是一件天经地义的事，但若因此而将一笔需加快的订单交付海运而不是空运，虽然省下了运费，却失去了客户，导致整体的失利。所以，传统的垂直职能管理已不适应现代大规模工业化生产，而横向的物流管理却可以综合管理每一个流程上的不同职能，以取得整体最优化的协同作用。

在这个阶段，物流管理的范围扩展到除运输外的需求预测、采购、生产计划、存货管理、配送与客户服务等，以系统化管理企业的运作达到整体效益的最大化。一个典型的制造企业，其需求预测、采购和原材料运输环节通常叫作进向物流，材料在工厂内部工序间的流通环节叫作生产物流，而配送与客户服务环节叫作出向物流。物流管理的关键则是系统管理从原材料在制品到成品的整个流程，以保证在最低的存货条件下，物料畅通地买进、运入、加工、运出并交付到客户手中。对于有着高效物流管理的企业的股东而言，这意味着以最少的资本作出最大的生意，产生最大的投资回报。

3. 第三阶段——供应链管理阶段

20 世纪 90 年代随着全球一体化的进程，企业分工越来越细化。各大生产企业纷纷外包零部件生产，把低技术、劳动密集型的零部件转移到人工最廉价的国家去生产。以美国的通用、福特、戴姆勒-克莱斯勒三大车厂为例，一辆车上的几千个零部件可能产自十几个不同的国家、几百个不同的供应商。这样一种生产模式给物流管理提出了新课题：如何在维持最低库存量的前提下，保证所有零部件能够按时、按质、按量，以最低的成本供应给装配厂，并将成品车运送到每一个分销商。

这已经远远超出一个企业的管理范围，它要求与各级供应商、分销商建立紧密的合作伙伴关系，共享信息，精确配合，集成跨企业供应链上的关键商业流程，才能保证整个流程的畅通。只有实施有效的供应链管理，方可达到同一供应链上企业间协同作用的最大化。市场竞争已从企业与企业之间的竞争转化到供应链与供应链的竞争。

在这样的背景下，加拿大物流管理协会于 2000 年改名为加拿大供应链与物流管理协会。美国物流管理协会曾试图扩大物流管理概念的外延来表达供应链管理的理念，最后因多方反对，不得不修订物流管理概念，承认物流管理是供应链管理的一部分。

(三)物流管理的主要内容

1. 物流管理的层次

从企业经营的角度讲，物流管理是以企业的物流活动为对象，以最低的成本向用户提供满意的物流服务，对物流活动进行的计划、组织、协调和控制。根据企业物流活动的特点，企业物流管理可以从以下三个层次展开。

(1) 物流战略管理。

企业物流战略管理是指站在企业长远发展的立场上，就企业物流的发展目标、物流在企业经营中的战略定位、物流服务水准以及物流服务内容等问题作出整体规划。

(2) 物流系统设计与运营管理。

企业物流战略确定以后，为了实施战略，必须要有一套得力的实施手段和工具，即物流运作系统。作为物流战略制定后的下一个实施阶段，物流管理的任务是涉及物流系统和物流能力，对物流系统运营进行监控，并根据需要调整系统。

(3) 物流作业管理。

根据业务需求，制定物流作业计划，按照计划要求对物流作业活动进行现场监督和指导，并对物流作业的质量进行监控。

2. 物流管理的内容

(1) 物流基本活动管理。

对物流活动诸要素的管理，包括运输管理、储存管理、装卸搬运管理、保管管理、配送管理、流通加工管理和物流信息管理等。

(2) 物流基本要素管理。

对物流系统诸要素的管理，即对其中人、财、物、设备、方法和信息六大要素的管理，包括人力资源管理、物流技术管理、物流设施管理、物流成本管理等。

(3) 物流基本职能管理。

对物流活动中具体职能的管理，主要包括物流计划、质量、技术、经济等职能的管理，包括物流战略管理、物流计划管理、物流组织管理、物流运行监控等。

3. 现代物流管理的特点

与传统物流管理相比较，现代物流管理具有以下四个方面的特点。

(1) 以实现客户满意为第一目标。

现代物流是基于企业经营战略，从客户服务目标的设定开始，进而追求客户服务的差别化。它通过物流中心、信息系统、作业系统和组织构成等综合运作，提供客户所期望的服务，在追求客户满意最大化的同时，求得自身的不断发展。

(2) 以企业整体最优为目的。

企业物流既不能单纯追求单个物流功能的最优，也不能片面追求各"局部物流"最优，而应实现企业整体最优。

(3) 以信息为中心。

信息技术的发展带来了物流管理的变革，物流信息技术的运用和供应链物流管理方法的实践，都是建立在信息基础上的，信息成为现代物流管理的中心。

(4) 重效率，更重效果。

原来的物流以提高效率降低成本为重点，而现代物流不仅重视效率方面的因素，更强调整个物流过程的效果，即若从成果角度看，有的活动虽然使成本上升，但它有利于整个企业战略目标的实现，则这种活动仍然可取。

二、仓储管理

仓储是仓库储存和保管的简称，一般是指从接受储存物品开始，经过储存保管作业，直至把物品完好地发放出去的全部活动过程。概括地讲就是指通过仓库对暂时不用的物品进行收存、保管、交付使用的活动过程。在这个活动过程中包括存货管理和各项作业活动，即静态的物品储存和动态的物品存取。

(一)商品入库管理

商品入库是商品进入仓库的首要环节，是仓储作业的开始，是商品保管工作的基础，入库工作的好坏直接影响到后续工作的开展。因此，必须对入库作业进行系统的管理，科学地组织入库作业流程。商品入库管理，是根据商品入库凭证，在接受入库商品时所进行的卸货、查点、验收、办理入库手续等各项业务活动的计划和组织。入库作业主要包括入库交接、入库验收和入库手续办理。

1. 商品入库交接

由于货物到达仓库的形式不同，除了一小部分由供货单位直接运到仓库交货外，大部分要经过铁路、公路、航运、空运和短途运输等运输工具转运。凡经过交通运输部门转运的商品，都必须经过仓库接运后才能进行入库验收。因此，货物的接运是入库业务流程的第一道作业环节，也是仓库直接与外部发生的经济联系。商品接运是商品入库和保管的前提，接运工作完成的质量直接影响商品的验收和入库后的保管保养。商品接运的主要方式有两种：提货和办理交接手续。

货物到库后，仓库收货人员首先要检查货物入库凭证，然后根据入库凭证开列的收货单位和货物名称与送交的货物内容和标记进行核对，然后就可以与送货人员办理交接手续。交接手续通常是由仓库保管员在送货回单上签名盖章表示货物收讫。如果在以上工序中发现有异常情况，必须在送货单上详细注明并由送货人员签字，或由送货人员出具差错、异常情况记录等书面材料，作为事后处理的依据。

2. 商品入库验收

商品入库验收是根据合同或标准的规定要求，对入库的商品的品质、数量、包装等进行检验查收的总称。凡商品进入仓库储存，必须经过检查验收，只有验收后的商品方可入库保管。它包括质量检验、数量检验、包装检验、验收中发现问题的处理。

第八章　现代企业物流管理

3. 商品入库交接

入库物品经过点数、查验之后，可以安排卸货、入库堆码，表示仓库接受物品。在卸货、搬运、堆垛作业完毕后，与送货人办理交接手续，并建立仓库台账。

(二)商品出库管理

商品出库，是仓库根据业务部门或存货单位开具的出库凭证，经过审核出库凭证、备料、拣货、分货等业务直到把商品点交给要货单位或发运部门的一系列作业过程。它是仓储作业的结束，是商品保管工作的实现和完成。商品出库工作的好坏直接影响到企业的经济效益和社会效益，因此，及时、准确地做好出库业务工作，是仓储管理的一项重要工作。

1. 商品出库方式

送货与自提是两种基本的发货方式，此外，还有过户、取样、移仓。

2. 商品出库作业

商品出库作业包括两个内容，即发货前的经常性准备和发放商品出库。

通常情况下，仓库在接到客户通过网络传来或送来的提货单后，为了能准确、及时、安全、节约地做好商品出库，提高工作效率，仓库应根据出库凭证的要求做好准备工作：①选择发货的货区、货位；②原件商品的包装整理；③安排好出库商品的堆放场地；④送货上门的商品要备好车辆，等等。

商品出库作业流程的一般程序是：核单→记账→配货→复核→发货。

(三)仓储成本管理

1. 仓储成本

仓储成本指仓储企业在储存物品过程中，包括装卸搬运、存储保管、流通加工、收发物品等各项环节和建造、购置仓库等设施设备所消耗的人力、物力、财力及机会成本、风险成本的总和。仓储成本是衡量仓储企业经营管理水平和管理质量高低的重要标志。

2. 仓储成本的构成

仓储成本的构成要素包括折旧费、职工薪酬、修理费、管理费用、财务费用、销售费用、能源费、耗损材料费、货物仓储保险费、外协费、营业税金。

营业税金是指由仓储企业承担的税费。

3. 仓储成本分析与控制

根据成本的性质仓储成本可分为固定成本和变动成本两部分。固定成本是指仓储作业活动过程中，在一定时间内不会随着仓库储存量的大小、仓容利用率的高低变化而变化的成本，即不随着储存量变化而发生变化的成本。变动成本是指在仓储作业活动过程中、在一定时间内随着仓库储存量的增加或减少而成正比例变化的成本，它是与业务量大小直接相关的成本，即随着储存量的变化而发生变化的成本。

从固定成本和变动成本的性质分析，一方面，仓储企业必须有足够多的储存量用来分摊固定成本，合理规划仓储空间，提高设备完好率，减少非生产人员，有效地降低固定成本；另一方面，要在变动成本上下功夫，这就需要加强管理，合理选择备货方式，合理选择流通加工的方式，做好商品养护工作，提高装卸搬运灵活性，提高劳动效率，提高仓储服务质量，降低机具物料的损耗和燃料的消超，降低风险成本，有效降低变动成本。

三、配送管理

(一)配送的概念

配送是指按用户订货的要求，以现代送货形式，在配送中心或其他物流据点进行货物配备，以合理的方式送交用户，实现资源的最终配置的经济活动。这个概念说明了以下几个方面的内容。

(1) 明确指出按用户订货的要求。所以，配送是以用户为出发点，用户处于主导地位，配送处于服务地位。因此，配送在观念上必须明确"用户第一、质量第一"。

(2) 配送的实质是现代送货。配送和传统送货的区别在于，一般送货可以是一种偶然的行为，而配送却是一种体制行为；一般送货是完全被动的服务行为，而配送则是一种有组织、有计划、高效率、优质服务的行为；传统送货依靠自发意识，而配送依靠现代生产力和现代物流科技。

(3) 配送是从物流节点至用户的一种特殊送货形式，表现为中转型送货，而不是工厂至用户的直达型。

(4) 配与送有机地结合。"配"是指配用户、配时间、配货品、配车辆、配路线；"送"是指送货运输。

(5) 强调合理的方式送交用户，即配送者必须以用户要求为依据的同时，应该追求合理性，并指导用户，实现双方都有利可图的商业原则。

(6) 配送是对资源的配置作用，是最终配置。

(二)配送的作用

配送与运输、仓储、装卸搬运、流通加工、包装和物流信息融为一体，构成了物流系统的功能体系，其作用表现在以下几个方面。

1. 配送可以降低整个社会物资的库存水平

发展配送，实行集中库存，整个社会物资的库存总量必然低于各企业分散库存总量。

第八章 现代企业物流管理

同时，配送有利于灵活调度，有利于发挥物资的作用。此外，集中库存可以发挥规模经济优势，降低库存成本。

2. 配送有利于提高物流效率，降低物流费用

采用配送方式，批量进货、集中发货，以及将多个小批量集中于一起大批量发货，都可以有效地节省运力，实现经济运输，降低成本，提高物流经济效益。

3. 对于生产企业来讲，配送可以实现零库存

一方面，对于产成品而言，可以根据需要多少就生产多少，实现产成品零库存；另一方面，对于原材料而言，需要多少，供应商就供应多少，也可以做到零库存，从而大大降低经营成本。

4. 配送对于广大用户而言，提高了物流服务水平

配送能够按时按量、品种配套齐全地送货上门，一方面简化了手续，节省了成本，提高了效率；另一方面，保障了物资供应，满足了人们生产生活的物资需要和服务享受。

5. 配送对于整个社会和生态环境来说，也起着重要的作用

它可以节省运输车辆、缓解交通紧张状况、减少噪声、尾气排放等运输污染。

(三)配送的构成要素

集货、分拣、配货、配装、配送运输、送达服务以及配送加工等是配送最基本的构成单元。

1. 集货

将各个用户所需要的各种物品，按需要的品种、规格、数量，从仓库的各个货位拣选集中起来，以便进行装车配送的作业。

2. 分拣

将集货形成的集中物品按运输车辆分开来，分别堆放到指定地点的作业；按品名、规格、出入库先后顺序进行分门别类的作业；分为订单拣取和批量拣取。

3. 配货

使用各种拣选设备和传输装置，按客户的要求将商品分拣出来，配备齐全，送入指定发货区。

4. 配装

将客户所需的各种货品，按其配送车辆的装载容量进行装载组配。在单个用户配送数量不能达到车辆的有效载运负荷时，就存在如何集中不同用户的配送货物，进行搭配装载

以充分利用运能、运力的问题，这就需要配装。

5. 配送运输

配送运输属于运输中的末端运输、支线运输，和一般运输形态的主要区别在于：配送运输是较短距离、较小规模、额度较高的运输形式，一般使用汽车作运输工具。

6. 送达服务

配好的货物运输到用户还不算配送工作的完结，这是因为送达货物和用户接货往往还会产生不协调，使配送前功尽弃。因此，要圆满地实现运货的移交，并有效地、方便地处理相关手续并完成结算，还应讲究卸货地点、卸货方式等。

7. 配送加工

按照配送客户的品种要求所进行的流通加工活动。它可以扩大配送品种的实用度，提高客户的满意程度，提高服务水平，提高配送的吸引力。在配送中，配送加工这一功能要素不具有普遍性，但往往是有重要作用的功能要素。

(四)配送中心

配送中心是组织配送性销售或供应，专门从事实物配送工作的物流节点。

配送中心是物流领域社会分工、专业分工细化的产物，它适应了物流合理化、生产社会化、市场扩大化的客观需求，集储存、加工、集货、分货、装运、信息等多项功能于一体，通过集约化经营取得规模效益。

配送中心的功能全面完整，众多配送任务均通过功能完成。具体来说，配送中心的功能有集货功能、储存功能、分拣功能、集散功能、流通加工功能、信息功能。

(五)配送作业管理

从总体上看，配送由备货、理货和送货三个基本环节组成，其中每个环节又包含着若干项具体的、技术性的活动。

1. 备货

备货指准备货物的系列活动，它是配送的基础环节。备货包括筹集货物和储存货物两项具体活动。

(1) 筹集货物。在不同的经济体制下，筹集货物由不同的行为主体完成。若生产企业直接进行配送，那么，筹集货物的工作自然由企业自己组织。在专业化流通体制下，筹集货物的工作会出现两种情况：①由提供配送服务的配送企业直接承担，一般是通过向生产企业订货或购货完成此项工作；②选择商流、物流分开的模式进行配送，订货、购货等筹集货物的工作通常是由货主自己去做，配送组织只负责进货和集货等工作，货物所有权属于货主。总之，筹集货物都由订货、进货、集货及相关的验货、结算等一系列活动组成。

(2) 储存货物。储存货物是购货、进货活动的延续。在配送活动中，货物储存有两种表现形态：一种是暂存形态，另一种是储备形态。暂存形态的储存，是按照分拣、配货工序要求，在理货场地储存少量向。储备形态的储存是按照一定时期配送活动要求和根据货源的到货情况，有计划地确定的，它是决定配送效益高低的关键环节。

2. 理货

理货是配送的一项重要内容，也是配送区别于一般送货的重要标志。理货包括货物分拣、配货和包装等活动。货物分拣是采用适当的方法和手段，从储存的货物中分出用户所需要的货物。分拣货物一般采取两种方式来操作：一种是摘取式，一种是播种式。

3. 送货

送货是配送活动的核心，也是备货和理货工序的延伸。在物流活动中，送货的现象形态实际上就是货物的运输，因此，常常以运输代表送货。但是，组成配送活动的运输与通常所讲的"干线运输"是有很大区别的。由于配送中的送货需面对众多的客户，并且要多方向运动，因此，在送货过程中，常常要进行运输方式、运输路线和运输工具三种选择。按照配送合理化的要求，必须在全面计划的基础上，制定科学的、距离较短的货运路线，选择经济、迅速、安全的运输方式和适宜的运输工具。

四、供应链管理

供应链是 20 世纪 80 年代后期全球制造和全球经济一体化浪潮下，为克服传统企业管理模式的弊端而形成的一个新概念。供应链一般分为内部供应链和外部供应链。内部供应链是指企业内部产品生产和流通过程中所涉及的采购部门、生产部门、仓储部门、销售部门等所组成的供需网络；而外部供应链是指企业外部与企业相关的产品生产和流通过程中所涉及的原材料供应商、生产厂商、储运商、零售商以及最终消费者组成的供需网络。内部供应链和外部供应链共同组成了企业产品从原料到成品再到消费者的供应链。可以说，内部供应链是外部供应链的缩小化。

(一)供应链管理的特点

供应链管理是一种新型的管理模式，它的特点可以从与传统管理方法及传统物流管理的比较中显现出来。

1. 与传统的管理方法相比较

供应链管理主要致力于建立成员之间的合作关系。与传统的管理方法相比，它具有以下特点。

(1) 以客户为中心。在供应链管理中，客户服务目标的设定优先于其他目标，它以客户满意为最高目标。供应链管理本质上是满足客户需求，它通过降低供应链成本的战略，实现对客户的快速反应，借此提高客户满意度，获取竞争优势。

(2) 跨企业的贸易伙伴之间密切合作、共享利益、共担风险。在供应链管理中，企业超越了组织机构的界限，改变了传统的经营意识，建立起新型的客户关系，这些使企业意识到不能仅仅依靠自己的组员来参与市场竞争，提高经营效率，而要通过与供应链参与各方进行跨部门、跨职能和跨企业的合作，建立共同利益的合作伙伴关系，追求共同的利益，发展企业之间稳定的、良好的、共存共荣的互助合作关系，建立一种双赢关系。

(3) 集成化管理。供应链管理应用网络技术和信息技术，重新组织和安排业务流程，实现集成化管理。通过应用现代信息技术，使供应链成员不仅能及时有效地获得其客户的需求信息，并且能对信息作出及时响应，满足客户的需求。

(4) 供应链管理是对物流的一体化管理。物流一体化是指不同职能部门之间或不同企业之间通过物流合作，达到提高物流效率、降低物流成本的目的。供应链管理是指通过物流将企业内部各部门及供应链各节点企业联结起来，改变交易双方利益对立的传统观念，在整个供应链范围内建立起共同利益的协作伙伴关系。供应链管理把从供应商开始到最终消费者的物流活动作为一个整体进行统一管理，始终从整体和全局上把握物流的各项活动，使整个供应链的库存水平最低，实现供应链整体物流最优化。

总之，供应链管理可以更好地了解客户，给他们提供个性化的产品和服务，使资源在供应链上合理流动，缩短物流周期，降低库存，降低物流费用，提高物流效率，从而提高企业的竞争力。

2. 与传统物流管理相比较

物流已经发展成为供应链管理的一部分，它改变了传统物流的内涵，与传统物流管理相比，供应链管理具有以下特点。

(1) 供应链管理是对互动界面的管理。从管理的对象来看，物流以存货资产为其管理对象，而供应链管理则是对存货流动(包括必要的停顿)中的商务过程的管理，因此更具有互动的特征。兰博特教授认为，必须对供应链中所有关键的商务过程实施精细的管理、需求管理、订单执行管理、制造流程管理、采购管理和新产品开发及其商品化管理等。在有些企业的供应链管理过程中还包括从环境保护理念出发的商品回收渠道管理，例如施乐公司。

(2) 供应链管理是物流的更高级的形态。事实上，供应链管理也是从物流的基础上发展起来的，在企业运作的层次上，从实物分配开始，到整合物资管理，再到整合相关信息，通过功能的逐步整合形成了物流的概念。从企业关系的层次来看，则有从制造商向批发商和分销商再到最终用户的前向整合，也有向供应商的后向整合。通过关系的整合形成了供应链管理的概念。从作业功能的整合到渠道关系的整合，使物流从战术的层次提升到战略高度。所以，供应链管理看起来像一个比较新的概念，实际上是传统物流的逻辑延伸。

第八章　现代企业物流管理

(3) 供应链管理是协商的机制。物流在管理上是一个计划的机制。主导企业通常是制造商，他们力图通过一个计划来控制产品和信息的流动，其与供应商和客户的关系本质上是利益冲突的买卖关系，常常导致存货向上游企业的转移或成本的转移。供应链管理同样需要制定计划，但目的是为了谋求在渠道成员之间的联动和协调。

供应链管理是一个开放的系统，它的一个重要的目标就是通过分享需求和当前存货水平的信息来减少或消除所有供应链成员企业所持有的缓冲库存。这就是供应链管理中"共同管理库存"的理念。

(4) 供应链管理更强调组织外部一体化。物流主要是关注组织内部的功能整合，而供应链管理认为只有组织内部的一体化是远远不够的。供应链管理是一项高度互动和复杂的系统工程，需要同步考虑不同层次上的相互关联的技术经济问题，进行成本效益权衡。例如，要考虑在组织内部和组织之间，存货以什么样的形态放在什么样的地方，在什么时候执行什么样的计划；供应链系统的布局和选址决策，信息共享的深度；实施商务过程一体化管理后所获得的整体效益如何在供应链成员之间进行分配；特别是要求供应链成员在一开始就共同参与制定整体发展战略或新产品开发战略等。

(5) 供应链管理对共同价值有着更大的依赖性。作为系统结构复杂性增加的逻辑必然，供应链管理将更加依赖信息系统的支持，首先要解决的是在供应链伙伴之间的信息可靠性问题。所以，有时也把供应链看作是基于信息增值交换的协作伙伴之间的一系列关系，互联网为提高信息可靠性提供了技术支持，但如何管理和分配信息则取决于供应链成员之间对商务过程一体化的共识程度。所以，与其说供应链管理依赖网络技术，还不如说供应链管理首先是对供应链伙伴的相互信任、相互依存、互惠互利和共同发展的共同价值观和依赖。

(6) 供应链管理是"外源"整合组织。与垂直一体化物流不同，供应链管理更多的是在自己的"核心业务"基础上，通过协作整合外部资源来获得最佳的总体运作效果，除了核心业务以外，几乎每件事都可能是"外源的"，即从公司外部获得的。例如，著名的 Nike 公司和 Sun 微系统公司，通常外购或外协所有的部件，而自己集中精力于新产品的开发和市场营销。这一类公司有时也被称为"虚拟企业"或者说"网络组织"。实际上，一台标准的苹果机，其制造成本的 90% 都是"外源的"。表面上看，这些企业是把部分或全部的制造和服务活动以合同形式委托其他企业代为加工制造，但实际上是按照市场的需求，以标准、品牌、知识、核心技术和创新能力所构成的网络系统来整合或重新配置社会资源。

(7) 供应链管理是一个动态的响应系统。在供应链管理的具体实施中，贯穿始终的对关键过程的管理测评是不容忽视的。高度动态的商业环境要求企业管理层对供应链的动作实施规范的和经常的监控和评价，当管理目标没有实现时，就必须考虑可能的替代供应链和作出适当的应变。

(二)供应链管理的内容

供应链管理主要涉及五个领域：供应(Supply)、生产计划(Schedule Plan)、物流(Logistics)、需求(Demand)和回流(Return)。供应链管理是以同步化、集成化生产计划为指导，以各种技术为支持，尤其以互联网为依托，围绕供应、生产作业、物流(主要指制造过程)、满足需求来实施的。供应链管理主要包括计划、合作、控制从供应商到用户的物料(零部件和成品等)和信息。供应链管理的目标在于提高用户服务水平和降低总的交易成本，并且寻求两个目标之间的平衡(这两个目标往往有冲突)。

在以上五个领域的基础上，我们可以将供应链管理细分为基本职能领域和辅助领域。基本职能领域主要包括产品工程、产品技术保证、采购、生产控制、库存控制、仓储管理、分销管理、回收管理；而辅助领域主要包括客户服务、制造、设计工程、会计核算、人力资源、市场营销等。

由此可见，供应链管理关心的并不仅仅是物料实体在供应链中的流动，除了企业内部与企业之间的运输问题和实物分销以外，供应链管理还包括以下主要内容：

(1) 战略性供应商和用户合作伙伴关系管理；
(2) 供应链产品需求预测和计划；
(3) 供应链的设计(全球节点企业、资源、设备等的评价、选择和定位)；
(4) 企业内部与企业之间物料供应与需求管理；
(5) 基于供应链管理的产品设计与制造管理、生产集成化计划、跟踪和控制；
(6) 基于供应链的用户服务和物流(运输、库存、包装等)管理；
(7) 企业间资金流管理(汇率、成本等问题)；
(8) 基于 Internet/Intranet 的供应链交互信息管理；
(9) 反向物流管理。

供应链管理注重总的物流成本(从原材料到最终产成品的费用)与用户服务水平之间的关系，为此要把供应链各个职能部门有机地结合在一起，从而最大限度地发挥出供应链整体的力量，达到供应链企业群体获益的目的。

(三)供应链合作伙伴关系管理

所谓供应链的合作伙伴关系(Supply Chain Partnership，简称SCP)，也就是供应链中各节点企业之间的关系，对制造业来说，就是供应商与制造商之间的关系。供应链管理的精髓就在于企业间的合作，没有合作就谈不上供应链管理。

供应链合作伙伴关系形成于集成化供应链管理环境下，形成于供应链中为了特定的目标和利益的企业之间，形成的目的通常是为了降低供应链总成本、降低库存水平、增强信息共享水平、改善相互之间的交流、产生更大的竞争优势，以实现供应链节点企业的财务状况、质量、产量、用户满意度以及业绩的改善和提高。

第八章　现代企业物流管理

实施供应链合作伙伴关系意味着新产品和技术的共同开发、数据和信息的交换、市场机会共享和风险共担。在供应链合作关系环境下，制造商选择供应商不再只是考虑价格，而是更注重选择能在优质服务、技术革新、产品设计等方面进行良好合作的供应商。

1. 信息交流与知识共享机制

信息交流和知识共享有助于减少投机行为，有助于促进重要生产信息的自由流动。为加强供应商与制造商的信息交流，可以从以下几个方面着手：在供应商与制造商之间经常进行有关成本、作业计划、质量控制信息的交流与沟通，保持信息的一致性和准确性；实施并行工程。制造商在产品设计阶段让供应商参与进来，这样供应商可以在原材料和零部件的性能与功能方面提供有关信息，为实施质量功能配置的产品开发方法创造条件，把用户的价值需求及时地转化为供应商的原材料和零部件的质量与功能要求，建立联合的任务小组解决共同关心的问题。在供应商与制造商之间应建立一种基于团队的工作小组，双方的有关人员共同解决供应过程以及制造过程中遇到的各种问题；供应商和制造商经常互访。供应商与制造商采购部门应经常性地互访，及时发现和解决各自在合作活动过程中出现的问题和困难，建立良好的合作气氛，使用电子数据交换和互联网技术进行快速的数据传输。

2. 合作伙伴的激励机制

要保持长期的双赢关系，对供应商的激励是非常重要的。没有有效的激励机制，就不可能维持良好的供应关系。在激励机制的设计上，要体现公平、一致的原则。给予供应商价格折扣和柔性合同，以及采用赠送股权等，使供应商和制造商分享成功，同时也使供应商从合作中体会到双赢机制的好处。

第二节　延伸阅读：第三方物流

第三方物流是指生产经营企业为集中精力搞好主业，把原来属于自己处理的物流活动，以合同方式委托给专业物流服务企业，同时通过信息系统与物流企业保持密切联系，以达到对物流全程管理控制的一种物流运作与管理方式。

一、基本特征

1. 关系合同化

首先，第三方物流是通过契约形式来规范物流经营者与物流消费者之间关系的物流经营者根据契约规定的要求，提供多功能直至全方位一体化物流服务，并以契约来管理所有提供的物流服务活动及其过程。其次，第三方物流发展物流联盟也是通过契约的形式来明确各物流联盟参加者之间权责利相互关系的。

2. 服务个性化

首先，不同的物流消费者存在不同的物流服务要求，第三方物流需要根据不同的物流消费者在企业形象、业务流程、产品特征、顾客需求特征、竞争需要等方面的不同要求，提供针对性强的个性化物流服务和增值服务。其次，从事第三方物流的经营者也因为市场竞争、物流资源、物流能力的影响需要形成核心业务，不断强化所提供物流服务的个性化和特色化，以增强物流市场竞争能力。

3. 功能专业化

第三方物流所提供的是专业的物流服务，从物流设计、物流操作过程、物流技术工具、物流设施到物流管理必须体现专门化和专业水平，这既是物流消费者的需要，也是第三方物流自身发展的基本要求。

4. 管理系统化

第三方物流应具有系统的物流功能，是第三方物流产生和发展的基本要求，第三方物流需要建立现代管理系统才能满足运行和发展的基本要求。

5. 信息网络化

信息技术是第三方物流发展的基础物流服务过程中，信息技术发展实现了信息实时共享，促进了物流管理的科学化、极大地提高了物流效率和物流效益。

二、相对优势

第三方物流企业的优势主要体现在以下四个方面。

(1) 使企业专心致志地从事自己所熟悉的业务并将资源配置在核心事业上。

企业集中于精力核心业务。由于资源有限，很难成为业务上面面俱到的专家。为此，企业应把要资源集中于擅长的主业，而把物流等辅助功能留给第三方物流公司。

(2) 实现以信息换库存，降低成本。

第三方物流能以一种快速、更具成本优势的方式满足这些需求，而这些服务如果单靠制造商常难以实现。同样，第三方物流还具有可以满足制造企业的潜在客户需求的能力，从而促进生产商与零售商沟通的作用。

(3) 减少固定资产投资，加速资本周转。

企业自建物流需要投入大量的资金购买物流设施，建设仓库和信息网络等专业物流设施。这些资源对于缺乏资金的企业特别是中小企业而言是沉重的负担。而如果使用第三

第八章 现代企业物流管理

物流不仅减少了设施的投资,还解放了仓库和车队方面的资金占用,加速了资金周转。

(4) 提供灵活多样的客户服务,为客户创造更多的价值。

如果企业是原材料供应商,而原材料需求客户需要迅速补充货源,就要有地区仓库。通过第三方物流的仓库服务,就可以满足客户需求,而不必因为建造新设施或长期租赁而调拨资金使经营灵活性受到限制。如果企业是最终产品供应商,那么利用第三方物流还可以向最终客户提供超过自己提供他们的更多样的服务品种,为客户带来更多的附加价值,使客户满意度提高。

三、业态分类

纵观中国第三方物流企业的经营,其业态主要有以下两种。

(1) 第三方物流企业接受客户委托,根据客户提出要求处理相关货物。

其实这种业态的经营模式实质是一个委托的法律关系,从物流学理意义上属于初级业态。其表现形式是以处理委托人事务为目的,根据委托事项支付一定费用,受托人(物流企业)根据实际成本加上利润收取费用并提供相应服务。如果委托人没有尽到告知义务致使受托人的设备和其他委托人的设备、货物造成损失的,且受托人已尽了审查义务(《中华人民共和国合同法》第 406 条受托人有关义务),则受托人免责,造成第三方损失的,由第三方直接向有过错的委托人追索。在实际操作过程中,往往根据委托合同有关条款加以调整。

(2) 另外一种模式是物流企业根据客户要求,以物流企业名义对外寻求供应商、代理商、分销商,同时又向客户提供相应的仓储、运输、包装等服务,为客户设计物流计划。

该模式往往是从事第三方物流服务的企业通过与固定客户(通常是连锁企业)建立稳定的契约关系,以物流企业名义与生产商建立广泛的商品关系,使第三方物流和终端客户建立长时间联盟合作。这种经营模式是第三方物流的高级经营业态。

在实践中,生产企业、供应商等上家都与第三方物流企业有买断、代理关系,并由第三方物流企业根据终端客户订单进行处理、配送、加工等。可以看出在这种模式下,第三方物流企业其实是某终端客户的代理人,只不过第三方物流企业没有以终端客户名义而是以自己名义与其发生关系,责任由最终客户承担。需要指出的是在此过程中,如果物流企业为了自己的利益越权代理,则行为无效。而且由于第三方过错造成终端客户损失的,由第三方直接向终端客户承担责任(通常厂家的商品造成超市损失,由厂家承担过错责任向超市赔偿)。上述种种经营活动可以说明第三方物流的高级经营业态实际上是一种匿名代理的行为。

第三节 大案例与小故事

一、大案例

新加坡物流业

世界地图上的新加坡只不过是个"小红点"。但新加坡的地理位置却是世界的十字路口。得天独厚的地理条件使之发展成为一个以商业、运输、通信、旅游为中心的国家。靠水吃水，一直以来，新加坡凭借自己独特的地理位置大力发展现代物流业。目前，物流业已经成为新加坡的支柱产业，新加坡港的吞吐量也一直名列世界各港口前列。

新加坡是亚太地区领先的物流和供应链管理中心。新加坡的樟宜机场是世界第四大货运机场，每周4000航班连接57个国家的182个城市。机场内设有樟宜航空货运中心(也称物流园)，面积达47公顷，是一个24小时运作的自由贸易区。这个一站式的服务中心，提供了装卸航空货物所需的设备和服务，从飞机卸下的货物送到收货人手里，前后只需一小时。民航局不时研讨制定樟宜机场的发展规划，以确保机场有足够的能力应付亚太地区航空交通的强劲增长。

新加坡利用其优良的深水港，兴建了4个集装箱码头。新加坡港务集团每年可装卸超过1500万个集装箱，是世界最大的单一箱运码头经营机构。2008年，新加坡港以260多万标箱及两位数的增幅，再次雄踞国际港口的榜首。在新加坡，200家船务公司把新加坡与123个国家的600个港口连接起来。这一切都使新加坡毋庸置疑地成为亚太地区领先的物流和供应链管理中心。

1. 地位

正因为新加坡拥有强大的海上和空中网络连接亚洲和世界各地，所以有超过9000家的物流企业利用新加坡作为区域转运及配运中心，包括位列全球业界前茅的17家第三方物流公司中的10家在新加坡设立亚洲总部。这里也是许多正在进入亚洲市场的跨国公司的亚洲总部。据一项调查显示，新加坡工业及商业企业运用物流组织管理技术和运用专业化的3PL(第三方物流)服务非常普遍，约60%的新加坡企业使用3PL服务，其中有83%已经是3年以上的3PL服务客户。超过90%的使用者认为，3PL的服务能帮助他们降低成本，并对3PL提供的物流服务十分满意，这是新加坡3PL服务产业化发展的重要基础。

此外，世界知名物流企业如敦豪、联邦快递、辛克等都在新加坡设立了区域总部。再加上与互联网结合，新加坡物流业更以电子物流的全新经营模式，整合了一套独具特色的网络供应链管理系统(IS-CM)，吸引跨国企业利用新加坡物流业的优势，构建亚太地区的外包供应网，让跨国企业专注于产品研发及市场营销，提高国际竞争力，从而更加巩固了新

第八章 现代企业物流管理

加坡物流业的支柱地位。

2. 政策

新加坡政府扶持经济的发展在世界上既具有知名度，又较为成功。新加坡物流业的快速发展得益于政府的大力支持。政府支持物流行业发展的政策，主要有税收优惠、研究经费的资助和各项教育与培训计划。由于得到政府的大力支持，新加坡的物流行业投资规模较大，且有强大的推动力和持续性。新加坡物流业的发展，还在于其政策上对物流业进入、投资没有限制，而良好的物流服务环境则吸引了大批国际著名企业在新加坡驻足及设置物流运作基地。作为长期发展的现代物流业，新加坡的物流可以用高效率、高科技、高服务、高专业来形容。

新加坡物流业充分体现了"高效"的含义，这不仅由于新加坡地理位置优越、交通便利，还在于其各环节畅通无阻。以通关程序为例，新加坡政府使用"贸易网络"，实现了无纸化通关，涉及贸易审批、许可、管制等通过一个电脑终端即可完成。

高科技是新加坡物流业的主要支撑力量之一，而网络技术则是重中之重。新加坡物流公司基本实现了整个运作过程的自动化，一般都拥有高技术仓储设备、全自动立体仓库、无线扫描设备、自动提存系统等现代信息技术设备。新加坡物流企业都斥资数百万美元建成了电脑技术平台，通过公司的技术平台，客户不但可以进行下订单等商务联系，还随时可以了解所托运货物当时的空间位置、所处的运送环节和预计送达的时间。现代科技还保证了货物的安全和物流过程中的准确性，例如条形码和无线扫描仪的使用使每天多达数千万份的货物运送准确率超过99.99%。

服务的专一性是新加坡物流企业能够提供高质量服务的重要原因。它们要么专门为某一行业的企业提供全方位的物流服务，要么为各行业的客户提供某一环节的物流服务。新加坡港口、机场附近均设有自由贸易区(保税区)或物流园区，提供集中的物流服务，在园区内就能找到运输、仓储、配送等各个环节的专业物流商，极大地方便了客户联系业务。新加坡现代物流业已经转向"量身定做"的服务，以满足每个客户的不同需要为出发点和最终归宿点，服务范围之广之细可谓空前。公司和客户共同研究、选择出一种或几种最理想的服务方式，最终找出能最大限度为客户提供低成本的解决方案。

3. 注重人才培养

注重物流业的人才培养也是新加坡物流业可持续发展的重要方式。新加坡政府以讲座的形式向公司及公众介绍物流技术的最新发展，并推出了政校合作、国际交流等多项物流人才培训计划，配合市场的实际需要推出广泛的专才训练课程。政府也与物流专业机构、协会或商会合作，推动举办物流展览会、研讨会，促进国际交流与合作。新加坡政府在新加坡国立大学和南洋理工大学等高等学府设立物流硕士课程，培养物流专业的高级管理人才。1999年，提供2000万新元资助新加坡国立大学和美国佐治亚州科技学院在新加坡合作成立亚太物流学院，主要训练物流及供应链管理的专业人士。全球28家著名学府认可其物流专业资格，完成课程的学员可在这些学府升读物流的硕士课程。此外，政府还鼓励私立教育机构开办物流专业课程,为在职专业人员提供培训。例如新加坡物流学院,目前在校受训的在职人员达1500人,该校同时也提供学位教育,培养物流专业的本科和硕士研究生。

新加坡物流业的外扩之路过小,没有工业这成为新加坡物流业发展的瓶颈。经过几十年的发展,新加坡的物流市场已成熟,因此新加坡的物流业者认识到必须走出国内市场,寻求新的促进增长的道路。

根据亚太物流业报告指出,亚洲物流业估计价值1万亿美元,以中国为首,其后依次是东盟国家和印度。经济的环球化造成了生产基地向东移;世界贸易组织的多边贸易开放、区域贸易协定和双边贸易协定,都有助于国际货物流动的大幅增加;采购原材料、分包制造以及成品配送活动正日益环球化,这增加了企业供应链的长度和复杂性。这一切都要求生产企业无暇顾及全面的产业,也就要求必须把部分物流业外包。

新加坡物流业者也急需摆脱国内物流业的饱和状态;一直以来,新加坡物流业不仅是区域跨国企业的物流服务提供商,也已经拥有广泛的网络;新加坡物流业也需要进一步扩大业务,达到足够的规模,以取得更大的利润,因此两方就不谋而合。

可见,新加坡物流业的外扩成功不仅仅是顺应全球经济形式,也与长期以来的硬件发展分不开。

思考题

1. 新加坡物流业取得成功主要因素有哪些?
2. 你认为物流业的发展需要哪些软件、硬件的支撑?

二、小故事

小故事(一)

在大多数企业里,都有不成文的规定,例如禁止内部员工谈恋爱。其实,这种做法既不合法,也不可取。"棒打鸳鸯"只能导致军心涣散,让员工对组织感到寒心。获得如此"待遇"的员工即便留下,也会"身在曹营心在汉"。

日本日立公司有一名叫田中的工程师。他在日立公司工作了近12年,对他来说,公司就是他的家,因为甚至连他美满的婚姻都是公司为他解决的。原来,日立公司内设了一个专门为职员架设"鹊桥"的"婚姻介绍所"。日立公司人力资源部的管理人员说:"这样做还能起到稳定员工、增强企业凝聚力的作用。"

日立"鹊桥"总部设在东京日立保险公司大厦八楼,田中刚进公司,便在同事的鼓动下,把学历、爱好、家庭背景、身高和体重等资料输入"鹊桥"电脑网络。在日立公司,当某名员工递上求偶申请书后,他(她)便有权调阅电脑档案。申请者往往利用休息日坐在沙发上慢慢地、仔细地翻阅这些档案,直到找到满意的对象为止。一旦他(她)被选中,联系人会将挑选方的一切资料寄给被选方,被选方如果同意见面,公司就安排双方约会,约会后

第八章 现代企业物流管理

双方都必须向联系人报告对对方的看法。

终于有一天，同在日立公司当接线员的富泽惠子从电脑上走下来，走进了田中的生活。他俩的第一次约会，是在离办公室不远的一家餐厅里共进午餐，这一顿饭吃了大约4个小时，不到一年，他们便结婚了。婚礼是由公司操办的，而来宾中70%都是田中夫妇的同事。

有了家庭的温暖，员工自然就能一心一意扑在工作上，员工对公司就不仅是感恩了，而是油然而生的一种"鱼水之情"。这样的管理成效是一般意义的奖金、晋升所无法匹敌的。

小故事(二)

美国学者劳伦斯·彼得在对组织中人员晋升的相关现象研究后得出一个结论：在一个等级制度中，每个员工趋向于上升到他所不能胜任的职位。就是说，有工作成绩的员工将被提升到高一级的职位；如果他们继续胜任，将进一步提升，直至到达他们不能胜任的位置。由此的推导是，每一个职位最终都将被一个不能胜任其工作的员工所占据。这种状况对于员工和组织双方都没有好处。对员工来说，由于不胜任工作，找不到工作的乐趣，无法实现自身的价值。对组织来说，一旦相当部分的人员被推到了不胜任的职位，就会造成组织人浮于事、效率低下。因此，必须建立科学的、合理的人员选聘机制，客观评价每个员工的能力和水平，做到才职匹配。

小故事(三)

家门口有一条汽车线路，是从小巷口开往火车站的。不知道是因为线路短，还是沿途人少的缘故，客运公司仅安排两辆中巴来回对开。

开101的是一对夫妇，开102的也是一对夫妇。

坐车的大多是一些船民，由于他们长期在水上生活，因此，一进城往往是一家老小。

101号的女主人很少让孩子买票，即使是一对夫妇带几个孩子，她也是熟视无睹似的，只要求船民买两张成人票。有的船民过意不去，执意要给大点的孩子买票，她就笑着对船民的孩子说："下次给带个小河蚌来，好吗？这次让你免费坐车。"

102号的女主人恰恰相反，只要有带孩子的，大一点的要全票，小一点的也得买半票。她总是说，这车是承包的，每月要向客运公司交多少多少钱，交不足，马上就干不下去了。

船民们也理解，几个人捅几张票的钱，因此，每次也都相安无事。

不过，三个月后，门口的102号不见了。听说停开了。它应验了102号女主人的话：马上就干不下去了，因为搭她车的人很少。

忠诚顾客是靠感情培养的，也同样是靠一点一点优惠获得顾客的忠诚的，当我们固执地执行我们的销售政策的时候，我们放走了多少忠诚顾客呢？

第四节 素质拓展

一、思考题

(1) 引例中福特公司的做法符合物流管理的哪些原理？
(2) 从福特公司的成功经验来看，管理协调员是如何确保系统正常运行的？
(3) 现代企业物流、商流的关系是怎样的？

二、辩论

(1) 题目：京东商城自建物流，你认为是对还是错
(2) 目的：
① 了解物流企业的运行状况。
② 培养根据现实问题独立思考的能力。
(3) 具体要求：
① 将全班同学分成正方与反方若干小组(限5人一组)进行辩论。
② 正方坚持"京东商城自建物流是对的"立场论述。
③ 反方联系天猫第三方物流，举例说明第三方物流的好处。
④ 正反双方在辩论中，既要回答对方的提问，也要向对方提出疑难问题，要求答辩。
⑤ 正反双方举例鲜明生动，并形成书面辩论资料，呈报老师或评委。

三、创业素质论坛

关于胆量

问一个问题：什么样的人最适合创业？

答案是：赌徒。

道理很简单，创业本身就是一项冒险活动。赌徒最有胆量，敢下注，想赢也敢输，所以，他们最适合创业。科学研究发现，赌徒的心理承受能力远远强过普通人，而创业正是最需要强大心理承受能力的一项活动。

在研究中发现，大凡成功人士都有某种程度的赌性，企业界人士尤其如此。史玉柱的赌性大家都知道。当年在深圳开发M-6401桌面排版印刷系统，史玉柱的身上只剩下了4000元钱，他却向《计算机世界》定下了一个8400元的广告版面，唯一要求就是先刊广告后付钱。他的期限只有15天，前12天他都分文未进，第13天他收到了3笔汇款，总共是15820

第八章 现代企业物流管理

元,两个月以后,他赚到了10万元。史玉柱将10万元又全部投入做广告,4个月后,史玉柱成为百万富翁。这段故事如今为人们津津乐道,但是想一想,要是当时15天过去,史玉柱收来的钱不够付广告费呢?要是之后《计算机世界》再在报纸上发一个向史玉柱的讨债声明呢?我们大概永远也不会看到一个轰轰烈烈的史玉柱和一个赌性十足的史玉柱了。

很多创业者在创业的道路上,都有过"惊险一跳"的经历。这一跳成功了,功成名就,白日飞升;要是跳不成,就只好凤凰涅槃了。当年周枫带人做婷美,一个500万元的项目,做了2年多,花了440万元还是没有做成。眼看钱就没了,合作伙伴都失去了信心,要周枫把这个项目卖了。周枫说,这样好的项目不能卖,要卖也要卖个好价钱。合作伙伴说,这样的项目怎么能卖到那么多钱,要不然你自己把这个项目买下来算了。周枫就花5万元钱把这个项目买了下来。原来大家一起还有个合伙公司,作为代价,周枫把在这个合伙公司的利益也全部放弃了,据说损失有几千万元。单干的周枫带着23名员工,把自己的房子抵押,跟几个朋友一共凑了300万元。他把其中5万元存在账上。另外的钱,他算过,一共可以在北京打2个月的广告。从当年的11月到12月底,他告诉员工,这回做成了咱们就成了,不成,你们把那5万块钱分了,算是你们的遣散费,我不欠你们的工资。咱们就这样了!这些话把他的员工感动得要哭,当时人人奋勇争先,个个无比卖力,结果婷美就成功了。周枫成了亿万富翁,他的许多员工成了千万富翁、百万富翁。现在很多的大学教授、市场专家分析周枫和婷美成功有诸多原因,其实事情没有这么复杂。说白了,不过是一个合适的产品,加上一个天性敢赌的领导,加上一些合适的营销手段,才有了这样一桩成功的案例。

孙广信与周枫有异曲同工之妙。《福布斯》中国富豪孙广信在没有发迹前,只是在乌鲁木齐做一些拼缝之类的小生意。这样的小生意人在商业传统悠久的乌鲁木齐多得是。孙广信起家于做酒楼。1989年秋季的一天,孙听到有一家专做粤菜的广东酒楼的老板因为欠债跑掉了。孙广信跑到那里一看,嗯,这个酒楼不错,地理位置好,门面也不赖,行,可以做,是个机会。当时他就借了67万元把这个广东酒楼盘了下来,又从广东请来好厨子,进了活海鲜,鱼、虾、鳖、蟹,还有活蛇。此前孙广信从来没有做过餐饮业,新疆人又吃惯了牛羊肉,对生猛海鲜不感兴趣,感兴趣的人也不敢轻易下箸。头4个月亏了17万元,亏得孙广信眼睛发直。他坚持了下来,通过猛打广告猛优惠,将客源提了上来。孙广信从酒店里赚到了钱。中国的酒楼多得是,赚钱的老板都不少,为什么现在只有孙广信出名呢?因为孙广信没事就在酒楼里观察他的顾客,琢磨他的顾客。有一回,一个客人一下定了一桌5000元的酒席,把孙广信吓了一跳。在当时5000元可不是一个小数。他一琢磨,什么人这样有钱,出手这样阔绰?一打听,原来是做石油的。再一打听,乖乖,了不得,原来做石油这么肥,这么来钱呢。孙广信就开始转行做石油。后来孙广信成了《福布斯》中国富豪。孙广信现在做的事是西气东输。连国家都要掂量再三感觉头痛的工程,他都敢做,而且有资本做得起。

创业需要胆量,需要冒险。冒险精神是创业家精神的一个重要组成部分,但创业毕竟不是赌博。创业家的冒险,迥异于冒进。有一个故事:一个人问一个哲学家,什么叫冒险,什么叫冒进?哲学家说,比如有一个山洞,山洞里有一桶金子,你进去把金子拿了出来。假如那山洞是一个狼洞,你这就是冒险;假如那山洞是一个老虎洞,你这就是冒进。这个人表示懂了。哲学家又说,假如那山洞里的只是一捆劈柴,那么,即使那是一个狗洞,你也是冒进。这个故事什么意思?它的意思是说,冒险是这样一种东西,你经过努力,有可能得到,而且那东西值得你得到。否则,你只是冒进,死了都不值得。创业者一定要分清冒险与冒进的关系,要区分清楚什么是勇敢,什么是无知。无知的冒进只会使事情变得更糟,你的行为将变得毫无意义,并且遭人耻笑。

第九章　现代企业财务管理

引例　德隆高负债沙堆上的表面虚荣

无论何时,要评选中国股市发生的大事,2004年德隆帝国的坍塌都是不可不提及的。尽管从危机一开始德隆便力图自救,并先后抛出了若干个所谓的重组方案,但已经无力回天了。随着2004年8月华融资产管理公司全面接管德隆集团,中国股市的德隆时代就彻底宣告结束。

11月3日,德隆旗下的"三驾马车"——ST屯河、合金投资与湘火炬同时发布董事会决议和临时股东大会决议,华融资产管理公司全面接管三家公司的董事会。除华融外,德隆非资产方面的处理则由各地政府参与解决。更有消息称,追究德隆集团灵魂人物唐万新的刑事责任几乎是可以肯定的。

逆光巨人

18年的发展历程,"万里平川一片新"的唐氏四兄弟为世人讲述的是一个资本急速膨胀的神话。尽管唐氏兄弟如何掘到人生的第一桶金至今不为外人确知,但其在资本市场的发展却有一个清晰的脉络。

1990年初,德隆介入一级市场和二级市场,迅速完成了在资本市场的原始积累。1996年,德隆实现了在资本市场上从"投机者"到"投资者"身份的"大跃进"——受让新疆屯河法人股。由此开始,一个庞大、复杂而又神秘的德隆帝国逐渐出现在人们面前。

一方面德隆斥巨资收购了数百家公司,所属行业包括番茄酱、水泥、汽车零配件、电动工具、重型卡车、种子和矿业等;另一方面,金新信托、厦门联合信托、德恒证券、新疆金融租赁、新世纪金融租赁等多家金融公司被德隆纳入麾下。德隆国际战略投资有限公司董事局主席唐万里放言,德隆真正的抱负是做金融产品的供应商——一手整合产业,一手做证券化,创造金融产品,卖给市场上有各种需求的投资者。

在急剧扩张的同时,德隆展露在市场上的往往只是其冰山一角。因此有人把德隆看作是一个逆光的巨人,你能够感受到它的高大和强悍,却无法看清它的真实面孔。然而,当一场信贷紧缩风暴让这个巨人的真实面目逐渐显露的时候,人们才发现,它足够庞大却也长期身患恶疾。

德隆高层曾经表示,他们所投资的项目质地都是优良的,短期的入不敷出是必需的前期投入,只要坚持下去,德隆就会等到丰收的那天。于是,规模的急剧扩张成为德隆长期追求的目标。从机电、食品、建材到金融、旅游等,德隆的战线越拉越长,却少了作为"战略投资者"所必需的退出步骤。粗糙地选择收购对象并且不计结果的扩张,把高速扩张形成的庞大资产建立在高负债的沙堆上,德隆的脆弱由此注定。

在资本运作过程中,德隆一直宣称自己是一家"战略投资公司"。唐万里提出的德隆产业整合理念为:以资本运作为纽带,通过企业并购、重组,整合制造业,为制造业引进新技术和新产品,增强其核心竞争力;同时在全球范围内整合制造业市场与销售通道,积极寻求战略合作,提高中国制造业的市场占有率和市场份额,以此重新配置资源,谋求成为中国制造业新价值的发现者和创造者,推动中国制造业的复兴。

这与国外某些产业基金的做法非常类似。但是,国外产业基金之所以可以大举并购,核心因素在于它们获得的融资都是长期资金,不注重短期回报,因此能够与产业回收周期相匹配。作为国内一家掌控了多家上市公司的民营企业,德隆的资金来源渠道有上市公司再融资,包括配股和增发等;利用上市公司的信誉与其他公司互保贷款;利用旗下几家金融机构作为融资平台进行融资。但自2001年起,由于监管层对"庄股"提高警惕,德隆已经无法通过所控制的上市公司在股市上融资了。这给了德隆致命的一击。

股市"观赏性植物"

为实现所谓的产业整合,德隆的唯一手段就是进行大量的短期融资,拆东墙补西墙。然而,野心勃勃的产业整合计划并没有给德隆带来足够的现金流。尽管德隆系上市公司每年都能拿出一份漂亮的报表,"三驾马车"的送股除权活动也一直在继续,但事实上德隆对他们的整合并不成功。

据披露,德隆系上市公司旗下的产业每年大约产生6亿元的利润,这笔钱只够偿还银行贷款且略为紧张,如果加上德隆每年产生的巨额管理费用和民间拆借资金成本,德隆的现金收支只能是入不敷出。在市场层面,作为中国股市早期的"庄股"代表,经过漫长熊市的磨砺,投资者也越来越远离具有庄股特质的股票。德隆系股票成为"观赏性植物"。

更多的时候,这些上市公司是作为德隆的融资工具而存在的。据不完全统计,湘火炬超过3亿元资金被德隆及其关联企业间接占用;天山股份对外担保超过2.5亿元,另有3亿多元表外银行贷款被用作委托理财;而合金投资除控股子公司2亿多元的国债被挪用外,另有1.8亿元资金被关联方占用,未披露的担保资金也高达4.8亿元;新疆屯河相继披露的各项资金黑洞也超过20亿元。因此,为了争取融资,德隆每年仅维持这些上市公司的股价就需要数十亿元。

借助上市公司,德隆进行了大量未披露的抵押和担保,从银行套取资金;借助金融机构,德隆违规吸纳了巨额民间资金。德隆由此陷入了一个恶性循环,以一年还本付息20%以上的高回报向银行以及其他企业机构短期融资,用于自身的长期项目,而每年年底客户大笔抽走资金,德隆的资金都十分紧张,但第二年年初,客户的钱一般又会投回来。

在问题尚未暴露之前,德隆的资金链危机可以被其强大的融资能力掩盖过去。2003年下半年以来,经济增长局部过热问题和通货膨胀的压力逐渐显现,宏观调控部门开始总体控制贷款增长。德隆资金链断裂的第一张多米诺骨牌被推倒。而当围绕着德隆的质疑和央

第九章 现代企业财务管理

行银根收紧终于动摇客户的信心时,德隆的"长投短融"游戏由此破局。尽管德隆高层一直高唱德隆的明天会更好,但显然,远水解不了近渴。

在德隆的鼎盛时期,唐万新在接受外国记者采访的时候曾不无自信地表示,德隆集团"大而难死"。这也是德隆多年来始终追求规模急剧扩大的根本原因。事实证明,它最终成了一个"为大而死"的典型。庞大的德隆帝国,不过是一场人为的虚荣景象。

第一节 知 识 清 单

"企业管理的重心在于财务管理,财务管理的重心在于资金管理",这已成为大家的共识。财务管理在企业经济活动中的地位与作用越来越重要,有时甚至成为企业生存和发展的关键所在。本章由企业的财务活动出发,引申出企业财务管理的基本概念,提出了企业财务管理的目标,概括了企业财务管理的内容,讲述了企业财务管理的环节和环境,以使读者对财务管理工作有一个比较全面的认识和理解。

一、财务管理内涵

财务管理是企业为了达到既定目标所进行的一项经济管理活动,是企业管理的一个重要组成部分。企业要进行生产经营活动,就必须有人力和物资等各项生产经营要素,并开展有关方面的活动,这些活动就构成了企业的财务活动;同时,企业进行财务活动时,必然集中反映一定的财务关系,为此,要了解什么是财务管理,必须先分析企业的财务活动和财务关系。

(一)企业的财务活动

企业再生产过程表现为价值运动或者资金运动的过程,而资金运动过程的各阶段总是与一定的财务活动相对应,或者说,资金运动形式是通过一定的财务活动内容来实现的。所谓财务活动是指资金的筹集、投放、使用、收回及分配等一系列行为。从整体上讲,财务活动包括以下四个方面。

1. 筹资活动

所谓筹资,是指企业为了满足投资和用资的需要,筹措和集中所需资金的过程。在筹资过程中,企业一方面要确定筹资的总规模,以保证投资所需要的资金;另一方面要通过筹资渠道、筹资方式或工具的选择,合理确定筹资结构,以降低筹资成本和风险。企业通过筹资可以形成两种不同性质的资金来源:一是企业自有资金,企业可以通过向投资者吸收直接投资、发行股票、企业内部留存收益等方式取得,其投资者包括国家、法人和个人等；二是企业债务资金，企业可以通过向银行借款、发行债券、利用商业信用等方式取得。

2. 投资活动

企业投资可以分为广义的投资和狭义的投资两种。广义的投资是指企业将筹集的资金投入使用的过程，包括企业内部使用资金的过程(如购置流动资产、固定资产和无形资产等)和对外投放资金的过程(如投资购买其他企业的股票、债券或与其他企业联营等)。狭义的投资仅指对外投资。无论企业购买内部所需资产还是各种证券，都需要支付资金。

3. 经营活动

企业在日常生产经营过程中会发生一系列的资金收付。首先，企业要采购材料或商品，以便从事生产和销售活动，同时，还要支付工资和其他营业费用。其次，当企业把产品或商品售出后，便可取得收入，收回资金。上述各方面都会产生企业资金的收付。这就是因企业经营而引起的财务活动，也称为资金营运活动。

4. 分配活动

广义的分配是指对企业的各种收入进行分割和分派的过程；而狭义的分配仅指对利润尤其是净利润的分配。企业通过投资取得的收入，首先要用以弥补生产经营耗费，其次缴纳流转税，其余部分成为企业的营业利润；营业利润和投资净收益、营业外收支净额等构成企业的利润总额。利润总额要按国家规定缴纳所得税，净利润要提取公积金和公益金，分别用于扩大积累、弥补亏损和改善职工集体福利设施，其余利润作为投资者的收益分配给投资者或暂时留存企业或作为投资者的追加投资。

上述财务活动的四个方面，是相互联系、相互依存的，它们共同构成企业的财务活动，形成周而复始的资金循环和周转。资金循环的起点和终点是现金，其他资产都是现金在流转中的转化形式。因此可以说，财务活动是以现金收支所形成的资金运动。

(二)企业的财务关系

企业的财务关系是指企业在组织财务活动过程中与有关各方所发生的经济利益关系。企业资金的筹集、投放、使用、回收和分配，与企业上下左右各方面都有广泛的联系。企业的财务关系可概括为以下几个方面。

1. 企业与投资者和受资者之间的财务关系

企业从各投资者那里筹集资金，进行生产经营活动，并将所实现的利润按各投资者的出资额进行分配。企业还可将自身的法人财产向其他单位投资，这些被投资单位即为受资者。受资者应向企业分配投资收益。企业与投资者、受资者的关系，即投资同享投资收益的关系，在性质上属于所有权关系。处理这种财务关系必须维护投资、受资各方的合法权益。

第九章 现代企业财务管理

2. 企业与债权人、债务人之间的财务关系

企业购买材料、销售产品，要与购销客户发生货款收支结算关系，在结算中由于延期收付款项，要与有关单位发生应收账款和应付账款关系。当企业资金不足或闲置时，要向银行借款、发行债券或购买其他单位债券。业务往来中的收支结算，要及时收付款项，以免相互占用资金，一旦形成债权债务关系，债务人不仅要还本，而且要付息。企业与债权人、债务人的关系，在性质上属于债权债务关系。处理这种财务关系，必须按有关各方的权利和义务保障有关各方的利益。

3. 企业与税务机关之间的财务关系

企业应按照国家税法的规定缴纳各种税款，包括所得税、流转税和计入成本的税金。国家以社会管理者的身份向一切企业征收的有关税金，是国家财政收入的主要来源。企业及时、足额地纳税，是生产经营者对国家应尽的义务，必须认真履行。企业与税务机关之间的财务关系反映的是依法纳税和依法征税的税收权利与义务关系(在税法上称为税收法律关系)。

4. 企业内部各单位之间的财务关系

一般来说，企业内部各部门、各级单位都要与企业财务部门发生领款、报销、代收、代付的收支结算关系。在实行内部经济核算制和经营责任制的条件下，企业内部各单位都有相对独立的资金定额或独立支配的费用限额，各部门、各单位之间提供产品和劳务要进行计价结算。这样，企业财务部门与各部门、各单位之间以及各部门、各单位相互之间就发生资金结算关系，它体现着企业内部各单位之间的经济利益关系。处理这种财务关系，要严格分清有关各方的经济责任，以便有效地发挥激励机制和约束机制的作用。

5. 企业与职工之间的财务关系

企业要用自身的产品销售收入向职工支付工资、津贴和奖金等，从而按照职工提供的劳动数量和质量进行分配。这种企业与职工之间的结算关系，体现着职工个人和集体在劳动成果上的分配关系。处理这种财务关系，要正确地执行有关的分配政策。企业的资金运动从表面上看是钱和物的增减变动，实际上，钱和物的增减变动离不开人与人之间的关系。我们要透过资金运动的现象看到人与人之间的财务关系，自觉地处理好财务关系，以促进生产经营活动的发展。

二、财务管理的内容

财务管理的内容是由企业资金运动的内容决定的。企业投入资金，用来进行产品生产和经营，要考虑投资的效益；企业投入的资金以一定的方式从各种来源中获得，必须注意

资金的成本；产品售出后收回货币资金，产生利润，确定资金增值的分配政策。所有这些就组成了财务管理的主要内容，它包括资金的筹资决策、投资决策和股利分配决策。

(一)筹资决策

企业要成立和从事生产经营，必须筹集一定数量的资金。筹集资金是企业财务管理的基础，也是企业财务管理活动的开始。企业的资金可以分为长期资金和短期资金两大部分。长期资金通常又称为企业的资本，主要来自两个方面：一是权益资本(如普通股股本、优先股股本和保留盈余)；二是长期负债(如公司债券和长期借款)。资金的不同来源和不同的筹资方式，会有不同的资金成本和相应的风险。企业在筹集资金时，必须在风险与成本之间权衡，以选用最佳的筹资方式。企业的短期资金主要来源于商业信用、银行信用、商业票据和应计费用等，这些资金的来源构成了企业的流动负债。加强对流动负债的管理可以提高短期资金的使用效益，降低成本，保证日常的生产经营需要。

(二)投资决策

企业要达到预定的目标，只有将筹集到的资金用作各种投资并积极经营，才能获得收益。财务管理的投资概念十分广泛，通常凡是把资金投入到将来能获得产出的生产经营中去的活动都叫作投资，具体体现在企业的资产上。资产是企业获得利润的主要来源。

投资决策就是企业资产最优配置的选择，是财务经理最基本的任务之一。企业资产大致可分为流动资产和长期资产两大类。短期投资主要是指对现金、短期有价证券、应收账款和存货等流动资产的投资。对流动资产的投资必须在流动性和获利性之间权衡，作出最佳选择。对流动资产投资多，可以提高资金的流动性，从而增加企业的变现能力和偿债能力，减少风险。但是，流动资产基本上是无赢利资产和微赢利资产，因此短期投资的赢利能力较差，大量投资于流动资产会降低企业的赢利能力。营运资金管理就是对流动资产和流动负债的管理，它直接影响企业短期生存能力的强弱，如果企业营运资金管理不善，会导致企业效益的下降。长期投资主要是指对固定资产和长期有价证券的投资，其中主要是指固定资产投资。固定资产的投资决策主要通过资本预算来进行。资本预算就是企业的长期投资决策，它主要表现在对投资方案或项目的评估和风险分析方面。较大的资本投资项目一般需要数年甚至几十年的时间实行计划和实施，由于资金数额大，时间跨度长，投资项目的未来报酬是不确定的，因而存在较大风险和不确定性。

(三)股利分配政策

企业经营成功后获得赢利，必须对其进行合理分配，即企业赢利中有多少用于给股东发放股利，有多少用于保留盈余作为企业进一步发展的资本。若股利分派水平低，股东的近期利益得不到满足；若股利分派水平过高，虽然满足了股东近期的愿望，但不利于企业的长期发展。因此，分配的原则既要照顾到股东的近期愿望，又要考虑企业的长远发展。

股利分配的具体内容包括以下几个方面。
(1) 股利分配与内部融资的关系。
(2) 确定股利分配政策及影响因素分析。
(3) 制定并执行股利分配程序。

上述财务管理的三项基本内容是有机地联系在一起的。筹资是财务管理的基础环节，企业的财务人员若能采用适当方式，以较低的成本和较小的风险筹集到资金，那么企业就可能有较多的投资机会取得赢利，也可以把较多的盈余分配给股东。投资是财务管理工作的核心，企业要获得赢利，就要进行投资。如果一个企业有较多有利可图的投资机会，那就要求该企业必须筹集到更多的资金，保留更多的盈余来实现各种投资。股利的分配也会影响筹资和投资，保留盈余可以看作是从企业内部筹集资金，属于资金筹集的一部分。如果企业有较多的保留盈余，那么可以不向或少向外部筹资。股利分配如果用现金支付，那就必须增加对现金的投资才能满足这一要求。因此，进行财务管理，必须把上述三大内容结合起来考虑，统筹安排、合理调度，才能取得较好的理财效果。财务管理的主要内容与财务目标的关系如图 9-1 所示。

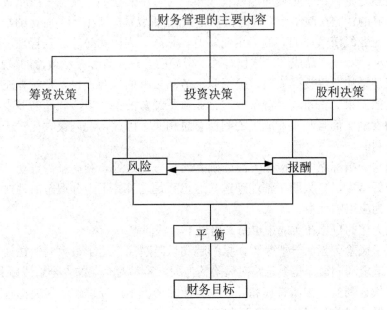

图 9-1　财务管理主要内容与财务目标的关系

三、财务管理的目标

财务管理的目标又称理财目标，是指企业进行财务活动所要达到的根本目的。完全应付日常财务的具体业务，不树立自己的预期目标，则犹如盲人骑瞎马，不知应去何方。但是，如果脱离财务活动的客观规律而提出一些主观愿望，那也只能是空想，是不可能实现的。因此，在充分研究财务活动客观规律性的基础上明确理财目标，是财务管理的一个重要理论问题。任何一个企业都有它自己特定的目标，财务管理的目标必须为企业总目标服务，并且与其一致。我国财务理论界和实务界积极地探讨了一些与企业总目标相一致的、能具体应用的理财目标，提出了许多不同的观点，归纳起来主要有以下四种观点最具有代表性。

(一)利润最大化

利润最大化理财目标在我国和西方都曾是流传甚广的一种观点，在实务界有重大的影响。利润最大化具体有两种表示方法。

1. 利润总额

一般所讲的利润最大化，就是指反映在企业利润表中的税后利润总额的最大化，在提法上并不特别标明"总额"二字。以利润最大化作为理财目标是有一定道理的。

(1) 利润额是企业在一定期间经营收入和经营费用的差额，而且是按照收入费用配比的原则加以计算的。它反映了当期经营活动中投入(所费)与产出(所得)对比的结果，在一定程度上体现了企业经济效益的高低。企业要追求利润最大化就必须加强管理，改进技术，提高劳动生产率，降低产品成本，这也有利于资源的合理配置和经济效益的提高。

(2) 利润是增加业主投资收益、提高职工劳动报酬的来源，也是企业补充资本积累、扩大经营规模的源泉。在市场经济条件和企业自主经营的条件下，利润的多少不仅体现了企业对国家的贡献，而且与企业职工的利益息息相关。因此，利润最大化对于国家、企业和职工都是有利的。

(3) 利润这一指标在实际应用方面的确有比较方便之处。利润总额直观、明确和容易计算，便于分解落实，广大职工都能理解。这也正是这种并不十分理想的理财目标之所以在现实中能广为应用的缘由。

但利润最大化的目标在实践中也暴露出以下一些问题。

(1) 忽略了风险因素。一般来说，报酬越高风险越高，追求最大利润往往会增加企业的风险，单纯追求利润最大化会忽略对风险的考虑，容易对企业的安全造成威胁。

(2) 忽略长远利益。在所有权和经营权分离的情况下，经理们为了突出各自在任职期的成绩，往往只顾眼前利润而忽略长远利益。

(3) 不一定能体现股东的利益。利润作为一个绝对数，没有反映出它与投入资本之间的关系，因此可能出现企业利润增高，而每股收益没有实现同步增长的现象。

(4) 没有考虑利润发生的时间，没有考虑货币的时间价值，难以正确判断不同时期利润的大小。

第九章　现代企业财务管理

2. 权益资本利润率

针对利润总额最大化目标存在的问题，在我国和在西方，分别提出了以权益资本利润率和每股利润作为考察财务活动的主要指标。这两个指标的特点是把企业实现的利润额与投入的自有资本或股本股数进行对比，能够确切地说明企业的赢利水平，可以在不同资本规模的企业或同一企业的不同时期之间进行比较，揭示其赢利水平的差异。但该指标仍然没有考虑资金的时间价值和风险因素，也不能避免企业的短期行为。

(二)股东财富最大化

按照现代委托代理学说，企业的代理关系是一种契约关系。在这种关系下，企业的日常财务管理工作由受委托的经营者负责处理。基于委托代理条件下受托的财产责任，经营者应最大限度地谋求股东或委托人的利益，而股东或委托人的利益目标则是提高资本报酬，增加股东财富，实现权益资本的保值增值。因此，股东财富最大化这一理财目标受到人们的普遍关注。股东财富最大化的评价指标主要有股票市价或每股市价。在股份制企业中，投资者持有公司的股票并成为公司的股东。

许多人认为，股票市场价格的高低体现着投资大众对公司价值所作的客观评价。它可以用每股市价表示，反映资本和利润之间的关系；它受预期每股盈余的影响，反映每股盈余的大小和取得的时间；它受企业风险大小的影响，可以反映每股盈余的风险。所以，人们往往用股票市场价格来代表股东财富。因此股东财富最大化目标，在一定条件下也就演变成股票市场价格最大化目标。以股票市价或每股市价最大化作为理财目标实际上很难普遍采用，因为它存在以下一些缺点。

(1) 它只适用于上市公司，而对非上市公司则很难适用。

(2) 股票价格受各种因素影响，并非公司所能控制的，且不能准确反映企业的经营业绩，也难以准确体现股东的财富。

(3) 它只强调股东的利益，而对公司其他关系人的利益不够重视。

(三)企业价值最大化

与企业有关的利益集团除了股东外，还有企业债权人、企业职工、社会及管理当局。从企业的长远发展来看，不能只强调某一利益集团的利益而置其他集团的利益于不顾。也就是说，不能将公司的财务目标仅仅归结为股东利益的目标。从理论上来讲，各利益集团的目标都可以折中为企业长期稳定发展和企业总价值的不断增长，各利益集团都可以借此来实现它们的最终目的。为此，以企业价值最大化作为企业财务的目标，就更显其科学性。何为企业价值，一些财务学者正确地指出："企业价值是指企业全部资产的市场价值(股票与负债市场价值之和)。""企业价值通俗地说是企业本身值多少钱……在对企业评价时，看重的不是企业已经获得的利润水平，而是企业潜在的获利能力。"不过，这个价值当前较难准确衡量出来。

(四)人力资本所有者价值最大化

虽然企业契约中各要素的所有者都有权参与企业目标的制定，但随着一般工人的相对减少，技术人员、管理人员和企业家的相对增加，尤其是他们的生产能力和管理能力的增强，其在企业发展中的相对重要性日渐显著，起着影响甚至决定企业行为的作用。在知识经济条件下，人力资源是企业契约中最重要的资本，因此，知识经济的管理要求从管物发展到管人，以物为本发展为以人为本。虽然人力资本的管理目前还未纳入企业财务管理系统之中，但人力资本在知识经济条件下的核心地位和主导作用将成为一个不可逆转的趋势。有专家指出，在知识经济时代，财务起着仓库的作用，任何智力资本最终都要转化为财务。所以，在经济知识时代，合理开发、配置和使用人力资本以使其所有者价值最大化，将成为财务管理的目标。同时，这也是由于知识经济下社会分工越来越趋向精细化，人力资本越来越趋向专用性和群体性。人力资本所有者相对于其他非人力资本所有者承担着更大的风险，这就导致了人力资本所有者成为最大的剩余利益分享者，财务管理的目标也就当然地应为实现人力资本所有者价值最大化服务，就好比在"资本雇佣劳动"的时代，企业财务管理应以实现股东价值最大化一样。以人力资本所有者价值最大化作为企业的财务管理目标，并不与企业的目标即社会价值最大化相矛盾，而是更加深刻地突出了人力资本在知识经济时代的重要性，体现了人的发展是人类的最终目标这一伟大思想。但由于人力资本不能像非人力资本那样可以在静态下以货币来量化，它的价值只能在动态下即人力资本的使用过程中通过其绩效来确定。而这种评价必然也包括对其所有者其他方面的考虑，因此它的衡量是变化的，不是唯一的。

四、财务管理的环节

财务管理的环节指财务管理的工作步骤与一般程序。一般说来，它包括以下几个环节。

(一)财务预测

财务预测是根据财务活动的历史资料，考虑现实的要求和条件，对企业未来的财务活动和财务成果作出科学的预计和测算。进行财务预测是提高财务管理的预见性、避免盲目性和争取最优财务成果的重要措施。财务预测的环节包括以下工作步骤。

(1) 明确预测目标。为了预期的效果，企业必须根据管理决策的需要明确预测的具体目标，例如资金需要量、现金流量、目标利润和期间费用等，从而确定预测的范围。

(2) 搜集整理资料。根据预测目标，广泛搜集与预测目标相关的各种资料信息，包括内部和外部资料、财务与生产技术资料、计划与统计资料等，并对这些资料进行归类和汇总，使资料符合预测的需要。

(3) 建立预测模型。根据影响预测目标的各因素之间的相互联系，选择相应的财务预测模型，例如因果分析预测模型、回归分析预测模型和时间序列预测模型。

(4) 实施财务预测。将加工整理的资料利用财务预测模型进行定量分析，并结合专家意见进行定性分析，最后确定预测结果。

(二)财务决策

财务决策是指财务人员按照财务目标的总体要求，利用专门方法对各种备选方案进行分析、对比，并从中选出最佳方案的过程。财务管理效果的优劣，很大程度上取决于财务决策的成败。财务决策除了根据各种客观资料作出客观判断外，还需要决策者作出主观判断。财务决策的环节包括以下工作步骤。

(1) 确定决策目标。根据企业的经营目标，以预测数据为基础，确定财务决策所要解决的问题，如筹资决策、投资决策和股利分配决策。

(2) 拟定备选方案。根据决策目标，提出各种备选的行动方案。例如筹资时有发行股票、发行债券和借款等不同的方案。拟定备选方案时，要研究各方案的可行性，明确实施的有利和不利条件以及各种制约因素。

(3) 选出最优方案。备选方案提出后，根据一定的评价标准，采用科学的评价方法，经过分析性论证和对比研究，评定出各方案的优劣或经济价值，作出最优方案的选择。

(三)财务预算

财务预算是指运用科学的技术手段和数量方法，对未来财务活动的内容及指标所进行的具体规划。财务预算一般由企业财务管理职能部门负责组织，会同有关部门，充分调动职工的积极性，协同编制。编制财务预算的具体步骤如下。

(1) 确定预算指标。分析企业的外部和内部宏观环境，分析与所确定的经营目标有关的各种因素，按照总体经济效益的原则确定企业的主要财务预算指标。

(2) 组织综合平衡。合理安排人力、物力和财力，使之与经营目标的要求相适应，促使企业资产结构、资本结构、资本运用与筹资来源以及财务支出与财务收入等的平衡。

(3) 编制财务预算。以经营目标为核心，以平均水平或先进水平为基础，编制企业的财务预算，并检查各有关项目和预算指标是否密切衔接和协调平衡。

(四)财务控制

财务控制是在财务管理的过程中，利用有关信息和特定手段，对企业财务活动施加影响或调节。在整个财务管理工作中，财务控制是日常性工作，而且是工作量最大的工作。它一般包括以下步骤。

(1) 制定控制标准。按财务预算指标确定控制标准，对于一些综合的财务控制标准要按照责任单位或个人进行分解，使之成为能够具体掌握的可控标准。例如规定执行预算的标准和制度。

（2）实施追踪控制。在实施财务预算、组织财务活动的过程中，根据反馈信息，及时判断财务活动的进展情况，并与财务预算的要求相对照，发现差异，根据具体原因及时采取措施，以保证财务活动按预算要求进行。

（3）分析执行情况。在执行预算后，认真分析、检查实际与预算之间的差异，并进行客观评价，考核执行结果，并把财务指标纳入各级岗位责任制，实行奖优罚劣。

(五)财务分析

财务分析是根据核算资料，运用指定的方法，对企业的财务活动过程及其结果进行评价和剖析的一项工作。财务分析的目的就是总结经验，研究和掌握企业财务活动的规律性，不断改进财务管理工作。财务分析包括以下步骤。

（1）掌握信息，揭露问题。进行财务分析要求在充分拥有有关资料和信息的基础上进行对比分析，发现问题，找出差异，揭露矛盾。

（2）分析原因，明确责任。为了说明产生问题的原因，还需要进行因素分析，查明影响财务指标完成情况的各项因素，以便分清责任，抓住关键。

（3）提出措施，改进工作。分析后要提出改进措施。提出的措施，应当明确具体，切实可行。执行措施时应当明确分工，要通过改进措施的落实，完善财务管理工作。

综上所述，财务预测是财务决策的依据，财务决策是财务管理的核心，财务预算是财务预测和财务决策的具体化，财务控制是实施财务预算的保证，财务分析可以改善财务预测、决策、预算和控制，完善企业财务管理水平，提高企业经济效益。以上五大工作环节相互联系、相互配合，形成周而复始的财务管理循环过程，构成完整的财务管理工作体系。

第二节 延伸阅读：财务管理的外部环境

财务管理的外部环境又称理财环境，是指对企业财务管理产生影响作用的外部条件和因素的总和。财务管理是在特定的外部环境中进行的，企业的财务活动在很大程度上受理财环境的影响。财务活动与理财环境之间是相互作用的。一方面，理财环境对企业的财务活动有制约作用，经济、法律和金融市场等诸因素均会影响企业的财务运作；另一方面，如果财务人员善于研究理财环境，充分预测理财环境的变化，并采取相应的应变措施，也会对理财环境产生一定的影响。因此，企业进行财务管理离不开对经济环境、法律环境和金融市场环境的研究。

第九章　现代企业财务管理

一、经济环境

财务管理的经济环境是指对财务管理产生影响的一系列经济因素，例如经济周期、经济政策和通货膨胀等。经济环境的好坏对企业的筹资、投资和分配均会产生重大影响。当外部经济条件较差时，很多企业都会出现困难。现具体分析如下。

1. 经济周期与财务管理

经济周期是指经济发展所表现的由扩张到失调，再到调整和收缩的循环变化状态。这种循环一般经历复苏、繁荣、萧条和衰退四个阶段。虽然有时经济周期并不明显表现为四个阶段，但是它在经济发展中作为一种不平衡的波动是客观存在的。经济周期对财务管理的影响表现为：在经济发展的萧条到衰退阶段，由于整个宏观经济的不景气，紧缩成为企业明智的选择，产销量下跌，资金周转困难，投资机会明显减少，即使有投资机会也会因资金的短缺而搁浅；而在经济发展的复苏到繁荣阶段，市场需求加大，预期销量上升，前景乐观，给企业以扩张的动力。扩大的生产需要加倍的投资去支撑，往往使企业投资急剧膨胀，即经济周期会影响企业的投资规模。在经济的繁荣阶段，企业以压低库存、加大赊销比例、加速资金周转、增加股票的现金股利为重点；在经济的衰退阶段，以加速应收账款的回收、削减存货、调剂现金收支、应付债务危机、合理安排股利形式、减少现金股利的支付为重点，即经济周期影响企业的营运资金策略和股利政策。

2. 经济政策与财务管理

经济政策是指政府为行使其管理职能而制定的、影响经济运行的一系列方针和策略。企业作为社会经济的基层组织，必然受经济政策的影响和调控，进而使企业内部的筹资、投资和分配政策也受到影响。经济政策对财务管理的影响表现为：政府鼓励发展的行业，将有较优惠的融资政策，例如财政的补贴、优惠的政府担保和低息贷款等；反之，政府限制发展的行业则将失去优惠的融资政策。政府产业政策的导向，也会影响企业投资的现金流量。政府扶持的行业，税收减免政策会减少企业的现金流出，促使其投资规模的扩张；反之，政府不扶持的行业，税收调节政策会增加企业的现金流出，从而限制其投资规模。另外，国家制定的一系列政策法规，例如财务通则、行业财务制度等都会对企业的日常活动产生规范性或指导性的影响。

3. 通货膨胀与财务管理

通货膨胀是指持续的物价上涨，引起货币的购买力下降。通货膨胀给企业财务管理带来很大的困难，而企业对通货膨胀本身是无能为力的。为了实现期望的收益，企业在通货膨胀期间，应及时调整其筹资、投资和分配政策。通货膨胀本身是由货币供应量增多造成的，持续的通货膨胀使整个形势变得很不稳定。通货膨胀对企业财务管理的影响表现为：

对企业而言，由于通货膨胀，一方面原材料价格上涨，资金占用大量增加，固定资产重置缺口加大，进一步增加了企业的资金需求；另一方面，通货膨胀使企业生产的产品提价，引起利润虚增，税收多交，资金流失较多，资金的供应反而小于需求。资金供应的紧张增加了企业筹资的困难，为弥补由于通货膨胀引起的货币购买力下降带来的损失，政府会提高利率水平。利率的变化与有价证券价格反向变动，即利率上升引起有价证券价格下降，妨碍了投资者的资金流入，进一步增加了企业筹资的困难。由于利率的上升，企业筹资的成本增加、利润减少，直接影响了企业的股利政策。另外，通货膨胀引起了货币购买力下降，也降低了企业投资的实际报酬率——名义报酬率减去通货膨胀贴水以后的余额。总之，持续的通货膨胀会对企业的财务管理产生一系列不利的连锁反应，企业应对此环境所产生的影响进行充分预测，以防患未然。

二、法律环境

财务管理的法律环境是指企业和外部发生经济关系时所应遵守的各种法律、法规和规章。企业在其经营活动中，要和国家、其他企业或社会组织、企业职工或其他公民及国外的经济组织或个人发生经济关系。国家管理这些经济活动和经济关系的手段包括行政手段、经济手段和法律手段三种。在经济改革中，行政手段逐步减少，而经济手段特别是法律手段日益增多，把越来越多的经济关系和经济活动的准则用法律的形式固定下来。同时，对于众多的经济手段和必要的行政手段的使用，也必须逐步做到有法可依，从而转化为法律手段的具体形式，真正实现国民经济管理的法制化。

1. 企业组织法规

企业组织必须依法成立。组建不同的企业，就要依照不同的法律规范。它们包括《中华人民共和国公司法》(以下简称《公司法》)、《中华人民共和国外资企业法》、《中华人民共和国中外合作经营企业法》、《中华人民共和国私营企业条例》、《中华人民共和国合伙企业法》等。这些法规既是企业的组织法，又是企业的行为法。例如，《公司法》对企业的设立条件、设立程序、组织机构、组织变更以及终止的条件和程序都作了规定，包括股东人数、法定资本的最低限额、资本的筹集方式等。只有按其规定的条件和程序建立的企业，才能称为"公司"。《公司法》还对公司生产经营的主要方面作出了规定，包括股票的发行和交易、债券的发行和转让、利润的分配等。公司一旦成立，其主要的活动，包括财务管理活动都要按照《公司法》的规定来进行。因此，《公司法》是公司企业财务管理最重要的强制性规范，公司的理财活动不能违反该法律，公司的自主权不能超出该法律的限制。其他企业也要按照相应的企业法来进行其理财活动。从财务管理来看，非公司企业与公司企业有很大的不同。非公司企业的所有者，包括独资企业的业主和合伙企业的合伙人，要承担无限责任，他们占有企业的赢利(或承担损失)，一旦经营失败必须抵押其个人财产，以满足债权人的要求；公司企业的股东承担有限责任，经营失败时其经济责任以出资额为限，无论股份有限公司还是有限责任公司都是如此。

2. 税务法规

任何企业都有纳税的法定义务。有关税收的立法分为三类：所得税的法规、流转税的法规和税负。税负是企业的一种费用，会增加企业的现金流出，对企业理财有重要影响。企业无不希望在不违反税法的前提下减少税务负担。税负的减少，只能靠投资、筹资和利润分配等财务决策时的精心安排和筹划，而不允许在纳税行为已经发生时去偷税、漏税。精通税法，对财务主管人员有重要意义。

3. 财务法规

财务法规主要是《企业财务通则》和行业的财务制度。经国务院批准由财政部发布的《企业财务通则》是各类企业进行财务活动和实施财务管理的基本规范。行业财务制度是根据《企业财务通则》的规定，为适应不同行业的特点和管理要求，由财政部制定的行业规范。除上述法规外，与企业财务管理有关的其他经济法规还有许多，包括各种证券法规、结算法规和合同法规等。

4. 法律与财务

管理企业的理财活动，无论是筹资、投资还是利润分配，都要与企业外部发生经济关系。在处理这些经济关系时，财务人员应当熟悉相关法规，在守法的前提下完成财务管理的职能，实现企业的财务目标。

三、金融市场环境

(一)金融市场

金融市场是指资金供需双方通过金融工具进行资金融通的场所。它主要有以下两大特点。

第一，金融市场是以资金为交易对象的市场，在金融市场上，资金被当作一种特殊商品来交易。

第二，金融市场可以是有形的市场，也可以是无形的市场。前者有固定的场所和工作设备，例如银行和证券交易所；后者利用电脑、电传和电话等设备通过经纪人进行资金商品的交易活动，而且可以跨越城市、地区和国界。

财务人员若想有效地进行财务管理，必须对金融市场有进一步的了解。金融市场由供求双方、金融工具和金融中介三大要素构成。资金的供求双方是金融市场的参加者，供应者是指那些消费低于收入的经济单位，它们有多余的货币可以借出；需求者是指那些消费高于收入的经济单位，它们有大量的货币可以运用。金融工具是金融市场的客体或对象，是指那些由政府、工商企业及个人等发行或签发的债券、股票、借款合约、商业票据、可转让存单等各种信用工具，也包括各种衍生的金融工具，例如金融期权和可转换债券等。金融机构是金融市场的主体，是指银行和非银行的金融机构，例如储蓄机构、保险公司、信托投资公司、租赁公司和财务公司等，它们是金融市场的中介机构，是沟通资金供求双方的桥梁。

(二)金融市场与财务管理

金融市场与财务管理关系十分密切，健全和发达的金融市场对企业财务管理的重要性表现在以下三个方面。

(1) 金融市场有利于企业迅速筹集所需资金。

一方面，金融市场为企业筹资提供了场所；另一方面，金融市场的构成也会影响企业的筹资方式。在一个健全的金融市场中，所需资金可利用发行债券(在发达的金融市场上)或贷款的(通过健全的金融机构)方式筹集资金，以满足生产经营的需要。

(2) 金融市场有利于企业资金得到合理的运用，为企业投资提供了场所。

当企业有暂时闲置的资金时，可以通过金融市场进行短期有价证券的投资以获得更多的收益。

(3) 金融市场的利率水平为企业理财提供有用的信息。

利率代表了企业使用资金的成本，利率的高低直接影响到企业的利润，进而影响到企业的股利政策及股票价格。财务人员可通过利率的变化，作出合理的财务决策。在企业选择筹资来源时，利率上升，可使用长期资金来源；利率下降，则使用短期资金来源。在选择投资机会时，利率上升，可作短期投资；利率下降，则作长期投资。我们也应该看到，财务管理对金融市场的产生与发展也十分重要，金融市场的发展与企业的筹资活动直接相关。企业融资的原始冲动孕育出金融市场，企业在投资过程中对各种风险的规避又创造出各种金融工具发展了金融市场。离开真正有价值企业的参与，金融市场只能是一个投机市场。因此，金融市场与财务管理相辅相成，两者缺一不可。

第三节　大案例与小故事

一、大案例

德隆高负债沙堆上的表面虚荣

无论何时，要评选中国股市发生的大事，2004年德隆帝国的坍塌都是不可不提及的一笔。尽管从危机一开始德隆便力图自救，并先后抛出了若干个所谓的重组方案，但已经无力回天。随着2004年8月华融资产管理公司全面接管德隆集团，中国股市的德隆时代彻底

第九章 现代企业财务管理

宣告结束。

11月3日,德隆旗下的"三驾马车"——ST屯河、合金投资与湘火炬同时发布董事会决议和临时股东大会决议,华融资产管理公司全面接管三家公司的董事会。除华融外,德隆非资产方面的处理则由各地政府参与解决。更有消息称,追究德隆集团灵魂人物唐万新的刑事责任几乎是可以肯定的。

逆光巨人

18年的发展历程,"万里平川一片新"的唐氏四兄弟为世人讲述的是一个资本急速膨胀的神话。尽管唐氏兄弟如何掘到人生的第一桶金至今不为外人确知,但其在资本市场的发展却有一个清晰的脉络。

1990年代初,德隆介入"一级市场"和"二级市场",迅速完成了在资本市场的原始积累。1996年,德隆实现了在资本市场上从"投机者"到"投资者"身份的"大跃进"——受让新疆屯河法人股。由此开始,一个庞大、复杂而又神秘的德隆帝国逐渐出现在人们面前。

一方面德隆斥巨资收购了数百家公司,所属行业含番茄酱、水泥、汽车零配件、电动工具、重型卡车、种子、矿业等;另一方面,包括金新信托、厦门联合信托、德恒证券、新疆金融租赁、新世纪金融租赁等多家金融公司被德隆纳入麾下。德隆国际战略投资有限公司董事局主席唐万里放言,德隆真正的抱负是做金融产品的供应商——一手整合产业,一手做证券化,创造金融产品,卖给市场上各种需求的投资者。

在急剧扩张的同时,德隆展露在市场上的往往只是其冰山一角。有人因此把德隆看作一个逆光的巨人,你能够感受到它的高大和强悍,却无法看清它的真实面孔。然而,当一场信贷紧缩风暴让这个巨人的真实面目逐渐显露的时候,人们才发现,它足够庞大却长期身患恶疾。

德隆高层曾经表示,他们所投资的项目质地都是优良的,短期的入不敷出是必需的前期投入,只要坚持下去,德隆会等到丰收的那天。于是,规模的急剧扩张成为德隆长期追求的目标。从机电、食品、建材到金融、旅游等,德隆的战线越拉越长,却少了作为"战略投资者"所必须的退出步骤。粗糙地选择收购对象并且不计结果的扩张,把高速扩张形成的庞大资产建立在高负债的沙堆上,德隆的脆弱由此注定。

在资本运作过程中,德隆一直宣称自己是一家"战略投资公司"。唐万里提出的德隆产业整合理念为:以资本运作为纽带,通过企业并购、重组,整合制造业,为制造业引进新技术、新产品,增强其核心竞争能力;同时在全球范围内整合制造业市场与销售通道,积极寻求战略合作,提高中国制造业的市场占有率和市场份额,以此重新配置资源,谋求成为中国制造业新价值的发现者和创造者,推动中国制造业的复兴。

这非常类似于国外某些产业基金的做法。但是,国外产业基金之所以可以大举并购,核心因素在于它们获得的融资都为长期资金,不注重短期回报,因此能够与产业回收周期相匹配。作为国内一家掌控了多家上市公司的民营企业,德隆的资金来源有如下渠道:上市公司再融资，包括配股、增发等；利用上市公司的信誉与其他公司互保贷款；利用旗下几家金融机构作为融资平台进行融资。但自 2001 年起，由于监管层对"庄股"提高警惕，德隆已经无法通过所控制的上市公司在股市上融资。这给了德隆致命一击。

股市"观赏性植物"

为实现所谓的产业整合，德隆的唯一手段就是进行大量短期融资，拆东墙补西墙。然而，野心勃勃的产业整合计划并没有给德隆带来足够的现金流。尽管德隆系上市公司每年都能拿出一份漂亮的报表，"三驾马车"的送股除权活动也一直在继续，但事实上德隆对他们的整合并不成功。

据披露，德隆系上市公司旗下产业每年大约产生 6 亿元利润，这笔钱只够偿还银行贷款且略为紧张，如果加上德隆每年产生的巨额管理费用和民间拆借资金成本，德隆的现金收支只能是入不敷出。在市场层面，作为中国股市早期的"庄股"代表，经过漫长熊市的磨砺，投资者也越来越远离具有庄股特质的股票。德隆系股票成为"观赏性植物"。

更多的时候，这些上市公司是作为德隆的融资工具而存在。据不完全统计，湘火炬超过 3 亿元资金被德隆及其关联企业间接占用；天山股份对外担保超过 2.5 亿元，另有 3 亿多元表外银行贷款被用作委托理财；而合金投资除控股子公司 2 亿多的国债被挪用外，另有 1.8 亿元资金被关联方占用，未披露的担保资金也高达 4.8 亿元；新疆屯河相继披露的各项资金黑洞也超过 20 亿元。然而，为了争取融资，德隆每年仅维持这些上市公司的股价就需要数十亿元。

借助上市公司，德隆进行了大量未披露的抵押、担保，从银行套取资金；借助金融机构，德隆违规吸纳了巨额民间资金。德隆由此陷入了一个恶性循环，以一年还本付息 20%以上的高回报，向银行以及其他企业机构短期融资，用于自身的长期项目，而每年年底客户大笔抽走资金，德隆的资金都十分紧张，但第二年年初，客户的钱一般又会投回来。

在问题尚未暴露之时，德隆的资金链危机可以被其强大的融资能力掩盖过去。2003 年下半年以来，经济增长局部过热问题和通货膨胀压力逐渐显现，宏观调控部门开始总体控制贷款增长。德隆资金链断裂的第一张多米诺骨牌被推倒。而当围绕着德隆的质疑和央行银根收紧终于动摇客户的信心时，德隆的"长投短融"游戏由此破局。尽管德隆高层一直高唱德隆的明天会更好，但显然，远水解不了近渴。

在德隆的鼎盛时期，唐万新在接受外国记者采访的时候曾不无自信地表示，德隆集团"Too Big To Die(大而难死)"。这也是德隆多年来始终追求规模急剧扩大的根本原因。事实证明，它最终成了一个"Die For Big(为大而死)"的最典型标本。庞大的德隆帝国，不过是一场人为的虚荣景象。

思考题

1. 根据本案例，谈谈现金流的重要性。
2. 如果你是德隆的财务总监，围绕企业目标你会采用怎样的筹资方式。

第九章 现代企业财务管理

二、小故事

小故事(一)

有一个妇人有一只母鸡,这只母鸡每天生一个鸡蛋,过一段时间妇人就拿鸡蛋去卖,用得到的钱再买些小麦糊口。妇人贪心,常常想,如果能让母鸡每天多生一个蛋就好了,那样就可以多买一些小麦。如何才能每天得到两个鸡蛋呢?为了这个问题,她常常睡不好觉。

一天,她突然"开窍",想到了一个办法:每天给母鸡吃双倍的小麦。过一段时间,母鸡变得肥肥胖胖,但不再下蛋了。妇人气愤地说:"我给你双倍的粮食你不但不多下蛋,连一只也不下了?!我要把你宰了!"

这个妇人真的很笨,以为母鸡吃得多就会生得多。然而不少企业的管理者也有这种思想,以为筹集越多的资金投入运营就会赚到更多的钱,但结果并非如此,为什么?只因资本成本有个边际效应问题。

小故事(二)

18世纪70年代初,英国宣布澳大利亚为它的领地,并着手开发澳大利亚。英国政府把判了刑的囚犯运送到澳大利亚,作为开发澳大利亚的劳力。运送囚犯的工作由政府承包给私人船队去完成。

开始时,政府在起运营码头清点船主运送的人数,以此作为付费的依据。船主为了多装囚犯,船上拥挤不堪,营养与卫生条件极差,运送途中死亡率很高,个别船甚至高达37%。英国政府既蒙受了经济损失,又承受了巨大的社会舆论压力。

于是英国政府改变了付费方法:不按上船时运送囚犯的数目付费,而按下船时实际到达澳大利亚的囚犯数目付费。结果船主对囚犯的态度即刻改变。船主千方百计照顾好囚犯,提供足够的生存空间和食物,甚至还配备医生在船上给囚犯医病。囚犯成了船主的财源,死亡率自然迅速降低。

原来困扰政府的难题不费吹灰之力就解决了。

小故事(三)

某富翁一天走过地下通道,碰到一个乞丐,看到乞丐衣衫单薄的样子,富翁一下动了恻隐之心,掏钱时才发现身上只带了100元,把钱给乞丐自己午饭怎么解决?富翁手里拿着100元犹豫了,乞丐见到这100元心里一阵狂喜,但突然富翁又把钱收起来了,乞丐吞了一下口水。富翁脱下自己的大衣对乞丐说:"衣服给你吧,价值1000多元呢。"富翁以为乞丐会很感激,但乞丐却盯着他的钱包说:"你还是给我现金吧,衣服不能拿去买饭吃!"这回富翁饿了一中午……

名贵衣服虽然价值1000多元，但只能用来穿，而100元可以让乞丐得到很多他需要的东西。对乞丐来说，100元现款比1000多元的衣服更有诱惑力。同样，对一个企业来说是利润重要还是手里的现金重要？当然是现金重要，因为"现金为王"。

小故事(四)

古时有一大户人家，主人姓马，人人都叫他马老爷。

马老爷以前在镇上只是做点小买卖，后来生意越做越大，红红火火，赚了不少银子。马家前有大院，后有花园，还雇用了不少仆人。马老爷对这些仆人奖惩都很分明，做得好会有所奖励；做得不好，就没有奖励，甚至还会赶出家门。

有一天，马老爷决定出门远游，他想趁这个机会看看家里的仆人除了会干活之外，还会不会利用银子来赚取银子，于是他给三个仆人每人一笔银子谋生。

三年后马老爷归来，甲仆说用主人给的银子经商赚了2倍，乙仆说用这些银子放利赚了1倍，丙仆说为防丢失将银子埋进了地里。

主人对甲、乙的做法都很满意，分别交给他们银子；对丙则收回了原来给的银子。

作为一个企业，生存、发展和获利是永恒的主题。使财富增值是企业的最终目标。

小故事(五)

一个富豪开着游艇在大海中悠闲自在地享受阳光和海风，不幸遇上台风，游艇沉入大海，富豪套上救生衣在海上漂流。时间一点一点过去，富豪的身体越来越虚弱，为了节省力气，富豪扔掉了其他所有东西，只留下一颗价值连城的钻石戒指。等到风平浪静时，富豪漂到了一个无名岛上。富豪欣喜万分，拿出钻戒与岛上的人换食物，换淡水。岛上的人不知钻戒是什么东西，没有人肯与富豪交换。富豪无可奈何，只得揣着价值连城的钻戒为岛上的人干活换取养命的食品。

富豪究竟是富还是穷？富豪是我们眼中的富豪，是岛上人眼中的穷光蛋。其实关键是富豪的钻戒在岛上没有办法转换为当地的货币，也就是财务上的变现。手中的财产不能变现，富豪变成穷光蛋，在企业经营中同样面临着资产的变现问题。资产不能变现，优质公司也破产。

第四节　素 质 拓 展

一、思考题

(1) 根据本案例，谈谈现金流的重要性。

(2) 如果你是德隆的财务总监，围绕企业目标你会采用怎样的筹资方式？

二、辩论

(1) 题目：诚信是融资的唯一试金石
(2) 目的：
① 了解掌握筹资方式等的基本理论。
② 培养学生诚信做人踏实做事的良好职业操守。
(3) 具体要求：
① 将全班同学分成正方与反方若干小组(限 5 人一组)进行辩论。
② 正方坚持"诚信是融资的唯一试金石"立场论述。
③ 反方联系企业财务管理基本理论，举例说明企业管理者融资中的作为，确定企业融资成功与否不仅仅取决于诚信的可贵品质的观点以反驳正方观点。
④ 正反双方在辩论中，既要回答对方的提问，也要向对方提出疑难问题，要求答辩。
⑤ 正反双方举例鲜明生动，并形成书面辩论资料，呈报老师或评委。

三、创业素质论坛

关于分享

梁山在宋江的治理下，一派兴旺发达。众兄弟大碗喝酒，大块吃肉，大秤分金，过得好不快活。宋江治理梁山全靠两个手段：一是建章立制，自宋江而下，众兄弟排排坐，分果果，分工明确，各司其职；二是作为领导人，宋江懂得与兄弟分享。每当"买卖"有所获，宋江总是第一个安排下功劳簿，众兄弟论功行赏，按照各人的贡献，将利润进行公平分配。《水浒传》没有一个字讲到宋江瞒着众人多吃多占，中饱私囊。按理说，宋江貌不惊人，论文不能吟诗作赋，讲武不能上马提枪，却将梁山一干强盗治得服服帖帖，原因很简单：宋江这样的领导人，不会让大家吃亏。按经济学家的说法，就算是有人不服他，出于个人利益最大化的考虑，让宋江当头儿也是个最优选择。

作为创业者，一定要懂得与他人分享。一个不懂得与他人分享的创业者，不可能将事业做大。

当周枫成功地完成婷美"惊险的一跳"后，当初坚定不移地跟随着他的员工现在可享福了。不但是这些员工，现在婷美所有的员工都在分享着周枫和婷美的成功。如今在周枫的公司里，120 多名员工光小汽车就有 96 辆。这些小汽车都是公司作为奖励送给员工的。周枫规定，凡在公司工作满 3 年的员工，就送给小汽车一辆，百平米住房一套。现在周枫又买了 28 套"部长级"住房，每套 150 平方米。周枫规定，在公司工作满 5 年以上的员工，可以得到这些住房。

周枫这样解释自己的成功：我觉得我成功的因素里面有这样一条，就是我能够做到与人分享。周枫当然也有他的"小九九"。他说："我现在研究很多案例，比如三株、太阳神等企业是怎么成的，怎么倒闭的？他们成功以后员工和主要干部都是什么样的福利待遇？我们中国有个现象，就是一个新兴的行业一旦做火了以后，紧接着就会分岔。好像只要做了一个给老板个人带来暴富机会的产品，之后这个企业很快就会销声匿迹，这是一个值得我们关注的现象。比如一个口服液，做火了以后，紧接着就会出现很多很多同样的口服液。你想一想，做这些口服液的人都是从哪儿来的呢？都是从原来的公司里派生出来的。这里面有高薪挖墙脚的原因，更多是老板自身的原因。老板挣钱了，副总们会想，老板挣了，看看我自己的钱，还是没有涨多少。那好，我宁愿不拿你这一个月5000多块钱的工资了，我也不出去给别人干，因为给别人干，我可能还是拿那点工资。我自己办一个公司，几个人单独拉出去也做这个。因为别的不会做，我就仿照你来做。一旦做成了，我也就成了百万富翁了。所以这样不断地派生，今天果茶大战，明天保暖内衣大战，还有各种的保健品大战，基本上都是这样，但是你看我做的生意，基本上后面没有跟进的人跟着搅和。婷美为什么能够一花独秀？原因在于我们有一支凝聚力特别强的队伍。对公司员工来说，如果这个企业事业发展了，他还拿他那几千块钱月薪的话，他是会有想法的。但如果他一年可以拿个30万元、40万元的话，他就会考虑，自己现在出去做老板，冒那个风险，还不如在这儿做。这种比较经济学，决定了你一下就把他5年的时间拴死了，以后你只要巩固住，甭说5年，有两年你的品牌就出来了。别人再跟你做同样的东西竞争，你靠品牌已经压死了他。所以说，一个企业家要懂得与他人分享，真心分享，公平分配利益。这样做了以后，你这种坦诚，一个窝头大家掰着吃的那种诚恳，会产生很强的凝聚力。其实这样做，同时也保护了自己，比如分出岔以后，你就要用更大的广告量去抵消对方的竞争。现在像我这样，每年的广告量就减下来不少，无形中还是保护了你自己的利益。"

周枫如此精明，如此会算账，怪不得他做一样东西火一样东西呢。而且只要是他做过的东西，都做到了全国第一。做生意的人都会算账，只不过有些人算得是大账，有些人算得是小账。**商业法则：算大账的人做大生意；算小账的人永远只能做小生意。**

分享不仅仅限于企业或团队内部，对创业者来说，对外部的分享有时候同样重要。王江民不管什么时候，对他的生意伙伴都是一句话："有钱大家赚"。而正泰集团的成长历史，有人说就是修鞋匠南存辉不断股权分流的历史。在南存辉的发家史上，曾经进行过4次大规模的股权分流，从最初持股100%，到后来只持有正泰股权的28%，每一次当南存辉将自己的股权稀释，将自己的股权拿出来，分流到别人口袋里去的时候，都伴随着企业的高速成长。但是南存辉觉得自己并没有吃亏，因为蛋糕做大了，自己的相对收益虽然少了，但是绝对收益却大大地提高了。

分享不是慷慨，对创业者来说，分享是明智。

第十章　企业信息管理

引例　信息技术的应用——沃尔玛引发的零售业革命[①]

沃尔玛创业于 1945 年，创始人山姆·沃尔顿(Sam Walton)当时手头只有 5000 美元，到 1998 年，沃尔玛在全球零售总额高达 1322 亿美元，折合人民币 10 935 亿元，利润 41 亿美元。如今，沃尔玛在世界各地已开设 3000 家商店，称得上是无处不在。这些商店累计的营业面积几乎相当于一个小国家，销售的产品种类繁多，数量巨大。沃尔玛对大量品种的品牌低价销售，同时提供杰出的服务和保证，引发了零售业的革命，从根本上提升了零售业的战略地位。

沃尔玛的信条是：作为顾客的代理，提供适合他们需要的商品，并以尽可能低的价格出售。为此，公司千方百计地降低成本，保证商品低价销售。

沃尔玛是最早对信息技术大量投资的零售商之一。它投资 2400 万美元建立了自己的卫星通信系统，该系统使沃尔玛能够及时获取所需要的信息。老板山姆·沃尔顿通过视频可以同时对所有员工讲话、做培训，每一家分店都与阿肯色 Bentonville 总部相连，分店的存货号、销售业绩、顾客的停留时间、购买行为模式等信息统统汇集到总部。沃尔玛是世界上第一家试用条形码即通用产品码技术的折扣零售商。1980 年试用，结果收银员的效率提高了 50%，故所有 Wal-mart 分店改用条形码系统。

沃尔玛的计算机系统与它的制造商直接相连，跳过了经纪人和其他中间商。沃尔玛要求它的供应商在运送的商品上挂上标签，以便直接进入商店的销售地点，减少仓储和数据处理成本。在决定顾客的需要方面，它处于比制造商更为优越的位置。在这一过程中，它不断排挤小的制造商和小零售商，并把节约下来的钱转移给顾客。所有这些都极大地改变了零售业对大小制造商、其他零售商和消费者的意义。正如山姆·沃尔顿所说的："作为一个公司(沃尔玛)，我们的目标是不仅为顾客提供最好的服务，而且具有传奇色彩。"

信息有别于数据，数据经过加工处理就成了信息，随着信息时代的来临，信息在管理中的作用愈加明显和重要。所以管理者在日常工作中要适时获取适量的有用信息。有用信息具有一些特征，了解这特征对管理者有效行使信息职能是必要的。组织中的信息管理工作包括信息的采集、加工、存储、传播、利用和反馈等环节，每一环节都不可掉以轻心。为了获取有用信息，管理者需要借助各种信息技术。

[①] 资料来源：http://flowergirl.itpub.net/post/2416/24219。

第一节 知识清单

一、信息及其特征

(一)信息的定义

信息在不同的学科中有不同的定义,在管理学科中,通常认为"数据经过加工处理就成了信息"。为了理解信息的这一定义,需要对信息和数据加以比较。

信息和数据是两个既有密切联系又有重要区别的概念。数据是记录客观事物的性质、形态和数量特征的抽象符号,例如文字、数字、图形和曲线等。它不能直接为管理者所用,因为其确切含义往往不明显。信息由数据生成,是数据经过加工处理后得到的,例如报表、账册和图纸等。信息被用来反映客观事物的规律,从而为管理工作提供依据。

为了更好地理解信息和数据之间的联系和区别,我们举个例子。企业在做账时要有各种发票和单据,这些发票和单据就是原始数据。对这些数据进行分类、登录、汇总等处理后生成的账册、报表和分析资料等就是对管理者有用的信息。

信息的生成过程从图 10-1 中可以看出,数据经过加工处理后得到的就是信息。

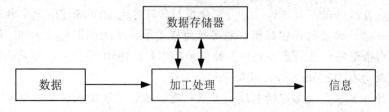

图 10-1　从数据转化为信息的过程

需要注意的是,信息和数据的区别不是绝对的。有时,同样的东西对一个人来说是信息,而对另一个人来说则是数据。譬如,某零售企业在某地区开设了若干家连锁店,当顾客在连锁店购货时,连锁店的存货就要发生变化,由顾客购货产生的交易数据对连锁店的负责人至关重要,从这些原始数据中负责人可以得到连锁店的销售额、需要补充的存货量等方面的信息。而这些连锁店的地区负责人则对交易的细枝末节不感兴趣,他们关心的是较宽泛的问题。例如,所有这些连锁店作为一个整体,其经营情况如何;其中一家连锁店的业绩是否比另一家好;不同的货物陈列是否对销售量产生影响等。由于地区负责人感兴趣的是这些连锁店作为整体的情况,而不是单个的连锁店或单个的顾客的情况,所以他们对信息的需要是不同的。总之,对连锁店负责人来说东西是信息,对地区负责人来说东西只是数据。

第十章　企业信息管理

(二)对信息的评估

现在很多组织对信息的重要性认识不够，它们没有充分利用机会去收集数据并充分利用由数据产生的信息。收集和处理数据需要支付成本，这种成本要与信息所带来的收益进行权衡。所以管理者在决定获取信息前，先要对所要获取的信息进行评估，从而判断获取这样的信息是否值得。有两类信息不值得管理者去获取：一类信息的收益较高，但其获取成本更高；另一类信息的获取成本较低，但其收益更低。从中可以看出，信息评估的关键在于对信息的收益和获取成本进行预先估计，即进行"成本-收益"分析。

我们先来考察一下与数据收集和信息产生有关的成本，可把这种成本划分为两部分：第一部分是有形成本，它是指可被精确量化的成本，例如一个数据收集系统的硬件和软件的成本(包括系统维护和升级成本、折旧成本以及系统运行和监督成本等)就是有形成本；第二部分是无形成本，它是指很难或不能被量化的成本，就是很难或不能准确预期结果，例如因组织业绩下降而使信誉受损、员工士气不振以及因工作程序变动而造成的工作瘫痪等。

我们再来看一下因为利用信息而产生的收益。收益包括有形收益和无形收益两部分。有形收益包括销售额的上升、存货成本的下降以及可度量的劳动生产率的提高等；无形收益包括信息获取能力的提高、士气大振以及更好的顾客服务等。

决定是否收集更多的数据以产生更多和更好的信息是比较困难的。在很多情况下，由于信息对组织来说是新的，确定可能发生的成本要比预测潜在的收益容易。实际上，新信息收益通常是无法预期的，只有在员工对新信息比较熟悉时才能预期其收益。

(三)有用信息的特征

对管理者有用的信息具备一些特征。首先，必须是质量较高的；其次，必须是及时的，管理者一有需要就能获得；最后，必须是完全的和相关的，如表 10-1 所示。

表 10-1　有用信息的特征

高质量	及时	完全
• 精确	• 时间敏感性	• 范围
• 清楚	• 例外报告	• 简洁
• 有序	• 当前	• 详细
• 媒介	• 频繁	• 相关

1. 高质量

质量是有用信息最重要的特征，我们很难设想质量不高的信息会有多大用处。质量方面的要求又可细分为以下几方面。

首先，高质量的信息必须是精确的。如果信息未能精确反映现状，则利用这种信息进行决策或控制，肯定收不到良好的效果。清楚是高质量的信息的另一要求，信息的含义和内容对管理者来说必须是清楚的。其次，高质量的信息是排列有序的，而不是杂乱无章的。最后信息传递的媒介对质量有重要影响，例如交给管理者一大摞书面材料而不是几页总结性报告，是一种不恰当的信息传递方式。

2. 及时

多数管理工作需要及时的信息。许多日常工作是时间敏感性的，例如组织必须迅速作出如何应付环境的决策。及时的信息有以下几方面的要求。

管理者有需要就能获得信息，是对及时的信息的首要要求。例如，管理者可以要求下属呈交例外报告，这种报告是在事情超出常规时产生的。比如，如果生产线上的生产因发生故障而低于一定水平，例外报告就会产生出来并通知那些需要了解情况的人，以便让他们能采取及时的行动，进行维修和调整，从而排除故障。及时的信息另一个要求是信息要反映当前情况，提供给管理者的信息应该是当前的，而不是过去某个时候的。及时的信息最后一个要求是信息要频繁地提供给管理者。例如，应该建立一个定期报告制度，每日、每周、每月或每季产生并提交报告，甚至实时地向管理者提供最重要的信息。

3. 完全

要想信息有助于管理工作的有效完成，那么它必须是完全的。信息的完全性也有几个方面的具体要求。

首先，信息的范围必须足够广泛，从而可以使管理者较全面地了解现状，并采取切实有效的措施。在条件许可的情况下，管理者不仅要获取当前的信息，还要了解组织过去和未来的计划。简洁和详细是完全性的另外两个要求。这似乎有点矛盾，因为简洁和详细是相互对立的。但仔细分析，却不是这样，我们可以在简洁和详细之间找到一种平衡。信息应该以尽可能简洁的方式呈送给管理者，同时也应该尽可能详细，使管理者对现状有一定深度和广度的了解。但过于详细又会分散管理者的注意力，对重要信息重视不够。所以，只有那些与手头上的管理工作有关的信息才需要提供，信息提供过多反而不好。

二、信息管理工作

(一)信息的采集

信息的采集是指管理者根据一定的目的，通过各种不同的方式搜寻并占有各类信息的过程。

信息的采集是信息管理工作的第一步，是做好信息管理工作的基础与前提。信息的加工、存储、传播、利用和反馈都是信息采集的后续工作，信息采集工作的好坏将直接决定信息管理工作的成败。

第十章　企业信息管理

衡量信息采集工作质量的唯一标准是所采集的信息是否对组织及其管理者有用，而判断信息是否有用则要看信息是否具有本章第一节所述的有用信息的各种特征。

为了使信息的采集富有成效，管理者必须做好以下各项工作。

1. 明确采集的目的

在任何情况下，信息的采集都是为了实现组织特定时期的特定目标，也就是说，信息的采集具有目的性。漫无目的的信息采集活动将会使管理陷入混乱。由于不同的目的通常需要不同的信息，明确的目的便于管理者了解组织需要的信息，从而有针对性、有选择地采集信息。

2. 界定采集的范围

采集范围与以下三个问题有关：需要什么样的信息；用多长时间采集这些信息；从哪里采集这些信息。

第一个问题涉及的是采集的对象范围，能够成为采集对象的信息应是对当前管理者有用的信息。第二个问题涉及的是采集的时间范围。信息的时效性决定采集活动不能拖得太久，但有时为了掌握较全面的信息，需要花费一定的时间，特别是对于一些问题的性质的认识是随着事态的发展而不断深化的。第三个问题涉及的是采集的空间范围。如果采集信息是为了解决发生于组织内部的且与外界关系相对不大的某个问题，那么采集工作应主要立足于组织内部，而不要把战线拉得过长。

3. 选择信息源

根据信息载体的不同，可将信息源划分为四大类。

(1) 文献性信息源，包括书报刊、政府出版物、专利文献、标准文献、会议文献、产品样本、学位论文、档案文献、公文和报表等。

(2) 口头性信息源，包括电话、交谈、咨询和调查等。

(3) 电子性信息源，包括广播、电视、数据库、互联网和局域网等。

(4) 实物性信息源，包括展销会、博览会、销售地点、公共场所以及事件发生、发展的现场等。

管理者要明白，信息源的选择对信息的采集至关重要。管理者还要明白，不同的信息源具有不同的特征，其所提供的信息的种类与质量可能不一样。管理者要根据采集目的、自身掌握的信息源状况以及时间的紧迫性等选择合适的信息源。管理者更要明白信息采集工作的成效取决于可靠信息源的存在，这意味着组织应在平时注重信息基础设施建设，为管理者的信息采集活动提供更多、更好的信息源。

(二)信息的加工

信息的加工是指对采集来的通常显得杂乱无章的大量信息进行鉴别和筛选，使信息条理化、规范化和准确化的过程。加工过的信息便于存储、传播和利用。只有经过加工，信息的价值才真正得以体现。作为一个过程，信息的加工一般有以下步骤。

1. 鉴别

鉴别是指确认信息可靠性的活动。可靠性的鉴别标准有：信息本身是否真实；信息内容是否正确；信息的表述是否准确；数据是否正确无误，有无遗漏、失真、冗余等情况。

鉴别的方法主要如下。

(1) 查证法。查证法是指通过查找、阅读相关文献来验证信息是否可靠的方法。

(2) 比较法。比较法是指通过比较来自不同渠道的同类信息来验证信息的可靠程度的方法。

(3) 佐证法。佐证法是指通过寻找物证、人证来验证信息的可靠程度的方法。

(4) 逻辑法。逻辑法是指通过对信息的内容进行逻辑分析，以判别是否存在前后矛盾、夸大其词、违背情理等现象的方法。

通常，在进行信息鉴别时，需要同时使用这些方法。

2. 筛选

筛选是指在鉴别的基础上，对采集来的信息进行取舍的活动。筛选与鉴别是两种不同的活动。鉴别旨在解决信息的可靠性问题，依据的是与信息有关的客观事实；而筛选旨在解决信息的适用性问题，依据的是管理者的主观判断，鉴别中被确认可靠的信息未必都被保留，而鉴别中被确认可疑的信息未必都能被剔除。

筛选的依据是信息的适用性、精约性与先进性。适用性是指信息的内容是否符合信息采集的目的，符合者谓之适用，可留下；不符合者则剔除。精约性是指信息的表述是否精练、简约。筛选时将烦琐、冗余的信息剔除，而将精练、简约的信息保留，以降低信息的冗余程度。先进性是指信息的内容是否先进。筛选时将相对落后的信息剔除。被筛选出的信息将同时满足适用性、精约性和先进性的要求。

筛选通常分以下四步进行。

(1) 真实性筛选。根据鉴别结果，保留真实的信息，剔除虚假的信息，对可疑信息则在进一步调查取证的基础上再进行判断、取舍。

(2) 适用性筛选。以适用性为依据，将那些与采集目的不相关、过时无用、重复雷同、没有实际内容或用处不大的信息从真实信息中剔除。

(3) 精约性筛选。以精约性为依据，将那些虽然真实、有用但表述烦琐、冗余的信息剔除。

(4) 先进性筛选。以先进性为依据，将那些虽然真实、有用、精约但内容落后的信息剔除。

3. 排序

排序是指对筛选后的信息进行归类整理，按照管理者所偏好的某一特征对信息进行等级、层次的划分的活动。

4. 初步激活

初步激活是指对排序后的信息进行开发、分析和转换，实现信息的活化，便于使用的活动。

5. 编写

编写是信息加工过程的产出环节，是指对加工后的信息进行编写，便于人们认识的活动。通常，一条信息应该只有一个主题，结构要简洁、清晰、严谨；标题要突出、鲜明；文字表述要精练准确、深入浅出。

(三)信息的存储

信息的存储是指对加工后的信息进行记录、存放和保管以便使用的过程。信息存储具有三层含义：①用文字、声音、图像等形式将加工后的信息记录在相应的载体上；②对这些载体进行归类，形成方便人们检索的数据库；③对数据库进行日常维护，使信息及时得到更新。

信息的存储工作由归档、登录、编目、编码和排序等环节构成。在这些环节中应注意以下问题。

(1) 准确性问题。在对信息进行记载、登录时，要做到内容准确、表述清楚、结构有序。

(2) 安全性问题。要保证信息在存储期间不会丢失与毁坏。对于文献信息，组织在财力允许的情况下，应采取先进的保存技术，争取做到防潮湿、防虫咬、防火灾和防腐蚀；对于电子信息，一方面要注意计算机和网络的安全，另一方面要对重要信息进行备份，防止丢失。

(3) 费用问题。信息的存储应尽量节约空间，以节省费用。另外空间的节约也便于保管和检索。

(4) 方便性问题。方便性有两层含义。第一层含义是指使用方便，信息的存储要便于人们检索。具体来说，在编码、排序上要有统一的标准。在选择标准时，要结合组织自身的情况慎重考虑，并且一旦选定标准就不要轻易改变。在信息存放处放置计算机及卡片等检索工具，便于信息使用人员检索。第二层含义是指更新方便。由于外部环境与组织自身情况的瞬息万变，信息需要不断更新。陈旧的信息有时不仅无益，甚至有害。在对信息存储时，要充分考虑是否便于将来增添新的信息、删除无用的信息或修改变化了的信息。

(四)信息的传播

信息的传播是指信息在不同主体之间的传递。它具有与大众传播不同的特点。

1. 目的更加具体

大众传播的目的是向社会公众传播各类信息。组织中的信息传播是管理者为了完成具体的工作任务而进行的有意行为。信息接受者必须按信息的内容去行动或不行动,以保证传播目的的实现。

2. 控制更加严密

大众传播只对传播过程进行控制,对受者的控制是间接的。主要的控制工作体现在提高传播信号的质量;分析受者的心理;按受者的心理与需求进行信息编码等。组织中的信息传播除进行以上这些控制之外,还要直接、严密地控制受者的行为,以保证传播目的的实现。

3. 时效更加显著

大众传播虽然强调传播时效,但如果传播不及时,传播者所受的负面影响是有限的。对组织中的信息传播来说,如果在被管理者需要按某种信息去行动或不行动时,或者在决策过程中需要某种信息时,该信息没有传播到位,就会造成直接损失。

管理者在传播信息时,要注意防止信息畸变或失真,以提高信息传播的有效性。为了防止信息畸变,需要分析导致信息畸变的原因并在此基础上采取相应的对策。具体来说,导致信息畸变的原因如下。

(1) 传播主体的干扰。在组织中,传播主体可能为了私利故意歪曲、扣压信息,报喜不报忧;或者受自身理解与表达能力、心理状态的影响,无法正确把握信息的内涵,无意中造成信息的失真;或者由于其工作能力低下、人浮于事、办事拖沓,一方面不能及时处理信息,造成严重积压,另一方面又不善于识别、判断信息的价值,可能把一些无关紧要的信息投入传播,而把有价值的信息丢在一边。

(2) 传播渠道的干扰。组织的信息传播渠道有外部的,也有内部的。外部的包括邮政、电信、广播、电视、报刊、文件专递、网络和电子邮件等。内部的有两种,一种是正式传播渠道,即正式信息系统;另一种是非正式传播渠道,即非正式信息系统。对于内部的正式传播渠道,如果机构庞杂、层次繁多,上层管理者的信息往下传播时,每经过一个层次,信息就要受到该层次管理者的一次综合,并根据自己的理解再传播出去。这样不仅导致传播速度慢,而且每一次综合和理解都不可能保证信息完全不变。

组织的信息传播系统不健全、分工不明确、责任不清、办事推诿等,也会影响信息传播速度,甚至造成信息传播中断。

(3) 传播的客观障碍的存在。客观障碍主要有自然语言的障碍、学科专业知识的障碍

第十章 企业信息管理

和传播技术迅速更新造成的障碍等。自然语言的障碍包括外国语言、方言的障碍；学科专业知识的障碍是指对学科专业的不熟悉可能会妨碍有关主体对信息的真实含义的理解，因为有些信息在表述中不可避免会用到某些学科专业知识；现代传播技术更新很快，来不及学习与掌握也会构成障碍。

(五)信息的利用

信息的利用，是指有意识地运用存储的信息去解决管理中具体问题的过程，它是信息采集、加工、存储和传播的最终目的。信息的利用程度与效果是衡量一个组织信息管理水平的重要尺度。

信息的利用过程通常包括以下步骤。

(1) 管理者在认清问题性质的前提下，判断什么样的信息有助于问题的解决。

(2) 对组织目前拥有的信息资源进行梳理，在此基础上判断所需的信息是否存在。

(3) 如果组织中存在所需的信息，则可直接利用；如果不存在，则要考虑是否能够通过对现有信息进行开发、整合来满足管理者对信息的需要。如果不能，则要考虑重新采集信息，回到信息管理的源头。

为了更好地利用信息，管理者应努力做到以下几方面。

(1) 善于开发信息。信息开发包括外延式开发和内涵式开发。外延式开发是指对信息源和信息渠道的开拓与发掘，以便获取更多的信息；内涵式开发是指对已经掌握的信息进行深度加工、重组和激活，以产生新的信息或更具有价值的信息。只有开发出更多、更好的信息，组织的信息管理工作才能上一个新台阶。

(2) 为信息价值的充分发挥提供组织上的保证。信息被正确传递到正确的人手中并被正确地使用，需要经过多道环节，并消耗一定的资源。这意味着管理者应该在组织结构设计、资源分配、人员安排等方面为信息的利用创造条件。

(3) 用发展的眼光看待信息的价值。管理者应学会用发展的眼光看待信息的价值，应认识到一些信息可能随着时间的推移和事物本身的变化而变得不再有用，而另一些信息可能随着客观形势的发展而变得更有价值。

同样，为了更好地利用信息，管理者应尽力避免以下现象的发生。

(1) 信息孤岛。由于部门利益的存在或技术上的原因，组织中的信息有时不能被共享，从而出现信息孤岛。信息孤岛的存在会造成组织资源的浪费，同时它也是组织机体不健康的体现。

(2) 信息过载。在当今信息爆炸的年代，一些管理者在日常的工作中可能被大量的信息困扰，感到无所适从。为了避免这种现象发生，管理者应鼓励下属提供精炼的信息，同时在组织设计时适当地分权与授权。

(六)信息的反馈

信息的反馈是信息管理工作的重要环节，其目的是为了提高信息的利用效果，使信息按照管理者的意愿被使用。它是指对信息利用的实际效果与预期效果进行比较，找出发生偏差的原因，采取相应的控制措施以保证信息的利用符合预期的过程。

作为一个过程，信息的反馈包括反馈信息的获取、传递和控制措施的制定与实施三个环节。从这三个环节看，信息反馈需要满足以下各项要求。

1. 反馈信息真实、准确

良好的反馈信息不仅要求信息是真实的，还要求管理者正确理解反馈信息。不能把其他系统的被控制信息当作本控制环路的反馈信息，不能把失真信息当作反馈信息，也不能把反馈渠道中产生的一切信息都当作反馈信息。

2. 信息传递迅速、及时

反馈信息传递迟缓会影响控制措施的及时实施，使管理工作中的问题得不到及时解决。为了避免这种现象的发生，管理者应设法缩短反馈信息的传输通道，准确把握控制环路中的信息反馈途径，并明确反馈信息源。

3. 控制措施适当、有效

在较快地得到质量较高的反馈信息的前提下，管理者就有可能采取切实有效的控制措施，确保信息管理工作卓有成效。但良好的反馈信息并不等于良好的控制，从良好的反馈信息到良好的控制还需要管理者发挥自己和别人的聪明才智。

三、信息化管理

信息系统是企业信息化管理的基础。信息系统为管理者提供了一种在组织内收集、处理、维持和分配信息的系统方法。早在计算机出现以前，信息系统就存在了。随着计算机的普及与网络的高度发展，企业信息系统越来越电子化、网络化，企业管理也越来越信息化。从20世纪40~60年代，物料需求计划(Material Requirement Planning，MRP)的提出和实现，经过70年代的发展、完善成为制造资源计划(Manufacturing Resource Planning，MRPⅡ)，到90年代提出了企业资源计划(Enterprise Resource Planning，ERP)，反映了人们对资源管理的认识不断深化，反映了企业管理利用信息技术进步的一切成果适应时代进步和市场竞争。

(一)信息系统的要素

一般信息系统包括五个基本要素：输入、处理、输出、反馈和控制。其中输入是系统所要处理的原始数据(或提供原始数据的设备);处理是把原始数据加工或转换成有意义和有用的信息的过程;输出是系统处理后的结果,即输出有意义和有用的信息;反馈是指当管理者对输出的结果不太满意或希望得到更好的结果时,对输入进行调整;控制是对输入、处理、输出和反馈等过程进行监视,使这些过程保持正常。这五个要素之间的关系如图10-2所示。

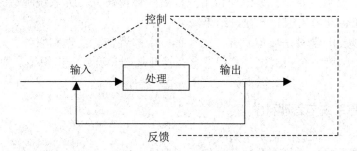

图10-2 一般信息系统五个要素的相互关系

以上讲的是一般信息系统的情况。对以计算机为基础的信息系统来说,情况略有不同,除了以上五个要素外,它还包括硬件、软件和数据库。其中硬件是信息系统的有形部分,例如主机、终端、显示器和打印机等。另外,存储设备(如硬盘、软盘驱动器和光盘驱动器等)也属于硬件部分。软件是各种程序,这些程序用来指示硬件的运行,数据怎样处理就是由软件控制的。数据库是组织保存下来的各种数据和信息。

(二)管理信息系统

管理信息系统(Management Information System,MIS)就是服务于管理领域的信息系统。它是一种由管理者计划和设计的,以网络为媒介,用来为他们提供所需要的专门信息,以有效地履行管理职能的信息系统。

以计算机为核心的信息处理技术,在用于支持企业的经营管理实践中,不断完善和发展,形成了各种类型的、应用于不同组织层次和职能领域的、基于计算机的管理信息系统,即我们目前所指的管理信息系统。各种系统有待于综合集成为统一的组织信息系统,在企业的各个管理层面和运营过程中,提供全面的决策支持与控制手段,并推动组织经营管理模式和组织结构的转变。

1. 管理信息系统的理论基础

1) 管理信息系统开发过程涉及学科理论

开发过程。管理信息系统是现代组织系统组成中不可或缺的重要部分。为了开发符合组织实际情况、能够最大限度提高管理工作效率、提高组织竞争力的管理信息系统软件,开发人员必须了解组织具体的信息管理状况。从系统的角度出发,以管理科学为基础,利用信息技术及计算机技术,使管理工作优化;遵从软件工程的原则,开发运行稳定、质量可靠、互动性好的软件系统,配置合适的硬件环境,从而构建新的管理信息系统。管理信息系统开发过程涉及硬件技术、软件技术、网络技术、数据库技术以及管理开发过程的项目管理、质量管理和网络技术。

2) 管理信息系统应用推广涉及学科理论

应用推广。应用主要是在系统交付用户以后的环境研究,为系统制造一个良好的运营环境,使系统在企业内生根、开花、结果。

这个阶段涉及的学科是环境研究方面和推广中的咨询、监理和服务等。环境方面主要研究企业体制、制度、企业文化、管理理念、管理基础和流程、组织等,构筑适应 MIS 运行的整体环境。

2. 管理信息系统与管理科学

1) 管理科学与管理信息系统的联系

管理信息系统与管理科学有着密不可分的联系,体现在以下三个方面。

(1) 管理信息系统的研究开发对象是管理,服务目标也是管理,即提高品质,发展生产力。

(2) 成功开发管理信息系统,必须深刻理解管理对象与管理过程。

(3) 项目开发和运行维护需要运用管理科学。

管理是管理信息系统学科体系的基石,也是管理信息系统成功的前提。在整个管理信息系统生命周期,都在研究管理,也离不开管理。

2) 管理科学在管理信息系统开发过程中的影响

管理是一门怎样建立目标,用最好的方法来达到目标的艺术。艺术性体现在团队建设与项目沟通方面。

团队建设和团队精神的培养是团队完成目标的保证。重视团队作用是管理信息系统项目的特征之一。团队是一组个体成员为实现一个共同目标而相互依赖、协同工作的项目组织。

沟通对目标的共识和凝聚力的形成是很重要的。从项目开始的那刻起,就要运用网络计划等工具编制项目开发计划,对进度进行安排、控制,对资源进行合理配置,对成本和绩效进行控制管理;在给定资源条件下,在规定的时间和成本范围内达到预定的系统目标。

第二节 延伸阅读

一、20 世纪 60 年代开环的物料需求计划

开环的物料需求计划(Material Requirement Planning,MRP)按需求的来源不同,企业内

部的物料可分为独立和相关需求两种类型。独立需求是指需求量和需求时间由企业外部的需求来决定,例如客户订购的产品、科研试制需要的样品、售后维修需要的备品备件等;相关需求是指根据物料之间的结构组成关系由独立需求的物料所产生的需求,例如半成品、零部件、原材料等的需求。MRP 的基本任务是:①以最终产品的生产计划(独立需求)导出相关物料(原材料、零部件等)的需求量和需求时间(相关需求);②根据物料的需求时间和生产(订货)周期来确定其开始生产(订货)的时间。

MRP 的基本内容是编制零件的生产计划和采购计划。然而,要正确编制零件计划,首先,必须落实最终产品(在 MRP 中称为成品)的生产进度计划,即主生产计划(Master Production Schedule,MPS),这是开展 MRP 的依据。其次,需要知道产品的零件结构,即物料清单(Bill Of Material,BOM),把主生产计划展开成零件计划;同时需要知道库存数量才能准确计算出零件的采购数量。因此,基本 MRP 的依据是:①主生产计划(MPS);②物料清单(BOM);③库存信息。它们之间的逻辑流程如图 10-3 所示。

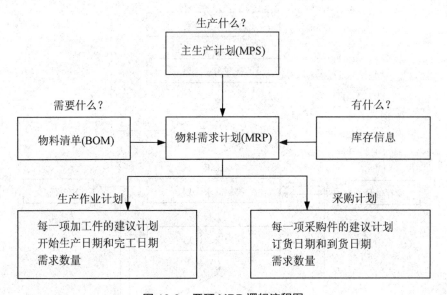

图 10-3　开环 MRP 逻辑流程图

二、20 世纪 70 年代闭环的物料需求计划

60 年代开环的 MRP 能根据有关数据计算出相关物料需求的准确时间与数量,但没有考虑到生产企业现有的生产能力和采购能力的有关约束条件。因此,计算出来的物料需求的数量和日期有可能因设备和工时的不足而无法满足,或者因原料不足而无法满足,而且它也缺乏计划实施情况的反馈信息对计划进行调整的功能。为解决以上问题,MRP 系统在 70 年代发展为闭环的物料需求计划(Materiai Requirement Planning,MRP)系统。闭环 MRP 系

统除了物料需求计划外，还将生产能力需求计划、车间作业计划和采购作业计划纳入 MRP，形成一个封闭的系统。

MRP 系统的正常运行，需要有一个现实可行的主生产计划。它除了要反映市场需求和合同订单外，还必须满足企业生产能力的约束条件。因此，除了要编制资源需求计划外，还要制订能力需求计划(Capacity Requirement Planning, CRP)，与各工作中心的能力进行平衡。只有在采取了措施做到能力与资源均满足负荷需求时，才能开始执行计划。在能力需求计划中，生产通知单是按照它们对设备产生的负荷进行评估的；采购通知单的评估过程与之类似，需要检查它们对分包商和经销商所产生的工作量。执行 MRP 时要用生产通知单来控制加工的优先级，用采购通知单来控制采购的优先级。这样，基本 MRP 系统得到了进一步发展，把能力需求计划和执行及控制计划的功能也包括进来，形成一个环形回路，称为闭环 MRP，如图 10-4 所示。

因此，闭环 MRP 成为一个完整的生产计划与控制系统。

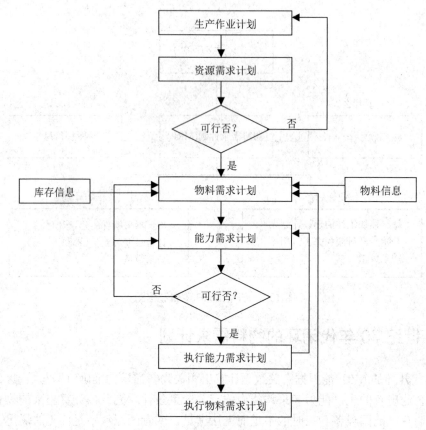

图 10-4　闭环 MRP 逻辑流程图

第十章 企业信息管理

三、20世纪80年代制造资源计划

闭环MRP系统的出现，使生产活动的各种子系统得到了统一。但是企业管理是人财物和信息、产供销等子系统组成的综合系统，生产管理只是一个方面，它所涉及的仅仅是物流，而与物流密切相关的还有资金流和信息流。于是，在80年代，人们把销售、采购、生产、财务、工程技术、信息等各个子系统进行集成，称该集成系统为制造资源计划(Manufacturing Resource Planning)系统。由于其英文缩写还是MRP，人们为了与物料需求计划(MRP)有所区别而将制造资源源计划的缩写记为"MRP Ⅱ"。其工作逻辑如图10-5所示。

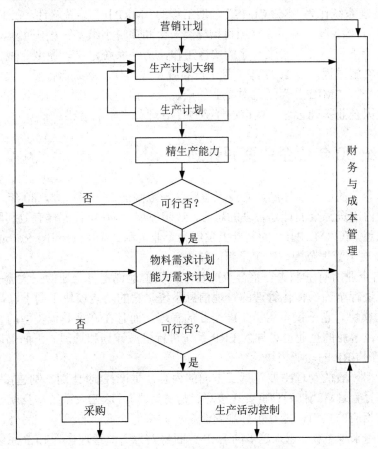

图 10-5 "MRP Ⅱ"逻辑流程图

由于信息技术的发展，计算机强大的信息存储和处理能力使人们对生产经营的管理能力加强了，企业由原来以产品为对象的管理进入到以零部件为对象的管理。"MRP Ⅱ"最大的成就在于把企业经营的主要信息进行集成。①在物料需求计划的基础上向物料管理延伸，实施对物料的采购管理，包括采购计划、进货计划、供应商账务和档案管理、库存账务管理等。②由于系统已经记录了大量的制造信息,包括物料消耗、加工工时等,可在此基础上扩展到产品成本核算和成本分析。③主要生产计划和生产计划大纲的依据是客户订单,因此向前又可以扩展到销售管理业务。因此已不能从字面意义上来理解制造"MRPⅡ"的含义了。

"MRPⅡ"在企业实践中取得了显著的效果。据对美国成功实施"MRPⅡ"的企业的调查,有以下统计结果:库存减少 25%～30%;库存周转率提高 50%;准时交货率提高 55%;装配车间劳动生产率提高 20%～40%;采购资金节约 5%;降低成品库存 30%～40%;缩短生产周期 10%～15%;提高生产率 10%～15%;突击加工减少 25%。在我国,成功实施"MRPⅡ"的企业成果也很显著。例如,徐州工程机械制造厂于 1996 年选择美国四班公司的"MSS for Objects"管理系统作为"863 CIMS"一期工程的"MRPⅡ"系统软件,在工厂全面实施。从 1996 年 8 月开始,该厂先后成立项目指导委员会和项目小组,在美国四班公司"MRPⅡ"实施顾问的支持下,开展了紧张有序的实施工作,历经系统定义、原型测试、模拟试点和系统试运行等实施过程,于 1997 年 1 月 1 日系统正式运行。系统运行后,大大提高了该厂的企业管理水平。"MRPⅡ"通过对企业的产、供、销、人、财、物、设备等的规范化管理,加强了我国企业基础管理、按市场经济规律管理和竞争的意识。

四、20 世纪 90 年代企业资源计划

随着市场竞争的进一步加剧,企业竞争空间与范围的进一步扩大,80 年代"MRPⅡ"主要面向企业内部资源全面计划管理的思想,逐步发展为 90 年代怎样有效利用和管理整体资源的管理思想,在"MRPⅡ"的基础上发展为企业资源计划(Enterprise Resource Planning, ERP)。ERP 扩展了管理范围,给出了新的结构。

ERP 是将企业所有资源进行整合集成管理,简单地说是将企业的三大流——物流、资金流和信息流进行全面一体化管理的管理信息系统。它的功能模块不同于以往的 MRP 或"MRPⅡ"的模块。它不仅可用于生产企业的管理,而且在许多其他类型的企业,例如一些非生产、公益事业的企业也可导入 ERP 系统进行资源计划和管理。下面仍以典型的生产企业为例来介绍 ERP 的功能模块。

在企业中,一般的管理主要包括三方面的内容:生产控制(计划、制造)、物流管理(分销、采购、库存管理)和财务管理(会计核算、财务管理)。这三大系统本身就是集成体,它们互相之间有相应的接口,能够很好地整合在一起来对企业进行管理。另外,随着企业对人力资源管理越来越重视,越来越多的 ERP 厂商将人力资源管理作为 ERP 系统的一个重要组成部分。

1. 财务管理模块

财务管理模块作为 ERP 系统中的一部分,与系统的其他模块有相应的接口,能够相互集成。例如它可将由生产活动、采购活动输入的信息自动计入财务模块生成总账和会计报

第十章　企业信息管理

表，取消了烦琐的凭证输入过程，几乎完全替代了以往传统的手工操作。一般的 ERP 软件的财务管理模块分为会计核算与财务管理两大块。

(1) 会计核算。会计核算主要是记录、核算、反映和分析资金在企业经济活动中的变动过程及其结果。它由总账、应收账、应付账、现金和固定资产等部分构成。

(2) 财务管理。财务管理主要是基于会计核算的数据，再加以分析，从而进行相应的预测、管理和控制活动。它侧重于财务计划、控制、分析和决策。

① 财务计划：根据前期财务分析作出下期的财务计划、预算等。

② 财务分析：提供查询功能和根据用户定义的差异数据的图形显示进行财务绩效评估、账户分析等。

③ 财务决策：财务管理的核心部分，中心内容是作出有关资金的决策，包括资金筹集、投放及资金管理。

2. 生产控制管理模块

生产控制管理模块是 ERP 系统的核心所在，它将企业的整个生产过程有机地结合在一起，使企业能够有效地降低库存、提高生产效率。企业首先确定一个总生产计划，再经过系统层层细分后下达到各部门去执行，即生产部门按此生产，采购部门按此采购等。

(1) 主生产计划。它是根据生产计划、预测和客户订单的输入来安排将来各周期中提供的产品种类和数量。它将生产计划转为产品计划，是在平衡了物料和能力的需要后，精确到时间、数量的详细的进度计划。它是企业在一段时期内的总的活动安排，是一个稳定的计划，由生产计划、实际订单和对历史销售分析进行的预测产生。

(2) 物料需求计划。在主生产计划决定生产多少最终产品后，再根据物料清单，把整个企业要生产的产品的数量转变为所需生产的零部件的数量，并对照现有的库存量，可得到还需加工、采购的最终数量。这才是整个部门真正依照的计划。

(3) 能力需求计划。它是在得出初步的物料需求计划之后，将所有工作中心的总工作负荷与工作中心的能力平衡后产生的详细的工作计划，用以确定生成的物料需求计划是否是企业生产能力上可行的需求计划。能力需求计划是一种短期的、当前实际应用的计划。

(4) 车间控制。这是随时间变化的动态作业计划，是将作业分配到具体的车间，再进行作业排序、作业管理和作业监控。

(5) 制造标准。在编制计划中需要许多关于生产的基本信息，这些基本信息就是制造标准，包括零件、产品结构、工序和工作中心等，它们都用唯一的代码在计算机中标识。

3. 物流管理

物流管理主要包括分销管理、库存管理和采购管理。

(1) 分销管理。分销管理从产品的销售计划开始，包括对其销售产品、销售地区、销售客户各种信息的管理和统计，并可对销售数量、金额、利润、绩效和客户服务作出全面的分析。在分销管理模块中主要体现以下三大功能。

① 对于客户信息的管理和服务。它能建立一个客户的信息档案，并对其进行分类管理，进而对其进行针对性的客户服务，以达到最高效率地保留老客户、争取新客户。需特别指出的是，ERP 与最近新出现的客户关系管理(Customer Relationship Management，CRM) 软件的结合必将大大增加企业的效益。

② 对于销售订单的管理。销售订单是 ERP 的入口，所有的生产计划都是根据它下达并进行生产的。销售订单的管理贯穿了产品生产的整个流程。它包括：客户信用审核及查询(客户信用分级、审核订单交易)；产品库存查询(决定是否要延期交货、分批发货或用代用品发货等)；产品报价(为客户提供不同产品的报价)；订单输入、变更及跟踪(订单输入、变更的修正以及订单的跟踪分析)；交货期的确认及交货处理(决定交货期和发货事宜安排)。

③ 对于销售的统计与分析。系统根据销售订单的完成情况，依据各种指标作出统计，例如客户分类统计、销售代理分类统计等，然后根据这些统计结果对企业的实际销售效果进行评价。它包括：销售统计(根据销售形式、产品、代理商、地区、销售人员、金额、数量分别进行统计)；销售分析(包括对比目标、同期比较和订货发货分析，从数量、金额、利润及绩效等方面作相应的分析)和客户服务(客户投诉记录、原因分析)。

(2) 库存控制。库存控制用来控制存储物料的数量，保证稳定的物流支持正常的生产，但又最小限度地占用资本。它是一种相关的、动态的、真实的库存控制系统，能够精确地反映库存现状，并随时间变化动态地调整库存。这一系统的功能涉及：为所有的物料建立库存、决定何时订货采购，同时作为采购部门采购、生产部门制订生产计划的依据；收到订购物料后经过质量检验入库，生产的产品也同样要经过检验入库；收发料的日常业务处理工作。

(3) 采购管理。采购管理包括：确定合理的订货量、优秀的供应商和保持最佳的安全储备；能够随时提供订购、验收的信息，跟踪和催促外购或委托加工的物料，保证货物及时到达；建立供应商的档案，用最新的成本信息来调整库存的成本。

第三节 大案例与小故事

一、大案例

双鹤药业财务管理信息建设进程化分析

自从在上海证券交易所上市以来，北京双鹤药业股份有限公司的财务软件应用一路上升，从单机版的会计电算化，发展到成本核算，再发展到最近的基于网络的集中式财务管理。2001 年 10 月，双鹤药业与用友公司签定合作项目，采用用友 NC 管理软件，以适应

第十章　企业信息管理

上市之后迅速扩张至全国 15 家子公司的集团化管理。

北京双鹤药业是由北京制药厂为主要发起设立的股份制上市公司，而北京制药厂诞生于抗战时期，是有 60 多年历史的老牌企业。从 IT 应用完全空白到引进全国性的集中式管理软件，财务软件的应用记录了双鹤药业的成长历史。

(一) ERP 不能一步到位

双鹤药业在上交所上市之前，只是一家设在北京的国有大型制药企业，但是，自 1997 年 5 月公司上市之后，在短短三四年的时间里，双鹤药业公司成功地在全国范围内并购了 20 多家企业，成立了 15 家子公司，企业每年的销售额也由 2 亿元猛增到接近 20 亿元，发展成为一家销售网络遍及国内外、主营业务涵盖新药开发、药品制造、医药经营及制药装备等领域，横贯科研、生产、流通各环节的大型现代化制药集团。

随着公司规模的飞快发展，整个企业的现代化、信息化管理成为双鹤药业面临的一个紧迫课题。双鹤药业的领导层敏感地意识到了这一问题的严重性，由此开始了加快公司管理信息化建设的步伐。

双鹤药业管理信息化面临的第一个课题是，选择什么样的目标，怎样去做。是循序渐进，按照财务软件、供应链系统、CRM 系统的顺序先后建设，还是一步到位，立即着手投资进行 ERP(企业资源计划)全套系统建设？为此，公司有关人员拜访接触了许多家软件供应商，其中既有 ORACLE、SAP 等国际知名的管理软件企业，也有用友等多家国内企业管理软件供应商。

经过反复比较、斟酌和论证，公司排除了一步到位上马 ERP 的想法，因为他们意识到，在企业自身条件尚不完全具备的情况下，全面进行企业信息化管理是一件风险很大的事情。仅就企业的销售网络信息化来说，一下子放弃以前的销售体系，更换成全新的销售网络管理系统，企业可能面临巨大的震荡，而整个 ERP 一旦失败，投资风险、业务转换风险等多方面的问题就可能把企业拖垮。本着对企业业务发展负责和对股东负责的想法，双鹤药业公司决策层最终决定，选择财务软件作为突破口，循序渐进，逐步建设企业管理信息化系统，以降低风险。在引进管理软件的摸索过程中，双鹤药业将培养自己的技术队伍，然后以点带面，推动企业管理的现代化和信息化进程。

当时，双鹤药业公司最迫切的需求是财务管理的信息化。财务系统是企业的核心管理系统，尤其是企业上市后，双鹤药业公司的业务规模迅猛发展，财务信息发布要求更加严格，公司原有的会计处理手段根本满足不了实际工作的需要。而且，从国内市场来看，经过将近十年的实践，财务软件也成为国内企业管理软件市场中发展相对成熟的一种信息化产品。于是，双鹤药业公司选准财务管理作为企业管理信息化建设的突破口。之后，双鹤药业与用友公司在财务软件领域开始了近 4 年的合作。

(二) 从电算化到成本管理

确定了管理信息化的突破方向之后，双鹤药业公司开始了循序渐进的探索之路。1997 年，双鹤药业公司采用用友财务软件 7.0 版，公司的会计记账由手工记账实现了电算化，提高了公司会计处理的效率和准确性，基本满足了公司会计工作的实际需要。与此同时，双鹤药业公司的会计人员对电算化的各种工作也逐步熟练，双鹤药业公司因此专门组建了IT 部门，负责信息系统的维护和简单开发。

财务软件的应用加深了公司有关人员对财务信息化的理解，他们意识到，电算化仅仅是一种工具，如果说用会计电算化取代手工记账只是一种管理工具的升级，那么，在会计电算化基础上，利用财务信息系统对各种财务数据进行分析、管理和控制，才是一种企业管理方法的根本性转变。

于是，公司决定在会计电算化的基础上进一步升级，2000 年 8 月，双鹤药业公司采用用友最新推出的 U8 管理软件，解决以成本核算为中心的企业成本管理问题。产品成本是综合反映企业业绩的重要指标，它可以为企业经营决策提供重要依据，为正确计算企业损益提供基础信息，因此对企业十分关键。在启用 U8 成本管理系统之前，双鹤药业主要采用手工方式核算产品成本，手工条件的成本核算不仅费时、费力，而且无法保证成本核算的正确性和及时性，且滞后时间过长、误差太大的成本资料对企业管理也没有参考价值。

因此，双鹤药业公司必须将成本管理和现代信息技术相结合，借助财务管理软件来实现企业成本管理。

(三)规范成本核算流程

借助 U8 管理软件，双鹤药业公司实现成本核算的基本流程包括基础信息设置、具体方法设置、日常数据录入、成本计算、成本分析几个部分。

利用管理软件来实现成本核算，首先必须进行基础设置，为成本核算的开展提供最基本的信息。基础设置内容主要包括：部门设置、存货设置、成本对象以及工序设置等。在 U8 成本管理系统中，成本费用的来源有多种形式，既可以手工录入，也可以直接从总账、存货系统、固定资产系统、工资系统等子系统直接取数。双鹤药业成本核算基本数据主要来源于存货系统和总账系统。

北京双鹤药业股份有限公司由三个分厂负责生产：注射剂分厂、片剂分厂和原料药分厂。从生产工艺而言，注射剂分厂和片剂分厂的产品生产属于单步骤生产，原料药厂的产品生产属于多步骤生产；从产品生产组织而言，前两个分厂属于大批量生产。因此双鹤药业公司分别采用品种法和分步法进行成本核算。

双鹤药业公司没有启用工资以及固定资产系统，因此，成本项目中的人工费用以及制造费用来自于总账系统；成本项目中的材料费用来自于存货核算系统。

双鹤药业公司的成本核算过程中，需要进行设置的费用分配率包括共用材料分配率、人工费用分配率、制造费用分配率以及在产品分配率。经过对料、工、费的来源进行设置，双鹤药业公司已基本完成了成本费用的初次分配和归集的设置，即将大部分材料费用归集到各产品名下，将其他成本费用归集到各生产部门范围内。为了计算最终产成品的成本核算，还必须按部门归集的成本在部门内部各产品之间、在产品和完工产品之间进行分配。

因此，在管理软件中，需要定义各种分配率，为系统自动计算产品成本提供完备的基础设置。

在成本管理系统中，提供两种成本计算方法：自动计算、分步骤计算。自动计算即系统一次性完成成本计算工作，不需要人为干预，省时省力；分步骤计算即按照手工成本核算的习惯分步骤计算成本，每完成一步，均可查询该步计算结果，如发现异常，可修改成本基础设置或日常资料。修改完毕，再进行计算。分步骤计算有利于确保成本计算的准确性。

成本计算完毕后，可以随时查询在产品、半成品、产成品的汇总成本以及明细成本，可以按工序、按部门查询其产品成本。

成本的归集和分配方法一般于期初确定，并在成本系统、存货系统和总账系统中利用初始设置固定下来。方法一旦固定，期中只需要录入相关的业务数据，系统自动计算各产品成本。期中的工作内容，称之为成本核算日常处理。

期初，双鹤药业已经将各成本费用的来源进行了初始设置，需要进行成本计算时，可以在成本管理系统中，通过自动"取数"来完成料、工、费的获取。

月末，成本费用必须在完工产品和在产品之间进行分配。因此，双鹤药业必须对本月完工产品和在产品进行统计，为成本分配提供依据。

根据所选的不同成本核算方法，双鹤药业还可以录入相应的其他资料，如实际工时日报表、工序产品耗用表、在产品约当系数表、分配标准表等等。

通过基础设置，企业可以确定成本核算方法、成本费用来源；通过日常处理，企业对成本费用进行归集，并确定成本分配具体依据。至此，进行成本计算的准备工作已基本完成，可以执行系统"成本计算"功能。

(四)应用效果分析

通过企业管理软件实现企业的成本核算和管理，双鹤药业公司节省了成本核算的人工成本，提高了成本核算的及时性和准确性，为计算企业期间损益、考核部门业绩以及进行成本分析提供了数据。

双鹤药业公司的成本管理系统可以自动进行部门业绩考核、进行产品获利情况比较分析。各生产分厂的业绩考核、各产品的获利情况分析，都需要以及时、正确的成本核算数据为依据。成本管理系统还可以将产品的计划价或实际价与该生产部门的产品成本进行对比，得出该生产部门的利润，以利于不同部门之间的业绩比较。成本管理系统不仅为企业考评提供了依据，而且为企业后续经营政策的制定提供了依据。

另外，成本管理系统详细、准确的成本资料为成本分析的展开奠定了数据基础。通过不同期间产品成本的比较，企业可以发现产品成本变动情况，进一步查找引起这种变动的原因，然后针对原因采取措施，降低产品成本，提高企业效益。

最后，成本管理系统采用图形的方式直观地对各产品的成本项目构成比例进行分析，可以找出降低成本的可操作因素。企业根据成本核算所提供的明细资料，对材料费用、人工费用、制造费用的构成进行更明细的分析，进而可以挖掘降低成本的潜在因素，提高企业效益。

思考题

1. ERP能一步到位吗？它有何有缺点？为什么双鹤药业不选择ERP一步到位的方案？
2. 根据双鹤药业的案例，你对企业信息管理系统有何新的认识？

二、小故事

小故事(一)

有个同学举手问老师："老师，我的目标是想在一年内赚100万！请问我应该如何计划我的目标呢？"

老师便问他："你相不相信你能达成？"他说："我相信！"老师又问："那你知不知到要通过哪个行业来达成？"他说："我现在从事保险行业。"老师接着又问他："你认为保险业能不能帮你达成这个目标？"他说："只要我努力，就一定能达成。"

"我们来看看，你要为自己的目标做出多大的努力。根据我们的提成比例，100万的佣金大概要做300万的业绩。一年：300万业绩。一个月：25万业绩。每一天：8300元业绩。"老师说，"每一天：8300元业绩。大既要拜访多少客户？"

老师接着说："大概要50个人。那么一天要50人，一个月要1500人；一年呢？就需要拜访18000个客户。"

这时老师又问他："请问你现在有没有18000个A类客户？"他说没有。"如果没有的话，就要靠陌生拜访。你平均一个人要谈上多长时间呢？"他说："至少20分钟。"老师说："每个人要谈20分钟，一天要谈50个人，也就是说你每天要花16个多小时在与客户交谈上，还不算路途时间。请问你能不能做到？"他说："不能。老师，我懂了。这个目标不是凭空想象的，而是由一个能达成的计划而定的。"

小故事(二)

1920年，有个12岁的美国小男孩和他的伙伴在踢足球时，小男孩不小心将足球踢到了邻居的窗户上，将一块玻璃打碎了。一位老人立即从屋里跑出来，勃然大怒，大声责问是谁干的？伙伴们纷纷逃跑了，小男孩却走到老人跟前，低着头向老人认错，并请求老人宽恕。然而老人却十分的固执，小男孩委屈地哭了。最后，老人同意小男孩回家拿钱赔偿。

回到家中，闯了祸的小男孩怯生生的将事情的经过告诉了父亲。父亲并没有因为其年龄还小而开恩，而是板着脸沉思着一言不发，坐在一旁的母亲总是为儿子说情，开导父亲。不知过了多久，父亲才冷冰冰地说道："家里虽然有钱，但是祸是他闯的，就应该由他对自己的过失行为负责。"停了一下，父亲还是掏出了钱，严肃地对小男孩儿说："这15美元，我暂时借给你赔人家。不过，你必须想办法还给我。"小男孩从父亲手中接过钱，飞快地跑去赔给老人。在当时，15美元是笔不小的数目，足足可以买125只生蛋的母鸡！

第十章 企业信息管理

从此,小男孩一边刻苦的读书,一边用空闲时间打工挣钱来还借父亲的那15美元。由于人小,不能干重活,他就到餐馆帮别人洗盘子刷碗,有时还捡捡破烂。经过半年的努力,他终于挣够了15美元这一"天文数字",并自豪的交还给了他的父亲。父亲欣然地拍着他的肩膀说:"一个能为自己过失行为负责的人,将来一定会有出息的。"

许多年以后,这位男孩成为美利坚合众国的总统,他就是里根。后来,他在回忆往事时深有感触地说:"那一次闯祸之后,使我懂得了什么是责任。"

小故事(三)

有位护士首次参与外科手术,在这次腹部手术中负责清点所用的医疗器具和材料。在手术就要结束时,这位护士对医生说:"你只取出了十一个棉球,而刚才我们用了十二个,我们得找出余下的那一个。"医生却说:"我已经把棉球全部取出来了,现在,我们来把切口缝好。"那位新护士坚决反对:"医生,你不能这样做,请为病人着想。"

医生眼里顿时闪出钦佩的光彩:"你是一个合格的护士,你通过了这次特别的考试。"原来,精明的医生把第十二个棉球踩在了自己的脚下,当他看到新来的护士如此认真时,他高兴地抬起了脚,露出了那第十二个棉球。

小故事(四)

在一次讨论会上,一位著名的演说家没讲一句开场白,手里却高举着一张20美元的钞票。面对会议室里的200个人,他问:"谁要这20美元?"一只只手举了起来。他接着说:"我打算把这20美元送给你们中的一位,但在这之前,请准许我做一件事。"他说着将钞票揉成一团,然后问:"谁还要?仍有人举起手来。

他又说:"那么,假如我这样做又会怎么样呢?"他把钞票扔到地上,又踏上一只脚,并且用脚碾它。尔后他拾起钞票,钞票已变得又脏又皱。现在谁还要?"还是有人举起手来。"朋友们,你们已经上了一堂很有意义的课。无论我如何对待那张钞票,你们还是想要它,因为它并没贬值,它依旧值20美元。人生路上,我们会无数次被自己的决定或碰到的逆境击倒、欺凌甚至碾得粉身碎骨。我们觉得自己似乎一文不值。但无论发生什么,或将要发生什么,在上帝的眼中,你们永远不会丧失价值。在他看来,肮脏或洁净,衣着齐整或不齐整,你们依然是无价之宝。"

生命的价值不依赖我们的所作所为,也不仰仗我们结交的人物,而是取决于我们本身!我们是独特的——永远不要忘记这一点!

小故事(五)

从前,山中有座庙,庙里没有石磨,因此,庙里每天都要派和尚挑豆子到山下农庄去磨豆子。

一天,有个小和尚被派去磨豆子。在离开前,厨房的大和尚交给他满满的一担豆子,并严厉警告:"你千万要小心,庙里最近收入很不理想,路上绝对不可以把豆浆洒出来。"

小和尚答应后就下山去磨豆子。在回庙的山路上,他一想到大和尚凶恶的表情及严厉的告诫,愈想愈觉得紧张。小和尚小心翼翼地挑着装满豆浆的大桶,一步一步地走在山路上,生怕有什么闪失。

不幸的是,就在快到厨房的转弯处时,前面走来一位冒冒失失的施主,撞得前面那只桶的豆浆倒掉了一大半。小和尚非常害怕,紧张得直冒冷汗。

大和尚看到小和尚挑回的豆浆时,当然非常生气,指着小和尚大骂:"你这个笨蛋!我不是说要小心吗?浪费了这么多豆浆,去喝西北风啊!"

一位老和尚听闻,安抚好大和尚的情绪,并私下对小和尚说:"明天你再下山去,观察一下沿途的人和事,回来给我写个报告,顺便挑担豆子下去磨吧。"

小和尚推卸,说自己只是磨豆子都做不成,哪可能既要担豆浆,又要看风景,回来后还要做报告。

在老和尚的一再坚持下,第二天,他只好勉强上路了。在回来的路上,小和尚发现其实山路旁的风景真的很美,远方看得到雄伟的山峰,又有农夫在梯田上耕种。走不久,又看到一群小孩子在路边的空地上玩得很开心,而且还有两位老先生在下棋。这样一边走一边看风景,不知不觉就回到庙里了。当小和尚把豆浆交给大和尚时,发现两只桶都装得满满的,一点都没有溢出。

第四节 素 质 拓 展

一、思考题

(1) 引例中支撑沃尔玛"天天平价"的手段有哪些?

(2) 从沃尔玛的管理信息系统建设及成功运用中你得到哪些启示?

二、辩论

(1) 题目:在管理信息系统建设中,懂些技术的管理人才重要还是懂些管理的技术人才重要?

(2) 目的:

① 认知管理信息系统建设中的难题。

② 认知影响管理信息建设成败的主要因素。

(3) 具体要求:

① 将全班同学分成正方与反方若干小组(限5人一组)进行辩论。

② 正方坚持"懂些技术的管理人才重要"立场论述。

③ 反方持"懂些管理的技术人才重要"。
④ 正反双方在辩论中，既要回答对方的提问，也要向对方提出疑难问题，要求答辩。
⑤ 正反双方举例鲜明生动，并形成书面辩论资料，呈报老师或评委。

三、创业素质论坛

关于反省

　　反省其实是一种学习能力。创业既然是一个不断摸索的过程，创业者就难免在此过程中不断地犯错误。反省，正是认识错误、改正错误的前提。对创业者来说，反省的过程，就是学习的过程。有没有自我反省的能力，具不具备自我反省的精神，决定了创业者能不能认识到自己所犯的错误，能不能改正所犯的错误，是否能够不断地学到新东西。

　　方杰做奥普浴霸，大家觉得那么容易，好像是一蹴而就似的。其实早在澳大利亚留学的时候，方杰就有意识地到澳大利亚最大的灯具公司"LIGHTUP"公司打工。当时他还不懂商业谈判。他知道自己的缺陷，很希望学会谈判的本领。他知道他当时的老板是一个谈判的高手，所以，每当有机会与老板一起进行商业谈判的时候，他总是在口袋里偷偷揣上一个微型录音机。他将老板与对方的谈判内容一句句地录了下来，然后再回家偷偷地听、揣摩、学习，看看老板是怎样分析问题的，对方是怎样提问，老板又是怎样回答的。他就这样学习，几年以后也成为一个商业谈判的高手。最后老板退休了，把位子让给了他。到了1996年，方杰差不多已经成了职业经理人。然后他不想当打工仔了，想自己回国创业。方杰的奥普浴霸是在这样的基础上做成的，方杰并不是一个天生的生意人。

　　在研究的上千个创业案例中，除有限的几个"新经济"的锋线人物，例如上海易趣的邵逸波、深圳网大的黄沁据说是神童外，其他大多也就是如曾国藩所说的"中人之质"而已，并没有哪个成功者在智力上有什么出类拔萃之处。相反，这些成功者有一个共通之处，就是都非常善于学习，非常勇于进行自我反省。高德康做波司登，经常"晚上睡不着，想心事。常常半夜里醒过来一身冷汗。"高德康何许人也？江苏常熟白茆镇山泾村的一个农民。高德康曾经这样描述他的创业经历，那时候高德康做裁缝，组织了一个缝纫组，靠给上海一家服装厂加工服装赚钱，每天要从村里往返上海购买原料，递送成品。"从村里到上海南市区的蓬莱公园，有100公里路。我骑自行车每天要跑个来回，骑了几次车就不行了。于是我就挤公共汽车，背着重重的货包挤上去，再挤下来，累得满头大汗。因为我挤车也是在上班时间，车挤得不得了。我背着货包好不容易挤上去，车上的人闻到我一身臭汗，就把我推下来，有一次把我的腰都扭伤了。有时候他们还要骂一句，你这个乡下人，乡巴佬。神气得不得了……可是包重呀，你把我推下来，我怎么办？那个时候我是哭也哭不得，我想那些人一点都不理解我。有时甚至考虑还要不要和上海人做生意？但是不去上海，家里就没有活干，吃不上饭。只能上，乖乖地上。做生意龙门要跳，狗洞要钻，没办法的，只能受点委屈。"在这种情况下，高德康睡不着觉，后来他的事业做大了，波司登已经成为中国羽绒服第一品牌，自己也变成了千万、亿万富翁了，却仍然常常睡不着觉。高德康总是在反省自己，为了一些想不明白的问题，他还特意跑到北大、清华上了一年学。他说："我经常总是在听人家讲，听了以后抓住要害，再在实践中去检验，到最后看结果，看到底是不是真的。"高德康只有小学文化，而他现在最大的爱好竟然是看书。"时间再紧张，学习也不能马虎。平时很少有时间去看书，有的时候在飞机上看看。在这种学习时间很少的情况下，每个月一定要集中 3 天时间。集中 3 天学了之后，把自己的思路理顺。作为一个领导来说，不一定整天忙得不得了的领导就是好领导，你必须把思路理顺，有一种思维的状态来考虑这个企业的发展。"

高德康作为一个山沟里的农民，最后却能让许多人抢着购买自己的羽绒服，把大把大把的钞票揣进自己的兜里，原因何在？作为一个创业者，遭遇挫折，碰上低潮都是常有的事，在这种时候，反省能力和自我反省精神能够很好地帮助你渡过难关。曾子说："吾日三省吾身"。对创业者来说，问题不是一日三省吾身、四省吾身，而是应该时时刻刻警醒、反省自己，惟有如此，才能时刻保持清醒。自我反省的能力放在创业者十大素质的最后一项，并不意味着我们认为它是最不重要的一项。相反，我们认为创业者需要的是综合素质，每一项素质都很重要，不可偏废。缺少哪一项素质，将来都必然影响事业的发展。有些素质是天生的，但大多数可以通过后天的努力改善。如果你能够从现在做起，时时磨砺，培养自己的素质，创业就一定能够成功。

第四篇 企业生产管理

第十一章 生产管理

引例 刘校长的苦恼

面对着两条已瘫痪的易拉瓶生产线，久久不愿离去，他在苦苦思索：这到底是怎么啦？

他姓刘，是一个中专学校的校长，早年就读于北京师范大学，攻读化工专业硕士学位，毕业后到一所中学教学10多年，建立了很好的口碑，任某中专学校校长后，倡导养成教育，狠抓教书育人，曾经很有建树。进入20世纪90年代，社会上下海经商之风愈演愈烈，一向很稳重的他，也跃跃欲试，坐不住了，倒不是他本人想下海，而是想以学校的名义，筹资搞个小企业，好为清贫的教师发点奖金，来点实惠。

他曾想，现在"不三不四"的都能赚钱，我一个高级知识分子，还搞不来一个小厂吗？就这样，在他的主持下，学校很快筹办起一个生产易拉瓶的小厂。

工厂的资金，首先是学校从自有资金中挤出一部分，其次由学校员工们集资一部分，然后到银行贷一部分，共投资100万元；工厂的选址在距学校百余里地的邻县郊区，为的是那儿的劳动力便宜；工厂的班子及员工是临时招聘的，因为刘校长要求教师们专心教学，故不打扰。主要的技术人员是高薪从江苏请来的两名师傅，把握生产中的高温切割技术；关于生产的原材料，主要是玻璃管，当时是极紧俏的，于是工厂花了约四成的资金抢购了一大批玻璃管，足足堆放了两个库房。

紧锣密鼓地忙了半年，工厂建成投产了。然而投产后几个月了，生产都不正常，先是升温炉故障频繁，后是玻璃管切割成品率极低（不到四成），产量指标达不到计划的一半，其他指标也很不理想，工厂严重亏损，半年之后请来的两位江苏师傅走了，而此时工厂竟然没有一人掌握了关键技术，生产每况愈下，不久工厂就这样瘫痪了。

工厂开不下去了，只得下马，然而处理善后又使刘校长头痛不已：工厂建在百里之外，房产搬不动，生产线上的设备、特别是许多玻璃管，搬回去又有什么用？更伤脑筋的是聘用的几十名人员已正式调入了学校，增加了学校的负担。当刘校长一次次面对这个瘫痪的生产线时，他欲哭无泪，又百思不得其解：我一个堂堂的硕士生怎么就管理不好这么个小工厂呢？

你们能为刘校长给出答案吗？

第一节 知识清单

一、生产过程组织的基本形式

现代化大生产必须遵循分工原则，实行专业化生产。组织生产过程的基本形式有两种：工艺专业化和对象专业化。

1. 工艺专业化

工艺专业化又称为工艺原则，就是按照生产工艺的特点来设置生产单位。在工艺专业化的生产单位内，集中着同种类型的设备和相同工种的工人，每一个生产单位只完成同种工艺方法的加工或同种功能。例如机械制造企业中的热处理车间、机床加工车间、车床组等。由于工艺专业化将同类的工艺设备和相同的工艺加工方法集中在一起，因此它具有以下优点：产品制造顺序有一定的弹性，能较好地适应产品品种变化的要求；有利于提高设备的利用率，生产系统的可靠性较高；工人固定操作某一种设备，有利于提高专业技能；工艺及设备管理较方便。但工艺专业化的生产单位不能独立地完成产品(或零件)的全部加工任务，一件产品必须通过许多生产单位才能完成，这就造成了工艺专业化的缺点：产品在加工过程中运输次数多，运输路线长；产品在加工过程中停放、等待的时间增多，延长了生产周期，增加了在制品，多占用了资金；各生产单位之间的协作往来频繁，使生产作业计划管理、在制品管理以及产品的成套性工作比较复杂；有时只能使用通用机床和工艺装备，生产效率低。

2. 对象专业化

对象专业化也叫对象原则，就是以产品(或零件、部件)为对象来设置生产单位。在对象专业化的生产单位内，集中了为制造某种产品所需要的不同类型的生产设备和不同工种的工人，对其所负责的产品进行不同工艺方法的加工。每一个生产单位基本上能独立完成该种产品的全部或大部分工艺过程。由于工艺过程是封闭的，所以也叫封闭式生产单位。封闭式生产单位有两种主要形式：一是以产品或部件为对象，将大部分加工、装配等工艺过程封闭在一个生产单位里，例如汽车制造厂的发动机车间等；二是以同类零件为对象，将下料、加工、检验等工艺过程封闭在一个生产单位里，例如机床厂的齿轮车间等。

按照对象专业化形式组织生产单位的优点有：可以大大缩短产品在加工过程中的运输路线，减少运输次数和仓库及生产面积的占用；可以减少产品在加工过程中的停放、等待时间，缩短生产周期，可以减少在制品库存，节约资金；便于采用专用高效设备和工艺装备以及先进的生产组织形式；减少了生产单位之间的协作联系，简化了生产作业计划工作和生产控制工作；有利于按期、按量、成套地生产出产品，强化质量责任和成本责任。其缺点为：对品种变化适应性差；生产系统的可靠性差；工艺及设备管理较复杂。但总的来说，对象专业化是一种优点较多、经济效益较好的生产组织形式，它代表了现代生产过程组织的大趋势。

在实际生产过程的组织中，通常综合运用以上两种形式，以取两者的优点。一是在对象专业化的基础上采用工艺专业化，例如锅炉厂的铸造车间等；二是在工艺专业化的基础上采用对象专业化，例如铸造厂的箱体造型工段等。

二、生产计划

生产计划分为长期生产计划、中期生产计划和短期生产计划。长期生产计划的主要任务是进行产品决策、生产能力决策，以及确立何种竞争优势的决策。中期生产计划的任务是在正确预测市场需求的基础上，充分利用现有资源和生产能力，最有效和尽可能均衡地组织生产活动和控制库存水平，以尽可能满足市场需求和获取利润。短期生产作业计划的任务是直接依据顾客的订单，合理地安排生产活动的每一个细节，使之紧密衔接，以确保按顾客要求的质量、数量和交货期交货。生产作业计划是生产计划的具体实施计划，它是把生产计划规定的任务具体分配到每个生产单位以至每个工作地和每个操作工人，规定他们在月、周、日以至每一班中的具体任务，即规定生产什么、在哪里生产、生产多少和在什么时候生产。

生产作业计划包括以下一些环节。

(一)新顾客订单的处理

(1) 收到新的顾客合同订单后，在订单台账内登记相关信息。
(2) 查询已负荷生产计划台账，有无该订单。
(3) 对该订单使用的材料、生产标准、设备及交货期予以确认。
(4) 进行产成品生产计划负荷。
(5) 将负荷情况回复营销部门，并将负荷的出厂日等相关情报登录到生产计划台账中。

(二)顾客订单变更或取消处理

(1) 收到顾客变更或取消订单信息后，将订单台账中的相关内容(交货期等)变更或取消。
(2) 将已负荷生产计划台账的相关内容(交货期等)变更或取消。
(3) 将已变更或取消负荷的信息回复营销部门。

(三)产成品生产计划负荷作业

产成品生产计划负荷作业(安排生产)包括以下内容。

1. 确定生产班数

按照节间计划确定各品种生产班的数量(每月的上半、下半月分别为上节与下节，每月共分2节)。

2. 撰写"运转率(生产率)报告书"

$$生产能力(PCS/H)=品种标准生产能力(PCS/H)\times 运转率$$
$$运转率=实际工作时间\div 额定工作时间$$

3. 负荷作业(安排生产)注意点

(1) 顾客交货期的先后。
(2) 现有的订单负荷状况。
(3) 生产转款次数的减少。
(4) 对已确定的交货期一般不能延迟。
(5) 不可跨负荷。

(四)中间产品负荷作业

中间产品(半成品)指原料加工后的中间产品，负荷作业应注意以下几点。
(1) 按照产成品负荷来安排生产，一般情况半成品提前生产3~4天。
(2) 把握前工程不良率情况，防止浪费和不足。
(3) 注意长期在库品、保留品等的调配使用。

(五)原料外购管理

(1) 根据产成品负荷计划进行原料订购。
(2) 原料送达时间要与使用时间衔接。
(3) 注意原料安全在库的设定，保证生产顺利进行的前提下，尽量降低在库。

(六)生产进度管理

(1) 按品种别的生产实绩管理。
(2) 按订单别的生产实绩管理。
(3) 按生产班别的生产实绩管理。

(七)出货管理

(1) 1节(半个月1节)产成品生产计划发行之后，要随即做成"产成品出货指示书"，并配发物流部门。
(2) 物流部门在出货前一天，尚未有产成品入库时，要发行"产成品交货期延迟确认表"联系计划部门。计划部门确认原因后，回复物流。

(3) 由于特殊原因产成品交货期需要延迟时，计划部门联系营销部同意后，须发行"产成品出货指示书"变更版。

(八)特别事项处理

1. 紧急追加订单

尽量满足顾客的要求是计划工作的主要目标，对紧急追加的订单要注意以下方面。
(1) 原料有无在库，若无，则须确认供应原料的可能最早时间。
(2) 目前的计划负荷有无空位，可否调整。
(3) 若实在无法圆满解决时，要同上司联系处置对应。

2. 原料、产成品检查不合格后的对应

(1) 原料、产成品被抄牌后，要将出厂日期联系技术部门，以便安排处理。
(2) 若对交货期(出厂日)有影响，要发行"产成品交货期延迟联系书"联系营销部门。

三、生产标准

生产标准是企业生产过程进行的主要依据，主要类别包括：产品构成标准、产品外观图、工程标准书、质量标准书、作业指导书和工程确认表等。

1. 产品构成标准

明确表示构成产品各种原料的编号和原料的使用数量、产品包装构成、性能管理界限及顾客要求的特殊要求等。

2. 产品外观图

设定满足顾客要求的各组成原料及产成品尺寸图面，注明顾客的特殊要求以及生产上的注意事项。

3. 工程标准书

生产各工程的程序步骤，在各工程中使用的机械工具、人员数、生产标准时间，以及特别事项设定注明。

4. 质量标准书

设定产品检查项目和抽样试料数以及判定重要度、每个检查项目的规格和计测方法、每个检查项目标准、寿命试验条件及其他特别事项。

5. 作业指导书

制定员工操作标准，包括作业目的、作业前准备、作业顺利、作业注意点及易发生的

不良情况等(应用实例参见表 11-1)。

表 11-1　某公司的作业指导书

编号　OOOOAOO1AA

作业指导书附册列举之项目是作业时作业者必须遵守的基本注意项目
各作业担当者遵守该法的项目，请确保品质和安全
(有关安全的项目)
严禁同时两个人操作一台机器
作业时绝对不要把伸手到保险套里面
作业时如果马达或原料掉落在保险套内，先停止机械再取下来
要卸掉保险套时，须关掉电源
为了安全，双手开头启动按钮一定要用双手
手或脸不要接近到运转中的机械活动部位
按动起动开头后，如果发现工件位置偏移，不可将手伸进
(有关设备机器的项目)
发生机械异常时要立即停止机械
休息时间在自己担当以外的工位，禁止操作没有使用经验的设备机器
机械工具发现异常时要立即报告班长
不要乱动机械工具的设定值
因操作错误及机械设备总是发生不良时，要检查工具，如果发现异常时立即报告班长
要按照规定周期清扫机械治工具及周围
无法处理机械的问题时，请联络修理员来处理
(有关作业方法的项目)
有指示时以外，一只手不要拿两个以上的工件
作业完了后将工件放在规定位置时，不要掷工件
考虑后工程的作业性，按照指定的方向放置加工后的工件
(有关原料投入的项目)
将零件补给到原料供给箱时，要小心轻放
托盘内排列的原料使用时，不要将原料倒出去
原料投入时要看原料管理票和现品，确认原料号码、规格、式样
(有关不良品处理的项目)
在使用原料中如果发现不良品的话，作为资材不良放入到该产品的不良品盒内
因操作错误及工具问题成为不良品的场合，作为加工不良放入该产品的不良品盒内
在检查工程检查出来的要修理品放入到规定容器内
原料或马达掉到地上时，要马上拾起放入到落地品专用盒内
难判断是否不良品时，暂时放入到规定容器内，按照班长指示处置
不良品异常发生时要立即报告班长
(有关防止混入不良品的项目)

续表

| 为了防止流出未加工品,离开工位时不要将未加工品放置到机器内(休息时间) |
| 在生产线上发生堆积时,要排列到规定托盘 |
| (其他的项目) |
| 不要使用沾有油异物的原料托盘 |
| 手指套破损时,随时换上新的 |
| 因为有影响作业性和品质,手指甲太长时修指甲 |
| 在作业指导书记载内容中如果有不明白的地方时,一定向班长确认指导 |

6. 工程确认表

对生产各工程进行质量检查的专门记录表,内容包括:产品规格品种、包装、订单号、检查标准、生产班名及班长、生产日期及数量等(应用实例参见表11-2)。

表11-2 某企业的工程确认表

接单号码	顾客	班名	马达号码	责任者	确认	担当
	CASE MARK		SIDE MARK			
检查说明书	SA016AAA		SA017AAA			
接单数量 PCS	规		无指示时 Lot No.		有指示时	
每箱数量 PCS			接单号码			
	格		机种			
数箱数量 PCS			轴长度			
			卷线			
合计箱数 箱			试样书 No.			
			数量			
纸箱号码 ~	检查结果 第一箱				检查说明书	SA015AAA
箱号码颜色 绿茶蓝红黑						
生产日		纸箱数量			排列方向	装入数

备注:
1. 每2小时对所有箱的数量及侧面标记检查一次。
2. 将第1箱上的箱表示及侧面标记进行记录。
3. 确认马达排列方向及装入数是否如包装明细图,以一般记号来记入。
4. 检查频度为1次/日,若作业者换人时等有所变更时也需记入。

组名	工程名	适用机种	成品日	修订日	认可	成品	SHEET No.
全部	马达工程	全部	2000/1/27	2001/6/11	高桥	敦贺	CA0001C01—

总之，没有生产标准，企业绝不能进行生产。

在生产标准中，产品构成标准、产品外观图、工程基准和质量基准是由企业技术部门与顾客共同制定的，供企业与顾客共同执行的技术标准；而作业指导书和工程确认表，则是企业技术部门依据产品构成标准、产品外观图、工程基准、质量基准的有关要求单独制定的质量文件，供企业生产部门使用，用来保证生产现场员工的操作符合顾客对产品的质量要求。

生产标准除了上述文件外，还有生产条件表、始业点检表、定期点检表等，限于篇幅，此处不再予以讨论。

四、生产管理过程

以下的生产步骤，是以生产部门的生产班组为单位，进行生产管理实务的分析讨论。

(一)生产准备

1. 生产计划表的确认

根据生产计划表确认自己班的生产预定。

2. 生产进度的确认

根据计划表管理自己班的生产进度，每天将其状况报告上司。若发生问题时，再委托上司进行调整。

3. 生产开始前的准备

所谓开始生产是指某品种产品生产结束后，再开始生产下一个品种产品而言。若计划表上指示开始进行生产时，须确认其内容，并进行以下重要事项的安排及准备。

(1) 生产基准书。

严格按生产计划表中指示的产品编号，使用相关的生产基准书(包含中间品生产基准书，下同)，进行生产内容确认。除了生产基准书以外，若尚有必要的图面、规格书类，例如作业指导书、始业点检表、工程确认表等，也须按规定使用。若有不明白的事项时，需及时请求上司指导。

(2) 人员计划。

根据工程基准书，确定生产的人员组成。若有变更(如追加人员)时，须向上司提出变更计划并由其指导安排。

(3) 原材料设备机器使用。

开始生产前，须先安排要使用的原料出库，并依据产品构成标准确认出库品构成后，保管在生产场所的规定地方。所需的生产设备需先进行安排。

第十一章 生产管理

(二)开始生产时的工程管理

1. 工程的整理

将开始生产时不需要的原料以及生产基准书类、作业指导书类全部从生产工程中撤去，必要时进行清扫(不需要的东西先暂时保管于规定场所，再办理入库/归还)。

2. 开始生产的准备

(1) 员工的安排：再次确认生产组成人员，如需变更时，应通过上司提前进行。
(2) 使用的原材料：重新确认使用的原材料的构成，使其成为待投入状态。
(3) 生产设备机器：生产设备机器进行变更(包含设定条件的变更)或追加时，须请求上司进行安排并确认。另外，根据始业点检表进行的设备机器点检，须由班长或员工进行，并由上司进行确认。
(4) 作业指导书类：在作业指导书类中，若需另附新资料时，应使其可供使用。

3. 试制

开始生产的准备结束后，须实施试制，并进行作业确认与质量确认。试制的由上司确认有无接受检查部门的"认可检查"的必要性，并接受其指示。

(1) 试制数量：通常为2～3个，但是可视情况进行增减。
(2) 作业指导：通过试制确认员工的作业，并视情况进行作业指导。转换新作业与员工替换时，需特别注意。
(3) 质量的确认：应根据工程确认表确认试产成品的质量，其确认的结果须报告上司。若有问题时，须按照上司的指示，视情况进行对策选择，再重新进行试制。
(4) 试产成品的处置及清扫：确认试制已全部结束后，须清除调整生产设备机器所使用过的原料或产成品，再进行清扫。

备注：
- 无法作为良品使用的原料或产品，应确保进行标识，再进行废弃处置。
- 该情形也适用于生产中进行生产设备机器的调整等。

4. 生产开始

试制结束并确认全无问题时，应报告上司，并开始生产。

(三)由其他班开始进行生产后的再开始生产

轮岗时，若发现有变更的原料、生产设备、作业要领和检查规格等时，须与上司一起进行确认并进行适当的处理。

(四)继续生产中员工的安排

所谓继续生产,是指对已开始生产的品种编号继续生产(含重复中断/再开始生产)而言。

1. 员工的安排

(1) 适当的安排:继续生产时,应根据工程基准书适当地安排员工。若员工不得不暂时离开工程时,需事先联系,由上司亲自代理作业或由替换人员代理。

(2) 追加的安排:若上司指示追加员工进行作业时,或依工程基准书以规定的人员进行作业而发生困难时,须向上司报告并取得确认,再安排追加员工。

备注:
- 应尽力掌握员工的能力以及对于作业的适应性,并适当地安排员工进行作业。另外。也须依据工厂或部门单位的教育计划并注意员工的多功能化。
- 为了适当地补充缺勤的员工,应致力于掌握缺勤者,及时向上司申请补充人员。对于当天才知晓的缺勤者(当天才请假),则应适时地将补充申请单交给上司,进行补充。
- 员工的工作实绩应予以记录,并进行规定的报告。对于有关工作记录的保管,应依照工厂或部门的规定进行。

2. 作业指导

必须严格管理员工的作业,使生产活动能根据作业指导书实施适当的作业。

(1) 员工替换时的作业确认与指导。

开始生产时虽有彻底地确认作业及指导,但之后若因员工的作业交替(含暂时的交替)、缺勤者的补充等,员工须配合新的作业时,必须进行作业的确认,必要时应进行作业指导(通过作业指导书指导)。

(2) 定期作业的确认与指导。

确认再开始生产时,应视需要,定期进行员工作业指导。

备注:
- 虽然按照作业指导书进行作业,但仍发生不良品及异常时。一旦发生与作业指导书不同的,应报告上司并依其指示进行。
- 与生产基准书类的指示有所不同的生产状况等,即使其生产活动不合乎常规,作业仍须适当地进行。对于此种情形,则应充分地留意作业管理。

3. 原料或材料的投入

工程中所使用的原料或材料,须根据"产成品构成书"等正确地供应适当的物品,并管理工程的生产活动,使其能顺利进行。

(1) 出库的安排:应随时掌握工程中所使用原料或材料的剩余量,并视其所需适当地

第十一章 生产管理

安排出库。

(2) 构成的确认与保管：对于已出库的原料或材料须根据"产成品构成书"等由班长亲自确认，并保管在规定的场所。

(3) 原料投入与管理票的回收：有关投入工程的原料，已使用的原料的管理票记入投入工程的开始时间及投入结束时间后，应依投入顺序进行汇集，再予以回收。但有剩余尾数的管理票则不回收。

(4) 使用品的记录：已使用的原料或材料须记录。记录方法则根据规定进行。

(5) 管理票的提交：已使用的原料的管理票须进行汇整并提供给上司后，依照工厂或部门单位的规定进行保管。

4. 质量的确认与处置

生产中应致力于掌握工程的质量状况，若发生问题与异常时，须进行适当的处置与报告。

(1) 根据始业点检表进行设备点检：再开始生产时，须根据始业点检表自己进行生产设备机器的点检或由员工代替。

备注：
- 根据再开始生产时的始业点检表的点检实施顺序，须依工厂或部门单位的规定。
- 生产设备机器若发生问题而进行修理时，须视其所需，根据始业点检表进行点检。
- 对于生产设备机器因发生异常而进行的处置，若事先接受上司的指示时，在此指示的范围内可自行处置(调整等)。

(2) 根据工程确认表进行的确认。

依据工程确认表进行确认或由工厂所规定的代替者进行。超出规格值者或有疑问时，须委托上司处置或确认，并依照工程确认表运用基准留存记录。

备注：
- 根据工程确认表的确认，应依照规定于适当的时机及新构成生产时、材料更换、长期作业中断后的再开始生产时实施。
- 生产设备机器若发生异常而进行修理时等，须视其所需根据工程确认表进行确认。
- 对于根据工程确认表所确认的问题，处置前若事先接受了上司的指示，则可在此指示的范围内自行处置(调整等)。

(3) 工程不良品发生状况的确认。

对于工程中检出的不良品的异常应时常留意，若员工感觉出异常时，应进行报告，并适时地确认工程中不良品的检出状况。若判断为异常时，则须停止该生产线的生产，委托上司处置或确认。在对策或处置被确认无上司指示之前，不可再开始生产。

另外，判断为异常基准的标准如下。

① 发生异于平常的不良数量，例如超出工程不良基准值的 3 倍等。

② 有检出平常不会发生的不良内容(现象、原因)时。
(4) 工程不良品的原因分析。
有关在工程中所检出的不良品，须向上司报告，必要时委托技术部门分析原因并进行判断与处置。

5. 异常发生时的处置

若工程的生产活动中发生异常时，即使没有在规定之中，原则上也须停止该生产线的生产，报告上司，并遵从其指示进行。
(1) 发生伤害事故时的处置。
① 发生伤害事故时，尽可能地立即进行紧急救护及适当的处置。
② 停止该生产线的生产，并报告上司。
③ 对发生事故的工程，须确认安全对策，若无上司指示，不可再开始生产。

备注：
- 有可能发生伤害事故的事故发生时，则须进行处置。
- 安全对策的确认，须由部门以上的责任者进行。
- 部分生产不可能继续时，即由于生产设备机器的故障、员工因病缺席、投入品短缺或发生问题等，而使得工程中的生产无法持续进行时，应停止该生产线的生产，并报告上司。
- 确认对策或处置在无上司指示之前，不可再开始生产。
- 在"工程中的生产无法持续进行"中包含已发生伤害事故的，应采取停止生产处置。
- 若安装于生产设备机器上的检出不良品感应器无法发挥功能时，依照上司的指示，可以暂时追加检查员来代替感应器，以继续进行生产。

(2) 不良品有可能流出时的处置。
① 若判明生产品(良品)中，存有未检出的不良品而视为良品提供顾客时，应立即报告上司，并依照上司的指示进行处理。另外，若生产中的原料也有以上情形发生时，应立即全面停止生产，再依规定进行处理。
② 确认对策或处置在无上司指示前，不可再开始生产。
(3) 判断不良率或不良品异常时。
判断为不良或不良品异常时，原则应停止生产，报告上司，并依其指示进行处理。确认对策或处置在无上司指示之前，不可再开始生产。
(4) 判断生产数低下异常时。
计划表未达到状态时，须调查其原因后再采取对策。若原因的调查或对策有困难时，应联系技术部门采取对策及进行调整。
(5) 生产中区分生产批号时。

第十一章 生产管理

因生产中的质量问题等而必须区分已生产结束品与由现在开始进行生产的产品时,需全面停止生产。在整理工程后,再对投入品、半成品及产成品完全予以区分,并基于需要明确地标示识别。当然,有关中间品、产成品也须区分生产批号,分开抽样检查再进行受检。

(6) 修理生产工程的生产设备机器。

若因修理(包含调整等)生产设备机器而发生切削屑、焊锡屑等异物时,须采取全的对策,使这些异物不会因散落于生产工程上而混入产成品中(包含原料)。

① 尽量不要在生产的场所进行修理。

② 若不得不在生产的场所进行修理时,则应使异物不散乱。万一异物散乱,也应避免混入产成品或原料中。

③ 修理后,须以真空吸尘器或黏着胶带等彻底清扫,将异物完全除去。

备注:

● 生产设备机器的修理,须向上司报告有必要进行修理之后,委托设备保养担任者进行修理。修理结束后,须委托上司进行确认。

● 即使在生产场所外进行修理,也须防止异物的散乱,并彻底进行清扫。

6. 生产中断或再开始生产时的工程管理

(1) 电源的开关:生产过程中,若生产中断或再开始生产时,应适当地操作照明、生产设备机器等的电源开关。

备注:

● 有关电源开关的开关顺序及担任者,须依照工厂或部门单位的规定。

(2) 休息前的中断:由于休息而中断生产时,工程无须特别整理,但须先将各工程作业加工完成。

备注:

● 以休息作为一段落,须进行生产批号的区分。

(3) 休息后再开始的生产:因休息而中断,再开始生产前,须确认工程的状态(包含员工的确认)。若与中断前进行比较没有异常时,再开始生产。

备注:

● 若确认工程发生了异常,则须调查原因,视情况采取对策。处置并确认无问题后,再开始生产。

● 须调整生产,使生产品(包含半成品)不残留于生产工程(如输送带)上等。若半成品需保管时,应附上管理票,使其可以识别。

● 将投入的原料或材料放置于原来的容器后,应重新附上管理票,使其可以识别。

● 投入的原料或材料及生产品须视情况进行防尘处理。

● 生产设备机器需视情况进行防锈或防尘处理。

- 进行工程清扫时，应依照工厂或部门单位的规定进行。

(4) 因始业而再开始生产时：

① 有关生产工程的生产设备机器，须根据始业点检表进行点检。若有缺勤者时，上司须适当地安排补充人员。

② 有关作业换班的员工及补充的人员，须确认其作业后再视情况进行作业指导。另外，须确认有关再开始生产后的工程的全部作业，并视情况进行作业指导。

③ 应确认工程中是否有无法识别(包含生产批号的识别)的生产品、投入的原料或材料等，再确认投入原料或材料的构成，使其维持在可使用的状态。

④ 另外，在投入已附加新的管理表的生产品(包含半成品)及投入原料时，须留存其投入记录。

⑤ 轮岗制时，确认有问题时应报告上司，再采取适当的对策。

⑥ 确认全无问题后，再开始生产。

7. 生产品(良品)的识别标示

有关生产品(良品)全部(包含尾数)的品种编号及生产批号或管理票(记入产成品编号、生产批号、数量、完成时间)，须依照规定按特定资料等进行标示，使其可以识别。

备注：

- 所谓生产批号，原则上称为受检单位的批号。
- 保管产成品的尾数时，须在保管箱(黄箱或袋)上附上管理票(记入产成品编号、生产批号、数量或完成时间)或特定生产批号的数据等，使其可以识别。
- 保管半产成品时，须在保管箱(黄箱)上附上管理票(记入半产成品的编号或说明生产批号、数量和完成时间)，使其可以识别。
- 中间品及半成品的最小包装箱(以箱或黄箱等为单位附上管理票)内不可放入复数的生产批号。若不得不放入不同的批号时，则须附上各自的管理票，尽可能在包装内予以区分。

8. 工程不良品的处置及识别标示

(1) 处置：即使为不良品，也有进行原因分析或重新制造的情形，故须与良品相同，慎重地予以处置。

(2) 识别的标示：在生产工程中所检出的不良品，应全部根据"工程不良项目一览表"及"不良项目内容说明书"，区分主现象不良项目，再放入有明确附有识别标示的不良品容器中，予以管理。

备注：

- 在特定的产成品及回转的不良品中，即使不再发生不良现象，也须视为不良品，故应小心处置。

第十一章　生产管理

- 因失误而掉落的物品要作为不良品处理。

9. 生产品的受检及入库

(1) 生产品(包含再检品)的受检。是以生产批号(受检批号)为单位保管于规定的场所，再依所规定的手续进行受检。

(2) 抽样检查试料的退回品的处置。由检查部门退回的抽样检查试料须由班长本人收领，确认内容后，再放入原生产批号的包装箱(或容器)内等。

(3) 不合格批号的处置。抽样检查的结果成为不合格的批号，须按照上司的指示进行处置。

备注：
- 特别是技术部门若针对不合格批号的处置有指示时，须依照其指示进行处置。
- 产成品若再次抽样检查结果，其不合格的原因与初次相同时，须查明其原因再将对策报告上司。

(4) 合格批号的处置。

对于抽样检查的结果已合格的批号及免检、无检处置的批号，应及时进行办理入库等规定的手续。

10. 加班

加班若已事先计划，则须按照计划进行。另外，若必须实施计划以外的工作时，应遵照上司的指示进行。即使加班前也继续生产，但随着加班而替换员工等，使得质量有可能发生变化时，及判断必须区分质量责任时，须进行生产批号(受检批号)的区分。

11. 轮岗制时的通知

轮岗制时，须视情况于作业结束时(始业时)进行以下事项的通知。

(1) 生产设备机器的移动概况及实施调整、修理等概况。
(2) 投入原料或材料的质量概况及工程中所持有的概况。
(3) 作业概况及工程不良品的检出概况。
(4) 其他有必要的事项。

备注：
- 有关通知书的形式及通知程序等，须依照工厂或各部门的规定。

(五)生产结束

生产结束是指所生产的品种编号的生产预定数已生产结束。

1. 生产结束时的工程管理

(1) 生产预定数的管理：对于生产预定数，在生产结束时，应将生产品存放在规定的场所。

(2) 投入原料或材料的整理：将生产工程投入原料或材料放回原来的容器，并明确地标示识别(包含生产批号的识别)。

(3) 其他的管理：其他的管理要领与继续生产中的工程管理相同。

2. 生产结束时的生产批号的处置

(1) 发生剩余品时处置产成品的方法如下。

① 须包含剩余品进行受检。

② 剩余品不计入完成品管理票。

③ 剩余品上须附上可识别(包含生产批号的识别)的管理票，再向上司提出。

备注：
- 剩余品是由生产部门进行管理，调用与下次的相同产成品的订单部分。
- 调用剩余品若由上司进行指示时，应于工程上实施全面检查，经确认后再进行调用，并计入完成品管理票内。

(2) 中间品的剩余品须计入完成品管理票内，进行受检、入库等。

(六)其他

1. 特殊工程的管理

若所担任的工程包含特殊工程时，须依照特殊工程管理基准进行管理。

2. 无标示识别者的处置

若所保管的原料或材料、中间品、产成品等无标示识别(包含生产批号的识别)时，应报告上司，并委托进行识别的标示。

备注：
- 无识别标示者，不可视为良品来处理。
- 无识别标示者的识别的确认，须由部门经理以上的责任者进行并在管理票上署名，以便与良品加以区分。

3. 异物混入的对策

为了防止异物混入产成品中，有关全部的生产工程须进行以下管理。

(1) 生产工程及其周围，无法根据"工程基准书"进行作业时，应进行管理勿使其产生异物。修理生产设备机器时，须根据"生产基准书"资料进行管理。

(2) 根据"工程基准书"进行作业而发生异物混入工程的，为了不使异物散乱，应特别注意其对策是否发挥了功能，再进行管理。

(3) 应对生产工程(特别是生产线上、机器周围等的容器)定期清理，若发现异物时，应适时地以真空吸尘器、黏着胶带等去除异物。若员工发现异物时(包含垫圈溢出时)，须彻底

第十一章 生产管理

去除异物。

4. 对于质量抱怨的调查及对策

(1) 原因的查明：在发生质量抱怨且上司已进行指示时，应依照该指示调查原因的真相，并报告真相。

(2) 对策：有关质量抱怨，须视情况检讨对策案后再报告上司。另外，上司有指示对策时应立即按指示实行。

5. 上司及本人的缺勤

上司与本人的缺勤依规定应事前申请，且务必通知规定的代替者。依据工厂或各部门单位所规定的"代理一览表"执行。

五、生产管理方法

良好的生产管理方法是实现生产目标的重要手段。在近几十年的企业管理实践中，出现了许多优秀的生产管理方法，较为著名的有三种：5S、5M1E 和 PDCA 管理循环。

(一) 5S

1. 概述

(1) 5S 是指整理、整顿、清扫、清洁和教养。如果其日语发音用罗马字母拼写时，则第一个字母均为"S"，故称为5S。

(2) 5S 的发展：5S 由日本企业首先提出，其后在世界范围内推广。目前，所有日资及台湾地区的企业都实行 5S，许多欧美、韩国与中国港资企业也实行 5S。我国很多优秀的企业也实行 5S，例如海尔、奥克斯等。

2. 5S 的管理思想

(1) 整理的思想：分清条理，清除不需要的东西。即按需要情况分别管理，铲除产生污垢与垃圾的根源。

(2) 整顿的思想：创造舒适的工作场所，减少寻找东西的时间，提高效率。

(3) 清扫的思想：实现功能要求的整洁化。通过清扫检查，消除微小的缺点。

(4) 清洁的思想：遵守 5S 的管理标准，大力推进目视管理，使异常明显化。

(5) 教养的思想：遵守既定的规定与纪律，确保完成工作。

5S 推进以教养为基本，因为教养会反映员工的心理状况，具有全面维持和推进其他 4 个"S"的作用。如果教养方面做得不好，其余 4 个"S"实行就会很困难。

(二) 5M1E

5MIE 是人(Man)、机器(Machine)、材料(Material)、方法(Method)、测量(Measure)和环境(Environment)这六个词的英文单词的第一个字母的组合。

这里的"人"是指生产过程的主体,例如操作者。"机器"是指相关的机器、设备等工作设备。"材料"是指工厂生产产品时的原料。"方法"是指方法标准,泛指工作时的依据,例如加工零件时,操作工使用的图样、工艺技术文件、检验规程规范等。"环境"是指工作环境。"测量"是指检验、验证和把关活动,例如工人加工好零件后的自检、互检和班上司的巡检等。

5MIE 主要用于生产质量问题的分析,它为管理者提供了较为全面的分析方法,以达到对问题的分析能准确、快速和简便。

(三) PDCA 管理循环

PDCA 管理循环最早是由美国质量管理专家休哈特提出来的。其中,P 代表计划(Plan)、D 代表执行(Do)、C 代表检查(Check)、A 代表行动(Action)。PDCA 的四个过程不是运行一次就完结,而是周而复始地进行。一个循环结束了,解决了一部分问题,可能还有问题没有解决,或者又出现了新的问题,再进行下一个 PDCA 循环,以此类推。

在生产过程中 PDCA 的意义略有变化。其中,P 是策划,即根据顾客的要求和组织的方针,建立必要的生产目标和生产过程;D 是实施,即实施生产过程;C 是检查,对生产过程和产品进行监视和测量,并报告检查结果;A 是处置,即采取措施来持续改进生产过程业绩。

六、库存控制

1. 库存及其作用

库存控制就是要控制物资储备的数量。既要保证生产的正常供给,又要使储备量不能太多,以减少库存的费用,总目标是使库存总费用最少。其作用是缩短订货提前期、稳定作用、分摊订货费用、防止短缺和中断。

2. 库存控制的基本模型

(1) 定量订货模型:分经济订货批量订货模型、经济生产批量模型、定期订货模型。

(2) ABC 分类管理法:它是运用数理统计的方法对种类复杂的多因素事物进行分析排队,并根据一定的比重或累计比重标准分类别,以抓住事物主要矛盾的一种定量的分类管理技术。通常将 65%~80%价值的 10%~20%的物资划分为 A 类;将占用了 10%~15%价值的 20%~25%的物资划分为 B 类,将占用了 5%~10%价值的 60%~65%的物资划分为 C 类。

A类物质重点管理，B类正常控制，C类简单控制。

3. 做好仓库管理工作

(1) 物资的验收入库。

(2) 物资的库房保管，要求做到排放科学，数量准确，质量不变，消灭差错，存取便利。

(3) 物资的发放，主要是坚持按定额发料，手续齐全。

(4) 经常清仓盘点。

4. 做好物资节约

主要途径：改革产品设计，减轻产品自重；采用先进工艺，减少工艺性物资消耗；采用新材料或代用材料；实行集中、套裁下料法；修旧利废，充分发挥物资潜力。

七、设备的维修管理与更新改造

1. 设备维修管理发展概述

设备维修的发展经历了以下五个过程。

(1) 事后维修：在设备故障发生后，再进行修理。

(2) 预防维修：经常检查，在设备发生故障前有计划地进行维修。

(3) 生产维修：根据设备的重要性，选用维修保养方法，重点设备预防维修，一般设备，事后维修。

(4) 维修预防：在设计时就考虑维修问题。

(5) 设备综合管理：在维修预防的基础上，从行为科学，系统科学的观点出发，加进智能维修装置，形成设备综合管理概念。

2. 设备的磨损规律和故障规律

设备的磨损有两种类型，即有形磨损和无形磨损，正常情况下，有形磨损可分为初期磨损、正常磨损、急剧磨损。

设备的故障发生有一定的统计规律，即分初期故障期、偶发故障期、磨损故障期，其变化是条浴盆曲线。

3. 设备维修体制

(1) 计划预防修理制的内容：日常维护；定期清洗换油；定期检查；计划修理(计划修理又分为小修、中修、大修)。

(2) 实行计划修理的方法如下。

① 标准修理法，即强制修理法，在规定的日期对规定内容进行按计划修理、更换，

不等出故障再修。

② 定期修理法，根据实际情况，确定修理的时间与内容。

③ 检查后修理法，根据检查情况，确定修理的时间与内容。

4. 设备更新改造

(1) 设备的寿命：分物质寿命、经济寿命、技术寿命。

(2) 设备的更新：指用技术上性能更完善、经济效益更显著的新型设备来替换原有技术上不能继续使用或经济上不宜继续使用的设备。

(3) 设备的技术改造：指应用新技术和先进经验改变现有设备的原有结构，给旧设备装上新部件、新装置、新附件，或将单机组成流水线、自动线所采取的较重大的技术措施。

第二节　延伸阅读：现代生产过程组织理论

20世纪90年代以来，随着经济与科技的发展，在发达国家兴起了管理变革的浪潮，相继创立了适应当今形势的新型生产方式和管理模式。其中，具有代表意义的有MRP、MRPⅡ、ERP、准时生产(JIT)、精益生产方式、敏捷制造以及计算机集成制造系统、再造工程等。鉴于前三种管理模式在第十章中有详细表述，下面只介绍后四种管理模式。

一、准时生产

准时化生产方式(Just In Time，JIT)的概念是1953年由日本丰田工业公司提出的。JIT的创立者认为，生产工艺的改进对于降低生产成本固然重要，但是当各企业的生产工艺雷同时，只有通过合理配置和使用设备、人员、材料等资源，才能较多地降低成本。

JIT系统以准时生产为出发点，首先暴露出生产过量和其他方面的浪费，然后对设备、人员等资源进行调整，达到成本降低、简化计划和提高控制的目的。丰田公司于1962年全面推行JIT，到1976年该公司的年流动资金周转率高达63次，为日本平均水平的8.85倍。20世纪80年代以来，西方一些国家很重视对JIT的研究和应用，1987年美国有25%的公司应用JIT方式，到1992年达到了55%左右。

1. JIT生产现场控制技术

JIT的基本原则是在正确的时间，生产正确数量的零件或产品，即准时生产。它的基本原则与MRP十分相似，但MRP是按主生产计划的要求在需要的时间、地点生产需用的零部件，是受主生产计划"推动"的生产方式；而JIT的零部件仅在后续工序提出要求时才生产，是一种"拉动"的生产方式。它将传统生产过程中前道工序向后道工序送货，改为后道工序根据"看板"向前道工序取货。看板系统是 JIT 生产现场控制技术的核心。但是 JIT 不仅仅是看板管理，而是 JIT 生产思想、JIT 生产系统设计与计划技术，以及看板生产现场控制的有机结合体。

2. JIT 生产系统设计与计划技术

为创造应用看板的条件，在 JIT 系统中要进行广义的生产系统设计，包括市场、销售、产品设计、加工工艺、质量工程、工厂布局和生产管理等，以便于看板系统的实施。

3. JIT 的思想

JIT 的思想是供需双方协调所遵循的原则。所谓供需协调，就是供方完全按需求方要求提供产品和服务。

具体地讲，就是在需求方需要的时间、要求的地点，将需求方所需的产品和服务按需求方要求的数量和质量，以合理的价格提供给需求方。相反，供需不协调可以表现为在数量上供不应求或者供过于求，在质量上达不到需求方的要求或价格上不能接受，在时间上供早于求或者供迟于求，在空间上与需求方要求的交付地点有位置差距。这里说的供方和需求方，不仅包括供应链上的企业之间，而且包括每个企业内部的上道工序与下道工序。传统的上游企业与下游企业、上道工序与下道工序之间是通过库存来协调的。通过库存调节，实际上是在需求发生之前就提前生产，这种方式违背了 JIT 理论。

二、精益生产方式

精益生产(Lean Production，LP)又称精良生产，它是美国麻省理工学院在一项名为"国际汽车计划"的研究项目中提出来的。研究人员在做了大量的调查和对比后，认为日本丰田汽车公司的生产方式是最适用于现代制造企业的一种生产组织管理方式，称为精益生产，以针砭美国大量生产方式过于臃肿的弊病。

精益生产综合了大量生产与单件生产方式的优点，力求在大量生产中实现多品种和高质量产品的低成本生产。因此，精益生产方式具有如下特点。

1. 以简化为手段去除生产中一切不增值的工作

精益生产方式把生产中的无效劳动和提前进入库存的过剩劳动都视为浪费。为杜绝这些浪费，它要求毫不留情地撤掉不直接为产品增值的环节和工作岗位。在物料的生产和供应中严格实行准时生产制，做到按需要的时间和需要的数量，向需要的部门或岗位提供所需要的物料，即不设中间库存的、完全由需求驱动的拉动式生产方式。

2. 强调人的作用，充分发挥人的潜力

精益生产方式把工作任务和责任最大限度地转移到直接为产品增值的工人身上，而且任务分到小组,由小组内的工人协作承担。为此,要求工人精通多种工作,减少了不直接增值的工人,并加大了工人对生产的自主权。当生产线发生故障时,工人有权使生产线停下来,查找原因,作出决策。小组协同工作使工人工作的范围扩大,激发了工人对工作的兴趣和创新精神,更有利于精益生产的推行。

3. 采用适度自动化,提高生产系统的柔性

精益生产方式并不追求制造设备的高度自动化和现代化,而强调对现有设备的改造和根据实际需要采用先进技术。按此原则来提高设备的效率和柔性。例如,在采用柔性制造系统时,应让它的柔性与市场需求所要求的柔性相一致,不求过强的柔性,以避免技术和资金的浪费。

4. 不断改进,以尽善尽美为最终目标

精益生产把尽善尽美作为努力不懈追求的目标,即持续不断地改进生产,消除废品,降低库存,降低成本和使产品品种多样化。上述以简化为手段、发挥人的作用等的措施,都是达到尽善尽美理想状态的人员和组织管理的保证。尽善尽美是无止境的,这就要求企业永远致力于改进和不断进步。

从以上特点可以看出,精益生产是一种适应现代竞争环境的生产组织管理方法,有着极强的生命力,受到各国企业的极大重视。

三、敏捷制造

敏捷制造(Agile Manufacturing, AM)是美国为重振其在制造业中的领导地位而提出的一种新的制造模式。其特点可概括为:通过先进的柔性生产技术与动态的组织结构和高素质人员的集成,着眼于获取企业的长期经济效益;用全新的产品设计和产品生产的组织管理方法来对市场需求和用户要求作出灵敏和有效的响应。具体地讲,它有以下特点。

1. 从产品开发到产品生产周期的全过程满足用户要求

敏捷制造采用柔性化、模块化的产品设计方法和可重组的工艺设备,使产品的功能和性能可根据用户的具体要求进行改变,并借助仿真技术让用户很方便地参与设计,从而很快地生产出满足用户需求的产品。它对产品质量的概念是,保证在整个产品生产周期内达到用户满意;企业的质量跟踪将持续到产品报废,甚至直到产品的更新换代。

2. 采用多变的动态组织结构

21 世纪衡量竞争优势的准则在于企业对市场反应的速度和满足用户的能力。而要提高这种速度和能力,必须以最快的速度把企业内部的优势和企业外部不同公司的优势集合在一起,组成为灵活的经营实体,即虚拟公司。

所谓虚拟公司,是一种利用信息技术打破时空阻隔的新型企业组织形式。它一般是某个企业为完成一定任务、项目而与供货商、销售商、设计单位或设计师,甚至与用户所组成的企业联合体。选择这些合作伙伴的依据是他们的专长、竞争能力和商誉。这样,虚拟公司能把与任务、项目有关的各领域的精华力量集中起来,形成单个公司所无法比拟的绝对优势。当既定任务一旦完成,公司即行解体;当出现新的市场机会时,再重新组建新的虚拟公司。

虚拟公司这种动态组织结构大大缩短了产品上市时间,加速了产品的改进发展,使其产质量不断提高;也能大大降低公司开支,增加收益。虚拟公司已被认为是企业重新建造自己生产经营过程的一个步骤,预计 10 年或 20 年之后,虚拟公司的数目会急剧增加。

3. 战略着眼点在于长期获取经济效益

传统的大批量生产企业的竞争优势在于规模生产,即依靠大量生产同一产品,减少每个产品所分摊的制造费用和人工费用,来降低产品的成本。敏捷制造是采用先进制造技术和具有高度柔性的设备进行生产,这些具有高柔性、可重组的设备可用于多种产品,不需要像大批量生产那样要求在短期内回收专用设备及工本等费用。而且变换容易,可在一段较长时间内获取经济效益。所以它可以使生产成本与批量无关,做到完全按订单生产,充分把握市场中的每一个获利时机,使企业长期获取经济效益。

4. 建立新型的标准基础结构,实现技术、管理和人的集成

敏捷制造企业需要充分利用分布在各地的各种资源,要把这些资源集成在一起,以及把企业中的生产技术、管理和人集成到一个相互协调的系统中。为此,必须建立新的标准基础结构来支持这一集成。这些标准基础结构包括大范围的通信基础结构、信息交换标准等的硬件和软件。

5. 最大限度地调动、发挥人的作用

敏捷制造提倡以人为中心的管理。强调用分散决策代替集中控制,用协商机制代替递阶控制机制。它的基础组织是多学科群体(Multi-decision Team),是以任务为中心的一种动态组合。也就是把权利下放到项目组,提倡基于统观全局的管理模式,要求各个项目组都能了解全局的远景,胸怀企业全局,明确工作目标和任务的时间要求,但完成任务的中间过程则由项目组自主决定。以此来发挥人的主动性和积极性。

显然,敏捷制造方式把修鞋企业的生产与管理的集成提高到一个更高的发展阶段,把有关生产过程的各种功能和信息集成拓展到企业与企业之间的不同系统的集成。当然,这种集成将在很大程度上依赖于国家和全球的信息基础设施。它是企业走向信息时代的新的迈进。

四、计算机集成制造系统

1974 年,美国的哈林顿首先提出了计算机集成制造(Computer Ingrate Manufacturing,

CIM)概念。这个概念包括以下两个要点。

(1) 从功能上，一个制造企业的全部生产和经营活动，从市场预测、产品设计、制造装配、经营管理到售后服务是一个整体，要全面统一地加以考虑。

(2) 从信息上，整个生产过程实质上是一个数据采集、传送和处理决策的过程，最终形成的产品可以看作数据(信息)的物质表现。

由此形成的结论是，必须从功能和信息上将企业的各个职能领域及其业务流程集成为一个有机的整体，才能对市场新出现的需求作出快速响应，并保证企业效益的部门优化。

经过近20年的实践，由于不同的开发者和计算机公司有不同的侧重，因而提出的计算机集成制造系统(CIMS)的模式各有不同的内涵和外延。但一般可将CIMS理解为：CIMS是利用计算机、制造技术、管理、自动控制和网络技术等多种技术将制造企业从市场分析、产品设计制造、生产管理直到售后服务等整个生产过程中的信息进行统一处理，并对所属的各个子系统的功能进行集成，通过信息和功能的集成，实现企业的总体优化。至今人们进一步明确，CIMS主要不在于技术上的集成，更不是追求"无人化工厂"，而是一种组织现代化生产的哲理，是适应当代经济发展需要的新型生产方式与管理模式。这种模式所强调的是人、生产经营和技术系统的集成。通过这三者的集成来使企业的各种功能协调，最大限度地加快物流、信息流和工作流，从而大大增强企业对市场需求的快速响应能力。在明确了这样的认识后，CIMS在各种制造业，包括装配加工型制造业、装置流程业等都有了广阔的应用前景，而且在我国进入了推广应用阶段。

第三节 大案例与小故事

一、大案例

贵冶的清洁生产

贵冶是我国第一家采用世界先进的富氧闪速熔炼技术和两转两吸制酸技术的现代化炼铜工厂。其主要工艺设备从日本、芬兰引进，具有设备大型化、技术密集性强、能源消耗低、环境保护好、自动化程度高等特点。工厂于1985年建成并一次投产成功，曾先后获"全国五一劳动奖状"、"全国环境保护先进单位"、"全国绿化300佳"、"全国工业污染防治十佳企业"等荣誉称号。2003年贵溪冶炼厂三期工程全面建成投产，全年生产阴极铜34万吨、硫酸100万吨、黄金10吨、白银220吨。闪速炉作业率、转炉炉龄、总硫利用率等主要技术经济指标达到或超过世界先进水平。

为大力推进可持续发展，该厂自2003年开始率先在全省开展了清洁生产示范试点和审核工作。经过三年的不懈努力，已取得了良好的经济效益和社会社会效益。

第十一章　生产管理

(一)建章立制确保实施

建立完善清洁生产管理制度，并有计划、有组织地推进实施清洁生产方案，是取得清洁生产的首要任务。公司以四大主要车间为推行清洁生产的基础，确定15个单位开展清洁生产审核。

通过清洁生产方案的实施，各单位的管理水平得到了进一步提高。例如电解车间制订了设备维护保养方案，加大设备润滑与点检考核力度，使车间大型设备完好率一直保持在较好的水平；动力车间对锅炉房灰渣池循环水实施改造，以提高水的利用率；服务总公司对煤气生产用水进行再利用，新材料公司加强碲物料管理，将真空泵冷却水与地面洗水分离，基本排除外排水超标。各单位的种种举措拓展了清洁生产的领域，实现了生产与环保协调、持续发展。

(二)技术创新彰显威力

通过开展清洁生产审核，公司各单位充分发挥工程技术人员的聪明才智，鼓励支持科技人员开展技术攻关，推进清洁生产无低费方案和中高费方案的稳妥实施，使单位日常管理水平上了一个新台阶，技术创新能力稳步提高。例如熔炼车间重新设计闪速炉渣溜槽，解决了堵渣、跑渣问题，并对5台转炉锅炉实施弹簧振打改进，减少了主烟气线路的烟气外泄，保障了转炉的正常送风作业；动力车间提升老系统功率因数，使该厂用电设备的效率得到改善；制氧车间对充氧装置实施技术改造，改用注射泵充装，每小时节约用电200多度。

(三)节能省水成效显著

清洁生产项目的成功实施，为该厂的快速发展奠定了基础，增强了产品的竞争力，经济效益和社会效益显著。供水车间着力解决排污阀渗漏问题，过去每年浪费88万吨水的现象得到了根治。同时，对滤池进行气水反冲改为气冲，每年节约用水44万吨。此外，制氧循环水2号冷却塔风机变频调速后，每天可节约电费支出约15万元，3号制氧机全年累计停开约3.8个月，每停一小时，就为该厂节电1700多度。

(四)清洁安环相互促进

清洁生产和安全生产在冶炼行业，是紧密相关两项工作，公司一直要求所属单位将二者结合起来，使之相互促进。进入2006年，随着生产压力加大，清洁生产和安全环保工作任务更加繁重，公司做出具体安排，要求全体员工认真学习安全环保方面的法律法规和安全环保文件精神，深刻领会，结合清洁生产的规章制度，进一步加强安全环保和清洁生产工作的领导，层层落实责任，构建群防群治的安全管理网络，推动巩固清洁生产成果，在各单位全面实施，从源头抓起，达到节能、降耗、减污和增效目的，有效控制污染物排放，重点抓好熔炼环集集烟治理、一车间的废水处理、硫酸的尾气治理等项目，加强各处排放口的管理，确保达标排放。加强危险化学品和重要岗位的管理，切实做到措施到位，使用规范，管理严格，实现安全无漏员。加强员工的安全培训，特别是新进厂员工和聘用工的安全教育。按照安全责任制要求，修订生产安全事故应急救援预案，使之做到更实用，通过组织桌面演习、安全月等活动，进一步强化员工的安全生产意识，提高安全保护技能。确保全年安全环保、清洁生产工作跃上新台阶。

思考题

1. 清洁生产出自何处？
2. 谈谈清洁生产与安全环保及企业经济效益的关系。

二、小故事

小故事(一)

一家企业的生产线有三种步骤，A步骤需要5个小时，B步骤需要3个小时，C步骤需要2个小时。如果三个步骤同时开工，毫无疑问会造成大量浪费。这就好比去某地会合，从A单位出发要花5小时，B单位要花3小时，C单位要花2小时，如果这三个单位同时出发，B和C早早到了，就要浪费许多时间等A到来。在这家企业中，A步骤的5小时叫作核心流程，只要抓住这个核心步骤，让A步骤立刻开工，过2个小时B步骤开工，再过1个小时C步骤开工，就能够同时完成。平衡比盲目追求劳动效率更重要！

在生产中，不太可能每个步骤都是一次性完成，因此不能仅凭开工早晚来实现产线平衡。精益生产通过计算各步骤生产节拍，合理安排各步骤人数来实现生产线平衡。

小故事(二)

1950年，26岁的田口先生是日本一个企业里的助理工程师。当时，他父亲开办的一个烧砖企业出了问题，由于火力均匀，这边烧好了，那边还是生的；那边烧熟了，这边就烧焦了。本来要烧1000块砖，只能烧好300块。他的父亲就请教专家，专家说，你出钱，我帮你换一个新的砖窑就可以了。田口的父亲没有那么多钱，认为砖块烧的好坏是一个不可控因素。但是田口先生认为有些因素是可以控制的。他主张砖块做好后，不必一律晒上10天再摆进砖窑，火比较大的区域晒上5天就可以了，这样一试，结果烧1000块砖，有800块是好的了！

这个故事的道理其实很简单，就是要调配资源，善于运用手上的力量克服不可控制的环境变化。

小故事(三)

七个人住在一起，每天分一大桶粥。要命的是，粥每天都不够吃。一开始，他们抓阄决定谁来分粥，每天轮一个。于是乎，每周下来，他们只有一天是饱的，就是自己分粥的那一天。后来他们开始推选出一个口口声声道德高尚的人出来分粥。

大权独揽，没有制约，也就会产生腐败。大家开始挖空心思去讨好他，互相勾结，搞得整个小团体乌烟瘴气。然后大家开始组成三人的分粥委员会及四人的评选委员会，互相攻击扯皮下来，粥吃到嘴里全是凉的。

第十一章 生产管理

最后想出来一个方法：轮流分粥，但分粥的人要等其他人都挑完后拿剩下的最后一碗。为了不让自己吃到最少的，每人都尽量分得平均，就算不平，也只能认了。

大家快快乐乐，和和气气，日子越过越好。

小故事(四)

有一位行善的基督教徒，去世后向上帝提出一个要求，要求上帝带他去参观地狱和天堂，看看究竟有什么区别。

到了地狱，他看到一张巨大的餐桌，摆满丰盛的佳肴。

心想：地狱生活不错吗？过一会儿，用餐的时间到了，只见一群骨瘦如柴，奄奄一息的人围坐在香气四溢的肉锅前，只因手持的汤勺把儿太长，他们只管抢着往自己嘴里送肉，可就是吃不到，又馋又急又饿。上帝说，这就是地狱。

他们走进另一个房间，这里跟地狱一般无二，同样飘溢着肉汤的香气，同样手里拿着的是特别长的汤勺。

但是，这里的人个个红光满面，精神焕发。

原来他们个个手持特长勺把肉汤喂进对方嘴里。

上帝说，这就是天堂。

同样的人，不同的制度，可以产生不同的文化和氛围以及差距巨大的结果。

这，就是制度的力量！

第四节 素 质 拓 展

一、思考题

(1) 引例中为什么会出现不能按计划生产的情形？

(2) 你认为是哪几个因素导致工厂失败的。

二、辩论

(1) 题目：生产管理中的目标管理比计划编制更加重要

(2) 目的：

了解掌握计划编制与目标管理的基本内容，学会如何运用目标管理实现计划目标。

(3) 具体要求：

① 将全班同学分成正方与反方若干小组(限 5 人一组)进行辩论。

② 正方坚持"生产管理中的目标管理比计划编制更加重要"立场论述。

③ 反方联系企业生产管理的基本理论，举例说明确立企业生产管理中目标管理的作

用和地位，界定目标管理和计划编制及其实现的正确关系等论点反驳正方观点。

④ 正反双方在辩论中，既要回答对方的提问，也要向对方提出疑难问题，要求答辩。

⑤ 正反双方举例鲜明生动，并形成书面辩论资料，呈报老师或评委。

三、论创业素质

关于忍耐

成语里有一句"艰难困苦，玉汝于成"，还有一句"筚路蓝缕"，意思都是说创业不易。不易在哪里呢？首先是要忍受肉体上和精神上的折磨。肉体上的折磨还好办一些，挺一挺就过去了，就像王江民。王江民40多岁到中关村创业，靠卖杀毒软件，几乎一夜间就变成了百万富翁，几年后又变成了亿万富翁，他曾被称为中关村百万富翁第一人。王江民的成功看起来很容易，不费吹灰之力。其实不然，王江民困难的时候，曾经一次被人骗走了500万元。王的成功，可以说是偶然之中蕴含着必然。王江民3岁的时候患过小儿麻痹症，落下终身残疾。他从来没有进过正规大学的校门，20多岁还在一个街道小厂当技术员，38岁之前不知道电脑为何物。王江民的成功，在于他对痛苦的忍受力，从上中学起，他就开始有意识地磨练意志，"比如说爬山。我经常去爬山，五百米高很快就爬上去了，慢慢地爬上去也就不感觉得累。再一个就是下海游泳，从不会游泳到喝海水，最后到会游泳，一直到很冷的天也要下水游泳，去锻炼自己在冰冻的海水里提高忍受力。比如：别人要游到一千米、两千米，那么我也要游到一千米、两千米，游到两三千米以后再上岸的时候都不会走路了，累得站不起来了。就这样锻炼自己，来磨炼自己的意志"。当他40多岁辞职来到中关村，面对欺骗，面对商业对手不计手段、不遗余力的打击，都能够坦然面对。所以，中关村能人虽多，倒让这样一个外来的残疾人拔得百万富翁的头筹。

中关村还有一个与王江民异曲同工的人，就是华旗的老总冯军。冯军是毕业于清华大学，读大学时就在北京秀水街给倒货的留学生当翻译赚外快。毕业后也有一个好工作，他却不愿干，宁愿跑到"村里"自己打江山。冯军在中关村又有"冯五块"的称号，意思是说，他每样东西只赚你五块钱。有媒体曾经这样描述冯军在中关村的生活，"冯军一次用三轮车载四箱键盘和机箱去电子市场，但他一次只能搬两箱，他将两箱搬到他能看到的地方，折回头再搬另外两箱。就这样，他将四箱货从一楼搬到三楼，再从三楼搬到二楼，如此往复"。这样的生活，有时会让人累得瘫在地上坐不起来。冯军在中关村创业，一要丢掉清华大学高才生的面子。俗话说，"物以类聚，人以群分"。在中关村和冯军干一样活儿的人，大多数是来自安徽、河南的农民，例如中关村的 CPU 批发生意，60%以上都由来自安徽霍邱县冯井镇的农民把持着。一个清华大学的高才生，要成天与这样一些人打交道，与这样一些人厮混，不是一件好受的事情，需要很好的心理承受能力。其次，为了让人家代理自己的产品，"村里"那些摊主儿不论大小都是自己的爷，见人就得点头哈腰，赔笑

第十一章 生产管理

脸说好话。中关村那些摊主儿的素质尽人皆知,好听的话不会多。从"冯五块"这样一个绰号,可以看出冯军当时的江湖"地位"。

但是冯军所受折磨,与俞敏洪比起来,又算是小巫见大巫。俞敏洪是国内英语培训的头牌学校新东方的创始人。对俞敏洪的创业经历,中国青年报记者卢跃刚在《东方马车——从北大到新东方的传奇》中,有详细记录。其中令人印象尤深的是对俞敏洪一次醉酒经历的描述,看了令人不禁地想落泪。

俞敏洪那次醉酒,缘起于新东方的一位员工贴招生广告时被竞争对手用刀子捅伤。俞敏洪意识到自己在社会上混,应该结识几个警察,但又没有这样的门道。最后通过报案时仅有一面之缘的那个警察,将刑警大队的一个政委约出来"坐一坐"。卢跃刚是这样描述的:

"他兜里揣了 3000 块钱,走进香港美食城。在中关村十几年,他第一次走进这么好的饭店。他在这种场面交流有问题,一是他那口江阴普通话,别别扭扭,跟北京警察对不上牙口;二是找不着话说。为了掩盖自己内心的尴尬和恐惧,劝别人喝,自己先喝。不会说话,只会喝酒。因为不从容,光喝酒不吃菜,喝着喝着,俞敏洪失去了知觉,钻到桌子底下去了。

"老师和警察把他送到医院,抢救了两个半小时才活过来。医生说,换一般人,喝成这样,回不来了。俞敏洪喝了一瓶半的高度'五粮液',差点喝死。

"他醒过来喊的第一句话是:'我不干了!'学校的人背他回家的路上,一个多小时,他一边哭,一边撕心裂肺地喊着:'我不干了!——再也不干了!——把学校关了!——把学校关了!——我不干了!……'

"他说:'那时,我感到特别痛苦,特别无助,四面漏风的破办公室,没有生源,没有老师,没有能力应付社会上的事情,同学都在国外,自己正在干着一个没有希望的事业……'

"他不停地喊,喊得周围的人发怵。

"哭够了,喊累了,睡着了,睡醒了,酒醒了,晚上 7 点还有课,又像往常一样,背上书包上课去了。"

实际上,酒醉了是很好对付的,但是精神上的痛苦就不那么容易忍了。当年"戊戌六君子"谭嗣同变法失败以后,被押到菜市口去砍头的前一夜,说自己乃"明知不可为而为之",有几个人能体会其中深沉的痛苦。醉了、哭了、喊了、不干了……可是第二天醒来仍旧要硬着头皮接着干,仍旧要硬着头皮夹起皮包给学生上课去,眼角的泪痕可以不干,该干的事却不能不干。按卢跃刚的话说:"不办学校,干嘛去?"

俞敏洪还有一件下跪的事,在新东方学校也是人尽皆知。那是当着几十人,当着自己的同学、同事,当着在饭店吃饭的不相干的外人,俞敏洪"扑通"一声就给母亲跪下了。起因是,俞母将俞敏洪的姐夫招来新东方干事,先管食堂财务,后管发行部,但有人不愿意,不知谁偷偷把俞敏洪姐夫的办公设备搬走了。俞母大怒,也不管俞敏洪正和王强、徐小平两个新东方骨干在饭店包间里商量事,搬把凳子便堵在包间门口破口大骂。王强和徐小平看见俞敏洪站起来"大义凛然"向门外走去,还以为他是要去跟母亲做坚决的斗争呢,谁知这位新东方学校的校长,万人景仰的中国留学"教父","扑通"一声,当着大伙儿的面,给母亲跪下了。弄得王强和徐小平面面相觑,目瞪口呆。

  王强事后回忆说:"我们期待着俞敏洪能堂堂正正从母亲面前走过去,可是他跪下了。顿时让我崩溃了!人性崩溃了!尊严崩溃了!非常痛苦!"一个外人看见这样的场景尚且觉得"崩溃",觉得"非常痛苦",那么,作为当事人和下跪者的俞敏洪会是什么样的感觉呢?!

  现在大家都知道俞敏洪是千万富豪、亿万富翁,可又有谁知道俞敏洪这类创业者是怎样成为千万富翁、亿万富翁的呢?他们在成为千万富翁、亿万富翁的道路上,付出了怎样的代价,付出了怎样的努力,忍受了多少别人不能够忍受的屈辱、憋闷、痛苦,有多少人愿意付出与他们一样的代价,获取与他们今天一样的财富?更有甚者,当初江苏名佳企业董事长张正基创业时,因为违逆了父亲的意思,甚至被父亲告到税务局,说他偷税漏税,父子因此而3年断绝往来,你知道其时张正基的心情吗?

  老话说"吃得菜根,百事可做"。对创业来说,肉体上的折磨算不得什么,精神上的折磨才是致命的,如果有心自己创业,一定要先在心里问一问自己,面对从肉体到精神上的全面折磨,你有没有那样一种宠辱不惊的"定力"与"精神力"。如果没有,那么一定要小心。对有些人来说,一辈子给别人打工,做一个打工仔,是一个更合适的选择。

第十二章　企业质量管理

引例　IBM 的过程质量管理[①]

IBM 公司利用过程质量管理方法解决了许多公司采购经理都曾经遇到过的问题：如何使一个工作组就目标达成共识并有效地完成一个复杂项目。在企业内部团队活动日益增多的情况下，这种方法无疑可以帮助一个项目小组确定工作目标，统一意见并制订具体的行动计划，而且可以使小组所有成员统一目标，集中精力于对公司或小组具有重要意义的工作上。当然，这种方法也可以为面临困难任务、缺乏共识，或在主次工作确定及方向上有分歧的工作组提供解决疑难的方法和动力。IBM 的过程质量管理的基础是一个为期两天的会议，所有小组成员都在会议上参与确定项目任务及主次分配。具体的步骤如下。

(1) 建立一个工作小组。工作小组应至少由与项目有关的 12 人组成。该组成员可包括副总裁、部门经理及其手下高层经理，也可包括与项目有关的其他人员。工作小组的组长负责挑选组员，并指定一个讨论会主持人。主持人应持中立立场，他的利益不受小组讨论结果的影响。

(2) 召集开一个为期两天的会。每个组员以及会议主持人必须到会，但非核心成员或旁听者不允许参加。最好避免在办公室开会，以免别人打扰。

(3) 写一份关于任务的说明。写一份清楚、简洁且征得每个人同意的任务说明。如果工作小组仅有"为欧洲市场制订经营战略计划"这样的开放性指示，编写任务说明就比较困难。如果指示具体一些，例如"在所有车间引进 JIT 存货控制"，那么编写任务说明就较简单，但仍需小组事先讨论。在会议中，应由会议主持人而不是组长来掌握进程。

(4) 进行头脑风暴式的讨论，组员将所有可能影响工作小组完成任务的因素列出来。主持人将所提到的因素分别用一个重点词记录下来。每个人都要贡献自己的想法，在讨论过程中不允许批评和争论。

找出重要成功因素(CSFS)，这些因素是工作小组要完成的具体任务。主持人将每一重要因素记录下来，通常可以是"我们需要"或"我们必须"。列重要成功因素表有四个要求：①每一项都得到所有组员的赞同；②每一项确实是完成工作小组任务所必需的；③所有因素集中起来，足以完成该项任务；④表中每一项因素都是独立的——不用"和"来表述。

(5) 为每一个重要成功因素确定业务活动过程。针对每一个重要成功因素，列出实现

[①] 资料来源：中国人力资源开发网，http://www.chinahrd.net/zhi_sk/article.asp？articleID=46019。

它成功所需的业务活动过程并求出总数。用下列标准评估本企业在现阶段执行每一业务活动过程的情况：A=优秀；B=好；C=一般；D=差；E=尚未执行。

(6) 填写优先工作图。先将业务活动过程按重要性排序，再按其目前在本企业的执行情况排列。以执行情况(质量)为横轴，以优先程度(以每一业务活动相关的重要成功因素的数目为标准，涉及的数目越多，越优先)为纵轴，在优先工作图上标出各业务活动过程，然后在图上划出第一、二、三位优先区域。应由工作小组决定何处是处于首要地位的区域。一般来说，首要优先工作区域是能影响许多重要成功因素且目前执行不佳的区域。但是，如果把第一位优先区域划得太大，囊括了太多业务活动，就不可能迅速解决任何一个过程了。

(7) 后续工作。工作小组会议制定了业务过程，并列出了要优先进行的工作，组长则应做好后续工作：检查组员是否改进了分配给他的业务过程，查看企业或其工作环境中的变化是否要求再开过程质量管理会议来修改任务、重要成功因素或业务活动过程表的内容。

IBM 的过程质量管理可以应用于企业管理的很多方面。尤其是近年来，过程管理成为许多优秀企业改进绩效、不断进步的重要改革举措，它使整个企业的管理更具系统性和全局性。在这样的环境变化趋势下，IBM 的过程质量管理的确对中国企业的现代管理具有重要的指导意义和实用价值。

第一节　知识清单

一、质量管理的发展历史

质量是一个永恒的主题，人类社会从一开始就面临着质量方面的问题，质量活动可以追溯到远古时代，并伴随着社会生产力的发展和文明的进步而日益重要。但现代意义上的质量管理活动则是从 20 世纪开始的。

根据解决质量问题的手段和方式的不同，一般可以将现代意义上的质量管理活动分为以下三个阶段。

(一)质量检验阶段

质量检验阶段一直持续到第二次世界大战之前，主要是通过检验的方式来控制和保证产出或转入下道工序的产品质量。18 世纪末工业革命后到 20 世纪初期，伴随着机器和机器体系的广泛应用，工厂制度开始逐步确立，在质量管理方面，主要依靠手工操作者的手艺和经验来进行把关。进入 20 世纪以后，随着企业规模的进一步扩大和分工与专业化程度的日益提高，企业中大量设立了检验人员的职位，专职负责产品检验。这种做法只是从成品中挑出废、次品，实质上是一种事后的把关。

第十二章 企业质量管理

(二)统计质量控制阶段

1924年,美国贝尔实验室的统计学家"WA. W. 休哈特"开始探索将统计方法应用于质量控制。与此同时,同属贝尔实验室的道厅和罗米格则利用统计方法进行抽样检验的探索。

第二次世界大战爆发后,美国政府开始在军工生产中大力提倡和推广统计质量控制方法,以控制产品质量的波动、增加产量、降低成本并及时交货。这一时期,人们对于在生产活动中应用统计方法的必要性有了充分的认识。大量的实用统计方法,例如抽样检验法、实验计划法等被开发出来。

由于数理统计方法的广泛应用,这一时期的质量管理被称为统计质量控制(Statistical Quality Control,SQC)。SQC在"二战"时应用效果显著,在"二战"后SQC获得了世界范围内的推广。

(三)全面质量管理阶段

第二次世界大战以后,人类在科技上取得了许多划时代的重大突破,生产力获得了前所未有的大发展。"二战"后物资生产的大发展使得人们对产品质量的要求越来越高,世界市场的竞争达到了空前的激烈程度,消费者权益运动呈现出日益高涨的局面。人们开始普遍认识到,仅仅依靠制造领域中的统计质量控制已经远远不能满足顾客对于质量的要求,也远远不足以应付日益严峻的挑战。

1956年,美国通用电气公司的"A. V. 费根堡姆"发表了题为 *Total Quality Control* 的论文,首先提出了全面质量管理(TQC)的概念,并于1961年出版了同名著作。费根堡姆主张解决质量问题不能只是局限于制造过程,因为80%的质量问题是在制造过程以外产生的。解决问题的手段仅仅局限于统计方法也是不够的,而必须是多种多样的。这样,质量管理由制造的SQC逐渐发展到了为满足顾客要求所必须关注的各个方面。

第二次世界大战以后,全面质量管理的观点在全球范围内得到了广泛的传播,各个国家都结合自己的实践进行了各方面的创新,但质量管理最优秀的实践者非日本企业莫属。成功的质量管理使得日本产品在全球成为高质量的代名词,对于日本的"二战"后复兴起到了巨大的作用。日本质量管理专家石川馨博士将其特点概括为:"全公司的质量管理的特点在于整个公司从上层管理人员到全体职工都参加质量管理。不仅研究、设计和制造部门参加质量管理,而且销售、材料供应部门和诸如计划、会计、劳动、人事等管理部门以及行政办事机构也参加质量管理。质量管理的概念和方法不仅用于解决生产过程、进厂分析材料以及新产品设计管理等问题,而且当上层人员决定公司方针时,也用它来进行业务分析,检查上层管理的方针实施状况,解决销售活动、人事劳动管理等问题,以及解决办事机构的管理问题。"

改革开放以后,全面质量管理在我国得到了广泛、深入的推行。我国企业在实践中将全面质量管理概括为"三全一多样",都是围绕着"有效地利用人力、物力、财力、信息等得到资源,生产出符合规定要求和用户期望的产品或优质的服务"这一企业目标。这是我们推行全面质量管理的出发点和落脚点,也是全面质量管理的基本要求。

(1) 全面质量管理是要求全员参加的质量管理。它要求全体职工树立质量第一的思想,各部门、各个层次的人员都要有明确的质量责任、任务和权限,做到各司其职、各负其责,形成一个群众性的质量管理活动。尤其是要开展质量管理小组活动,充分发挥广大职工的聪明才智和当家做主的主人翁精神,把质量管理提高到一个新水平。

(2) 全面质量管理的范围是产品或服务质量的产生、形成和实现的全过程,包括从产品的研究、设计、生产(作业)、服务等到全部有关过程的质量管理。任何一个产品或服务的质量,都有一个产生、形成和实现的过程。把产品或服务质量有关的全过程各个环节加以管理,就形成一个综合性的质量体系,做到以预防为主,防检结合,不断改进,做到一切为用户服务,以达到用户满意为目的。

(3) 全面质量管理要求的是全企业的质量管理。这可从两个方面来理解。首先从组织管理角度来看,全企业的含义就是要求企业各个管理层次都有明确的质量管理活动内容。上层质量管理侧重于质量决策,制定企业的质量方针、目标、政策和计划,并统一组织和协调各部门、各环节的质量管理活动;中层的质量管理则要实施领导层(上层)的质量决策,运用一定的方法找出本部门的关键或必须解决的事项,再确定本部门的目标和对策,更好地执行各自的质量职能,对基层工作进行具体的业务管理;基层管理则要求每个职工都要严格地按标准及有关规章制度进行生产和工作。这样一个企业就组成了一个完整的质量管理体系。再从质量、职能上来看,产品或服务质量职能是分散在全企业的有关部门的。要保证和改善产品或服务质量,就必须将分散在企业各部门的质量职能充分发挥出来,都对产品或服务质量负责,都参加质量管理,各部门之间互相协调,齐心协力地把质量工作做好,形成全企业的质量管理。

(4) 全面质量管理要采取多种多样的管理方法。广泛运用科学技术的新成果,要尊重客观事实,尽量用数据说话,坚持实事求是、科学分析,树立科学的工作作风,把质量管理建立在科学的基础之上。

在20世纪的最后十几年中,全面质量管理成为全球企业界的共同实践。由早期的 TQC 演变为 TQM,从一定意义上来讲,它已经不再局限于质量领域,而演变成为一套以质量为中心、综合、全面的管理方式和管理理念。具体表现在以下两个方面。

1. 从基本指导思想上树立

树立的基本指导思想有:质量第一、以质量求生存、以质量求繁荣;用户至上;质量是设计、制造出来的,而不是检验出来的;强调用数据说话,突出人的积极因素。

2. 从工作原则上要求

从工作原则上要求：预防原则；经济原则；协作原则；按照 PDCA 循环组织活动，这里，P 指计划，D 指执行计划，C 指检查计划，A 指采取措施。PDCA 循环是质量体系活动所应遵循的科学工作程序，周而复始、循环不已。

二、质量管理的几个重要概念

1. 质量

质量(ISO9000：2000 定义)指一组固有特性满足要求的程度。其中固有的(其反义是赋予的)就是指在某事或某物中本来就有的，尤其是那种永久的特性。

(1) 这一定义看上去高度抽象而概括，但只要把握了"特性"和"要求"这两个关键词就很容易理解。

① 通常"质量特性"可以分为技术或理化方面的特性、心理方面的特性和时间方面的特性。

技术或理化方面的特性。例如机械零件的刚性、弹性、耐磨性；汽车的速度、牵引力、耗油量。

心理方面的特性。例如服装的式样、食品的味道、汽车象征的地位和气派等。

时间方面的特性。例如耐用品的可靠性、可维修性、精度保持性，以及电力供应的及时性。

② 质量定义中的"要求"是由各种不同的相关方，例如顾客、股东、雇员、供应商、合作伙伴或社会等所提出的。这些"要求"有时是明确规定的，例如产品购销合同中对于产品性能的规定；也可以是隐含的或不言而喻的，例如银行对客户存款的保密性，即使人们没有特别地提出，也是必须保证的；还可以是由法律、法规等强制规定的，例如食品的卫生、电器的安全等。

(2) 质量与等级的含义理解。人们常常易混淆质量与等级的概念。使用档次这一概念将有助于避免产生分歧，质量的比较只有针对同一档次时才是有意义的，不同的档次意味着不同的购买能力或消费层次。例如将五星级酒店同街道小旅馆相比较时，有时会引起歧义。酒店的星级并不等同于优质，只能说明档次的不同，小旅馆同样也可以提供优质的服务。

2. 质量管理

质量管理(ISO9000：2000 定义)是指在质量方面指挥和控制组织的协调的活动。在质量方面的指挥和控制活动，通常包括制定质量方针、质量目标、质量策划、质量控制、质量保证和质量改进。

(1) 质量管理是在组织的质量方面指挥与控制组织的协调的活动。
(2) 质量管理的目的是实现组织建立的质量方针和目标。
(3) 组织通过质量管理，增强了组织的能力，体现出组织对各项活动的管理和受控状态。
(4) 质量策划、质量控制、质量保证和质量改进活动是质量管理的基础，质量管理是组织上述内部活动的外化和体现。
(5) 质量管理应是和组织的其他管理相协调一致的。

3. 过程

过程(ISO9000：2000 定义)是指一组将输入转化为输出的相互关联或相互作用的活动。

(1) 过程是一个广义的概念。任何一组输入转化为输出的相互关联或相互作用的活动都是过程。工厂生产产品是过程，学校培养学生是过程，医院诊疗病人是过程，可以说，任何活动都是过程。

(2) 过程内部和过程之间是相互关联和相互作用的。这告诉我们要从不同的角度来分析过程。从一个角度看可能是一组关联的过程，而从另一个角度看却是一个大过程中的一组小过程。例如，工厂生产产品，从用户的角度看也许只是一个过程；但从在工厂自己的角度来看，其实这个大过程里还包含着许多的小过程，例如设计过程、工艺过程、采购过程、生产制造过程、检验过程、销售过程、安装调试过程、用户服务过程，等等。这些过程又可以细分成更多的过程。例如设计过程可以分为设计策划过程、方案设计过程、技术设计过程，等等。这其中的任一过程又可以再分，例如技术设计过程可分为功能结构设计过程、总体设计过程等。因此我们不能仅仅习惯于站在一个角度看问题和过程。

(3) 过程的输入是广义的。过程的输入是资源，对资源也应作广义的理解。例如人财物是典型的资源，但要注意它们只是资源的一部分，时间、空间、信息流，甚至是人的技术等级等都是资源。例如与产品实现过程相关的资源，就包括了人力资源、基础设施和工作环境等内容。其中人力资源中相关到人的能力、意识和培训；而工作环境则是指工作时所处的一组条件，这里的"条件"包括物理的、社会的、心理的和环境的因素，如温度、承认方式、人体功效，甚至大气成分等。

(4) 输入的资源在过程中进行转化。

① 要对过程的转化进行策划。为了使过程有效地运行并达到预期的结果，就要求对过程实现进行系统地策划、识别，并适当地规定；明确过程转化中的各种依据和程序；同时确定过程实现中所需的有效性测量和评价方法。

② 过程的转化要在受控条件下进行，体现出受控状态。对过程的受控条件要从5M1E(人、机器、材料、方法、环境和测量)来确定。这里的"人"是指过程的主体，例如操作者；"机器"是指相关的机器、设备等工作设备；"材料"是指过程的输入，如工厂生产产品时的原料；"方法"是指方法标准，泛指工作时的依据，例如加工零件时，操作

工使用的图样、工艺技术文件、检验规程规范等;"环境"是指工作环境;"测量"是指操作者的自我检验、验证和把关活动,例如工人加工好零件后的自检、互检和班组长的巡检等。

③ 过程要增值。如果过程不能增值,那么就失去了过程的意义。

④ 过程的增值应该是可测量的。因此要在过程的输入、转化和输出各部分设置必要的测量,来监控和改进这种增值。

(5) 过程的输出就是该过程的产品。一个过程的输出通常是其他过程的输入,这样环环相扣,就形成了过程链。

(6) 识别不同过程之间的关联性和相互作用,是过程控制和过程改进的关键。从过程控制的角度,我们可以用 PDCA 来理解过程。其中,P 是策划,即根据顾客的要求和组织的方针,为提供结果建立必要的目标和过程;D 是实施,即实施过程;C 是检查,即策划,对过程和产品进行监视和测量,并报告结果;A 是处置,即采取措施,以持续改进过程业绩。在用 PDCA 来理解过程、进行过程控制时,要注意过程的闭环,防止我国管理上经常出现的有头无尾现象。

4. 程序

程序(ISO9000:2000 定义)是指为进行某项活动或过程所规定的途径。

(1) 程序可以形成文件,也可以不形成文件。

(2) 当程序形成文件时,通常被称为书面程序或形成文件的程序,含有程序的文件又称程序文件。

(3) 一个完整的程序应该包含的内容有:为什么做(目的)、做什么(内容)、谁来做(职责)、何时何地(适用范围)、如何做(工艺方法)、使用什么设备和器具,即通常所说的 5W1H。现在很多公司又加了一项"How much"成为 5W2H,即将成本的因素考虑进去。

5. 体系、管理体系、质量管理体系

体系(ISO9000:2000 定义):相互关联或相互作用的一组要素。

管理体系(ISO9000:2000 定义):建立方针和目标并实现这些目标的体系。

质量管理体系(ISO9000:2000 定义):在质量方面指挥和控制组织的管理体系。

(1) 体系、管理体系和质量管理体系构成了两个层次上的归属关系。

(2) 建立和实施质量管理体系是系统方法在质量管理中的应用。

(3) ISO9001 标准按过程方法理论给出了系统的质量管理体系要求。

6. 质量经济分析

(1) 我们这里所说的质量经济分析,主要是对企业的质量经济分析,也即是对企业的质量和质量管理进行经济性分析和经济效益评价,以达到在改善质量的同时为企业创造最佳的经济效益。

(2) 质量经济分析的任务，概括地说就是力求做到最经济地改善和提高质量，而不是片面地追求不切实际的所谓"高质量水平"。按照质量经济分析的观点，任何过高或过低的质量水平都是不可取、不经济的，都会导致企业成本增加和经济效益下降。开展企业的质量经济分析，就是要确定产品设计、制造、销售和售后服务等各个环节、各道工序的最经济的质量水平，然后分别按照这种最经济的质量水平来组织生产，以保证企业在产品设计、制造、销售及售后服务全过程取得最好的经济效益。

(3) 质量经济分析的内容包括从产品设计、制造到产品的销售和售后服务的全过程。具体包括以下几个方面。

① 产品过程的质量经济分析。产品设计是整个产品质量形成的关键环节，设计过程的质量经济分析，就是要做到使设计出来的产品既能满足规定的质量要求，又能使产品的寿命周期成本最小。它应该包括质量等级水平的经济分析、产品质量的三次设计（系统设计、参数设计、容差设计），质量改进的经济分析、工序能力的经济分析和可靠性的经济分析。

② 产品制造过程的质量经济分析。产品制造过程的质量经济分析就是力求以最小的生产费用，生产出符合设计质量要求的产品。在生产过程中出现高于或低于设计要求的产品，都是不经济的。不合格率上升，废次品、返修品损失就会大。所以要求确定出适合设计水平的最佳制造水平，使生产出来的产品质量水平既能满足设计要求，又能使制造中发生的成本最低。其主要分析内容包括不合格品率的经济分析、返修的经济分析、会晤检验的经济分析以及工序诊断调节的经济分析和生产速度的经济分析等。

③ 产品销售及售后服务的质量经济分析。这里主要是研究产品质量与产品销售数量和售后服务费用之间的关系。其中主要包括产品质量与市场占有率和销售利润的综合分析、产品质量与产品销售及售后服务费用的关系、最佳保修期和最佳保修费用分析、交货期的经济分析、广告费用与提高质量的对比分析等。

三、ISO 9000 族标准与质量认证

（一）ISO

ISO 是国际标准化组织的英语简称。其全称是"International Organization for Standardization"。

ISO 是世界上最大的国际标准化组织。它成立于 1947 年 2 月 23 日，其前身是 1928 年成立的国际标准化协会国际联合会（简称 ISA）。其他组织如 IEC 也比较大。IEC 即国际电工委员会，1906 年在英国伦敦成立，是世界上最早的国际标准化组织。IEC 主要负责电工、电子领域的标准化活动；而 ISO 负责除电工、电子领域之外的所有其他领域的标准化活动。

ISO 宣称其宗旨是："在世界上促进标准化及其相关活动的发展，以便于商品和服务的国际交换，在智力、科学、技术和经济领域开展合作。"

ISO 现有 117 个成员，包括 117 个国家和地区。

ISO 的最高权力机构是每年一次的全体大会，其日常办事机构是中央秘书处，设在瑞士的日内瓦。中央秘书处现有 170 名职员，由秘书长领导。

(二)ISO9000

ISO 通过它的 2856 个技术机构开展技术活动。其中技术委员会(简称 TC)共有 185 个，分技术委员会(简称 SC)共有 611 个，工作组(WG)有 2022 个，特别工作组有 38 个。

ISO 的 2856 个技术机构技术活动的成果(产品)是国际标准。ISO 现已制定出国际标准共有 10 300 多个，主要涉及各行各业各种产品(包括服务产品、知识产品等)的技术规范。

ISO 制定出来的国际标准除了有规范的名称之外，还有编号。编号的格式是：ISO+标准号+[杠+分标准号]+冒号+发布年号(方括号中的内容可有可无)。例如，ISO8402：1987、ISO9000：2000 等，分别是某一个标准的编号。

但是，"ISO9000"不是指一个标准，而是一族标准的统称，根据 ISO9000-1：1994 的定义："ISO9000 族标准"是由 ISO/TC176 制定的所有国际标准。

什么叫 TC176 呢？TC176 即 ISO 中第 176 个技术委员会，它成立于 1980 年，全称是质量保证技术委员会，1987 年又更名为质量管理和质量保证技术委员会。TC176 专门负责制定质量管理和质量保证技术的标准。

(三)ISO 9000 族标准发展简史

(1) TC176 最早制定的一个标准是 ISO8402：1986，名为《质量-术语》，于 1986 年 6 月 15 日正式发布。

(2) 1987 年 3 月，TC176 正式发布了 ISO9000：1987、ISO9001：1987、ISO9002：1987、ISO9003：1987 和 ISO9004：1987 共五个国际标准，与 ISO8402：1986《质量-术语》一起统称为 ISO9000 系列标准。

(3) 1990—1993 年，TC176 又陆续发布了 10 个标准。

(4) 1994 年，TC176 对前述 ISO9000 系列标准统一作了修改，分别改为 ISO8402：1994、ISO9000-11：1994、ISO9001：1994、ISO9002：1994、ISO9003：1994、ISO9004-11：1994，并把 TC176 制定的标准定义为 ISO9000 族。

(5) 2000 年 12 月，TC176 正式发布实施了 2000 年版 ISO9000 族标准，其核心标准共四个，分别为 ISO9000：2000、ISO9001：2000、ISO9004：2000 和 ISO19011：2000。今后，企业只需采用 ISO9001：2000 来申请外部认证。而作为专家，则需要通晓和掌握全部标准的内涵。

(四)认证

"认证"一词的英文原意是一种出具证明文件的行动。ISO/IEC 指南 2：1986 中对"认证"的定义是:"由可以充分信任的第三方证实某一经鉴定的产品或服务符合特定标准或规范性文件的活动。"

举例来说,对第一方(供方或卖方)生产的产品甲,第二方(需求方或买方)无法判定其质量是否合格,而由第三方来判定。第三方既要对第一方负责,又要对第二方负责,不偏不倚,出具的证明要能获得双方的信任,这样的活动就叫作认证。

这就是说,第三方的认证活动必须公开、公正、公平,才能有效。这就要求第三方必须有绝对的权力和威信,必须独立于第一方和第二方之外,必须与第一方和第二方没有经济上的利害关系,或者有同等的利害关系,或者有维护双方权益的义务和责任,才能获得双方的充分信任。

那么,这个第三方的角色应该由谁来担任呢?显然,非国家或政府莫属。由国家或政府的机关直接担任这个角色,或者由国家或政府认可的组织去担任这个角色,这样的机关或组织就叫作认证机构。

现在,各国的认证机构主要开展以下两方面的认证业务。

1. 产品质量认证

现代的第三方产品质量认证制度早在 1903 年发源于英国,是由英国工程标准委员会(BSI 的前身)首创的。

在认证制度产生之前,供方(第一方)为了推销其产品,通常采用产品合格声明的方式来博取顾客(第二方)的信任。这种方式,在当时产品简单,不需要专门的检测手段就可以直观判别优劣的情况下是可行的。但是,随着科学技术的发展,产品品种日益增多,产品的结构和性能日趋复杂,仅凭买方的知识和经验很难判断产品是否符合要求;加之供方的产品合格声明属于"王婆卖瓜,自卖自夸"的一套,真真假假、鱼龙混杂,并不总是可信,这种方式的信誉和作用就逐渐下降。在这种情况下,前述产品质量认证制度也就应运而生。

1971 年,ISO 成立了认证委员会 (CERTICO),1985 年,易名为合格评定委员会(CASCO),促进了各国产品质量认证制度的发展。

现在,全世界各国的产品质量认证一般都依据国际标准进行认证。国际标准中的 60%是由 ISO 制定的,20%是由 IEC 制定的,20%是由其他国际标准化组织制定的。另外,也有很多是依据各国自己的国家标准和国外先进标准进行认证的。

产品质量认证包括合格认证和安全认证两种。依据标准中的性能要求进行认证叫作合格认证;依据标准中的安全要求进行认证叫作安全认证。前者是自愿的,后者是强制性的。

产品质量认证工作从 20 世纪 30 年代后发展很快,到了 50 年代,所有工业发达国家基本得到普及。第三世界的国家多数在 70 年代逐步推行。我国是从 1981 年 4 月才成立了第一个认证机构——中国电子器件质量认证委员会,虽然起步晚,但起点高,发展快。

第十二章 企业质量管理

2. 质量管理体系认证

质量管理体系认证是由西方的质量保证活动发展起来的。

1959 年,美国国防部向国防部供应局下属的军工企业提出了质量保证要求,要求承包商"应制定和保持与其经营管理、规程相一致的有效的和经济的质量保证体系","应在实现合同要求的所有领域和过程(例如设计、研制、制造、加工、装配、检验、试验、维护、装箱、储存和安装)中充分保证质量",并对质量保证体系规定了两种统一的模式:军标MIL—Q—9858A《质量大纲要求》和军标 MIL-I-45208《检验系统要求》。承包商要根据这两个模式编制质量保证手册并有效实施,政府要对照文件逐步检查、评定实施情况。这实际上就是现代的第二方质量体系审核的雏形。这种办法促使承包商进行全面的质量管理,取得了极大的成功。

后来,美国军工企业的这个经验很快被其他工业发达国家的军工部门所采用,并逐步推广到民用工业,在西方各国蓬勃发展起来。

随着上述质量保证活动的迅速发展,各国的认证机构在进行产品质量认证的时候,逐渐增加了对企业的质量保证体系进行审核的内容,进一步推动了质量保证活动的发展。到了 70 年代后期,英国一家认证机构 BSI(英国标准协会)首先开展了单独的质量保证体系的认证业务,使质量保证活动由第二方审核发展到第三方认证,受到了各方面的欢迎,更加推动了质量保证活动的迅速发展。

通过三年的实践,BSI 认为,这种质量保证体系的认证适应面广、灵活性大,有向国际社会推广的价值。于是,在 1979 年 BSI 向 ISO 提交了一项建议。ISO 根据 BSI 的建议,当年即决定在 ISO 的认证委员会的质量保证工作组的基础上成立质量保证委员会。1980 年,ISO 正式批准成立了质量保证技术委员会(即 TC176)着手这一工作,从而导致了前述ISO9000 族标准的诞生,健全了单独的质量体系认证的制度。这样,一方面扩大了原有质量认证机构的业务范围,另一方面又导致了一大批新的专门的质量体系认证机构的诞生。

自从 1987 年 ISO9000 系列标准问世以来,为了加强质量管理,适应质量竞争的需要,企业家们纷纷采用 ISO9000 系列标准在企业内部建立质量管理体系,申请质量体系认证,很快形成了一个世界性的潮流。目前,全世界已有近 150 个国家和地区正在积极推行ISO9000 国际标准,50 多万家企业已经拿到了 ISO9000 质量体系认证证书。

一套国际标准在这短短的时间内被这么多国家采用,影响如此广泛,这是在国际标准化史上从未有过的现象,已经被公认为"ISO9000 现象"。

(五)推行 ISO9000 的作用

1. 强化质量管理,提高企业效益;增强客户信心,扩大市场份额

负责 ISO9000 质量体系认证的认证机构都是经过国家认可机构认可的权威机构,对企业的质量体系的审核是非常严格的。这对于企业内部来说,可按照经过严格审核的国际标

准化的质量体系进行质量管理，真正达到法治化、科学化的要求，极大地提高工作效率和产品合格率，迅速提高企业的经济效益和社会效益；对于企业外部来说，当顾客得知供方按照国际标准实行管理，拿到了 ISO9000 质量体系认证证书，并且有认证机构的严格审核和定期监督，就可以确信该企业是能够稳定地生产合格产品乃至优秀产品的信得过的企业，从而放心地与企业订立供销合同，扩大了企业的市场占有率。可以说，在这两方面都收到了立竿见影的功效。

2. 获得了国际贸易的"通行证"，消除了国际贸易壁垒

许多国家为了保护自身的利益，设置了种种贸易壁垒，包括关税壁垒和非关税壁垒。其中非关税壁垒主要是技术壁垒，而技术壁垒中又主要是产品质量认证和 ISO9000 质量体系认证的壁垒。特别是在世界贸易组织内，各成员国之间相互排除了关税壁垒，只能设置技术壁垒，所以，获得认证是消除贸易壁垒的主要途径。(在我国加入世界贸易组织以后，失去了区分国内贸易和国际贸易的严格界限，所有贸易都有可能遭遇上述技术壁垒，应该引起企业界的高度重视，及早防范。)

3. 节省了第二方审核的精力和费用

在现代贸易实践中，第二方审核早就成为惯例，其存在很大的弊端：一个供方通常要为许多需求方供货，第二方审核无疑会给供方带来沉重的负担；另一方面，需求方也须支付相当的费用，同时还要考虑派出或雇佣人员的经验和水平问题，否则，花了费用也达不到预期的目的。唯有 ISO9000 认证可以排除这些弊端。因为作为第一方的生产企业申请了第三方的 ISO9000 认证并获得了认证证书以后，众多第二方就无须再对第一方进行审核，这样，不管是对第一方还是对第二方都可以节省很多精力或费用。还有，如果企业在获得了 ISO9000 认证之后，再申请 UL、CE 等产品质量认证，还可以免除认证机构对企业的质量保证体系进行重复认证的开支。

4. 在产品质量竞争中永远立于不败之地

国际贸易竞争的手段主要是价格竞争和质量竞争。由于低价销售的方法不仅使利润锐减，如果构成倾销，还会受到贸易制裁，所以，价格竞争的手段越来越不可取。20 世纪 70 年代以来，质量竞争已成为国际贸易竞争的主要手段，不少国家把提高进口商品的质量要求作为贸易保护主义的重要措施。实行 ISO9000 国际标准化的质量管理，可以稳定地提高产品质量，使企业在产品质量竞争中永远立于不败之地。

5. 有效地避免产品责任

各国在执行产品质量法的实践中，由于对产品质量的投诉越来越频繁，事故原因越来越复杂，追究责任也就越来越严格。尤其是近几年，发达国家都在把原有的"过失责任"转变为"严格责任"处理，对制造商的安全要求提高很多。例如，工人在操作一台机床时

受到伤害，按"严格责任"处理，法院不仅要查看该机床机件故障之类的质量问题，还要查看其有没有安全装置，有没有向操作者发出警告的装置等。法院可以根据上述任何一个问题判定该机床存在缺陷，厂方便要对其后果负责赔偿；但是，按照各国产品责任法，如果厂方能够提供 ISO9000 质量体系认证证书，便可免赔；否则，要败诉且要受到重罚。(随着我国法治的完善，企业界应该对产品责任法高度重视，尽早防范。)

6. 有利于国际的经济合作和技术交流

按照国际间经济合作和技术交流的惯例，合作双方必须在产品(包括服务)质量方面有共同的语言、统一的认识和共守的规范，方能进行合作与交流。ISO9000 质量体系认证正好提供了这样的信任，有利于双方迅速达成协议。

(六)我国采用 ISO 9000 族标准的情况

1987 年 3 月 ISO9000 族标准正式发布以后，我国有关部门在原国家标准局的统一领导下，组成了全国质量保证标准化特别工作组，负责制定等效采用 ISO9000 系列标准的国家标准工作。1988 年 12 月，正式发布了等效采用 ISO9000 系列标准的 GB/T10300 质量管理和质量保证系列标准。1989 年 12 月，我国成立了全国质量管理和质量保证技术委员会(CSBTS-TC151)，作为我国推行 GB/T10300 系列标准工作的指导机构。

到 90 年代，等效采用 ISO9000 系列标准已不能满足国际贸易往来和技术交流的需要。在这种情况下，1992 年 5 月召开的全国质量工作会议决定等同采用 ISO9000 系列标准，制定出双编号国家标准即 GB/T19000-92 idt ISO9000-97《质量管理和质量保证》系列标准。1994 年，ISO9000 修改后形成 ISO9000：1994 族标准，我国国家技术监督局于 1994 年 12 月发布 GB/T19000-1994 idt ISO9000：1994 族标准，即完全等同采用 ISO9000：1994 族标准，并于 1995 年 6 月起实施。

2000 年 12 月，2000 版 ISO9000 族标准正式发布，我国国家质量技术监督局于 2001 年 4 月，正式发布等同采用的国家标准 GB/T19000-2000、GB/T19001-2000 和 GB/T19004-2000。以后将会陆续发布我国等同采用的 2000 版 ISO9000 族其他标准。

四、2000 版 ISO 9000 族标准简介

(一)2000 版 ISO9000 族标准的构成

(1) ISO9000：2000 质量管理体系基础和术语。
(2) ISO9001：2000 质量管理体系要求。
(3) ISO9004：2000 质量管理体系业绩改进指南。
(4) ISO19011：2000 质量和环境审核指南。
(5) ISO10012 测量控制系统。

以上五项标准的前四项是该标准的核心,我国已经发布等同采用是前三项标准,后两项将在以后陆续发布。

(二)ISO9000:2000 质量管理体系基础和术语简介

ISO9000:2000《质量管理体系基础和术语》标准的主要内容有三个方面:一是 8 项质量管理原则,二是 12 项质量管理体系基础,三是 10 类共 80 个质量管理术语和定义。

1. 8 项质量管理原则

(1) 以顾客为中心:组织依存于顾客,因此,组织应当理解顾客当前和未来的需要,满足顾客要求并争取超越顾客期望。

(2) 领导作用:领导者将本组织的宗旨、方向和内部环境统一起来,并创造使员工能够充分参与实现组织目标的环境。

(3) 全员参与:各级人员是组织之本,只有他们充分参与,才能使他们的才干为组织带来最大的效益。

(4) 过程方法:将相关的资源和活动作为过程进行管理,可以更高效地得到期望的结果。

(5) 管理的系统方法:针对设定的目标,识别、理解并管理一个由相互关联的过程所组成的体系,有助于提高组织的有效性的效率。

(6) 持续改进:持续改进是组织一个永恒的目标。

(7) 基于事实的决策方法:有效决策是建立在数据和信息分析的基础上。

(8) 互利的供方关系:组织与其供方是相互依存的,互利的关系可增强双方创造价值的能力。

2. 12 项质量管理体系基础

(1) 质量管理体系的理论说明。

(2) 质量管理体系要求与产品要求。

(3) 建立质量管理体系的方法步骤。

(4) 过程方法。

(5) 质量方针和质量目标。

(6) 最高管理者在质量管理体系中的作用。

(7) 文件。

(8) 质量管理体系评价。

(9) 持续改进。

(10) 统计技术的作用。

(11) 质量管理体系与其他管理体系的关注点。

(12) 质量管理体系与优秀模式之间的关系。

3. 10 类共 80 个质量管理术语和定义

（1）要理解质量术语和定义，首先要理解概念、术语和定义之间的关系。概念，是指客观事物的本质在人们头脑中的，反映是反映对象的特有属性的思维方式。人们通过实践，从对象的许多属性中抽象出本质的特有属性形成概念。术语源于概念，是概念更高层次的概括；而定义是对术语内涵的解释。

（2）80 个质量管理术语和定义共分为 10 类：质量、管理、组织、产品与过程、特性、合格、文件、检查、审核和测量过程质量保证。

（3）以上 80 个质量管理术语和定义，由于篇幅所限没有写出，请参阅 ISO9000：2000 质量管理体系基础和术语。

第二节 延伸阅读：质量管理常用的统计方法

QC 7 工具是日本于 20 世纪 50～60 年代开发和总结出来的统计技术，现被广泛用于企业质量管理数据的收集、分析和评价。QC 7 工具包括调查表、排列图、分层法、因果图、直方图、控制图及相关图共七种统计方法。

一、调查表

调查表又叫检查表、核对表和统计分析表。它是用来系统地收集资料和积累数据，确认事实并对数据进行粗略整理和分析的统计图表。

1. 调查表的用途

调查表能够促使我们按统一的方式收集资料并便于分析，一般在质量管理活动中，特别是在质量分析和质量改进的活动中得到广泛的应用。常用的调查表格式有：不合格品项目调查表、缺陷位置调查表、质量分布调查表及矩阵调查表等。

2. 调查表的应用程序

（1）根据目的不同，设计用于记录资料的调查表格式，应包括：调查者、调查时间、调查地点和方式等栏目。

（2）对收集和记录的部分资料进行预先检查，目的是审查表格设计的合理性。

（3）如有必要，应评审和修改该调查表格式。

3. 调查表的应用实例

不合格品项目调查表主要用来调查生产现场不合格品项目频数和不合格品率，以便继而用于排列图等分析研究。

表 12-1 是某 QC 小组对中继线插头焊接缺陷的调查表。根据此表还可进一步画出排列图。

表 12-1　××公司插头焊接缺陷调查表(N=4870)

序　号	项　　目	频　数	累　计	累计(%)
A	插头槽径大	3367	3367	69.14
B	插头假焊	521	3888	79.84
C	插头焊化	382	4270	87.69
D	插头内有焊锡	201	4471	91.82
E	绝缘不良	156	4627	95.02
F	芯线未露	120	4747	97.48
G	其他	123	4870	100.00

调查者：吴××，××××年××月××日　　　地点：××公司插头焊接小组

二、排列图

排列图又称为帕累托图，它是将质量改进项目从最重要到最次要进行排除的一种简单的图示技术。

1. 排列图的用途

排列图有两个主要作用：一是按重要顺序显示出每个质量改进项目对整个质量问题的影响；二是找出关键的少数，抓住关键问题，识别质量改进机会。

2. 排列图的应用程序

(1) 确定进行质量分析的问题(例如产品缺陷)。

(2) 搜集影响问题的项目数据，统计各类项目的出现频数。

(3) 按频数大小由高到低把各类项目排序，以长方形表示在横轴上，高度即为频数。

(4) 计算每个项目占总项目的百分比。

(5) 计算累计比率(即累计频率)，画出累计频数曲线，即帕累托曲线，用来表示各项目的累计作用，便完成了帕累托图的绘制。

(6) 利用排列图找到关键的少数(累计占 80%左右的项目)，确定影响质量改进的最重要的项目。

3. 排列图的应用实例

某产品的缺陷项目统计表，如表 12-2 所示。

表 12-2　某产品缺陷项目统计表

序　号	项　目	频数(支)	累计频数(支)	累计百分比(%)
1	空松	458	458	46.3
2	贴口	297	755	76.3
3	切口	80	835	84.3
4	表面	55	890	89.9
5	短烟	35	925	93.4
6	过紧	28	953	96.3
7	其他	37	990	100

下面是依据表 12-2 的相关数据，制作该产品缺陷项目排列图(如图 12-1 所示)。

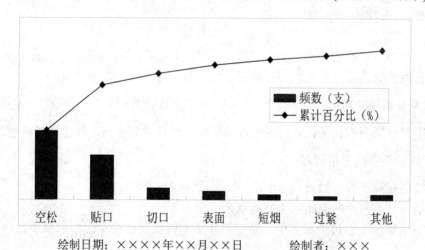

绘制日期：××××年××月××日　　　　绘制者：×××

图 12-1　某产品缺陷项目排列图

三、分层法

分层法又叫分类法、分组法。它是按照一定的标志，把搜集到的大量有关某一特定主题的统计数据和意见加以归类、整理和汇总的一种方法。分层的目的在于把杂乱无章和错综复杂的数据和意见加以归类汇总，使之更能确切地反映客观事实。

1. 分层法的用途

常用于归纳整理所搜集到的统计数据，或归纳汇总由头脑风暴法所产生的意见和想法。分层法常与其他统计方法结合起来应用，如分层直方图法、分层排列图法等。

分层的原则是使同一层次内的数据波动(或意见差异)幅度尽可能小，而层与层之间的差别尽可能大，否则就起不到归类汇总的作用。一般来说，分层可采用的标志有人员、机器、材料、方法、测量和时间等。

2. 分层法的应用程序

(1) 收集数据和意见。
(2) 将采集到的数据或意见根据目的不同选择分层标志。
(3) 分层。
(4) 按层归类。
(5) 画分层归类图。

四、因果分析图

因果分析图，又叫石川图、特性要因分析图、树枝图、鱼刺图等。它表示质量特性波动与其潜在原因的关系，即表达和分析因果关系的一种图。

1. 因果分析图的用途

运用因果分析图有利于找到问题的症结所在，然后对症下药，解决质量问题。

2. 因果分析图的应用程序

(1) 简明扼要地规定结果。
(2) 规定可能发生的原因的主要类别。
(3) 把结果画在右边矩形框中，然后把各类主要原因放在左边矩形框中，作为结果的输入。
(4) 寻求次一级的原因，画在相应的主(因)枝上，并继续一层层地展开下去。
(5) 从最高层(最末一层)的原因(末端因素)中选取和识别少量对结果影响大的原因(称为重要因素或要因)，必要时需要进一步验证。

3. 因果分析图的应用实例

因果分析图的应用实例如图12-2所示。

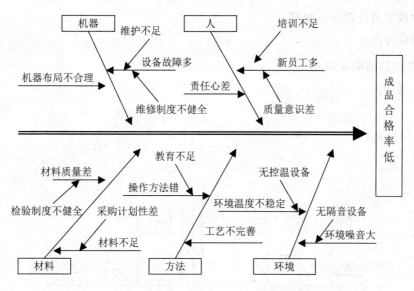

图 12-2　某产品成品合格率低因果分析图

五、直方图

直方图是频数直方图的简称，一般用于加工阶段。它是把实际加工过程中测试得出的数据按一定的组距加以分组归类作出直方图，然后与设计规格的公差范围对比，判断生产过程是否稳定。

1. 直方图的用途

直方图的用途如下。
(1) 直观地显示了质量波动的状态。
(2) 较直观地传递有关过程质量状况的信息。
(3) 当人们根据直方图的图形研究质量数据波动状况之后，就能掌握过程的状况，从而确定在什么地方进行质量改进工作。

2. 直方图的应用程序

(1) 收集数据，作直方图的数据一般应大于 50 个。
(2) 确定数据的极差(R)。
(3) 确定组距(h)。
(4) 确定各组的界限值。
(5) 编制频数分布表。
(6) 按数据值比例画横坐标。

(7) 按频数值比例画纵坐标。
(8) 画直方图。

3. 直方图的应用实例

直方图的应用实例如图 12-3 所示。

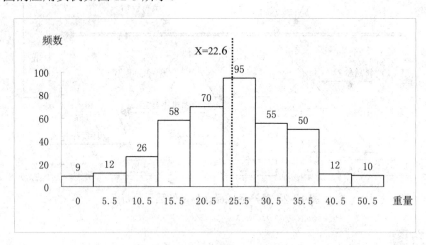

图 12-3　某产品重量分布直方图

六、控制图

控制图又叫管理图，是用来区分由异常或特殊原因引起的波动，或是由过程固有的随机原因引起的偶然波动的一种工具。

控制图的种类很多，最常用的是"平均值-极差"(X-R)控制图。

1. 控制图的用途

(1) 判断过程是否处于统计控制状态。
(2) 判断什么时候需要对过程加以调整。
(3) 判断过程是否得到了改进。

2. 控制图的应用程序

(1) 选取控制图拟控制的质量特性，例如重量、不合格品数等。
(2) 选用合适的控制图种类。
(3) 确定样本组、样本大小和抽样间隔。
(4) 收集并记录至少 20~25 个样本组的数据。
(5) 计算各组样本的统计量，例如样本平均值、样本极差和样本标准差等。

(6) 计算各统计量的控制界限。

(7) 画控制图并标出各组的统计量。

(8) 研究在控制界限以外的点子和在控制界限内排列有缺陷的点子以及标明异常(特殊)原因的状态。

(9) 决定下一步的行动。

3．控制图的应用实例

控制图的应用实例如图 12-4 所示。

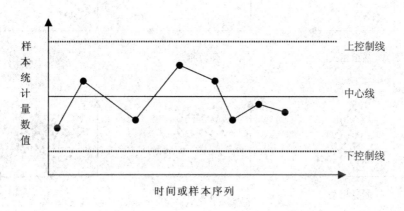

图 12-4　控制图实例

七、相关图

相关图又称散布图，是研究成对出现如(x，y)为一对的两组相关数据之间关系的简单示意图。在相关图中，成对的数据形成点子云，研究点子云的分布状态，便可推断成对数据之间的相关程度。

1．相关图的用途

相关图可以用来发现、显示和确认两组相关数据之间的相关程度，并确认其预期关系，常在质量改进活动中得到应用。

2．相关图的应用程序

(1) 收集成对数据(x，y)。从将要对其关系进行研究的相关数据中，收集成对数据(至少不得少于 30 对)。

(2) 标明 x 轴和 y 轴。

(3) 找出 x 和 y 的最大值和最小值。

(4) 描点。

(5) 判断。

3. 相关图的应用实例

相关图的应用实例如图 12-5 所示。

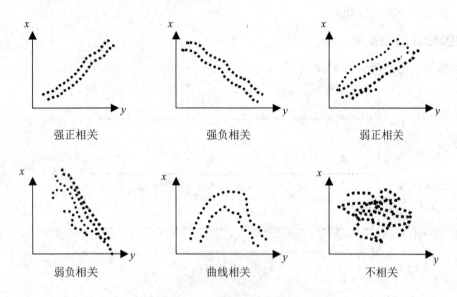

图 12-5　六种常见的相关图实例

第三节　大案例与小故事

一、大案例

三洋制冷的"零缺陷"质量管理思想

在三洋制冷的生产现场，根本看不到在其他企业常见的手持检测仪器进行质量检查的检查员的身影，但是三洋制冷的溴化锂吸收式制冷机的产品质量却遥遥领先于国内同行业厂家而高居榜首，这正是三洋制冷在全公司内推行"零缺陷"的质量管理的结果。

没有检查员，一旦加工出不合格品怎么办？绝大多数到三洋制冷参观访问的人都不无疑惑地问。这时，三洋制冷的每一位员工，都会充满自信地告诉你三洋制冷在用最先进的检测仪器检测产品的最终质量的同时，采用了和绝大多数企业完全相反的质量管理方法，取消工序检查员，把"质量三确认原则"作为质量管理的最基本原则——每一位员工，都要"确认上道工序零部件的加工质量，确认本工序的加工技术质量要求，确认交付给下道工序的产品质量"，从而在上下工序间创造出一种类似于"买卖"关系的三洋制冷特有的管

第十二章 企业质量管理

理现象。

上道工序是市场经济中的"卖方",下道工序是"买方",是上道工序的"用户",如果"卖方"质量存在问题,则"买方"可拒绝购买,不合格品就无法继续"流通"下去。三洋制冷正是通过这种"买卖化"的独特的质量管理方式,形成了没有专职检查员,但每个员工都是检查员的人人严把质量关的局面,从而保证了"不合格品流转为零"的目标得以实现,确保最终生产出近乎完美的零缺陷产品。这种质量确认法,与传统质量管理的"互检"法比较相似,不同的关键点在于,传统的"互检"只是挑出别人的毛病,与己无关。而这种确认法则讲求确认者的责任,要求本工序的操作人员必须同时承担起上道工序的责任,一环扣一环,环环相扣,使质量责任制真正落实到每个操作者肩上,通过相应的考核,真正实现责任与利益的统一。转入加工的确认点是连带责任的开始,也是对自我确认的肯定。就其实质来讲,它是国有企业自检、互检经验的再发展,是员工主人翁精神的再体现,是工艺纪律松懈教训的再纠正。这三条看似简单,真正做起来并形成良好的质量意识和习惯却是一个很长的培育和实践过程。

"三确认"变单纯的事后控制为事前预防、事中控制、事后总结提高的管理模式,以员工工作质量的提高使产品质量得到有效保证和改善,使员工做到了集生产者与检查者于一身,它能预防和控制不良品的发生和流转,强调第一次就要把事情做好,追求零缺陷,用自身的努力最大限度地降低损失。从而实现了"3N"的工序质量控制目标,即不接受不良品,不生产不良品,不转交不良品,达到了"不良品流转率为零"的工序质量控制目标。三洋制冷的每个员工都了解这样一个道理,产品质量是制造出来的,而不是检查出来的。检查只能起到事后把关的作用,而损失已经造成。因此,三洋制冷在实行"质量三确认原则"的同时,员工们每天都要填写关键工序的质量检查表和质量反馈单,使各种质量数据及时反馈到品质部门,对生产过程的质量进行监督控制,检查各环节关键工序关键项目。品质保证部通过对数据的分析处理,再发出各种作业指示,来进行质量控制,并作为改善质量工作的指导。品质保证部门早已不是国有企业的质量检查部门,它更注重事先预防的管理,强化生产过程的质量宏观控制,与员工的关系不是检查被检查的关系,而是质量共同的保证者。他们掌握并控制生产过程中关键工序、关键部件、关键指标的完成,并加以保证确认,他们针对生产过程中出现的质量问题,进行综合分析、查找原因、制定措施,指导带动员工加以改善和提高,并不断对实施过程和结果进行指导和再监督。同时,各质量管理小组也针对发生的质量问题,寻找原因并拟定出解决对策,避免相同或类似问题的再发生。正是由于全体员工的共同参加和努力,才使"一切以预防为主""一切用数据说话"和"一切使用户满意"的质量管理理论,在三洋制冷得以确实实行,并取得了丰硕的成果,在全面质量管理的基础上走出了一条创新的路子。

三洋制冷早在1996年就在行业内率先通过了ISO9002国际质量管理体系认证,但是他们仅把认证作为质量管理工作上的一个最起码的工作,而以"零缺陷"作为质量工作的最高目标,并且坚持不懈地进行持续改进。"零缺陷"的质量管理思想,不仅在质量管理方面，而且在三洋制冷经营管理的方方面面均得到推行，进而发展成"零缺陷自我改善运动"，逐步形成了一整套基于"零缺陷"的管理思想，并成为三洋制冷"自我改善"的企业文化的重要组成部分。

思考题

1. 三洋制冷在管理过程体现了那些 ISO9000 质量管理体系 8 项管理原则？
2. 三洋制冷是如何体现质量管理中"卖方"，下道工序是"买方"的概念的？

二、小故事

小故事(一)

第二次世界大战中期，美国生产的降落伞的安全性能不够好，虽然在厂商的努力下，合格率已经提升到 99.9%，但还是差一点点。军方要求产品的合格率必须达到 100%。可是厂商不以为然，他们强调，任何产品都不可能达到绝对 100%的合格，除非出现奇迹。

但是，降落伞 99.9%的合格率，就意味着每一千个跳伞的人中有一个人会送命。后来，军方改变了检查质量的方法，决定从厂商前一周交货的降落伞中随机挑出一个，让厂商负责人背着这个伞，亲自从飞机上跳下。

这个方法实施后，奇迹出现了，不合格率立刻变成了 0！

小故事(二)

消费者购物，买的就是质量，可生活中就有"买不走"的质量。这倒不是因为商品本身的质量有问题，而是因为，有一种质量是无法用钞票购买的。

有一次，我的朋友到一家久负盛名的拉面店吃牛肉面，临行前特地带了一只饭盒，准备吃完后给自己的孩子也带一份回去。当服务员将两碗面端来，他刚要将其中一碗倒入饭盒，却被拉面的老师傅制止："你这是干什么？"

朋友不解地回答："我带一碗回去呀！"

"那你为什么不早说？""为什么要早说呢？"

"为什么！等你把面吃完了，拿回去的这一碗面还能吃吗？早就糊掉了！"

朋友一听，笑了："没关系，不过带回去给孩子吃，没关系的！"

"不行！我不管是给谁吃的，我们这个店是有招牌的。如果要带回去，等你吃完了，我再另做一碗。开玩笑，这样的面不是砸我们的招牌吗？"

"可我没时间等呀！孩子快放学了。"

"不会让你久等的。保证你一吃完面，正好可以提走。以后最好是带着你的孩子过来吃，我们这面的质量是买不走的。"

好一个"买不走"的质量！朋友既惊讶又感动。他终于明白为什么附近面馆林立，而

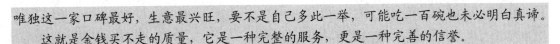

唯独这一家口碑最好,生意最兴旺,要不是自己多此一举,可能吃一百碗也未必明白真谛。这就是金钱买不走的质量,它是一种完整的服务,更是一种完善的信誉。

小故事(三)

一个替人割草打工的男孩打电话给一位陈太太说:"您需不需要割草?"

陈太太回答说:"不需要了,我已有了割草工。"

男孩又说:"我会帮您拔掉花丛中的杂草。"

陈太太回答:"我的割草工也做了。"

男孩又说:"我会帮您把草与走道的四周割齐。"

陈太太说:"我请的那人也已做了,谢谢你,我不需要新的割草工人。"

男孩便挂了电话,此时男孩的室友问他说:"你不是就在陈太太那割草打工吗?为什么还要打这电话?"

男孩说:"我只是想知道我做得有多好!"

小故事(四)

最近读到一篇短文,是嘲笑循规蹈矩的德国人的:"中国的留德大学生见德国人做事刻板,不知变通,就存心捉弄他们一番。大学生们在相邻的两个电话亭上分别标上了"男""女"的字样,然后躲到暗处,看"死心眼"的德国人到底会怎么样做。结果他们发现,所有到电话亭打电话的人,都像是看到厕所标志那样,毫无怨言地进入自己该进的那个亭子。有一段时间,"女亭"闲置,"男亭"那边宁可排队也不往"女亭"这边运动。我们的大学生惊讶极了,不晓得何以"呆"到这份儿上。

面对大学生的疑问,德国人平静地耸耸肩说:"规则嘛,还不就是让人来遵守的吗?"德国人的刻板可以让我们开心地一连笑上3天,而他们看似有理的解释,也足以让某些一贯无视规则的"国产大能人"笑掉大牙。但是在开心之余,嘲笑之余,我们漠视规则已经多久了?我们总是聪明地认为,那些甘愿被规则约束的人不仅是"死心眼",简直是"缺心眼"。

小故事(五)

有个老木匠准备退休,他告诉老板,说要离开建筑业,回家与妻子儿女享受天伦之乐。

老板舍不得他的好工人走,问他是否能帮忙再建一座房子,老木匠说可以。但是大家后来都看得出来,他的心已不在工作上,他用的是软料,出的是粗活。房子建好的时候,老板把大门的钥匙递给他。

"这是你的房子,"他说,"我送给你的礼物。"

他震惊得目瞪口呆,羞愧得无地自容。如果他早知道是在给自己建房子,他就不会这样干了啊!现在他得住在一座粗制滥造的房子里!

我们又何尝不是这样。我们漫不经心地"建造"自己的生活,不是积极行动,而是消极应付，凡事不肯精益求精，在关键时刻不能尽最大努力。等我们惊觉自己的处境，早已深困在自己建造的"房子"里了。

把你自己当成那个木匠吧，想想你的房子，用你的智慧好好建造吧！你的生活是你一生唯一的创造，不能抹平重建，即使只有一天可活，那一天也要活得优美、高贵，墙上的铭牌写着："生活是自己创造的。"

第四节　素 质 拓 展

一、思考题

（1）引例中，IBM 在质量管理过程中是如何贯彻全员参与原则的？
（2）为什么说过程管理成为许多优秀企业改进绩效、不断进步的重要改革举措？
（3）IBM 的过程质量管理对中国企业的现代管理真的具有重要的指导意义吗？

二、辩论

（1）题目：产品服务质量取决于生产、营销部门
（2）目的：
① 了解掌握质量管理的基本理论。
② 培养学生的质量管理无小事的意识。
③ 初步领会"全面质量观"的内涵。
（3）具体要求：
① 将全班同学分成正方与反方若干小组（限 5 人一组）进行辩论。
② 正方坚持"产品服务质量取决于生产、营销部门"立场论述。
③ 反方联系企业质量管理的基本理论，举例说明确立企业质量管理中其他部门的作用，界定生产营销部门和其他部门的正确关系等论点反驳正方观点。
④ 正反双方在辩论中，既要回答对方的提问，也要向对方提出疑难问题，要求答辩。
⑤ 正反双方举例鲜明生动，并形成书面辩论资料，呈报老师或评委。

三、创业素质论坛

哪些人适合创业

1. 能不计得失全力投入工作的人

创业能成功的朋友，在打工的时候无一例外都是不错的员工，都舍得为工作付出，打

第十二章　企业质量管理

工可是有人为你付钱来培训你，并为你一切工作失败买单，此时不借机多锻炼更待何时？难道真要化自己的钱才高兴？

2. 对未来有危机感有规划的人

创业成功的人有不少在打工的时候已经有意在培养创业的能力，并且在创业前也会对自己的项目仔细规划，并反复推算成功的可能性，古人云，"谋定而后动"。

创业你可能拿的是"你的积蓄+你父母的血汗钱+你朋友准备结婚钱+你朋友准备买房的钱"。不管什么钱都是不能亏损的钱，你不在创业前做好市场分析、竞争分析、价格分析、营销分析、财务分析，等等，难道一定要瞎猫抓耗子？

3. 有老板心态的人

有的人打工的时候就是为老板打工，老板说什么就干什么，而有的人就不一样，他会多问几个为什么，老板为什么会这样做？原因是什么？并会把自己放在老板的位置去考虑，自己会怎么做，并且把自己思考的结果和老板的实际做法进行比较。

人要经常"换位思考"才能成长，当你经常按老板的想法去思考问题的时候，其实你已经在虚拟创业了。

4. 意志坚定的人

创业好比万里长征，意志不坚定是不可能坚持下去的，打工只需你和老板处理好关系就可以了，而创业你可能面对不顺利、家人的不理解、各个政府机关、你的员工等，任何一项都需要你有战士的意志才能坚持下去。

5. 赌性大的人

这里所说的赌性不是赌博，是说你要敢搏。人生能有几回搏，当条件成熟了如果你还是瞻前顾后，犹豫再三，恐怕你也只是古晋名士，只会空谈而已。

6. 心胸宽广之人

面对你的合伙人、供应商、客户、员工等，很多时候创业需要你心胸宽大，目光看远点，甚至需要忍耐。

第十三章　企业技术进步与新产品开发

引例　保持青春与梦想

　　1958年，正当本田的产品在日本市场供不应求之时，本田宗一郎和藤泽的目光已转向了国际市场。本田的摩托车和汽车源源不断地销往美国，1959年还设立了美国本田公司，作为本田向美国出口的基地。

　　60年代，西方国家爆发了反污染运动，国际汽车市场发生急剧变化。直到70年代初，汽车市场仍然不景气。这件事促使本田宗一郎去研究新型的发动机。1972年，一种CVCC发动机生产出来了。它第一个达到了美国制订的汽车排废标准，连福特汽车也自叹不如。这充分体现了本田宗一郎强烈的市场意识。

　　本田宗一郎的个性和他对机械技术的悟性一样超群。他爱冒险，爱挑战，他不会在传统思想面前畏缩不前。他是个企业家，但他并不关心利润，不关心名誉。

　　本田宗一郎从很年轻的时候开始，就一直喜欢赛车，也许在这种激烈的竞技活动中，使他体会到挑战的快乐。他一直亲自驾驶自己制造的赛车参加大赛，直到发生了严重的事故才不得不"挂靴"。但他的本田车，无论是汽车还是摩托车，却依然在赛场上驰骋。在世界方程式汽车大赛，在世界香槟摩托车大赛，在其他各种名目的世界大赛，本田车都取得了很好的成绩。

　　他的个性还表现在他的穿着上。他经常穿着鲜艳夺目的衣服，有时甚至花哨得近乎俗气。他说："如果你不惹麻烦，别人都不会计较。这种思维方式对发明家和艺术家非常重要，因为这表明他们有勇气有信心打破传统思想。"

　　"他对技术的追求永无止境，似乎是痴迷于无穷无尽的梦想。"藤泽在回忆他们的合作时说，"我们从不树立任何目标，每一次那是带着一种梦幻开始我们的事业。如果他开始谈论诸如'下一年我们将创造多少利润'的话题，我可能会诧异，因为他从不关心个人的收入。"

　　1973年10月，在公司成立25周年之际，本田宗一郎即和藤泽双双急流勇退。那一年本田宗一郎67岁，作为一个大企业家正值盛年，但他说："本田总是走在时代的前面，我认为公司的这种成功应归于'保持青春与梦想'的立场原则。我相信本田将永葆它的创新精神。"

第十三章　企业技术进步与新产品开发

第一节　知识清单

一、企业技术进步的含义

对企业技术进步，有广义和狭义两种理解。所谓狭义的企业技术进步，是指科学技术成果在生产中的运用而导致新产品、新工艺和新设备的出现。此概念适用于某项技术革新或某项科研成果的经济效益。而广义的企业技术进步，不但包括狭义技术进步所指的生产技术水平的变化，而且包括管理水平的进步、劳动者素质的提高、服务水平的改善以及各种政策因素等在内的变化，可以说广义的技术进步包括了内涵扩大再生产的全部因素。具体地说，企业的技术进步包括以下几方面的含义。

1. 产品的技术进步

产品的技术进步是指产品技术水平的提高和产品开发技术手段的进步。它包括采用何种新技术使产品的功能、适用性、质量、结构、材料、可靠性、操作维修性和经济性等得到改善和提高；运用现代创造技术和价值工作等提高产品开发效率和效果。产品的技术进步主要体现在：①新产品储备率，即企业根据市场变化，及时推出新产品的种数占已有产品种类的比例，新产品储备率高说明企业产品的技术进度也高；②新产品开发周期，开发周期越短，产品的技术进步越快；③产品的功能、质量和成本水平满足用户要求的程度，表明产品技术进步的效益；④产品的多样化水平，即产品在规格、型号、花色等方面呈现多样性，说明产品技术的适应性强。

2. 工艺的技术进步

工艺的技术进步是指生产工艺过程中各种手段和方法的不断创新。通过工艺的技术进步，可以节能降耗，提高劳动生产率和产品质量，降低成本，防止环境污染等。工艺的技术进步主要指工艺装备的完善和发展以及工艺方法、工艺规程、质量与成本控制手段等的不断变革。随着科学技术的发展，企业工艺技术进步日益呈现自动化、柔性化和智能化等发展趋势。

3. 企业管理的技术进步

随着科学技术的进步，不断进行管理观念、管理方法和管理手段的创新，提高科学决策的水平和效率，实现企业管理职能的技术进步。其好处是合理配置企业资源，实现产品结构、产业组织结构的合理化和规模经营。

4. 职工素质的提高

实现产品和工艺的技术进步对劳动者的知识和技能提出了更高的要求，因此，企业管理者、技术人员、操作者的知识更新以及技术、技能水平的提高就成为实现企业技术进步的关键。

二、促进企业技术进步的主要途径

促进企业技术进步的最重要的途径有三个：技术创新、技术引进和技术改造。

(一)技术创新

德国经济学家李斯特早在 100 年前就有一句名言："一个国家可能很穷，但它若是有创造财富的生产力，它的日子就会越过越富；财富的生产力比财富本身不知道要重要多少倍。"技术创新是人类创造财富和积累财富的根本所在，是人类财富的源泉。而对于现代社会财富直接创造者的企业来说，技术创新则是其在竞争中发展，赢得和保持某种或某些竞争优势的根本动力。

1. 技术创新的定义

所谓创新，熊彼特定义为：把一向从来没有过的关于生产要素的"新组合"引入生产体系。这种组合包括引进新产品、引进新技术、开辟新市场、控制原材料新的供应来源和实现工业的新组织。

所谓技术创新是指与新产品的制造、新工艺过程或首次商业应用有关的技术、设计、制造及商业活动。它包括产品创新、过程创新和扩散。

所谓产品创新，是指技术上有变化的产品的商品化，它可以是完全新产品，也可以是改进新产品。而过程创新，也叫工艺创新，是指一个产品的生产技术的重大变革，它包括新工艺、新设备及新的管理和组织方法。所谓扩散，则是指创新通过市场或非市场的渠道的传播。没有扩散，创新不可能有经济影响。

2. 技术创新的特征

作为企业的一项重要的经济活动，技术创新的主要经济特征可归结为以下几个方面。

(1) 创造性。创造出新的资源以及对生产要素的重新组合，必然伴随着改进与提高的创造性活动，这是技术创新的最基本特性。它要求创新的主体——企业必须要具有强烈的创新意识、一定的富有创造性的决策能力和勇于承担风险的意识，还要有创造性的组织才能。

(2) 积累性。每一轮新的创新都要以先前的创新成果为基础，新一轮创新并不是全盘否定原有的产品和生产要素组合，而是在已有知识积累到一定程度对旧产品和工艺的一种扬弃和技术突破。技术创新积累的另一层含义是，技术创新并不是一定会带来技术上的重大突破，在企业创新实践过程中，大量成功的创新往往是渐进的，是点点滴滴积累而得来的，而不一定是技术上的新飞跃。

(3) 效益性。任何层次及规模的技术创新活动，都需要一定数量的资源投入，这是实

第十三章　企业技术进步与新产品开发

现预期的创新目标的物质保证。伴随着这种投入，是每一次成功的技术创新活动的根本动力所在。从更高的角度讲，技术创新的效益性，不仅表现为企业的经济效益，而且还会有一定程度的社会效益以及宏观的经济效益——企业的持续不断的技术创新是促进一国经济增长和发展的基本保证。

(4) 风险性。技术创新活动同时又是一项风险很高的创造性的技术经济活动。在这一复杂的过程中，有些因素是可控的，也有些因素是不可控的，是难以事先估计或把握的。即使在发达国家，也有近 90%的技术创新项目在进入市场实现商业化之前就宣告失败。技术创新的风险主要来自三个方面：①技术性风险，例如技术开发本身的成熟度不够；②市场风险，例如消费者的需求发生变化等；③社会风险，例如自然风险和政策性风险。企业在创新过程中必须严密组织、科学管理，以将风险降到最低限。

(5) 扩散性。尽管技术创新会伴随高风险，但它一旦取得成功，便会对企业的发展乃至整个经济的增长产生巨大的推动作用。促使成功的创新活动产生最大的经济影响力的一个重要途径，就是成功的技术创新成果的扩散。

(二)技术引进

技术引进又称技术输入，是充分利用国际技术资源，引进外国的先进技术、装备、管理知识和经验，促进企业技术进步的有效手段。

1. 技术引进的方式

技术引进的一般方式主要是通过国际学术交流和情报的交流、政府间及民间的技术援助和合作等方式，在平等互利的基础上引进技术知识，包括以图纸、技术资料、技术规范等形式提供的工艺流程、配方、产品设计、质量控制以及管理等方面的专有技术、技术装备、技术服务以及获得专利权或其他工业产权的转让或许可。

技术引进的具体方式和途径主要有以下几种。

(1) 引进成套设备。这种方式可以在较短的时间内形成一定的生产能力，对填补技术和产品空白有显著效果。其不足是：①需要大量外汇；②难以得到关键技术，难以摆脱对国外技术的依赖性。

(2) 补偿贸易。这种方式将引进技术与出口、返销产品相结合，可以用产品偿还引进技术的资金和利息。

(3) 来料加工等。它包括来样加工、来图加工和产品装配等。这种方式掌握技术局面，有利于技术人员和工人技术水平的提高。

(4) 合作生产。即与国外企业或科研单位合作共同研制产品或成套设备。这种方式可以对等交换技术，取长补短，提高效率，节约经费，缩短研制周期。

(5) 许可证贸易。这种方式的主要内容是专利、专有技术知识与商标的有偿转让。其优点是可获得垄断技术的使用权以及继续技术援助，有利于引进方掌握先进技术，但许可证贸易往往要求条件苛刻，引进方应熟悉国际技术贸易知识与国际法律惯例，否则容易上当受骗。

(6) 合资经营。其优点是可以利用外资，并引进先进的技术和管理，同时把技术、生产和销售有机地结合起来。

上述方式中，前三种一般称为"硬件"引进，主要是引进生产能力，并不能真正或有效地引进先进技术；后三种被称为"软件"引进，以引进技术为重点。发展中国家，一般在经济发展的初期以引进成套项目为主；在经济发展到一定阶段，应以引进"软件"为主，以真正掌握先进技术。

2. 技术引进必须注意的问题

(1) 引进技术必须先进适用、平等互利。引进的技术必须先进适用，能真正提高企业和国家的科技水平。主要体现在：能生产和发展高科技产品，能提高产品质量，降低成本，节约能源和材料；有利于充分利用本国资源，能扩大产品出口，增加外汇收入；有利于改善生产条件和保护环境；有利于改善和提高企业经营管理水平。

(2) 技术引进的实施程序和步骤必须科学规范。

(3) 做好引进技术的消化，吸收和国产化工作。技术引进可有力地推动企业技术水平的提高。但是科学技术的背后是巨大的经济利益。世界上最先进的技术是学不来的，如果不能把自主开发创新与引进国外先进技术有机地结合起来，就会永远落在发达国家的阴影里，陷入"落后—引进—再落后—再引进"这样一个高投入低效益的怪圈之中，即所谓的"技术创新追赶陷阱"。

(三)技术改造

1. 技术改造的含义

技术改造是一种管理活动过程。它是以企业为对象，以提高产品质量、促进产品更新换代、节约能源、降低消耗、全面提高社会经济效益为目标，以新的，通常是效率更高的技术取代旧技术的一种管理活动。

2. 技术改造的步骤

技术改造通常要经过下列步骤。

(1) 进行现状分析。对企业的技术、经济现状进行分析，找出不足之处并确定工作目标。

(2) 寻找适当技术。在对国内外现有技术成果进行分析的基础上，寻找先进的、成熟的、适用的技术。

(3) 设计技术改造方案。根据企业现有的人力、物力和财力等，设计切实可行的技改方案。

第十三章　企业技术进步与新产品开发

(4) 对技术革新改进方案进行全面评价筛选。在最大限度提高经济效益的前提下，将技术的先进性、可靠性和可行性有机地结合起来。

(5) 组织实施。包括技术的购进，对技术的修正使之适合于企业的情况，以及投入使用。

(6) 评价。验证它是否达到预定目标，并提出进一步改进的方案。

应当明确技术改造是一个动态发展过程，在生产的发展过程中，只要有新的科学技术不断涌现，就要为利用这些技术不断进行技术改造。无论是大企业还是中小企业，无论是传统产业还是新兴产业，无论是发达国家的企业还是发展中国家的企业，都面临着不断更新技术的挑战。因此，不能把技术改造看成是表态的、一次完成的过程，或是某个特定历史时期的有限过程。

3. 企业技术改造的主要内容

(1) 加工工艺的改造。这是指运用新的科学技术成果对产品的材料、加工制造方法、工艺流程、工艺检测、质量控制和维修等技术进行的革新和改造。

(2) 设备的改造。设备的改造必须与加工工艺的改造同步进行，使之适应和满足工艺技术进步的要求。

4. 技术改造的可行性分析

企业技术改造涉及国家整个产业结构的优化和产品结构的调整，关系到技术是否先进适用，能否取得期望的经济效益以及技改投资的筹措、回收、偿还等诸方面的问题。因此，企业技术改造必须突出重点，有步骤、有计划地进行，做好技术改造项目的可行性研究。

三、新产品及其分类

(一)新产品的含义

新产品是指在一定的地域内，第一次生产和销售的，在原理、用途、性能、结构、材料和技术指标等某一方面或几个方面比老产品有显著改进、提高或独创的，具有使用价值和推广价值，可产生明显经济效益的产品。新产品是一个相对的概念，一方面它是相对于老产品而言，另一方面它是相对于一定的地域而言。其工作程序包括整理市场研究资料——提出新产品概念——新产品可行性分析。

(二)新产品的分类

1. 按其所在地域范围划分

新产品按其所在地域范围可划分如下。

(1) 国际新产品是指在世界范围内第一次进行试制和销售的新产品。

(2) 国内新产品是指国外已有，而在国内第一次试制和销售的新产品。

(3) 地区新产品是指在国内其他地区已有，但在本地区第一次试制和销售的新产品。我国目前承认到省一级新产品。

2. 按所含新质的程度划分

新产品按所含新质的程度可划分如下。

(1) 全新产品。指采用科学技术的新发明所生产的产品。例如，电灯、电话、洗衣机等第一次出现的都属于全新产品。其与老产品相比在原理、技术、材料、结构和工艺等性能指标上有突破性提高，具有明显的技术经济优势。但其研制往往需要理论科学与应用科学的配合，研制难度大，成本高，周期长，成功率低，在创新产品中只占很小的比例。

(2) 换代产品。指产品基本原理不变，产品中部分地采用新技术、新结构、新材料和新工艺，从而使产品的性能或经济指标有显著提高的新产品。例如，第一代计算机采用电子管为主要元件；第二代计算机则用晶体管元件代替了电子管元件；第三代替代为集成电路元件；第四代计算机用大规模集成电路元件替代了普通集成电路元件。换代产品的开发难度较全新产品小，是企业新产品开发的重要形式。

(3) 改进新产品。指在原有产品的基础上采用各种改进技术，对产品的功能、性能或型号、花色进行局部改进而制成的产品，包括在基型产品基础上派生出来的变型产品。例如，空调带上远距离遥控开关，电熨斗加上蒸汽喷雾。这种产品开发难度不大，但容易被竞争者模仿。

(4) 仿制新产品。指对市场上已经出现的产品进行模仿并改进，而非照抄，应力求对产品存在的缺陷和不足研制开发出的产品。研制这种产品比较容易，不需要太多的资金和尖端的技术，但应防止全盘进行改进。

新产品开发，无论是产品规划还是开发项目的实施，都是知识密集型的工作。我们要充分考虑利用知识管理的作用，建设各种知识平台，促进知识共享，降低内外部知识产生、加工和传播利用的成本。这样，能够在很大程度上提高产品规划和开发项目实施的表现，或降低投入的成本。

新产品开发的所有活动都依赖于高素质的人员，如何管理新产品开发人员，并不断提升、发展他们的技能，是新产品开发管理的一个重要命题。

四、产品的生命周期

(一) 产品生命周期的概念

产品生命周期指的是任何一种产品从进入市场到退出市场所经历的市场生命循环过程。当产品经过研究开发、试销然后进入市场时，它的生命周期才算开始。而产品退出市场则标志着生命周期的结束。因此，产品生命周期亦称产品市场生命周期或产品经济寿命周期。在现代市场经济条件下，企业不能只埋头生产和销售现有产品，而必须随着产品生命周期的发展变化，灵活调整市场营销方案，并且重视新产品的开发，及时用新产品代替衰退的老产品。

1. 产品生命周期的含义

关于产品生命周期，从其概念中我们可以看出以下三个方面。

(1) 产品的生命周期指的是产品的经济寿命，而不是指产品的物质寿命。它只是反映产品的经济价值在市场上的变化过程，而不反映产品的物质形态消耗的变化过程。

(2) 产品的经济寿命是从市场营销的角度来抽象描述产品的生命过程。决定和影响产品经济寿命的主要因素是社会及市场的需求状况以及新技术、新工艺、新产品的发展情况。

(3) 虽然不同产品在同一市场上的生命周期有所不同，同一产品在不同市场上的生命周期也存在一定的差异，但其变化过程基本上都可用一条古钟形曲线来加以描述，我们称这条曲线为产品生命周期曲线。典型的产品生命周期曲线如图 13-1 所示。

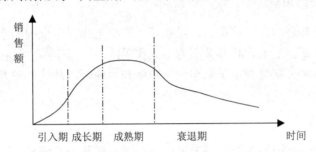

图 13-1　产品生命周期曲线

2. 产品生命周期各阶段的特点

在产品生命周期中，根据产品在市场上销售量的变化情况，可以将产品生命周期分成以下四个阶段。

(1) 投入期，又称试销期或介绍期，是新产品刚开始投入市场的初级阶段。此时，产品还未被顾客认识，销售量增长缓慢，成本偏高，生产投入所耗费的资金多，企业不但得不到利润，反而可能亏损。这一阶段产品本身也往往存在着种种问题，有待进一步完善，产品在市场上能否成功还无把握。

(2) 成长期，又称发展期或畅销期，是产品在市场上逐渐被更多顾客了解和接受的阶段。这一阶段产品销售量迅速增加，市场占有率稳定上升；企业内部，产品已经投入批量生产，成本有较大幅度的降低，企业开始赢利，利润与销售额同步增长。

(3) 成熟期，又称饱和期，是指产品大量销售阶段。这一阶段产品已经享有相当的声誉，达到一定的市场占有率，开发和推销该产品的全部费用已经收回，利润最佳。但因此时产品已经达到一定的市场饱和量，因而竞争加剧，销售增长率下降。

(4) 衰退期，又称滞销期，是产品销售量迅速减少的阶段。这一时期产品已逐渐被市场上的新产品所替代，销售量急剧下降，产品在技术上处于劣势，被迫降价出售，利润迅速减少，最后不得不停产退出市场。

(二)研究产品生命周期的作用

工业企业对产品寿命周期的研究，可以帮助企业制定正确的营销组合策略，为产品的更新换代和产品开发决策提供依据。一般说来，不同阶段应采取不同的策略，具体策略在第七章的市场营销管理中已有详细介绍。

(三)延长产品生命周期的途径

一般来说，延长产品生命周期主要是通过延长成熟期并且推迟衰退期的来临来实现。主要有以下几种方法。

1. 寻找产品的新用途

例如，美国杜邦公司发明的尼龙，最初用于军事上作降落伞的绳索。由于其市场面狭窄，很快进入饱和期。后来，杜邦公司对尼龙作了改进，用于制作丝袜等针织品，大大扩展了市场。此后，它又把尼龙用于制造汽车轮胎和地毯等，从而使尼龙产品的生命周期长盛不衰。

2. 开发新市场

由于不同国家、不同地区的经济发展水平不同，在某一经济发达地区已属成熟期或衰退期的产品，在另一经济落后国家或地区可能尚属未投入的新产品。因此，利用一国国内或国与国之间经济发展的不平衡性，把在经济发达地区已进入成熟期或衰退期的产品转移到经济相对落后的地区去销售，就可以大大延长这种产品的寿命周期。例如，由城市转向农村、由国内转向国外。

3. 加强售后服务

通过改善售后服务，增加销售网点，提供维修和配件，甚至提供送货上门等服务，给顾客提供周到的服务，以争取顾客的信赖使他们重复购买，稳定市场销量。

4. 改进原有产品

通过改进产品设计、提高产品质量和性能、改善产品的外观和包装来吸引新顾客和稳定老顾客，使老产品重新焕发青春。一般可采取的措施有：改进局部设计，提高产品的性能和质量；改造产品结构、形式，扩大或改变产品的原有用途，使得一机多用、一物多能；增加辅助装置，对产品中的先天性缺陷进行弥补，提高产品的安全性和可靠性；简化产品结构，降低产品成本，例如把某些粗、大、笨的产品通过改进设计、更换材料、增加必要物件等措施，从而缩小体积，减小重量，降低成本，提高使用性能；改进产品的动力装置，节约能源消耗；改进造型和外观式样，增加品种和花色。

五、新产品开发

(一)新产品开发的方式

企业进行新产品开发，并非必须由企业独立完成从新产品的创意到生产的全过程。企业可以根据自身的研究开发能力，选择不同的产品开发方式。

下面介绍新产品开发的一般方式。

1. 独立研制开发

独立研制开发是指企业依靠自己的研究开发力量，根据国内外市场情况和顾客的要求，独立完成产品的构思、设计和生产等全部工作。这种方式一般适用于具有较强的研发能力和技术力量并且资金雄厚的大型企业。

2. 引进技术

企业在新产品开发时，应充分利用国际上已有的先进技术，向国外有关科研部门、开发公司或其他企业购买某种新产品的专利权来发展新产品。这种方式可以节约科研经费，节省开发时间，少走弯路，直接引进最先进的技术；可以尽快缩短与国际竞争企业之间的技术差距，这在复杂多变的现代市场上是极为重要的。

3. 独立研制与引进技术相结合

独立研制与引进技术相结合是指企业在对引进的技术进行充分消化、吸收的基础上，结合本企业的科研技术进行新产品的开发。这种方式不仅可节省投资、见效快，而且可以促进企业科研能力的提高。

4. 联合开发

联合开发是指企业的科研开发能力较弱，没有能力进行独立研制开发；或独立开发需要较长时间，可能会贻误时机的情况下，与其他单位联合开发新产品。例如厂厂联合、厂校联合及工厂与研究所联合等。

(二)新产品开发的程序

新产品开发是一项复杂的技术管理工作，企业要开发新产品，从确定开发方向到组织实施、从提出设想到投放市场，要经过许多阶段。这些阶段之间是互相制约、互相衔接和互相促进的。新产品开发的阶段性和衔接性，就形成了新产品开发的程序。

由于不同行业的生产条件和产品项目不同，以及企业选择的产品开发方式不同，新产品开发的具体过程也不完全一样。对于独立研制开发的加工装配式企业，其新产品开发的程序一般需经历以下两个阶段。

1. 开发决策阶段

1) 寻求产品创意

新产品开发过程是从寻求产品创意开始的。所谓产品创意，就是企业从自身角度出发考虑向市场提供的开发新产品的设想或构思。虽然并不是所有的创意都能变成产品，但寻求尽可能多的创意却可为企业新产品开发提供较多的机会。因此，现代企业都非常重视产品创意的开发。

获得新产品创意的来源很多，企业内部主要有公司经理、员工和研究开发部门等；企业外部主要有经销商、产品许可经营者和发明者等。此外，企业还可以从市场研究公司、广告代理商、高校、咨询公司和有关媒体那里寻求有用的新产品创意。

寻找和搜集新产品创意的主要方法如下。

(1) 产品属性列举法。产品属性列举法是指将现有产品的属性一一排列出来，然后进行探讨，尝试改良每一种属性的方法，然后在此基础上形成产品的创意。

(2) 强行关系法。强行关系法是指先列举若干不同的产品，然后把某一产品与另一产品或几种产品强行结合起来，产生一种新的构思。例如，组合家具的最初构想就是把衣柜、装饰柜、写字台的不同特点及用途相结合，设计出既美观又实用的组合型家具。

(3) 征集意见法。征集意见法是指产品设计人员通过问卷调查、召开座谈会等方式了解消费者的需求，征求科技人员的意见，询问技术发明人、专利代理人、大学或企业的实验室、广告代理商等的意见。

2) 调查研究

企业在取得足够多的创意后，必须有目的地开展调查研究活动，为制订新产品开发方案提供资料和依据。一般开发新产品的调查研究主要包括技术和市场两个方面。技术调查包括搜集国内外的技术情报，了解产品的技术发展情况和发展趋势，预测未来可能出现的新技术、新工艺和新材料，调查企业自己的技术储备状况和研究开发能力等。市场调查包括国内外市场的用户对新产品的品种、规格、数量、质量和价格等方面的要求，市场需求的可能分布情况和需求的变化趋势，竞争对手的势态和发展趋势等。

3) 构思并筛选方案

在调查研究的基础上，将产品创意形成若干个产品开发方案。开发方案是对新产品的基本特征及开发的必要条件进行的描述。方案筛选就是对构思的若干方案从技术的先进性和可行性方面、满足顾客需求和经济效益方面进行对比分析，选出满意的开发方案。

4) 编制新产品开发建议书

开发方案选定后，就需要编制新产品开发建议书。开发建议书的内容主要有：新产品开发的类型和理由、产品的用途和特征、技术的先进性和经济的合理性分析、研制方式选择和研制费用预算等。此文件须报请相关部门批准后，方可进入下一阶段。

第十三章 企业技术进步与新产品开发

2. 产品设计阶段

产品设计是指从编制设计任务书到确定产品具体结构的一系列工作的总称。它决定产品的特征、功能和用途。产品的特征和复杂程度不同，设计的具体内容也会有所差异。一般来说，主要有以下四个步骤。

1) 编制设计任务书

设计任务书是指导新产品的设计和研制工作的纲领性文件。其内容包括新产品的性能、规格、寿命、安全性、使用和维修的方便性及外观质量等各项主要参数；估算新产品的研制时间和研制经费；新产品开发的预期经济效益，例如新产品的目标成本、售价和销量，开发新产品所需的各种投资及其投资回收期、内部收益率等。

2) 样品的设计、试制和鉴定

根据设计任务书的要求，对新产品的具体结构和形式进行技术设计，完成制造产品的全部技术文件的编写与图纸的绘制工作，并在此基础上进行样品的试制。

对试制出的样品，要按照已拟定的各项参数和性能指标进行校核，不符合设计要求的必须重新设计。如果产品设计存在问题，就会造成产品的先天不良，一旦产品定型，要进行改进就很困难了。因此，经常需要多次反复地进行新产品的样品设计、试制和鉴定，直至完全满足设计任务书的要求为止。

3) 小批试生产阶段

小批试生产是对新产品加工工艺和工艺装备的进一步检验。例如产品是否定型；技术性能是否良好；顾客对产品的反应如何；产品是否需要改进，如何改进；预期的经济效益能否实现；企业是否具备批量生产的条件等。只有被这些条件认可后，才能进入批量生产阶段。对于一些工艺简单、时令性强的产品，经过样品鉴定后，也可立刻投入批量生产并投放市场。

4) 正式生产和销售阶段

新产品正式生产并投放市场，标志着新产品进入商业化运作阶段。这时，企业决策层应对何时、何地、向谁及如何推出新产品等问题作出决议。在推出新产品后，应尽快制定出有效的营销组合策略，以便迅速进入并占领市场，促使产品以最快的速度进入成长期。

第二节 延伸阅读：价值工程

价值工程(Value Engineering，VE)是一种以提高价值为目标的技术经济方法，又是一种研究产品设计和进行产品改进的管理技术。价值工程最初由美国通用电气公司的设计工程师麦尔斯(Miles)在1947年担任材料采购工作时提出。他指出，产品的功能可通过不同的材料来实现,从而可使用替代材料代替短缺资源,实现产品的必要功能,并达到降低产品成本的目的。该技术很快得到了推广和应用,并日益受到管理人员和工程技术人员的重视。

一、价值工程的基本概念

价值工程就是以最低的寿命周期成本,可靠地实现产品的必要功能,着重于功能分析的有组织的活动。价值工程的概念包括功能、成本和价值三个概念及三者间的关系等内容。

1. 功能

价值工程中的功能是指产品的使用效能,即产品的技术性能和质量等技术指标。任何一种产品都有其特定的功能,用户购买的是该产品所具有的功能。例如,顾客购买灯具是为了照明。因此,产品的设计者必须从用户的要求出发来进行功能设计,而不能仅靠主观想象。

2. 成本

价值工程中的成本是指产品寿命周期成本(C),是指为实现产品的必要功能所支付的全部费用,不仅包括制造费用(C_1),还包括使用费用(C_2)。二者的关系如图13-2所示。一般来说,寿命周期成本呈马鞍形变化。随着产品功能的提高,产品的制造费用会增加,而使用费用则相应减少;反之,当产品功能较低时,产品制造费用低,而用户使用费用高。因此,企业只有努力寻找适宜的功能,才能使产品寿命周期成本向最低成本(C_{min})靠近,使企业与消费者均受益。

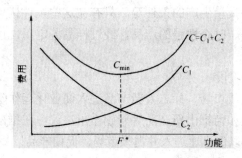

图13-2 产品生命周期成本与功能的关系

3. 价值

价值工程中的价值是指作为某种产品(或作业)所具有的功能与寿命周期成本的比值。它是作为评价事物有效程度的一种尺度提出来的,即评价事物(产品或作业)有效程度的尺度。相对而言,价值高,说明有效程度高、效益大、好处多;价值低,说明有效程度低、好处不大。这种对比关系可以用公式表示为

$$价值(V) = \frac{功能(F)}{成本(C)}$$

价值这一概念反映了消费者在选购产品时，要求功能与成本相匹配的心理。尽管不同的消费者对产品的要求不尽相同，但追求"物美价廉"是消费者共同的尺度。因此，要让消费者购买产品，企业必须下大力气提高产品的价值，使消费者得到实惠，这样才能增强企业的竞争力。

综上所述，价值工程的目的是提高产品的价值。从功能、成本和价值三者的关系可以发现，提高产品价值的途径有以下五种。

(1) $V\uparrow \dfrac{F\uparrow}{C\rightarrow}$，功能提高，成本不变，结果价值提高。

(2) $V\uparrow \dfrac{F\rightarrow}{C\downarrow}$，功能不变，成本降低，结果价值提高。

(3) $V\uparrow\uparrow \dfrac{F\uparrow}{C\downarrow}$，功能提高，成本降低，结果价值大幅度提高。

(4) $V\uparrow \dfrac{F\uparrow\uparrow}{C\uparrow}$，功能提高的幅度大于成本提高的幅度，结果价值提高。

(5) $V\uparrow \dfrac{F\downarrow}{C\downarrow\downarrow}$，功能降低的幅度小于成本降低的幅度，结果价值提高。

二、价值工程的特点

(1) 价值工程以提高对象价值为目的，以最低的寿命周期成本，实现产品的必要功能。企业正在生产或正在研制的产品，其功能成本由于科技日新月异的进步、消费者需求的不断变化，与理想状态有一定的现实差距。如何对产品的功能与成本进行较理想的选择，始终是企业面临的重要课题。离开价值工程，单方面解决成本问题或单方面解决质量问题都不能全面满足企业和顾客的需要。

(2) 价值工程以功能分析为核心。价值工程以功能为中心考虑问题，从消费者的功能要求出发，采用定性与定量相结合的方法分析产品的功能，确定必要的功能，剔除不必要的功能，使功能与成本分析相结合，寻求二者的最佳结合点。以功能分析为核心，不受现有产品的约束，因而可以作出根本性的变革，促进新技术、新工艺、新产品的出现与应用。

(3) 价值工程是一项依靠群众集体智慧的有组织的活动。价值工程活动涉及产品开发、设计、制造、供应、使用、维修以及企业经营的各个方面，需要产品的设计人员、制造人员、销售人员、管理人员和会计人员等共同参加，并相互配合，需要综合运用多种学科知识，因此必须依靠全体职工，有计划、有组织地进行才能取得满意的效果。

三、价值工程的工作程序

价值工程的工作程序,实质上就是提出问题、分析问题和解决问题的步骤。在实际操作中,一般分为对象选择、功能分析、功能评价、方案创造与评价四个阶段进行。

(一)对象选择

要开展价值工程活动,第一步就要正确选择价值工程的对象。因为企业不可能把所有产品及其零部件一次性纳入价值工程活动,而总是要突出重点、有选择地进行,以便更有效地提高产品的价值。为了做好这一工作,必须掌握对象选择的原则和方法。

1. 价值工程对象选择的原则

(1) 从设计方面看,可以选择结构复杂、重量大、材料昂贵、设计落后和不方便维修的产品。

(2) 从制造方面看,可以选择生产批量大、原材料消耗多、废品率高、工艺复杂和工时耗费多的产品。

(3) 从成本方面看,可以选择在同类产品中生产成本较高的产品,或在生产成本构成中某一部分成本所占比重较大的产品。

(4) 从销售方面看,可以选择用户意见大、竞争力差和利润低的产品。

(5) 从产品发展方面看,可以选择正在研制或即将投入市场的产品,也可以选择处于成熟期末的产品。

总之,价值工程对象的选择,应综合考虑以上几个方面。

2. 价值工程对象选择的方法

(1) 经验分析法。它是一种定性分析方法。价值工程人员主要通过研究和讨论,凭借他们的工作经验来选择价值工程对象。

(2) ABC 分析法。ABC 分析法由意大利经济学家巴雷特(Pareto)提出,其基本思想是"关键是少数与次要的多数"。由于该方法的思想符合社会经济等领域的实际,因此被广泛应用于质量管理、库存控制等方面,成为一种有效的重点管理方法。在价值工程中应用 ABC 分析法确定改进对象,要求把全部产品或零件按成本比例由大到小排列,并分为 A、B、C 三类。A 类占成本比例很大,但数量很少,是亟待改进的重点对象,应优先选择为价值工程的对象。如图 13-3 所示。

除此之外,还可采用费用比重法、强制打分法等进行对象选择。

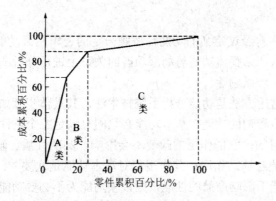

图 13-3　ABC 分析法

(二)功能分析

功能分析是价值工程的核心,通过分析产品功能与用户使用要求间的差距,不断寻找更经济的方案,促进产品改制或设计更新换代。它主要包括功能定义和功能整理两个阶段。

1. 功能定义

功能定义是指用简明、准确的语言对产品功能加以描述,目的是加深对功能的理解,限定功能的内容,明确功能间的区别。

功能定义的要求有:语言要简洁,常采用动词加名词的动宾词组形式,例如加热灯丝、提供光源;表述要比较抽象,以利于设计者开阔思路,激发创造性;定义要准确,以免产生歧义,也便于进行功能整理。

2. 功能分类

从不同的角度研究功能,功能可以分为不同的类别。

(1) 按功能的作用可分为基本功能和辅助功能。例如,指示时间是手表的基本功能,而防水、防震和防磁等为手表的辅助功能,基本功能是指产品直接满足用户使用目的的功能,是产品存在的条件。基本功能发生改变,产品的实际效用也将发生变化,这必然导致整个产品结构发生较大的变化。辅助功能是指为了更有效地实现产品的基本功能,根据用户的特殊要求而增加的起辅助作用的功能。但是,用户这一特殊要求一旦丧失,这些功能往往变为不必要功能。

(2) 按功能的性质可分为使用功能和美学功能。使用功能是指满足用户使用价值的功能;美学功能是指产品的外观功能。有些产品只要求使用功能,例如地下管道、地下电缆等;有些产品只要求美学功能,例如盆景、首饰、雕塑等装饰品。然而,大多数产品要求兼有使用和美学两种功能。

(3) 按用户对功能的要求可分为必要功能和不必要功能。很明显,用户需要的功能是必要功能,必须充分满足;用户不需要的功能是不必要功能,必须坚决剔除。

3. 功能整理

功能整理的目的是对经过定义的功能，按照一定的逻辑明确功能之间的关系，并绘制出功能系统图，以便从产品整体功能与局部功能的关系上进行分析和研究，修正功能定义，及时发现不必要功能，予以剔除。

进行功能整理的常用方法是功能分析系统技术法，其具体步骤如下。

(1) 确定基本功能和辅助功能。基本功能必须同时满足三个条件：它的作用必不可少；它的作用是它的主要目的；它的作用的改变不会影响产品的性质。辅助功能必须同时满足三个条件：对某项功能起辅助作用；其作用相对基本功能是次要的；取消只会影响产品的性能。若取消该项功能不影响产品的性能，则该项功能为不必要功能。

(2) 明确功能之间的关系。与产品结构相对应，存在着一个功能结构。产品结构是由部件、零件组成；而功能结构是由功能、功能区组成。在功能结构中，各种功能间存在着上下位关系和并列关系。凡表示目的的功能称为上位功能，凡作为上位功能赖以实现的手段的功能称为下位功能。上下位功能是相对的。两个以上的、处于同等地位的功能称为并列功能。以手电筒的关系为例，如图13-4所示。

(3) 检查调整，绘制功能系统图。弄清功能间的关系后，还需要进一步检查并调整，以优化整个系统的功能。从系统的最上位功能出发，由左至右，按各功能的相互关系依次排列，并用线段连接起来，就构成了功能系统图。

图13-4 手电筒上下位功能

对于一些复杂产品，在某些上位功能后面，常有若干并列的下位功能，形成功能区。产品的功能由若干个功能区组成，其功能系统十分庞杂，如图13-5所示。

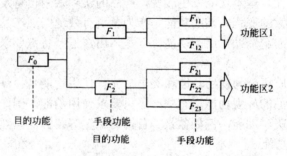

图13-5 产品功能系统图

第十三章 企业技术进步与新产品开发

(三)功能评价

功能评价就是对产品的功能进行定量分析,用数值大小表示功能的重要程度,并用功能除以成本,得到功能的价值,从而确定功能的合理程度,确定价值工程的重点改进对象,保证预期目标的实现。

功能评价的重点是功能数量化。因为成本是用金额表示的,容易度量,而功能比较抽象,很难用定量指标来准确度量,故功能评价首先要采取一定的方法,使功能与成本具有可比性,然后才能计算其价值并进行评价。

目前,功能评价的常用方法有强制确定法、倍比确定法和最合适区域法。

1. 强制确定法

强制确定法可分为"0-1"评分法和"0-4"评分法。

强制确定法的具体步骤如下。

(1) 根据实际资料得到实际的功能成本,求出成本系数 C'。用每项功能的实际成本除以全部功能的实际成本之和,即为每项功能的成本系数,其公式为

$$成本系数 = \frac{某项功能成本}{总成本} = \frac{C_i}{\sum C_i} = C'$$

例:某企业的一种产品具有 A、B、C、D、E、F 六项功能,根据各项功能的实际成本,计算出各项功能的成本系数,如表 13-1 所示。

表 13-1　产品功能成本系数

功能名称	A	B	C	D	E	F	合计
实际成本/元	31	15	9.5	25	9.5	60	150
成本系数 C'	0.21	0.10	0.06	0.17	0.06	0.40	1.00

(2) 计算功能系数(F_i')。功能系数,即某项功能在产品功能系统中所占的比重。先将所有功能要素排列成表 13-2 的方阵,并对功能要素采用"0-1"评分法(相对重要的一方给 1 分,相对不重要的一方给 0 分)进行两两比较,再把每项功能的得分累积起来,与全部功能的合计分相除,即可得到各项功能的功能系数(见表 13-2)。功能系数的计算公式为

$$功能系数 = \frac{某项功能得分}{全部功能总得分} = \frac{F_i}{\sum F_i} = F_i'$$

表 13-2　产品功能系数

功能名称	A	B	C	D	E	F	功能得分 F_i	功能系数 F_i'
A		1	0	1	1	1	1	5	0.24
B	1		1	1	1	1	1	6	0.29

续表

功能名称	A	B	C	D	E	F	功能得分 F_i	功能系数 F_i'
C	0	0	1	0	0	0	1	0.05
D	0	0	1	1	1	1	4	0.19
E	0	0	1	0	1	0	2	0.09
F	0	0	1	0	1	1	3	0.14
合计							21	1.00

"0-1"评分法，具有直观、简单、易于计算等优点，但为了避免某项必要功能得零分，在对比开始前，凡属于必要功能的先给 1 分。

"0-4"评分法是按三种不同的情况打分，即相对非常重要的要素与相对不重要的按 4：0 给分；相对比较重要的要素与相对不太重要的按 3：1 给分；两者功能差不多重要时按 2：2 给分。"0-4"评分法与"0-1"评分法，能够反映出要素间的重要程度。

在实际工作中，为了使评价更加准确，应当由若干名熟悉产品性能的人员分别进行打分，然后再求各项功能的平均得分及功能系数。

(3) 计算功能的价值系数。各项功能的功能系数与其成本系数之比，即为该项功能的价值系数，上例产品系数如表 13-3 所示。其计算公式为

$$价值系数 = \frac{功能系数}{成本系数} = \frac{F_i'}{C_i'} = V'$$

表 13-3　产品价值系数计算与产品目标成本分摊

功能名称	功能系数 ①	实际成本/元 ②	成本系数 ③	价值系数 ④=①/③	按功能系数分配的目标成本/元 ⑤=①×120	成本降低幅度/元 ⑥=②-⑤
A	0.24	31	0.21	1.14	28.8	2.2
B	0.29	15	0.10	2.90	34.8	−19.8
C	0.05	9.5	0.06	0.83	6.0	3.5
D	0.019	25	0.17	1.12	22.8	2.2
E	0.09	9.5	0.06	1.5	10.8	−1.3
F	0.14	60	0.40	0.35	16.8	43.2
合计	1.00	150	1.00		120	30

(4) 根据价值系数，确定价值工程对象。从表 13-3 中可以看出，价值系数总是大于零的，通常可分为三种情况：当价值系数<1，如表中的功能 F 和 C，则说明成本分配过高，应该作为重点改进对象；若价值系数=1，则说明功能与成本基本相当，一般不作为价值工

第十三章 企业技术进步与新产品开发

程的对象;若价值系数>1,如表中的功能 B,则说明功能重要,而成本分配较少,需要研究该功能是否已充分实现,必要时可以考虑增加成本以实现该功能。但是,如果原设计采取了某种科学的方法使该功能的成本较低,则可以不列入价值工程改进的对象,因为这是我们希望的结果。

(5) 确定目标成本,并计算成本降低幅度。目标成本是指经功能评价后所要达到的成本期望值。可以通过市场调查,用同类产品或相似产品中最低的现实成本,作为该产品的目标成本;也可以根据产品的售价、企业的目标利润等因素来确定所允许的最高成本,作为该产品的目标成本。

假定目标成本为 120 元,进行成本降低幅度计算,其结果如表 13-3 所示。

2. 倍比确定法

倍比确定法,又称暂定重要度系数法。当功能间的重要性可以在数值上作出判断时,可用倍比确定法。该法是将每一功能要素只与上下相邻的两个功能进行对比,而不是与全部功能进行对比。评分时从实际出发,灵活确定比例。

倍比确定法的具体步骤如下。

(1) 将待评价的功能按功能相近、重要性相近或实现难度相近的原则,顺序排列起来并记入表 13-4 中第①栏中。

(2) 从下至上对相邻功能进行评价,作为暂定系数记入表中第②栏中。以下面的功能为基准,在数值上进行重要度的判定。如表 13-4 中,D 是 E 重要性的 0.5 倍,把 0.5 记入第②栏中的 D 项,以此类推。

表 13-4 倍比确定法

功能名称 ①	暂定系数 ②	修正系数 ③	功能评价系数 ④
A	3.0	4.5	0.529
B	1.5	1.5	0.176
C	2.0	1.0	0.118
D	0.5	0.5	0.059
E		1.0	0.118
合计		8.5	1.00

(3) 对暂定系数进行修正,计算各项功能的修正系数并记入表中第③栏中。将最下面的功能 E 的修正系数定为 1.0,按从下至上的顺序乘以暂定系数就得到修正系数。例如,本例功能 E 的修正系数为 1.0,D 是 E 的 0.5 倍,故 D 的修正系数为 0.5;又知 C 是 D 的 2 倍,故 C 的修正系数为 1.0。以此类推,即可计算出功能 B、A 的修正系数。

(4) 求各项功能的功能系数。与 FD 法相同,将各项功能的修正系数除以修正系数的总和，便得到各项功能的功能系数。

3. 最合适区域法

最合适区域法，又称田中法，是日本东京科技大学的教授田中提出的。该方法是以横坐标 X 表示成本系数，以纵坐标 Y 表示功能系数，两个坐标的平分线(即 $V=1$ 的线)则为标准价值系数线。他提出一个选用价值系数的最合适区域(如图 13-6 所示)，即两条渐近 $V=1$ 的曲线所包容的区域。凡是落在该区域内的点均认为是合理的，一般不作为价值工程的对象。

采用此方法选择价值工程对象时，首先根据对象的成本系数与功能系数在图上描点，然后将区域外的点优先作为价值工程的对象。距离原点越远的对象，其功能的成本系数与功能系数的绝对值越大，它的变化对整体的影响也越大。因此，离原点越远的对象，其可"宽容"的范围越小，对此对象应从严控制。当其价值系数偏离 1 较小时，即应选为价值工程的对象。对于离原点越近的对象，则可给予较大的"宽容"，即使其价值系数偏离 1 较大，也可不列为价值工程的对象。

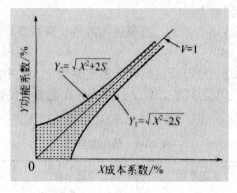

图 13-6　最合适区域法

两条渐近曲线的方程为

$$Y_1 = \sqrt{X_2 - 2S} \qquad (Y_i < X_i);$$
$$Y_2 = \sqrt{X_2 - 2S} \qquad (Y_i < X_i)。$$

式中，S 为常数，可视对象选择的需要人为给定。重要的价值工程对象，在人力、时间、条件许可时，可将 S 值取小些，以便多选择一些对象开展价值工程活动；反之，则取大些，以便少选择一些对象。具体应用中，可以试着代入不同的 S 值，直至取得满意的结果。

四、方案创造与评价

通过功能分析与评价，仅仅是找到了问题，接下来要提出解决问题的方案。解决问题的方案可能有很多，故还需对方案进行评价，以选出最好的、经济可行的方案来实施。

(一)方案创造

方案创造的原则是：要有创新精神，力争突破原有框框的束缚，促使新方案脱颖而出；要有多种渠道，依靠集体智慧，充分发挥专家、技术人员和员工的作用；提出方案时要充分利用收集到的情报和资料，尽可能考虑多种方案，每个机会和建议都不要放过；方案创造应优先考虑上位功能。若上位功能限制较少，容易提出较多的方案，彻底改进的可能性也较大，因而效果也较明显。除遵循方案创造的相关原则外，还应采用一些方案创造的方法。常用的方法有头脑风暴法、哥顿法、德尔菲法和形态学分析法等。

(二)方案评价

方案评价是指从多种备选方案中进一步选优的关键环节，一般分为概略评价和详细评价两个阶段。概略评价是对提出的若干方案进行初步筛选，以定性判断为主；详细评价是对筛选出的方案进行详细调查和分析，使方案进一步具体化，并尽可能采用具体和量化的评价指标和方法来进行评价，以便选出最好的实施方案。无论是概略评价还是详细评价，都要进行技术、经济和社会评价，并在此基础上进行综合评价，权衡方案的利害得失，挑选社会劳动消耗少以及经济效益和社会效益均好的方案作为最优方案。

评价的一般程序是：根据方案的性质列出具体的评价项目和评分标准，用选定的评价方法对各方案进行具体项目的评价，最后进行综合的总体评价。方案评价的步骤和内容如图13-7所示。

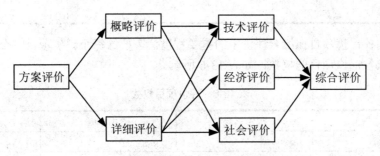

图13-7　方案评价的步骤和内容

方案评价的方法很多，下面主要介绍常见的两种。

1. 优缺点列举法

优缺点列举法是一种定性评价方法，是根据评价项目尽量详细地列出各备选方案的优点及缺点，对各方案逐个比较并进行筛选，对于缺点较多且很难克服或达不到标准的方案逐个淘汰，最后选出满意的方案。这种方法简单、灵活，但评价粗糙，一般主要用于初步筛选。

2. 方案评分评价法

方案评分评价法是指先根据评价的内容确定具体的评价项目，然后组织有关人员按功能满足程度分别打分(具体打分可采用直接评分法、四分制对比法和倍比确定法等)，并在此基础上确定最佳方案。

例：某企业对生产签字笔进行价值工程分析，分别提出了四种改进方案。评价项目分别确定为：书写流利、造型新颖、市场前景和期望收益四个方面。

采用倍比确定法求方案满足程度系数 S_{ij}，如表 13-5 所示。

表 13-5 满足程度系数

评价项目	方 案	暂定系数	修正系数	满足程度系数 S_{ij}
书写流利	方案 A	1.2	0.6	0.286
	方案 B	0.5	0.5	0.238
	方案 C		1	0.476
造型新颖	方案 A	0.8	1.2	0.324
	方案 B	1.5	1.5	0.405
	方案 C		1	0.270
市场前景	方案 A	1.5	1.8	0.450
	方案 B	1.2	1.2	0.300
	方案 C		1	0.250
期望收益	方案 A	2	1.44	0.340
	方案 B	0.8	1.8	0.425
	方案 C		1	0.236

为了区别各评价项目在综合评价中的重要程度，需要给每个评价项目一个权数 W_i，用倍比确定法求各评价项目的权数，如表 13-6 所示。

表 13-6 评价项目权数

评价项目	暂定系数	修正系数	权数 W_i
书写流利	1.8	0.864	0.275
造型新颖	0.6	0.48	0.153
市场前景	0.8	0.8	0.254
期望收益		1	0.318
合计		3.144	1

评价项目的满足程度系数 S_{ij} 与权数 W_i 的乘积之和，即为方案的综合评价的总得分，即

$$V_i = \sum S_{ij} W_i$$

其中，总得分最高者为最优方案(本例为方案 A)。各方案总得分的计算结果如表 13-7 所示。

表 13-7　各方案总得分计算结果

评价项目\方案	权数 W_i	满足程度系数 S_{ij}		
		方案 A	方案 B	方案 C
书写流利	0.275	0.286	0.238	0.476
造型新颖	0.153	0.324	0.405	0.270
市场前景	0.254	0.450	0.300	0.250
期望收益	0.318	0.340	0.425	0.236
V_i		0.351	0.339	0.311

五、价值工程活动实施及效果评价

对最终选取的方案，经有关人员审批后即可实施。为保证方案的顺利实施，在实施过程中要经常检查实施效果，并对发现的问题积极采取措施，加以解决。

效果评价是对方案实施效果的评价，是方案的事后评价。一般情况下，评价的指标和计算公式为

$$年净节约额 = (PF_0 - PF_1)PV - FV$$

$$成本降低率 = \frac{PF_0 - PF_1}{PF_0} \times 100\%$$

$$节约倍数 = \frac{年净节约额}{价值工程活动费用} = \frac{(PF_0 - PF_1)PV - FV}{FV}$$

式中，PF_0——改进前产品的单位成本；

PF_1——改进后产品的单位成本；

PV——产品的产量；

FV——价值工程活动费用。

第三节　大案例与小故事

一、大案例

在创新中走向辉煌[①]

华西是一个美丽的江南小村，在改革大潮中，华西以崭新的雄姿崛起。华西集团公司是全国大型乡镇企业，1994 年以 54 亿元工业利税，摘下中国乡镇企业最高利税总额的桂冠，

---

① 引自《中国企业管理科学案例库教程》，李树林主编，光明日报出版社，2003 年 1 月版。

成为中国著名的乡镇工业示范样板。华西集团拥有全资、控股、参股企业57家，其中全资企业40家，控股企业7家，参股企业10家。由江苏省华西集团公司控股的华西村股份有限公司也于1999年在深交所正式挂牌上市。集团公司拥有固定资产19亿，在农业部和中国乡镇企业协会举办的中国1000家评价排序中，荣获中国最大经营规模乡镇企业第二名，中国1000家最高利税总额乡镇企业第一名。公司董事长吴仁宝荣获全国十大功勋、全国优秀企业家金球奖、中国十大扶贫状元、全国思想政治工作创新奖等荣誉。

随着改革开放的深入发展，乡镇企业有向更大、更多、更高发展的趋势。关于乡镇企业的发展，华西人提出，关键要解决思想上的"左"、观念上的"旧"、工作方法上的"老"等问题。吴仁宝同志的一席话给人以很深的启迪。

第一，要解决思想上的"左"。主要解放三个"左"：一是分配上的"左"。现在政策规定允许大家富，但有的人看到人家富了，总有疑问：哪儿来的这么多钱？有些领导看到群众疾苦，就找基层同志责问：群众为什么这么苦？这叫富不得，穷不得，影响分配拉开档次。但真正拉开了分配档次，有的人只要自己富，有的人不敢想太富，也有的人反对富，主要是反对别人富。分配不公要反对，平均主义的"大锅饭"要反对，当前主要反对分配上的这个"左"。华西是敢于鼓励一部分人先富起来，敢于想方设法让有技术的人先富起来，敢于带动全村人一起共同富裕的。二是计划上的"左"。我认为，解放以来，一直有计划，也一直无计划。物资紧张时就有计划，物资丰富时就没有计划。几十年来全民企业要保住计划，城镇集体企业要争取计划，乡镇企业要冲破计划。乡镇企业没有计划，就搞市场经济，来了个异军突起，壮大自己。实践证明，有利于提高生产力，有利于发展经济，我们举双手赞同推进社会主义市场经济。现在经济界一些人都在争论配置资源是计划指导好，还是市场调节好。争论不要太多，现在讲的社会主义市场经济，既离不开计划，更离不开市场。发展经济，丰富资源是首要的一条。资源丰富了，计划好安排，市场也好调节，反之都很难。三是所有制上的"左"。今后企业的所有制性质要弱化，若干年后乡镇企业名称要冲破，乡镇企业发展了，壮大了，可以兼并全民国营、城镇集体，可以成为大中型企业，也可以成为国民经济的主体。因此，不要单在所有制上，而要从生产规模上、经济实力和对国家的贡献上来赋予企业的地位和肯定其作用。现在从上到下都在讲要进一步解放思想，但实际情况是，有的上层解放了中层没有解放，有的中层解放了基层没有解放。所以各级都要自己解放自己的思想，从自己的思想解放做起。

第二，要解决观念上的"旧"。主要解决三点：一是在农村问题上要解决农民只能在农村。我看不是农民不进城而是要争取上省城、进京城；不是农民不进城而是要建立现代化农村新城镇，把现在的农村建设成为分不清是农村还是城镇。二是农村经济上要解决农民"以农为本"。随着改革的深入，经济发展的加快，农村经济地区性的社会再分工越来越明显，这也是调整结构、发展农村经济的必然产物。三是在农民问题上要解决"农民总归是农民"，认为农民文化低、素质差，解决这个思想问题要勇敢一些。

第十三章 企业技术进步与新产品开发

第三，解决工作方法上的"老"。主要有二点：一是违反经济规律的行政命令，其实质是官僚主义。二是搞形式主义。我们也搞过一些形式，主要是用来对付官僚主义，但我们反对形式主义，也不搞形式主义。

解放思想是最深刻、最重要的改革。什么叫改革？华西认为，凡是影响生产力发展的就改，凡是有利于生产力发展的就干，搞经济工作，千难万难，实事求是最难。华西人又再加一句，千难万难，解放思想更难。

华西正在知难而上，进一步解放思想。

思考题

1. 如何利用激励理论，解决华西集团分配上的问题？
2. 管理创新活动包括哪些方面？
3. 通过吴仁宝的一席话，你认为在华西集团的创新活动中，哪些方面的创新最重要？

二、小故事

小故事(一)

有位失明的男孩，他坐在一栋大厦前的台阶上，脚边放着一个破帽子，他的手里举着一个牌子，上面写着——"我是一个瞎子，请你帮帮我。"

一个男子从他身旁走过，他看见帽子里只有很少的几枚硬币，于是掏出些钱放进他的帽子里。然后，他取出笔，在男孩手中的牌子反面写上一行字，让他把牌子反过来举着。

没想到这样一改，很多人从男孩身边经过的人都投下了钱。下班时，那个男子再次从男孩身边走过看见他的帽子里面的钱已经满了。男孩听出了他的声音，问道："您是今天中午那个改我牌子的人吗？您在上面写了些什么？"

男子答道："我写的其实和你的实质一样，但我却用了不同的表达方式。我写的是：今天是美好的一天，可我却看不到它。"

小故事(二)

有一家酒店因业务做得十分红火，安装的电梯不够用，经理打算再增加一部。专家们被请来了，他们研究认为，唯一的办法是在每层楼都打个洞，直接安装新电梯。

就在专家们坐在酒店里商谈工程的细节的时候，他们的谈话恰巧被一位正在扫地的清洁工听到了。清洁工对他们随口说道："每层楼都打个洞，肯定会弄得尘土飞扬，到处乱七八糟。"

专家答道："这是难免的了，谁让酒店当初设计时没有想到多装一部电梯呢？"清洁工想了一会，说道："我要是你们，我就把电梯装在楼的外面。"

专家们听了清洁工的话陷入了沉思，但马上他们为清洁工的这一提议拍案叫绝。从此，建筑史上出现了一个新生事物——室外电梯。

小故事(三)

据说篮球运动刚诞生的时候,篮板上钉的是真正的篮子。每当球投进的时候,就有一个专门的人踩在梯子上把球拿出来。为此,比赛不得不断断续续地进行,缺少激烈紧张的气氛。为了让比赛更顺畅地进行,人们想了很多取球的方法,都不太理想。有位发明家甚至制造了一种机器,在下面一拉就能把球弹出来,不过这种方法仍没能让篮球比赛紧张激烈起来。

终于有一天,一位父亲带着他的儿子来看球赛。小男孩看到大人们一次次不辞劳苦地取球,不由大惑不解:为什么不把篮筐的底去掉呢?一语惊醒梦中人,大人们如梦初醒,于是才有了今天我们看到的篮网样式。

去掉篮筐的底,就这么简单,但那么多有识之士都没有想到。听来让人费解,然而这个简单的"难题"困扰了人们多年。可见,无形的思维定式就像那个结实的篮底禁锢了我们的头脑,使得我们的思维就像篮球被"囚禁"在了篮子里。于是,我们盲目地去搬梯子、去制造机器……

生活中许多时候,我们就需要这样一把剪刀,去剪掉那些缠绕我们的"篮筐",生活原本并没有那么复杂。

小故事(四)

美国宣传奇才哈利十五六岁时,在一家马戏团做童工,负责在马戏场内叫卖小食品。但每次看的人不多,买东西吃的人更少,尤其是饮料。

有一天,哈利的脑瓜里诞生了一个想法:向每一个买票的人赠送一包花生,借以吸引观众。老板不同意这个"荒唐的想法"。哈利用自己微薄的工资作担保,恳求老板让他试一试。

于是,马戏团演出场地外就多了一个声音:"来看马戏,买一张票送一包好吃的花生!"在哈利不停地叫喊声中,观众比往常多了几倍。

观众们进场后,小哈利就开始叫卖起饮料。而绝大多数观众在吃完花生后觉得口干时都会买上一杯,一场马戏下来,营业额比以往增加了十几倍。

小故事(五)

日本东京都中野区,住着一个穷困潦倒的知识分子——田中正一,他没有职业,一文不名,却整天关着门在家里研制一种"铁酸盐磁铁",被邻居看成是"怪人"。当时他患上了"神经痛"的毛病,怎么治也治不好。那时候,每逢星期四他都要带着许多制好的磁石,到大井都工业试验所去测试。时间一长,一个偶然的现象出现了:每逢星期四他的神经痛就得到缓解。田中正一是一个探究心很强的人,他感到十分好奇,于是就找来一条橡皮膏,在上面均匀地粘上五粒小磁石贴在自己手腕上做试验。很快,他发现这玩意对治神经痛很灵,就立即申请了专利。田中正一认为:"将磁石的南极、北极相互交错排列,让磁力线作用于人体，由于人体内有纵横交错的血管，血液流过磁场时，便能感生出微电流，这种电流能达到治病强身的效果。"取得专利权后，田中正一模仿表带的式样，制造四周镶有六粒小磁石的磁疗带，向市场推出。产品上市后，果然不同凡响，在全日本出现了人人争购、趋之若鹜的现象。工厂三班制生产也供不应求。在销售最好的时期，仅一周销售额达两亿日元。就这样，转眼之间，一个穷汉就变成了大富翁！

第四节 素质拓展

一、思考题

(1) 引例中本田宗一郎是如何保持青春与梦想的？
(2) 你认为新产品开发在现代企业管理中有何意义？

二、辩论

(1) 题目：企业变革的阻力是主要来自企业内部
(2) 目的：
① 了解掌握企业变革的动因和内容。
② 培养学生理解和应对变革阻力。
(3) 具体要求：
① 将全班同学分成正方与反方若干小组(限5人一组)进行辩论。
② 正方坚持"企业变革的阻力是主要来自企业内部"立场论述。
③ 反方联系企业变革和创新的基本理论，举例说明企业变革的主要阻力也可能来自企业外部的观点以反驳正方观点。
④ 正反双方在辩论中，既要回答对方的提问，也要向对方提出疑难问题，要求答辩。
⑤ 正反双方举例鲜明生动，并形成书面辩论资料，呈报老师或评委。

三、创业素质论坛

不适合创业的10种人

并不是所有的人都具备创业素质，究竟哪些人不适合创业？社会心理学家认为，以下10种人不适合创业：

(1) 缺少职业意识的人。职业意识是人们对所从事职业的认同感，它可以最大限度地激发人的活力和创造力，是敬业的前提。而有些工薪人员却对所从事的工作缺少职业意识，满足于机械地完成自己分内的工作，缺少进取心、主动性，这与激烈竞争的环境不相宜。

(2) 优越感过强的人。自恃才高，我行我素，难以与集体融合。

(3) 唯上是从，只会说"是"的人。这种人缺乏独立性、主动性和创造性。若创业，也只能因循守旧，难以开展开拓性的工作，对公司发展不利。

(4) 偷懒的人。这种人被称作"工资小偷"。他们付出的劳动和工资不相符合，只会发牢骚、闲聊，每天晃来晃去浪费时间，影响他人工作。

(5) 片面和傲慢的人。有的人只注意别人的缺点，看不到别人的优点；有的人总喜欢贬低别人，抬高自己，总以为自己是最强者，人格方面存在很大的缺陷。

(6) 僵化死板的人。做事缺少灵活性，对任何事都只凭经验教条来处理，不肯灵活应对，习惯于将惯例当成金科玉律。

(7) 感情用事的人。处理任何事情都要理智，感情用事者往往以感情代替原则，想如何干就如何干，不能用理智自控。

(8) "多嘴多舌"与"固执己见"的人。多嘴多舌的人，不管什么事，他们都要插上几句话；"固执己见"的人，从不倾听别人的意见。

(9) 胆小怕事、毫无主见、树叶掉下来怕砸破脑袋的人。这种人宁可因循守旧也不敢尝试革新，遇事推诿，不肯负责，狭隘自私、庸碌委琐。

(10) 患得患失却又容易自满自足的人。稍有收获，欣喜若狂；稍受挫折，一蹶不振，情绪大起大落，极不平衡。

参 考 文 献

[1] 袁竹，王菁华. 现代企业管理[M]. 北京：清华大学出版社，2015.
[2] 芮明杰. 管理学：现代的观点[M]. 上海：上海人民出版社，2002.
[3] 周三多. 管理学[M]. 第 2 版. 北京：高等教育出版社，2005.
[4] 谢和书，陈君. 现代企业管理[M]. 北京： 北京理工学院出版社，2015.
[5] 刘宇. 现代企业管理[M]. 北京：化学工业出版社，2015.
[6] 刘磊. 现代企业管理[M]. 北京：北京大学出版社，2014.
[7] 姜真. 现代企业管理[M]. 2 版. 北京：清华大学出版社，2013.
[8] 王素梅. 现代企业管理[M]. 北京：机械工业出版社，2015.
[9] 郑锐洪，刘建准. 现代企业管理[M]. 大连：大连理工大学出版社，2014.
[10] 安维，孙健升. 现代企业管理[M]. 北京：中国金融出版社，2010.
[11] 邵一明. 现代企业管理[M]. 上海：立信会计出版社，2004.
[12] 张蕾. 现代企业管理——理论与案例[M]. 北京：中国人民大学出版社，2010.
[14] 张理，染丽梅. 现代企业物流管理[M]. 北京：水利水电出版社，2014.
[15] 李冠. 现代企业信息化与管理[M]. 北京：清华大学出版社，2013.
[16] 辛保平. 科学投资. 北京：2003.